Mark Terkessidis
Die Banalität des Rassismus

Mark Terkessidis (Dipl.-Psych.) ist freier Autor und lebt in Köln. Von 1992 bis 1994 war er Redakteur der Zeitschrift »Spex«. Beiträge zu den Themen Jugend- und Populärkultur, Migration und Rassismus in »tageszeitung«, »Die Zeit«, »Freitag«, »Tagesspiegel«, »Literaturen« sowie für den »Westdeutschen Rundfunk« und »DeutschlandFunk«. Buchveröffentlichungen u.a.: »Psychologie des Rassismus« (Opladen/Wiesbaden 1998) und »Migranten« (Hamburg 2000). Gemeinsam mit Tom Holert gab er den Band »Mainstream der Minderheiten. Pop in der Kontrollgesellschaft« heraus (Berlin 1996); 2002 verfasste das Autorenteam »Entsichert. Krieg als Massenkultur im 21. Jahrhundert« (Köln).

Mark Terkessidis

Die Banalität des Rassismus

Migranten zweiter Generation entwickeln eine neue Perspektive

[transcript]

Bibliografische Information der Deutschen Bibliothek
Die Deutsche Bibliothek verzeichnet diese Publikation in der Deutschen Nationalbibliografie; detaillierte bibliografische Daten sind im Internet über http://dnb.ddb.de abrufbar.

Umschlaggestaltung: Kordula Röckenhaus, Bielefeld
Lektorat & Satz: Kosei Takasaki, Köln
Druck: Majuskel Medienproduktion GmbH, Wetzlar
ISBN 3-89942-263-5

Gedruckt auf alterungsbeständigem Papier mit chlorfrei gebleichtem Zellstoff.

Besuchen Sie uns im Internet: http://www.transcript-verlag.de

Bitte fordern Sie unser Gesamtverzeichnis und andere Broschüren an unter: info@transcript-verlag.de

INHALTSVERZEICHNIS

Vorwort

Vor einigen Jahren stieg ich am Kölner Hauptbahnhof zu später Stunde aus einem Zug, der in den Niederlanden gestartet war. Da die Polizei mittlerweile dazu berechtigt ist, an Bahnhöfen verdachtsunabhängige Kontrollen durchzuführen, werden Reisende aus den Niederlanden schon mal auf Drogenbesitz überprüft. Ein junger Polizist nahm mit geschultem Blick die Ankömmlinge ins Visier und verlangte schließlich Ausweise zu sehen: den eines ziemlich dunkel pigmentierten Mannes mittleren Alters und meinen. Als ich ihn fragte, ob seine „Auswahl" nicht ein wenig selektiv sei, wollte er – bereits leicht aggressiv – wissen, wie ich das denn meinen würde. Also fragte ich ihn, ob er uns auch kontrolliert hätte, wenn wir blond und blauäugig gewesen wären. Er erwiderte: „Wollen Sie damit sagen, ich bin ein Rassist?" Ich konnte mich nicht zurückhalten: „Das will ich sagen." Woraufhin er seinen Block zückte und mir mit einer Anzeige wegen Beamtenbeleidigung drohte.

Nun ist es zweifellos nicht angenehm, von jemandem der Diskriminierung verdächtigt zu werden. Aber die Reaktion des Polizisten ist doch erstaunlich. Denn zunächst provoziert er mich geradezu, das „böse" Wort Rassismus auszusprechen, um mir danach wegen der schlimmen Beleidigung zu drohen. Am Ende hat sich die Beweislast völlig umgedreht: Während die offensichtliche Diskriminierung plötzlich überhaupt keine Rolle mehr spielt, erwartet der einheimische Polizist Abbitte wegen Beschimpfung. Dieser Vorgang ist einigermaßen symptomatisch, weil sich Ähnliches auch auf der Ebene der öffentlichen Diskussion in der Bundesrepublik abspielt – ich erinnere etwa an die Debatte rund um die Rede des Schriftstellers Martin Walser anlässlich der Verleihung des Friedenspreises des deutschen Buchhandels 1998. Da hatte Walser jenen, die aufgrund brennender Asylbewerberheime den Vorwurf des Rassismus erhoben hatten, vorgeworfen, sie wollten „uns", also den Deutschen, wehtun". Als der ehemalige Hamburger Bürgermeister Klaus von Dohnanyi dann eine provokative Verteidigung Walsers schrieb und daraufhin von Ignaz Bubis, dem inzwischen verstorbenen, damaligen Vorsitzenden des Zentralrates der Juden, zu hören bekam, er sei ein „latenter Antisemit", fühlte er sich gekränkt und forderte von Bubis eine Entschuldigung.

Der Begriff Rassismus ist in Deutschland ein rotes Tuch. Er ist strikt reserviert für Gewalttaten gegen Migranten, Juden oder andere Minderheiten, oder für Extremismus im Sinne der politischen Ideologie. Bei der Gewalt wird gewöhnlich davon ausgegangen, dass Jugendliche dafür verantwortlich sind – Jugendliche, die auf die eine oder andere Weise „gestört" sind. Beim Extremismus dagegen, so wird allgemein angenommen, handelt es sich um die Weltanschauung der „Ewiggestrigen“, um ein Überbleibsel der Vergangenheit. Aber ob nun die Unreifen oder die Unverbesserlichen die Schuld für das Auftreten des Rassismus tragen, stets gilt Rassismus als eine Ausnahme im gesellschaftlichen Funktionieren, als Bruch in der ansonsten friedlichen „Normalität“. Dieser angebliche Bruch löst eine Art moralische Krise aus. Denn jedes noch so kleine Anzeichen von Rassismus im oben genannten Sinne sorgt für ein Wiederauftauchen der Vergangenheit, für die Erinnerung an den Nationalsozialismus. Und obwohl eigentlich niemand mehr den Vorwurf erhebt, dass in Deutschland demnächst wieder der Nazi-Mob umgehen würde, setzt die unausweichliche Verbindung mit dem „Dritten Reich“ nicht nur eine moralische Krise, sondern gleichzeitig auch Abwehrmechanismen in Gang. Denn die Mehrheit im Lande ist der Auffassung, dass alles getan wurde, um die Geschichte aufzuarbeiten, und dass Deutschland heute weltoffen und „ausländerfreundlich“ ist. Daher gilt der Vorwurf des Rassismus – vor allem, wenn es nicht um Gewalt oder Extremismus geht, sondern um „kleine“ Erlebnisse wie das eingangs beschriebene – als Beleidigung.

Im Grunde möchte man den Begriff ganz vermeiden. Lieber verwendet man Ausdrücke wie „Ausländerfeindlichkeit“ oder „Fremdenfeindlichkeit“ – vor allem, wenn es um die weniger extremen Ausdrucksformen von „Feindlichkeit“ geht. Auch in der Forschung dominieren diese Begriffe. Allerdings bergen diese Bezeichnungen ganz erhebliche Fallstricke. Warum sind Migranten nach fast fünf Jahrzehnten der Einwanderung nach Deutschland immer noch „Ausländer“ oder „Fremde“? In diesen Begriffen wird vorausgesetzt, dass der Gegenstand, über den gesprochen werden soll, „feindliche“ Einstellungen, Gefühle oder Taten einer einheimischen Bevölkerung gegen eine „fremde“ Bevölkerung umfassen würde. Das lässt diese Ausdrücke freilich ziemlich antiquiert erscheinen. Denn nachdem die Bundesrepublik 1998 erstmals anerkannt hat, dass sie ein Einwanderungsland ist, muss daraus auch der Schluss gezogen werden, dass die Einwanderer Bestandteil der Gesamtbevölkerung Deutschlands sind. Der Gegenstand, um den es hier gehen soll, betrifft daher nicht die „Feindlichkeit“ zwischen zwei oder mehr ethnischen Gruppen, sondern das Thema sind illegitime Spaltungen innerhalb *einer* Bevölkerung auf einem Territorium. Und diesen Gegenstand nenne ich Rassismus.

Warum Rassismus? Zum Ersten hat der Begriff Rassismus eine historische Dimension: Wenn man von Rassismus spricht, geht man davon aus, dass solche Spaltungen in der Geschichte der Moderne eine gewisse Tradition haben, wenn auch die jeweilige historische Ausprägung sehr unterschiedlich sein kann. Zum Zweiten ist der Begriff international gebräuchlich, während ein Begriff wie „Ausländerfeindlichkeit“ mit der Forschung in anderen Einwanderungsländern nicht kompatibel ist. Zum Dritten ist dieser Begriff auf eine gewisse Art und Weise in Deutschland sogar unbelasteter als die anderen Ausdrücke. Zwar gibt es seit den frühen neunziger Jahren eine Forschung zu Rassismus, doch im Vordergrund stehen gewöhnlich die hiesigen Sonderkonstruktionen „Ausländer-" und „Fremdenfeindlichkeit". Wie im ersten Kapitel ausführlich gezeigt wird, hat die deutsche Forschung geradezu erschreckende Defizite: Sie ist theoretisch inkohärent und methodisch fragwürdig. Zudem weist sie keinerlei Kontinuität auf. Geforscht wird gewissermaßen stoßweise – nämlich immer dann, wenn sich in der Gesellschaft Gewalt oder Extremismus zeigt. Zudem sind Bezüge auf die Forschung im Ausland höchst selten. Mit der Verwendung des Begriffes Rassismus kann also der notwendige Bruch mit der Forschungstradition artikuliert werden. Was benötigt wird, ist eine eigenständige Forschung, welche die Phänomene in Deutschland sowohl historisch als auch komparativ einbettet.

Was ist nun Rassismus? Rassismus sei „ein Ensemble klar unterschiedener ökonomischer, politischer und ideologischer Praktiken, die konkret mit anderen Praktiken in einer Gesellschaft artikuliert sind", schrieb Stuart Hall bereits vor rund 25 Jahren. Und weiter: „Durch diese Praktiken werden verschiedene soziale Gruppen in Beziehung zueinander und in bezug auf die elementaren Strukturen der Gesellschaft positioniert und fixiert; diese Positionierungen werden in weitergehenden sozialen Praktiken festgeschrieben und schließlich legitimiert."[1] Wie dieses „Ensemble" und die Praktiken sich nach meiner Auffassung zusammensetzen, das wird im zweiten Kapitel umrissen. Wenn Rassismus illegitime Spaltungen innerhalb einer Bevölkerung produziert, dann kann der Unterschied zwischen „Deutschen" und „Ausländern" nicht vorausgesetzt werden. Rassismusforschung muss sich damit befassen, wie genau dieser Unterschied in der Gesellschaft erzeugt wird.

Rassismus wird daher auch als ein spezifisches Ungleichheitsverhältnis unter anderen begriffen. Niemand würde sich heutzutage zieren, zuzugeben, dass es in Deutschland Klassen oder Schichten gibt. Ebenso würde niemand bestreiten, dass Frauen und Männer in dieser Gesellschaft nicht die gleichen Chancen haben. Wenn es aber um „Deutsche" und „Ausländer" geht, dann wird angenommen, dass hier nicht von einem Verhältnis der Ungleichheit die Rede sein kann – der Unterschied gilt quasi als natürlich. Doch der Unterschied lässt sich von der Ungleichheit nicht trennen. Bestimmte Gruppen werden in die Institutionen des Arbeitsmarktes, der Staatsbürgerschaft und der kulturellen Hegemonie einbezogen, um dadurch ausgeschlossen zu werden. Der Unterschied wird so als gesellschaftlich relevante Differenz (re)produziert. Und diese Differenz ist keineswegs deckungsgleich mit den verschiedenen, etwa kulturellen Praktiken in Teilen der Bevölkerung.

Wie aber wird der Unterschied (re)produziert? Ich habe selbst ein griechisches Elternteil, bin aber in Deutschland geboren. Immer wieder ist mir aufgefallen, wie im Alltag Grenzen aufgerichtet werden. „Woher kommst du?" etwa ist nicht bloß eine naiv-neugierige Nachfrage, wenn das Gegenüber unbedingt den Namen eines anderen Landes hören will – und sich mit anderen Auskünften nicht zufrieden gibt. Grenzen entstehen auch, wenn meine Hausärztin mir einen Mangel an einem bestimmten Vitamin, das der Körper durch

1 Hall 1980, S.129.

die Berührung mit Sonnenlicht produziert, so erklärt: „Das kommt davon, dass wir alle heute ständig im künstlichen Licht sitzen. Und sie als Ausländer mit ihrem dunklen Teint leiden natürlich besonders darunter." Ich als „Ausländer"? Freundlich sagte ich ihr, dass ich hier geboren sei und das Land nie für mehr als drei Monate verlassen hätte. Aber sie wich dennoch erstaunlicherweise nicht von ihrer Meinung ab. Das teilt sie mit anderen Einheimischen, die sich wundern, dass man als „Südländer" nicht bei brütender Mittagshitze das Gesicht in die pralle Sonne halten möchte. Oder mit wiederum anderen, die kaum verstehen können, dass man es nicht toll findet, bei 35 Grad im Schatten draußen Sport zu treiben – schließlich sei das doch „unser" Wetter.

In solchen Bemerkungen wird vorausgesetzt, dass dem „Südländer" ein ganz bestimmter klimatischer Lebensraum entspricht – wider jede Evidenz, denn der „Südländer" hat in diesem Fall sein ganzes Leben in Deutschland verbracht. Zudem wird vorausgesetzt, dass dieser Lebensraum woanders ist, also nicht in Deutschland, wo die jeweilige Person ihren Lebensmittelpunkt hat. In solchen Erlebnissen wird der Person nichtdeutscher Herkunft also klargemacht, dass sie zu einem anderen Kollektiv und an einen anderen Ort gehört. Die Selbstverständlichkeit, mit der eine in Deutschland geborene Person sich zugehörig fühlt, erfährt in solchen Erlebnissen eine Erschütterung. Eine Grenze entsteht zwischen „uns", die „wir" eigentlich hier leben, und „ihnen", die eigentlich woanders hingehören. Mich interessierte, ob andere Migranten zweiter Generation – also Personen nichtdeutscher Herkunft, die in Deutschland geboren wurden – ähnliche Erlebnisse hatten. Und was diese Erlebnisse bei ihnen auslösten. Bislang hat sich die gesamte Forschung über „Ausländer-" und „Fremdenfeindlichkeit" und auch jene über Rassismus mit den „Tätern" befasst – nicht mit den Betroffenen. Das ist seltsam. Denn ein Perspektivenwechsel kann ganz andere Aspekte beleuchten: Tatsächlich haben nur ganz wenige „Ausländer" in diesem Lande Erfahrungen mit Gewalt oder Extremismus, aber die meisten kennen die kleinen, banalen Ausgrenzungserlebnisse. Und es sind diese Erlebnisse, die in ihrer Serialität einen Unterschied markieren und die Menschen erst zu „Fremden" oder „Ausländern" machen.

Für meine Untersuchung habe ich qualitative Interviews geführt – mit Migranten zweiter Generation. Der Ausgangspunkt war Michel Foucaults Idee der „unterdrückten Wissensarten". Foucault ging davon aus, dass bestimmte gesellschaftliche Kategorien – wie etwa der psychisch Kranke – durch eine bestimmte Praxis erst geschaffen werden. Ist diese Kategorie einmal etabliert, dann kann über das „Objekt" schließlich ein Wissen produziert werden. Den gesamten Macht/Wissen-Komplex nannte Foucault ein „Dispositiv". Einfacher gesagt: Es entsteht ein Apparat. Ich gehe davon aus, dass es auch im Falle des Rassismus einen solchen Apparat gibt. Das entsprechende Wissen bezeichne ich nicht als „Vorurteil", sondern, weil es sich um einen verbreiteten gesellschaftlichen Wissensbestand handelt, als „rassistisches Wissen". Dieser hegemonialen Wissensform steht ein lokales, gewissermaßen un- oder gar disqualifiziertes Wissen gegenüber, das „Wissen der Leute" – in diesem Fall: das „Wissen über Rassismus". Indem dieses Wissen ins Zentrum einer

Untersuchung gestellt wird, lässt sich der Apparat des Rassismus nicht nur abstrakt beschrieben, sondern in seinen konkreten Machtwirkungen auf die Betroffenen analysieren. Die Ergebnisse stehen im dritten Kapitel.

Es mag erstaunen, dass Rassismus hier als etwas betrachtet wird, dass die gesamte Gesellschaft als Verhältnis durchwirkt. Doch dieser Gedanke sorgt in jeder Beziehung für eine realistischere Optik. Migranten sind keine armen Opfer, die ständig von monströsen Skinheads bedroht werden. Ebenso wie ein Mitglied der Unterschicht nicht den ganzen Tag in seinem Alltag mit der sozialen Ungleichheit konfrontiert ist, so sind Migranten zweiter Generation auch nicht den ganzen Tag „Ausländer". Und selbstverständlich haben auch die Migranten vielfältige Strategien entwickelt, um sich zu wehren. Gleichzeitig sind Einheimische nicht durchweg potentielle Rassisten, bei denen jede „böse" Bemerkung über „Ausländer" Ausdruck einer moralischen Verfehlung ist. Wichtiger als die intentionalen Formen von Rassismus sind eben jene, die ins „normale" gesellschaftliche Funktionieren eingelassen sind. Diese Formen machen eine bestimmte Gruppe sichtbar, die überhaupt erst als „Problem" identifiziert und zum Ziel von Gewalt werden kann. Und wenn man erst einmal verstanden hat, welche Mechanismen es sind, die diese Gruppe sichtbar machen, dann kann man auch intervenieren. Und zwar wiederum realistisch: Rassismus wird trotz richtiger Maßnahmen ebensowenig plötzlich und radikal verschwinden wie die Aufteilung der Gesellschaft in soziale Schichten oder die Benachteiligung von Frauen. Aber zur Milderung lässt sich vieles beitragen. Sozial, politisch, rechtlich, pädagogisch und auch durch Forschung. Die Therapie des Bösen dagegen wäre eine Aufgabe der Religion.

Hinweis für nicht-akademische Leser:

Für die Untersuchung war die Kritik der Begriffe im langen ersten Kapitel unerläßlich. Allerdings könnte die Lektüre ein trockenes Brot für jene Personen sein, die nicht mit beruflich mit der Wissenschaft zu tun haben. Wer sich hauptsächlich für den selbstverständlich lebendigeren empirischen Teil interessiert, der kann dieses Buch durchaus mit dem zweiten Kapitel beginnen.

Ich konnte das leider nicht.

Danksagungen

Die Idee für diese Untersuchung entstand aufgrund der Lektüre von Philomena Esseds Buch „Understanding Everyday Racism“ – zweifellos zum damaligen Zeitpunkt für mich eine Offenbarung. Der erste Dank geht an alle, die sich die Zeit genommen haben, mit mir für diese Arbeit lange Gespräche zu führen, und so gemeinsam ein neues Verständnis des Rassismus zu entwickeln. Es war ein großes Vergnügen, diese Gespräche während der Niederschrift gewissermaßen fortzuführen. Leider hat es sehr lange gedauert, bis diese Arbeit beendet werden konnte. Zunächst war ich mit oft absurd erscheinenden universitären Hürden konfrontiert. Dann dauerte es fast fünf Jahre, bis ich für die Arbeit eine Förderung erhielt. Nach einem halben Dutzend Ablehnungen war ich dem evangelischen Studienwerk Villigst sehr dankbar, dass es die Niederschrift ermöglicht hat. Das Beiseiteräumen von bürokratischen Stolpersteinen und die Bewilligung einer Förderung ist dabei insbesondere dem unermüdlichen Einsatz von Franz Hamburger zu verdanken. Ein Dank geht auch an Heinz Sünker für sein Durchsetzungsvermögen. Vielen Dank auch: Kanak Attak für die jahrelange Arbeit, Sun-ju Choi und Tom Holert.

Kapitel 1: Kritik der Begriffe

Von einer Untersuchung, deren Thema das Wissen über Rassismus in der zweiten Migrantengeneration ist, kann man zu Beginn eine Klärung der Begriffe erwarten, die in ihrem Zentrum stehen – also Rassismus, Wissen und zweite Migrantengeneration. Dieser Klärung werden sich die ersten beiden Kapitel widmen. Freilich sind die Bezeichnungen rund um das Thema dieser Arbeit polemisch und ideologisch aufgeladen. Bereits die Wahl des Begriffes Rassismus signalisiert eine ganz bestimmte Auffassung über den Gegenstand, den es zu bearbeiten gilt. Denn das Wort beinhaltet den berühmten „Ismus", was bedeutet, dass mit dieser Bezeichnung etwas Strukturelles angesprochen wird. Dass dem Gegenstand eine strukturelle Komponente zugeschrieben wird – das ist in der Bundesrepublik Deutschland keineswegs selbstverständlich. Tatsächlich war der Begriff Rassismus noch bis zum Beginn der neunziger Jahre weitgehend verpönt. Das hatte zweifellos mit der deutschen Geschichte zu tun. Rassismus schien exklusiv reserviert für Taten und Gedanken, deren Grundlage das Konzept der „Rasse" war. Eine Diskussion über die Situation von Migranten kam in Deutschland erst in den frühen achtziger Jahren auf, als die Wirtschaftskrise, die politische Problematisierung des „Ausländerproblems", Vorbehalte in der einheimischen Bevölkerung und rechtsradikale Terroranschläge gegen Migranten zusammenfielen. Für dieses Gemisch schien der Begriff Rassismus ungeeignet, da die damaligen Verhältnisse offenbar keinem Vergleich mit dem Holocaust standhielten. Insofern behalf man sich mit Bezeichnungen wie „Ausländerfeindlichkeit" und später „Fremdenfeindlichkeit".

In diesem Kapitel soll ein näherer Blick auf diese Begriffe geworfen werden, weil sie nach meiner Auffassung den Gegenstand keineswegs adäquat erfassen. Im Gegenteil: Diese Termini sind hochgradig ideologisch. Zum einen signalisieren sie Unterbrechungen der historischen Kontinuität des Rassismus in der deutschen Geschichte – Verbindungen zum kolonialen Rassismus und zum Antisemitismus werden zerschnitten. Nun kann es nicht darum gehen, den Rassismus in der Bundesrepublik mit dem Holocaust zu vergleichen, doch wenn Jäger et al. in einer Untersuchung noch 1992 feststellen, dass ganz selbstverständlich „von deutscher Abstammung, deutschen Vorfahren und arischem Blut" gesprochen wird,[1] dann lassen sich Verbindungslinien wohl kaum leugnen. Zum Zweiten bilden diese Begriffe quasi den „Überbau" zu ei-

1 Jäger 1992, S.230.

ner bestimmten Institutionalisierung jener Gruppe, auf die sich vorgeblich die Feindlichkeit bezieht. Die implizite Voraussetzung beider Ausdrücke ist die Existenz von zwei unterschiedlichen Gruppen – jener der Deutschen und jener der „Ausländer" bzw. „Fremden" –, in deren Verhältnis eine Feindlichkeit der einen Gruppe gegen die andere aufscheint. Die Ungenauigkeit freilich liegt bereits in den Bezeichnungen selbst: Mit „Ausländern" und „Fremden" sind offenbar Personen gemeint, die auf demselben Territorium leben wie jene Deutschen, die ihnen feindlich gesonnen sind. „Ausländer" jedoch bezeichnet auch alle Personen, die außerhalb von Deutschland keine deutsche Staatsangehörigkeit besitzen. Dennoch meint „Ausländerfeindlichkeit" keine generelle Feindlichkeit gegen alle Welt, sondern eine spezifische Feindlichkeit gegen EinwanderInnen. Diese Migranten werden wiederum nur aufgrund der spezifischen institutionellen Gegebenheiten weiterhin als „Ausländer" tituliert – in anderen Einwanderungsländern gelten sie als Bürger anderer Herkunft. Insofern bestätigt und perpetuiert der Begriff „Ausländerfeindlichkeit" die noch bis in die späten neunziger Jahre unverändert scharfe juristisch-institutionelle Trennung zwischen deutschen Staatsangehörigen und inländischen „Ausländern" – eine Trennung, in die, wie später noch aufgezeigt werden soll, der Rassismus bereits eingelassen ist.

Die Einführung des Konzeptes „Fremdenfeindlichkeit", das in den neunziger Jahren „Ausländerfeindlichkeit" weitgehend ablöste, deutet daraufhin, dass die scharfe juristische Trennung durch die Realität der dauerhaften Anwesenheit von MigrantInnen langsam ausgehöhlt wurde. „Der Begriff", so meinen Autoren des Instituts für Sozialforschung in Frankfurt, „trägt damit dem Umstand Rechnung, daß sich soziale Vorurteile keineswegs nur auf den anderen Staatsbürgerstatus des ‚Fremden' beziehen, sondern auf Sozialmerkmale, seien es solche ethnischer Herkunft, religiöser Orientierung oder kultureller Lebensformen."[2] Der „Fremde" spielte als Idee schon in der deutschen Soziologie der zwanziger Jahre eine gewisse Rolle – insbesondere bei Georg Simmel. Die Rede vom „Fremden" verweist auf Menschen, deren Status irgendwo zwischen Zugehörigkeit und Nicht-Zugehörigkeit schwankt.

In seinem berühmten „Exkurs" beschrieb Simmel den Fremden folgendermaßen: „Es ist also hier der Fremde nicht in dem bisher vielfach berührten Sinne gemeint, als der Wandernde, der heute kommt und morgen geht, sondern als der, der heute kommt und morgen bleibt – sozusagen der potentiell Wandernde, der, obgleich er nicht weitergezogen ist, die Gelöstheit des Kommens und Gehens nicht überwunden hat." „Der Fremde", so Simmel weiter, „ist ein Element der Gruppe selbst, nicht anders als die Armen und die mannigfachen ‚inneren Feinde' – ein Element, dessen immanente und Gliedstellung zugleich ein Außerhalb und ein Gegenüber einschließt."[3] Obwohl die griffige Definition Simmels in den letzten Jahren ununterbrochen zustimmend zitiert wird, ist sein durchaus komplexer Begriff des Fremden keineswegs un-

2 Institut für Sozialforschung 1994, S.13.

3 Simmel 1923, S.509.

anfechtbar. Simmel hatte den Fremden mit dem Handel in Verbindung gebracht und die europäischen Juden als „klassisches Beispiel“ solcher Händler bezeichnet. Schon historisch war das nicht stimmig – keineswegs alle europäischen Juden waren Händler. Zudem suggerierte Simmel einen strukturellen, quasi natürlichen Prozess, in dem die Juden in diese ökonomische Rolle hineingewachsen seien – der Fremde war für Simmel jener, „der als Supernumerarius in einen Kreis dringt, in dem alle wirtschaftlichen Positionen schon besetzt sind“.[4]

Dieser Prozess ist keineswegs so natürlich verlaufen, wie Simmel annahm. Irgendeine Wanderung der europäischen Juden lag buchstäblich Tausende von Jahren zurück – von „Supernumerarius“ konnte also keine Rede sein. Zudem verdankte sich der Anteil der jüdischen Minderheit am Handel schlicht und ergreifend den krassen Diskriminierungsmaßnahmen der Mehrheit. Simmel neigte zur Substantialisierung des Fremden, was sich auch in Behauptungen ausdrückt wie: „Der Fremde ist eben seiner Natur nach kein Bodenbesitzer.“[5] Was die „Natur“ des Fremden betrifft, wollte sich Simmel aber letztlich nicht festlegen. Denn schon bald darauf nahm er diese Bemerkung im „Exkurs“ wieder zurück und verlegte die zuvor noch als „Natur“ hypostasierte Eigenschaft des Fremden in den „Anderen“: „[...] er ist, so lange er eben als Fremder empfunden wird, in dem Anderen kein ‚Bodenbesitzer‘“.[6] Offenbar ist die Geschichte des Fremden nicht naturwüchsig: Der Fremde bedarf der Markierung und der Definition. Nun hatten die jüdischen Deutschen zur Zeit der Niederschrift des „Exkurses“ bereits immense Anstrengungen unternommen, sich zu assimilieren, d.h. im buchstäblichen wie auch im übertragenden Sinne zu „Bodenbesitzern“ zu werden. Die Tatsache aber, dass die als fremd Markierten ihren zugeschriebenen Status als Fremde – als „potentiell Wandernde“ – ablegen möchten, spielte in Simmels Überlegungen überhaupt keine Rolle. Simmel ignorierte eine Frage, die für den weiteren Verlauf dieser Untersuchung die kardinale Rolle spielen wird:

Was empfindet eigentlich der vorgeblich Fremde?

1. Ausländerfeindlichkeit

Auf das Konzept der „Fremdenfeindlichkeit“ und die ihm zugrunde liegende Idee des „Fremden“ komme ich später noch zu sprechen – zunächst soll es um den theoretischen Gehalt des Begriffes „Ausländerfeindlichkeit“ gehen. Es ist nicht ganz einfach, die Verwendung des Begriffes exakt zurückzuverfolgen, aber eine wissenschaftliche Auseinandersetzung lässt sich erst auf den Beginn der achtziger Jahre datieren. Das Auftauchen der Bezeichnung Ausländerfeindlichkeit hatte mit bestimmten gesellschaftlichen Rahmenbedingungen zu

4 ebd., S.510.
5 ebd.
6 ebd.

tun, die gewissermaßen eine Neujustierung des Verhältnisses der einheimischen Bevölkerung zu den Migranten erzwangen. Zum Ersten war nach dem so genannten Anwerbestopp von 1973 und dem damit beschlossenen Ende des „Gastarbeitersystems" die Anzahl der „Ausländer" in der Bundesrepublik keineswegs gesunken, sondern gestiegen, was bedeutete: Die so genannten Ausländer hatten sich in Deutschland angesiedelt. Spätestens seit Mitte der siebziger Jahre befassten sich die Behörden daher mit der Gestaltung dieses Ansiedlungsprozesses – zwar gab es keine rechtliche Anerkennung der Einwanderung durch Angebote zur Einbürgerung, doch mit dem Konzept der Integration von „Ausländern" wurde der dauerhafte Aufenthalt zumindest moralisch anerkannt. Die Diskussion über die Folgen der Ansiedlung bzw. über die Integration wurde allerdings von Beginn an unter negativen Vorzeichen geführt – durch die Ansiedlung, so die Behörden, sei nämlich eine letztlich bedrohliche Situation entstanden, der mit Maßnahmen zur Integration begegnet werden müsse.[7] Die Bedrohung ging dabei nach Auffassung der deutschen Administration vordringlich von der räumlichen Konzentration der „Ausländer", die unter dem Aspekt der „Ghettobildung" thematisiert wurde, sowie von den zahlreichen Problemen der marginalisierten „zweiten Generation" aus. Gerade die Schwierigkeiten der Nachkommen der „Gastarbeiter" wurden allgemein, wie Giorgios Tsiakalos schreibt, mit einer „pyrotechnischen Metaphorik" beschrieben[8]: Exemplarisch sprach Ministerialamtsleiter Wolfgang Bodenbender während einer ersten zusammenhängenden Präsentation des Integrationskonzeptes 1976 von einem „sozialen Zündstoff mit Zeitzünder".[9]

Angesichts der permanenten Dramatisierung der negativen Folgen der Migration erklärte Bundeskanzler Helmut Schmidt schließlich der Zeitschrift „Spiegel", dass es ein Fehler gewesen sei, so viele „Ausländer" ins Land zu holen. Solche Bemerkungen fanden im Rahmen der Wirtschaftskrise durchaus Resonanz in der so genannten Zivilgesellschaft. Denn da die Regierung offenbar nicht gewillt war, die im Ausländergesetz von 1965 als Kriterium des Aufenthalts von Ausländern festgelegten „Belange der Bundesrepublik Deutschland" zu verteidigen, und scheinbar bloß lamentierte, fühlten sich andere Akteure zum Handeln ermächtigt – vor allem solche aus dem rechtsradikalen Spektrum. In den frühen achtziger Jahren erlebte die Bundesrepublik eine erste Welle rechtsradikaler Attacken auf Migranten – Beispiele sind die Kampagne „Ausländer-Stopp" der NPD, der Terroranschlag auf das Münchener Oktoberfest 1980 sowie die Anschlagserie der „Deutschen Aktionsgruppen" gegen Ämter, Schulen und „Ausländerlager". Zur gleichen Zeit meldeten sich aber auch erstmals intellektuelle Stimmen zu Wort, welche die kulturelle Unvereinbarkeit der deutschen Bevölkerung und bestimmter Migrantengruppen postulierten – bekannteste Bespiele sind das Pamphlet „Sind wir fremdenfeindlich, provinziell, vermufft oder gar rassistisch? Für eine behutsame

---

7 vgl. Tsiakalos 1983, S.77.
8 vgl. ebd.
9 vgl. ebd., S.76.

Rückführung von Ausländern in ihre Heimat"[10] von 1980 und das „Heidelberger Manifest" einiger deutscher Hochschullehrer aus dem Jahre 1981.[11]

Die Begriffsbildung „Ausländerfeindlichkeit" vollzog sich daher in einem Spannungsfeld zwischen der zunehmenden negativen Thematisierung des „Ausländerproblems" und einer wachsenden rechtsradikalen Gewalt. Wer nun die Literatur dieser Tag durchschaut, der findet recht wenige ausdrückliche Definitionen oder gar Theorien der „Ausländerfeindlichkeit". Eines der ersten Bücher mit diesem Titel war eine, von dem in Lehrerausbilung und „Ausländerpädagogik" engagierten Lehrer Rolf Meinhardt herausgegebene Dokumentation[12], welche Gesetzestexte, Leserbriefe, Umfrageergebnisse, Presseartikel und rechtsradikale Schriften beinhaltete. Zudem sammelte der Band einige „Analyseversuche" verschiedener Autoren, ein Kapitel über „Feindbilder und Vorurteile" sowie schließlich „Hinweise zum Umgang und Abbau von Stereotypen". Das Material des Bandes ist zweifellos sorgfältig ausgewählt worden, doch eine Begriffsklärung, die verdeutlicht, warum das Ausländergesetz, Leserbriefe und die Kampagne der NPD zusammengehören, fehlt völlig. Es scheint bei der heutigen Lektüre, als besäße „Ausländerfeindlichkeit" den Charakter von etwas Offensichtlichem. Die „Analyseversuche" sind unsystematisch, und es wird auch nicht klar, wie genau eine offenbar als gesellschaftlich verstandene „Ausländerfeindlichkeit", die sich ja auch in Gesetzestexten niederschlägt, mit psychologischen Theorien über Vorurteile und Stereotypen zusammenhängt. Aber das kann man einer Dokumentation vielleicht nicht zum Vorwurf machen.

1.1 Ausländerfeindlichkeit theoretisch I: Tsiakalos

Eine erste Definition von „Ausländerfeindlichkeit", die in der Folge oft übernommen wurde, schlug Giorgios Tsiakalos, zu dieser Zeit Professor für Sozialanthropologie, 1983 in seinem Buch „Ausländerfeindlichkeit" vor. Bereits in seinem ersten Satz stellt Tsiakalos fest, dass es eine ziemliche Verwirrung um den Begriff „Ausländerfeindlichkeit" gebe. „Übertrieben und historisch falsch, daher irreführend und falsch" jedenfalls sei jeder Vergleich mit dem Holocaust, behauptet Tsiakalos gleich danach, ohne eine weitere Begründung dafür zu liefern.[13] Die Verwirrung hat wohl dazu geführt, dass Tsiakalos den Begriff, den der er doch in der Folge wissenschaftlich definieren möchte, nur mit Unbehagen verwendet: Er setzt ihn in Anführungszeichen. Was soll nun „Ausländerfeindlichkeit" bedeuten? „Einerseits eine feindselige Haltung", meint Tsiakalos, „die durch generalisierte Vorstellungen (wie etwa: Ausländer seien für bestimmte angsteinflößende Zustände verantwortlich) bestimmt wird, und andererseits ein generalisiertes aggressives Handeln, das dem

10 Die Zeit, Nr. 48, 21.11.1980, Nachdruck in Meinhardt 1982, S.23.

11 vgl. Meinhardt 1982, S.38ff.

12 Meinhardt 1982.

13 Tsiakalos 1983, S.9.

Wunsch, den vermuteten Urheber der angsteinflößenden Zustände zu beseitigen, entstammt."[14] Sicherlich war das Buch für ein größeres Publikum geschrieben, doch hätte man erwarten können, dass Tsiakalos erläutert, was – wissenschaftlich betrachtet – unter „feindselig" und „generalisiert" sowie unter „Haltung", „Vorstellung", „Zustand", „Handeln" und „Wunsch" zu verstehen ist.[15] Davon findet sich aber im weiteren Buch keine Spur. Darüber hinaus behauptet Tsiakalos bereits in der Definition des Gegenstandes einen Kausalzusammenhang – und zwar in recht erstaunlicher Weise: Die „angsteinflößenden Zustände" werden von einem Bestandteil eines bloßen Beispieles für „generalisierte Vorstellungen" im zweiten Teil der Definition einfach so zu einem Bestandteil der Ursachen für das „Handeln" – denn das werde, wie Tsiakalos schreibt, durch den Wunsch ausgelöst, den angeblichen Urheber dieser Zustände zu beseitigen.

Das Ganze wird noch verwirrender, wenn Tsiakalos beginnt, die Phänomene zu erläutern, die er unter „Ausländerfeindlichkeit" rubriziert: Gewalt, Diskriminierung, „organisierte Ausländerfeindlichkeit" und „ausländerfeindliche Stimmungen"[16] – noch mehr Begriffe, die nicht definiert werden. Nun dürfte deutlich geworden sein, dass sich mit Tsiakalos Definition angesichts der immensen Unklarheiten leider wenig anfangen lässt. Zudem begrenzt Tsiakalos den Gegenstand durch seine Begriffsbildung auf Feindseligkeiten von Deutschen gegen so genannte Ausländer. Damit wird der Gegenstand aus seiner historischen Dimension herauspräpariert – durch die Begrifflichkeit wird jede Verbindung zum kolonialen Rassismus oder zum Antisemitismus gekappt. Später führt Tsiakalos diese Dimension wieder ein, indem er einen „Kulturrassismus" als Erklärung für die „Ausländerfeindlichkeit" anbietet, aber das verstärkt letztlich nur die prinzipielle Trennung von „Ausländerfeindlichkeit" (aktuelles Phänomen) und Rassismus (tradierter Wissensbestand). Zudem suggeriert seine Wortwahl – „feindselige Haltung", „aggressives Handeln" –, dass es sich bei den „Subjekten" der „Ausländerfeindlichkeit" um Individuen handelt. Das ist, wie sich im weiteren Verlauf seines Buches herausstellt, überhaupt nicht seine Auffassung. Dennoch wird es durch die Wortwahl nahe gelegt: Gesetze etwa können weder eine Haltung haben noch aggressiv handeln.

Den Kreis der Betroffenen wiederum beschränkt seine Definition auf „Ausländer". Wie ist es aber, wenn der „Ausländer" deutscher Staatsangehöriger wird? Hört die „Ausländerfeindlichkeit" dann auf? Tatsächlich ist der Begriff „Ausländer" für eine Definition des Gegenstandes, den ich Rassismus nenne, völlig unbrauchbar. Die Zuschreibung des Status „Ausländer" ist niemals einfach bloß objektiv. Dieser Status ist abhängig von einer ganz spezifischen institutionellen Konzeptionalisierung von Einwanderung – in anderen europäischen Einwanderungsländern wie Britannien, Frankreich oder den

14 ebd.

15 vgl. dazu auch Zick 1997, S.34.

16 vgl. ebd., S. 12ff.

Niederlanden waren die Arbeitsmigranten zu Beginn der achtziger Jahre längst Staatsbürger. Diese Konzeptionalisierung hängt ab von den Regelungen, welche die Mitgliedschaft im Nationalstaat festlegen – als auch von der Definition des Insiders, des „Deutschen“ in unserem Fall. Zudem wäre eine Inhaltsanalyse der Bezeichnung „Ausländer“ in Bezug auf den Bedeutungsgehalt innerhalb der Bevölkerung notwendig – zum einen sind nur bestimmte Gruppen von Personen gemeint und zum anderen ist die Bezeichnung an sich bereits pejorativ aufgeladen. All diese Komponenten verdeutlichen, dass „Ausländer“ keine objektive Tatsache bzw. keine in der Welt einfach vorhandene Gruppe sind, sondern durch institutionelle und andere Mechanismen produziert werden. Insofern muß die Bezeichnung „Ausländer“ in Frage gestellt werden. Sie darf in der Begrifflichkeit nicht einfach wiederholt werden, wenn es um den Gegenstand geht, der hier Rassismus genannt werden soll: Dadurch wird eine Objektivität nahe gelegt, die überhaupt nicht vorhanden ist.

Bleiben wir noch kurz bei Tsiakalos weiterer Argumentation, denn es geht hier keineswegs darum, sein Buch pauschal zu diskreditieren – es enthält viele interessante Ansatzpunkte. Nach der Beschreibung des Phänomenbereichs der „Ausländerfeindlichkeit“ kommt Tsiakalos auf die in Wissenschaft und Gesellschaft populären Erklärungsansätze zu sprechen – etwa auf die Ausländerzahl, die Fremdheit, den Ethnozentrismus, die angeborene Xenophobie, auf die Sündenbock- und die Konkurrenzhypothese. Er analysiert diese Ansätze im Einzelnen und kommt schließlich zu dem Ergebnis, dass sie sämtlich unbefriedigend sind: „Im allgemeinen erklären die bisher dargestellten Ansätze die Ausländerfeindlichkeit als ein irrationales oder sogar psychotisches Verhalten, zu dem Menschen unter bestimmten Einflüssen neigen. Aus diesem Grunde wird Ausländerfeindlichkeit, die eine besondere Form der Beziehung zu den Ausländern bezeichnet, als ein ‚Bruch‘ in den normalen Beziehungen verstanden [...] Dies aber ist ein Irrtum.“[17]

Danach bietet Tsiakalos eine eigene Erklärung der Ursachen an. Er betrachtet „Ausländerfeindlichkeit“ als eine Mischung aus den zumeist unbeabsichtigten Folgen der Arbeitsweise der Institutionen – in diesem Fall der offiziellen „Ausländerpolitik“ – und „eines schon früher in Westeuropa auftretenden Kulturrassismus“, der bereits in der Erziehung vermittelt werde und keinerlei Erfahrung mit den betreffenden Gruppen voraussetze. Ich denke, dass Tsiakalos an dieser Stelle zukunftsweisend argumentiert: Denn zum einen bezieht er die Institutionen in die Funktionsweise des Gegenstandes mit ein, und zum anderen macht er klar, dass der Gegenstand auch im „normalen“ Betrieb der Gesellschaft als eine Art Wissen existiert. Tsiakalos betont, dass „diese Auffassungen [...] sich in unterschiedlichen Formen in allen Bevölkerungsschichten“ finden[18] und dass sie „abgeleitete ‚Erkenntnisse‘“ darstellen: „Abgeleitet werden sie aus vielfältigen Informationen, die Wissenschaftler, Presse, Behörden, Verbände und Institutionen vermitteln. In einem weiteren

17 ebd., S.69.
18 ebd., S.100.

Schritt trägt auch die Auswertung sozialer Situationen, die als für Ausländer typisch gelten, zur Bestätigung, bei Kindern überhaupt zum Aufbau des ‚typischen' Bildes eines Ausländers bei."[19]

Ich werde später mein theoretisches Modell des Rassismus näher erläutern, aber es basiert gewissermaßen auf der Systematisierung des von Tsiakalos angerissenen Zusammenhanges zwischen einem bestimmten institutionellen Komplex und seiner Praxis, der „Ausländer" produziert, und einem sich auf diese Gruppe richtenden Wissen, das ich rassistisches Wissen nenne. Allerdings scheint es mir völlig überflüssig, für die aktuelle Situation in Deutschland den Begriff „Ausländerfeindlichkeit" zu benutzen, wie Tsiakalos es tut, um ihn dann in einem nächsten Schritt wieder mit den „Nachwirkungen" eines historischen Rassismus zu verkoppeln. Viel sinnvoller ist, von unterschiedlichen historischen und lokalen Ausformungen eines Gegenstandes auszugehen, der weiterhin Rassismus genannt werden kann. Aber was versteht Tsiakalos eigentlich unter „Kulturrassismus"? Damit meint er „die Abwertung und Verachtung anderer Menschen wegen ihrer Kultur".[20]

Diese Definition ähnelt der Rassismusdefinition, die Albert Memmi fast zeitgleich formuliert hat, der Rassismus als „verallgemeinerte und verabsolutierte Wertung tatsächlicher und fiktiver Unterschiede" bestimmte.[21] Problematisch scheint, dass Rassismus hier ausschließlich auf die Dimension von „Erkenntnissen" festgelegt und an den Aspekt der negativen Wertung gebunden wird – ich werde anhand der späteren Diskussion über Rassismus in Deutschland darauf zurückkommen. Dadurch verschwindet zunächst die Arbeit der Institutionen aus dem Feld des Rassismus. Zudem fallen durch die Festlegung auf den Aspekt der Abwertung bestimmte Phänomene aus dem Gegenstandsbereich heraus: Denn wie sollen wir eine Werbung des Schokoriegelherstellers „KitKat" nennen, bei der das Bild eines rastagelockten Schwarzen in bunter Kleidung, der eine vergrößerte Version des Riegels anbietet, mit dem Spruch „Size matters" untertitelt ist? Eine negative Wertung ist offenbar nicht vorhanden. Schließlich spricht Tsiakalos im Gegensatz zu Memmi davon, dass die Abwertung auf „ihrer Kultur" basiere. Aber was ist „ihre Kultur"? Indem er davon ausgeht, dass „ihre Kultur" tatsächlich existiert, kommt er jenen Auffassungen nahe, die er selbst kritisiert und die „Ausländerfeindlichkeit" als Folge der „Fremdheit" der „Ausländer" betrachten, welche die Einheimischen überfordere.

Dazu hatte Tsiakalos nämlich zu Recht angemerkt: „Fragt man jedoch im hier behandelten Fall nach jenen Elementen von Fremdheit im Verhalten der Ausländer, die das Gefühl der Bedrohung auslösen könnten, bekommt man keine überzeugenden Antworten. Das in der Presse oft zitierte Beispiel, wonach Türken angeblich ‚den Hammel im Treppenhaus schlachten', erweist

19 ebd., S.104.

20 ebd., S.118.

21 Memmi 1982, S.103.

sich bei näherer Untersuchung als unbegründetes Vorurteil."[22] Was fremd ist, unterliegt also offenbar einem Auswahlverfahren, und ebenso, welche Elemente „ihrer Kultur" im rassistischen Wissen virulent werden. Hier argumentiert Memmi genauer, wenn er von „tatsächlichen und fiktiven Unterschieden" spricht. Denn es stellt sich die Frage: Sind diese Unterschiede ursprünglich, oder trägt der Apparat des Rassismus nicht auch maßgeblich zur Markierung und materiellen Produktion solcher Unterschiede bei? Das ist eine äußerst wichtige Frage, die im Rahmen meiner Interviewauswertung noch eine beträchtliche Rolle spielen wird. Meine Ergebnisse zeigen hier eher, dass die (kulturelle) Differenz in der Wahrnehmung der MigrantInnen selbst keineswegs schon immer da war, sondern erst durch wiederholte Zuschreibung von Nicht-Zugehörigkeit durch die Autochthonen überhaupt ins Bewusstsein tritt. Das bedeutet nicht, dass keine Differenzen existierten – das bedeutet allerdings, dass die Differenzen eine neue Betrachtung und Bedeutung erfahren.

1.2 Ausländerfeindlichkeit theoretisch II: Hoffmann/Even

Neben Tsiakalos Buch über „Ausländerfeindlichkeit" gibt es eigentlich nur noch eine weitere ernst zu nehmende systematische Analyse des Themas aus den frühen achtziger Jahren: Lutz Hoffmanns und Herbert Evens „Soziologie der Ausländerfeindlichkeit" (1984). Zunächst verwerfen die beiden Autoren die Definition von Tsiakalos als Reduktion – zum einen reduziere er das Phänomen auf „eine kleine Minderheit"; zum anderen auf eine „leerformelhafte Worthülse".[23] Die interessanteren Teile seines Buches nehmen sie gar nicht mehr zur Kenntnis. Tatsächlich ist ihre eigene Definition anspruchsvoller, wenn auch kaum weniger mit Ungenauigkeiten gespickt als die von Tsiakalos. In ihrem wissenssoziologisch orientierten Ansatz betrachten sie „Ausländerfeindlichkeit" als Bestandteil des „Gesellschaftsbildes" – also jener selbstverständlichen Vorstellungen, welche die Mitglieder einer Gesellschaft über diese Gesellschaft teilen und die ihr „Wir-Bewußtsein" konstituieren.[24] In dieses Bild ist die „Ausländerfeindlichkeit" eingelassen: „Wir können daher vorläufig die Definition formulieren, daß Ausländerfeindlichkeit die Vorstellung ist, daß die Ausländer legitimerweise nicht in vollem Umfang an den Rechten der Inländer partizipieren, sondern einen ihnen eigentümlichen Status verminderter Rechte innehaben."[25] Hoffmann und Even halten den Aspekt der „Feindlichkeit" für durchaus geeignet, um zu verdeutlichen, dass es hier „um ein Merkmal der institutionellen Alltagspraxis unserer Gesellschaft" gehe.[26]

Die so gefasste „Ausländerfeindlichkeit" existiert in zwei Modi – einem latenten und einem manifesten. Der latente Anteil wurde in der zitierten vor-

22 Tsiakalos 1983, S.31.
23 Hoffmann/Even 1984, S.18.
24 ebd., S.33ff.
25 ebd., S.26.
26 ebd., S.22.

läufigen Definition bereits angesprochen. Es geht um jenen „problemlosen“ und „unthematischen“ Aspekt – der „schon fast eine Tautologie ist“, wie die Autoren betonen –, dass jede Gesellschaft dem Fremden die Teilhabe an allen Strukturen erst mal verweigere.[27] Manifeste „Ausländerfeindlichkeit“ entstehe dann, wenn die Ausländer eine „Statuspassage“ in Richtung „Inländerstatus“ durchlaufen[28] und damit begännen, Ansprüche zu stellen, indem sie sich auf andere Teile des Gesellschaftsbildes der Einheimischen berufen – wie etwa das Postulat der Gleichheit. Die durch solche Ansprüche entstehende „Krisensituation“ werde eben durch die manifesten Äußerungen von „Ausländerfeindlichkeit“ kognitiv bearbeitet.[29] Dieser zweite Modus der „Auslände r-feindlichkeit“ bezieht sich dabei vordringlich auf das Ausbleiben dessen, was die beiden Autoren die „Identitätspassage“ der „Ausländer“ nennen. Während nämlich die Statuspassage fortschreite und dabei für eine Annäherung an die Inländer sorge, bleibe eine Angleichung der „Identität“ aus: Die „Ausländer“ „verweigern die ‚kulturelle Anpassung‘“. Daraus resultiere bei dem Einheimischen eine Konfrontation mit „unvertrauten Wirklichkeiten“, die „ihm an Orten und in Situationen (begegnen), mit denen er von Kind an glaubte, vertraut zu sein. Aus der Irritation über die plötzlich unvertraut gewordene gesellschaftliche Umwelt resultiert die manifeste Ausländerfeindlichkeit“. [30]

Obwohl Hoffmann und Evens Definition deutlich anspruchsvoller ist, sind die einzelnen Elemente und ihre Beziehung zueinander nicht geklärt. So fragt man sich zum Beispiel, wie die „institutionelle Alltagspraxis“, deren „Merkmal“ die „Ausländerfeindlichkeit“ ja sein soll, genau beschaffen ist, und wie diese institutionelle Praxis mit dem „Gesellschaftsbild“ vermittelt ist. Darüber hinaus erwähnen die Autoren selbst, dass ihre Definition des latenten Modus „fast eine Tautologie“ sei. Tatsächlich ist die Trennung von Inländern und Ausländern vor allem entlang des rechtlichen Status derzeit in allen Gesellschaften vorhanden. Allerdings gilt das keineswegs historisch: Die Trennung geht zurück auf die Entstehung des Nationalstaates. Es mag alle möglichen Modi des Umgangs mit Fremden gegeben haben, doch die Tatsache, dass eine Person auf einem bestimmten Territorium Inländer und überall sonst ein Ausländer ist, geht historisch auf die zuvor völlig unüblichen, exakten und scharfen räumlichen Grenzziehungen zunächst zwischen den europäischen Nationalstaaten zurück. Es ist richtig, auf diesen grundlegenden Mechanismus der Diskriminierung hinzuweisen, doch Hoffman und Even bleiben darin völlig unspezifisch. Sie verdeutlichen nicht, dass dieser Diskriminierung eine institutionelle Regelung der Mitgliedschaft zugrunde liegt – die Staatsbürgerschaft, die in Deutschland äußerst ausschließlich konzipiert ist. „Latente Ausländerfeindlichkeit“, wie Hoffmann und Even sie verstehen, ist daher nicht

27 ebd., S.36 ff.

28 zur „Statuspassage“ vgl. ebd., S.64ff. und 81ff.

29 vgl. ebd., S.38ff.

30 ebd. S.69.

nur Teil eines wo auch immer angesiedelten „Gesellschaftsbildes“, sondern auch einer ganz bestimmten institutionellen Praxis im Nationalstaats.

Dennoch ist es verdienstvoll, dass die Autoren auf den allgemein gültigen und selbstverständlichen Charakter der hierarchisierenden Diskriminierung zwischen Inländern und Ausländern hinweisen. Aber ihre Erklärung des Umschlagens von latent in manifest bleibt vage. Was die „Statuspassage“ anbetrifft, so gehen Hoffmann und Even offenbar mit einigem Fortschrittsglauben davon aus, dass die „Ausländer“ sich in punkto Mitgliedsstatus, Marktzugang, staatlicher Distribution von sozialer Sicherheit und politischer Wissensbildung immer weiter in Richtung Inländerstatus bewegen: „Der Rückblick auf die vergangenen zehn Jahre zeigt, daß die Ausländer in dieser Zeit eine legale, als auch eine intentionale als auch eine reale Statuspassage durchlaufen haben. Die Beschreibung der gegenwärtigen Lage läßt aber zugleich erkennen, daß sie bei weitem noch nicht den vollständigen Inländerstatus erreicht haben. Der aktuelle Stand ist daher nichts mehr als eine Momentaufnahme. Nichts spricht dafür, daß sich die bisherige Entwicklung an diesem Punkt aufhalten läßt.“[31]

Angesichts der deutschen Geschichte muss man betonen, dass die Entwicklung auf einen Inländerstatus hin sich im Nationalstaat an jedem beliebigen Punkt nicht nur aufhalten, sondern sogar umkehren lässt. Die nationalsozialistische Gesetzgebung von dem „Gesetz über den Widerruf von Einbürgerungen und die Aberkennung der deutschen Staatsangehörigkeit“ vom 14.07.1933 bis zu den berüchtigten „Nürnberger Gesetzen über das Reichsbürgerrecht und den Schutz des deutschen Blutes und der deutschen Ehre“, die im Laufe des Jahres 1935 erlassen wurden, setzte einen Prozess in Gang, an dessen Ende die Verwandlung der deutschen Bürger jüdischer Religionszugehörigkeit in „Ausländer“ stand. Dabei waren die jüdischen Deutschen eben keine „Supernumerari“ oder Einwanderer – sie wurden durch einen staatlichen Willkürakt ausgegliedert, obwohl sie schon immer dazugehörten. In den Gesetzen von Nürnberg kann man nachlesen: „Auch ehemalige Deutsche, die die Staatsangehörigkeit verloren haben, sind im Gebiet des Deutschen Reiches Ausländer [...].“[32] Als Grundlage dieser Art der Gesetzgebung diente im Übrigen das äußerst restriktive Reichs- und Staatsangehörigkeitsgesetz vom 22.07.1913, das auch nach dem Ende des „Dritten Reiches“ bis 1999 unangetastet blieb – und das dafür sorgte, dass die Naturalisierung von Einwanderern lange Zeit fast unmöglich blieb.

Nun gab es in der Bundesrepublik tatsächlich eine Entwicklung hin zum Inländerstatus. Diese Entwicklung war jedoch paradox, weil die Einwanderer weiterhin als „Ausländer“ institutionalisiert wurden. Zweifelsohne käme heute niemand mehr auf die Idee, für die „behutsame Rückführung“ der Migranten zu plädieren wie noch zu Beginn der achtziger Jahre – in diesem Sinne ist die Ansiedlung und Eingliederung von „Ausländern“ weiter fortgeschritten. Gleichzeitig jedoch hat die Bundesrepublik erst mit Antritt der rotgrünen Re-

31 ebd., S.118.

32 Die Nürnberger Gesetze 1936, S.38.

gierungskoalition im Jahre 1998 zugegeben, dass Deutschland ein Einwanderungsland ist. Implizit wurde das bereits 1990 durch die Einführung von Anspruchseinbürgerungen im Rahmen des „Ausländergesetzes" anerkannt. Doch trotz der späteren Änderung des Staatsangehörigkeitsrechtes im Jahre 1999 ist der überwiegende Teil der Migranten im Status des „Ausländers" verblieben – hier kann also von einer „Statuspassage" nur im eingeschränkten Sinne die Rede sein. Zudem ist auch der Zugang zum Arbeitsmarkt weiterhin für große Teile der Migranten begrenzt – sie bleiben auf bestimmte Segmente des Arbeitsmarktes festgelegt und sind von offener Diskriminierung betroffen. Tatsächlich gibt es keine lineare „Statuspassage", sondern der Prozess der Eingliederung von Einwandern in den westeuropäischen Staaten nach dem Krieg barg stets eine Paradoxie in sich. Es war Immanuel Wallerstein, der die Figur des „Ausschlusses durch Einbeziehung" geprägt hat, welche er als „differentia spezifica" der gesamten kapitalistischen Weltwirtschaft betrachtet.[33] In diesem Sinne werden die Migranten auf eine ganz spezifische Weise in die Institutionen des Einwanderungslandes einbezogen, denn sie erhalten darin eine besondere Position: Sie sind gewissermaßen drin, aber gerade die Form ihrer Eingliederung bedeutet auch immer eine Ausgrenzung. Zwar werden die Einwanderer auf dem Arbeitsmarkt integriert, doch gleichzeitig werden sie unterschichtet – sie werden in den unteren Segmenten des Arbeitsmarktes quasi eingesperrt. Zwar werden sie in das inländische Leben integriert, doch gleichzeitig bleiben sie von ihrem Status her „Ausländer".

Hoffmann und Even machen es sich zu einfach mit ihrer Vorstellung von der „Statuspassage". Anlässlich des Phänomens der „Ausländerfeindlichkeit" stellten sie in den frühen achtziger Jahren mit diesem Begriff letztlich fest, dass die „Ausländer" nicht mehr zurückkehren würden, sondern sich angesiedelt hatten. Der paradoxe Prozess des „Ausschlusses durch Einbeziehung" war aber schon seit der Anwerbung im Gange. Dieser Prozess hätte den Autoren deutlicher werden können, wenn sie einen vergleichenden Blick auf die Situation in anderen Einwanderungsländern geworfen hätten. Aber die sonderbar lokale Gegenstandsbildung „Ausländerfeindlichkeit" führte zu einer kompletten Ignoranz gegenüber dem restlichen europäischen Geschehen. Da kann einem schon etwas mulmig zumute werden: Nicht nur wurde etwa in Britannien bereits über einen „new racism" diskutiert, noch bevor hierzulande die „Ausländerfeindlichkeit" zur Kenntnis genommen wurde – nein, diese weitaus elaboriertere „ausländische" Literatur wurde überhaupt nicht beachtet.[34]

Wenn die „Statuspassage" nun nicht so fortschreitet, wie Hoffmann und Even sich das vorstellen, dann gibt es selbstverständlich auch keinen Widerspruch zwischen „Status"- und „Identitätspassage". Ich möchte an dieser Stelle gar nicht ausführlich auf die Probleme des Begriffes „Identität" zu sprechen kommen. Bei Hoffmann und Even wird dieser Begriff nicht weiter erklärt. Man muss da zurückgehen zu einem Projekt von Lutz Hoffmann und

33 Wallerstein 1995, S.102.

34 vgl. etwa Barker 1981, CCCS 1982.

Mitarbeitern aus dem Jahre 1981, wo die zentralen Begriffe und Erkenntnisse der „Soziologie der Ausländerfeindlichkeit" bereits angelegt wurden. Es handelt sich um eine qualitative Studie über die „Alltagstheorien" von türkischen Jugendlichen über ihre Lage in der Bundesrepublik.[35] Diese „Theorien" sind gewissermaßen das Komplement zur „manifesten Ausländerfeindlichkeit": Ebenso wie die Einheimischen den Bruch in ihren selbstverständlichen Wissensbeständen – ihrem „latent ausländerfeindlichen" Gesellschaftsbild also – durch „manifeste" Theorien über „Ausländer" zu bearbeiten versuchen, „heilen" die „Wanderer" die Kluft zwischen ihrem mitgebrachten „Alltagswissen" und den Verhältnissen in der Bundesrepublik durch bestimmte „Alltagstheorien".[36]

Eine besondere Bedeutung erhalte dabei – wie Hoffmann aus seinem Interviewmaterial schließt – eben die Frage der „nationalen Identität". Das läge daran, dass der „Kern des Alltagswissens [...] das Wissen um sich selbst" sei.[37] „Ich-Identität" wird verstanden als die Erkenntnis eines Unterschieds, die wiederum zeitliche Kontinuität ermögliche. In einer Fußnote gibt es einen Verweis auf die psychoanalytische Theorie von Erik Erikson – freilich ohne nähere Erläuterung. Die „persönliche Identität" hat nach Hoffmann auch „kollektive Grundlagen" – nämlich die „nationale Identität als Zugehörigkeit zu einer staatsbildenden Volksgruppe".[38] An anderer Stelle findet sich in Klammern ein Hinweis, dass „nationale Identität" sich aus Kultur und Staatsbürgerschaft zusammensetze.[39] Die schwierige Situation der türkischen Jugendlichen in Deutschland führe nun dazu, „daß die nationale Identität zum entscheidenden Merkmal der Ich-Identität aufsteigen" kann.[40] Nun möchte ich gar nicht bestreiten, dass Hoffmann und seine Interviewer zahlreiche Bemerkungen über den türkischen Hintergrund der Befragten gehört haben. Doch aus recht verstreut wirkenden Äußerungen über die Ausgrenzung durch die Einheimischen und die besseren Sozialbeziehungen der Türken untereinander[41] zu schließen, dass bei den Jugendlichen die „nationale Identität" das gesamte Wissen über sich selbst dominieren würde, wirkt doch abenteuerlich (auf Hoffmanns allzu schnelle Verallgemeinerungen weist auch Michael Bommes in seiner Kritik hin[42]). Zumal der Begriff Identität ungeklärt bleibt: Weder wird begründet, warum das „Wissen um sich selbst" der Kern des Alltagswissens sein soll, noch wird deutlich, wie die „kollektiven Grundlagen" genau darauf einwirken. Identität oder nationale Identität erklärt sich wie so oft in der bundesdeutschen Diskussion scheinbar von selbst, obwohl es nur eine spärliche Theoriebildung dazu gibt. Noch im Jahre 1998 fällt Heiner Keupp

35 vgl. Hoffmann 1981.
36 vgl. ebd., S.25ff.
37 ebd., S.47
38 vgl. ebd.
39 vgl. ebd., S.53.
40 ebd., S.48.
41 vgl. ebd., S.57ff.
42 vgl. Bommes 1993, S.18f.

nach einem Blick auf die Literatur wenig mehr ein als eine Tautologie: „Identität ist ein Projekt, das zum Ziel hat, ein individuell gewünschtes oder notwendiges ‚Gefühl von Identität' (*sense of identity*) zu erzeugen."[43]

Die „Identitätspassage" der Migranten wird dann in der „Soziologie der Ausländerfeindlichkeit" als defizitär beschrieben: Sie „bleibt aus"[44] bzw. sie „fehlt".[45] Die Migranten „werden Bürger, aber keine Deutschen".[46] Nun ist es, wie schon erwähnt, so, dass sie noch nicht mal Bürger wurden – juristisch blieben sie zum allergrößten Teil „Ausländer". Was das „Deutsch-Sein" bzw. die „Identitätspassage" betrifft, so hat die nach Hoffmann und Even offenbar in erster Linie etwas mit Kultur zu tun. Die „Ausländer" würden sich nicht als Deutsche wahrnehmen. Sie beherrschten die deutsche Sprache nur „unzureichend". Sie fielen den Deutschen durch ihr Kleidungsverhalten auf – als Beispiel nennen die Autoren Kopftücher. Bei den Türken sei die Familie „patriarchalisch strukturiert", wobei die Rollendifferenzierung „einen fast rituellen Charakter" habe. Dabei komme dem Islam eine „legitimierende Funktion" zu, was die „Identitätspassage" letztlich zu einer „religiösen Frage" machen würde.[47]

Hoffmann und Even beschreiben diese kulturellen Unterschiede keineswegs als Unterschiede, die schon immer da waren, sondern als Reaktionen auf die Ausgrenzungen und Benachteiligungen in der Bundesrepublik. Damit machen sie deutlich, dass Kultur nur im Kontext Bedeutung erhält und sich permanent verändert. Allerdings beschreiben sie die kulturellen Merkmale im Großen und Ganzen als eine Art reaktive Regression auf eine „angestammte Identität".[48] Es handelt sich jedoch nicht nur um eine Regression auf etwas Vorgängiges, sondern auch um einen Prozess der aktiven Kulturbildung unter spezifischen begrenzenden Bedingungen. Zudem nehmen die Autoren die Formen des Wandels, welche den Pfad der Tradition verlassen haben, einfach nicht wahr. Indem sie schließlich behaupten, dass die ausbleibende „Identitätspassage" für „Irritation" unter den Einheimischen sorgt, dass also das Umschlagen von latenter in manifeste „Ausländerfeindlichkeit" dadurch ausgelöst wird, „daß dem Inländer heute dort Unvertrautes begegnet, wo sich früher seine Lebenswelt ungebrochen spiegeln konnte",[49] machen sie die kulturellen Produktionen der „Ausländer" implizit für die Manifestationen der „Ausländerfeindlichkeit" verantwortlich. Zum Hauptproblem werden so „fremde kulturelle Formen". Insofern geht es auch im Kampf gegen die „Ausländerfeindlichkeit" vordringlich um die Akzeptanz dieser „fremden" Formen durch eine „multikulturelle Gesellschaft".

---

43 Keupp 1998, S.34.

44 Hoffman/Even 1984, S.69.

45 ebd., S.119ff.

46 ebd., S.120.

47 zu den genannten kulturellen Merkmalen vgl. ebd., S.120ff.

48 ebd., S.137.

49 ebd., S.137.

Ob aber wirklich eine „Irritation“ stattfindet, ist fragwürdig. Denn wenn stimmt, was Hoffmann und Even selbst feststellen, dass nämlich der Grad der Segregation in der deutschen Gesellschaft relativ hoch war, dann wären die Einheimischen damals gar nicht oft genug mit den „Ausländern“ konfrontiert worden, um von ihnen irritiert zu sein. Und wie erklärt sich das Phänomen, dass „Ausländerfeindlichkeit“ an Orten virulent ist, an denen überhaupt keine oder nur vereinzelt „Ausländer“ leben – wie etwa seit der Vereinigung in den neuen Bundesländern? Offenbar existiert der Gegenstand, den ich Rassismus nenne, auch ohne irgendwelche realen Erfahrungen, welche die Vertrautheit mit der eigenen Umgebung stören. Zudem werden ja nicht alle kulturellen Unterschiede zum Auslöser für die „manifeste Ausländerfeindlichkeit“, sondern ganz bestimmte, während andere, möglicherweise weitaus gravierendere, überhaupt keine Rolle spielen. Tatsächlich muss der Unterschied manchmal schlicht erfunden werden – wie man auch am historischen Fall der „assimilierten“ jüdischen Deutschen in seiner ganzen Absurdität nachvollziehen kann. Was „irritiert“, leitet sich also oft weniger aus der fremden Kultur ab, als vielmehr aus der Wahrnehmung und dem Wertesystem der Einheimischen.

Nun gibt es bei Hoffmann und Even auch Sätze wie diese: „Wenn die Ausländerfeindlichkeit angesichts dieses Phänomens (der „Identität“ der „Ausländer“, MT) eskaliert, so ist sie doch nicht erst seine Folge, sondern immer schon seine Ursache.“[50] Ursache der fehlenden „Identitätspassage“ ist also die „latente Ausländerfeindlichkeit“, die wiederum später den manifesten Modus aktiviert. Wie genau funktioniert aber die „latente Ausländerfeindlichkeit“? Der Begriff „Ausländerfeindlichkeit“ setzt voraus, dass es tatsächlich eine Gruppe namens „Ausländer“ gibt. Die existiert aber nur aufgrund bestimmter institutioneller Prozesse sowie aufgrund eines Prozesses der Wissensbildung, der sich auf diese Gruppe richtet. Anstatt nun nach den Bedingungen der Existenz dieser Gruppe zu fragen und nach den Mechanismen der Wissensbildung, sorgt die Rede von der „Ausländerfeindlichkeit“ fast zwangsläufig dafür, dass dieser Gruppe irgendwelche Eigenschaften zugeschrieben werden – vornehmlich kultureller Art. Letztlich besitzt „Fremdheit“ somit einen Erklärungswert. Darüber hinaus bleibt die deutsche wissenschaftliche Diskussion, indem sie diesen Begriff verwendet, insular: Denn in den anderen Einwanderungsländern konnte von „Ausländerfeindlichkeit“ zum Zeitpunkt des Erscheinens des Buches schon keine Rede mehr sein – in Britannien und Frankreich etwa waren die Betroffenen längst Bürger. Beim Rassismus geht es eben nicht um das Zusammenleben von zwei oder mehr Gruppen auf einem Territorium, sondern um spezifische Spaltungen innerhalb einer Bevölkerung.

Zwar begründen Hoffmann und Even, warum sie den Begriff aus der Alltagssprache übernommen haben – „es soll kein Zweifel darüber bestehen, worüber wir hier reden“[51] –, doch der Begriff schlägt am Ende auf die stre-

50 ebd., S.138.
51 ebd., S.27.

ckenweise sehr anspruchsvollen und fruchtbaren Gedanken zurück. Damit geht vor allem der wichtigste Aspekt ihres Buches verloren – dass sie den Gegenstand, den sie „Ausländerfeindlichkeit" nennen, nicht als Ausnahme im gesellschaftlichen Funktionieren betrachten, sondern als selbstverständlichen Bestandteil. Ich möchte die Dinge nicht noch komplizierter machen, aber es sei erwähnt, dass Hoffmann und Even die „Ausländerfeindlichkeit" nochmal abgrenzen von „Ausländerfeindschaft" und „Ausländerhaß", wobei die Unterscheidungen vage bleiben – als Kriterium wird die Gewalttätigkeit genannt. Auch der Begriff Rassismus taucht auf – im Rahmen der „Theorien der [...] Kritik der Ausländerfeindlichkeit".[52] Der Begriff wird ausschließlich auf den Nationalsozialismus bezogen. Sie wehren sich durchaus zu Recht gegen die einfache Behauptung von Kontinuität.[53] Offenbar war es zu diesem Zeitpunkt für die beiden Forscher einfach noch nicht möglich, den Begriff aus dem Konnex mit dem „Dritten Reich" zu lösen.

Freilich haben Hoffmann und Even auch später weder eine explizite Weiterentwicklung noch eine Revision ihrer Thesen vorgenommen. Lutz Hoffmann befasste sich danach vor allem mit den Ambivalenzen der Bundesrepublik als „unvollendeter Republik" – also mit dem Problem, dass Deutschland ein Einwanderungsland wurde, während es gleichzeitig an einem völkischen Selbstverständnis festhielt.[54] Dabei taucht der Begriff „Ausländerfeindlichkeit" immer weniger auf, während gleichzeitig das Gerüst der Argumentation weiter verwendet wird. In einem Text von 1996 über den „Einfluß völkischer Integrationsvorstellungen auf die Identitätsentwürfe von Zuwanderern" stellt Hoffmann die These von der Selbstverständlichkeit der „Ausländerfeindlichkeit" noch einmal an den Beginn seiner Ausführungen, doch nun nennt er die „kognitive Struktur, die unüberwindbar parteiisch zugunsten des Aufnahmelandes ist", plötzlich „strukturelle Diskriminierung".[55] Wie schon zuvor hat diese „Struktur" etwas „unüberwindbares", also anthropologisches: „Derart einseitige Wahrnehmungen lassen sich nicht auf Rassismus oder Xenophobie reduzieren. Bis zu einem gewissen Grad sind sie aus strukturellen Gründen unvermeidbar."[56] Auch fast 15 Jahre später muss man sich mit dem Verweis auf etwas „Strukturelles" zufrieden geben, wenn es um die Unterscheidung zwischen Einheimischen und jenen geht, die nun „Zuwanderer" genannt werden. Aber ist es nicht Aufgabe der Wissenschaft, eben jene „Struktur" aufzuklären, welche die Unterschiede zwischen Menschen markiert? So trägt Hoffmann zur Selbstverständlichkeit des „Gesellschaftsbildes" bei, indem er diese Selbstverständlichkeit als „unüberwindbar" sanktioniert – die Argumentation ist bekannt von den Stereotypisierungsansätzen, auf die ich später noch kurz zu sprechen kommen werde.[57] Doch selbst wenn die „ Auslän-

52 ebd., S.156.
53 vgl. ebd., S.165ff.
54 vgl. Hoffmann 1992.
55 Hoffmann 1996, S.242.
56 ebd., S.243.
57 vgl. dazu auch Terkessidis 1998, S.34ff.

derfeindlichkeit“ oder die „Diskriminierung“ strukturell sind, warum bedeutet es eine „Reduktion“, wenn man dafür die Bezeichnung Rassismus benutzt? Es sind doch ganz bestimmte Gruppen von ganz bestimmten Ausschlussprozessen betroffen und nicht irgendwelche. Heißt das dann nicht, dass eben das „Strukturelle“ selbst ein konstitutives Element dieser Prozesse bildet – ja selbst Bestandteil des Apparates des Rassismus ist?

Während Hoffmann und Even ihr Konzept der „Ausländerfeindlichkeit“ theoretisch kaum weiterentwickelt haben, sind sie empirisch jedoch einen geradezu revolutionären Schritt gegangen. Denn sie haben in den frühen achtziger Jahren das Projekt „Wahrnehmung der alltäglichen Ausländerfeindlichkeit in Industriebetrieben durch ausländische Arbeitnehmer“ ins Leben gerufen, das an eine ganze Reihe von Arbeiten anschloss, die auf qualitativen Befragungen mit Migranten basierte.[58] Dabei handelt es sich um eine der ganz wenigen Untersuchungen, welche nicht von den Einheimischen ausgeht, sondern die Betroffenen dazu befragt, wie sie Rassismus erfahren und erklären – das ist ein entscheidender Perspektivwechsel, auf den ich im Verlaufe dieser Untersuchung noch zu sprechen kommen werde.

Interessant ist weiterhin, dass nicht nur Hoffmann und Even an ihrem theoretischen Ansatz kaum noch gearbeitet haben, sondern dass sie auch in der sonstigen Forschung kaum Resonanz erfahren haben. Zwar gab es noch in den achtziger Jahren Inhaltsanalysen der Presseberichterstattung über „Ausländer“, die sich das „Ausländerfeindlichkeits“-Konzept zu Nutze machten, das ja gerade auf das „Gesellschaftsbild“ rekurrierte.[59] Aber als es zu Beginn der neunziger Jahre sowohl eine Diskussion über „Fremdenfeindlichkeit“ als auch zum ersten Mal eine über Rassismus gab, da spielte ihr Konzept überhaupt keine Rolle mehr – es gab nicht einmal eine ernsthafte Kritik an ihrem Ansatz.

1.3 Ausländerfeindlichkeit empirisch

Woher kommt diese seltsame Ignoranz gegenüber einem doch recht elaborierten Theoriegebäude zum Thema „Ausländerfeindlichkeit“? Zunächst muss man generell feststellen, dass die Literatur – insbesondere die theoretische – in Deutschland im Vergleich zu anderen Einwanderungsländern ziemlich erbärmlich wirkt. Das hat damit zu tun, dass der Gegenstand auch in der Wissenschaft Konjunkturen erlebt, wobei die jeweilige Hausse kurz nach gewalttätigen Ausschreitungen gegen Migranten liegt – der überwiegende Teil der Literatur entstand in den beginnenden achtziger Jahren und den frühen neunziger Jahren. In den Zwischenperioden nimmt das Interesse am Thema dramatisch ab, was auch dazu führt, dass in der nächsten Forschungsphase die Erkenntnisse der früheren Phase vergessen worden sind. Zudem gilt hierzu-

58 vgl. Hoffmann/Even 1985, Hoffmann 1981, Hoffmann 1982.

59 vgl. Geiger 1985, S.255f., Merten 1986, S.27f. und Ruhrmann & Kollmer 1987, S.15f.

lande nicht nur für die Benutzung des Begriffs Rassismus das „,Tabu' des Wortgebrauchs"[60], sondern auch für die Tatsache, dass es überhaupt Gewalt oder auch Diskriminierung gegen Migranten gibt. Solche Vorfälle aktivieren moralische Schuldgefühle in Bezug auf den Nationalsozialismus und das daraus resultierende starre Selbstbild vom „ausländerfreundlichen" Deutschland – und die moralische Aufladung verhindert eine rationale Klärung.

Begriffliche Auseinandersetzungen führen schließlich weitere Brüche herbei. „Als gänzlich untauglich erweist sich der Begriff der Ausländerfeindlichkeit", schreibt Mona Singer zu Recht in ihrem von den Cultural-Studies inspirierten Buch „Fremd-Bestimmung": „Er erfaßt weder die Diskriminierung von inländischen Gruppen noch die Unterschiede, die zwischen AusländerInnen gemacht werden (z.B. zwischen Flüchtlingen und TouristInnen)."[61] Die Ablehnung des Begriffes führt bei Singer wie bei vielen anderen aber auch dazu, dass alle Schriften, die mit dem Begriff „Ausländerfeindlichkeit" arbeiten, ad acta gelegt werden. Das halte ich für falsch. Die Kritik an der Literatur zu „Ausländerfeindlichkeit" und „Fremdenfeindlichkeit" muss geleistet werden. Und ich habe die Bücher von Tsiakalos und Hoffmann und Even hier so ausführlich besprochen, weil ich auch denke, dass die interessante Literatur nicht einfach auf die Müllkippe gehört, nur weil der Begriff „Ausländerfeindlichkeit" historisch und politisch überholt erscheint.

Darüber hinaus ist der Begriff durchaus weiterhin in Gebrauch – ebenso wie die Bezeichnung „Ausländer" für alle Personen nichtdeutscher Herkunft. Wie erwähnt nimmt die aktuelle Literatur – vor allem, wenn sie empirisch orientiert ist – praktisch keinen Bezug auf die ausgearbeiteten Definitionen aus den beiden vorgestellten Werken. 1995 hat Christine Jäger die theoretischen Arbeiten (u.a. auch jene von Hoffmann und Even) und empirischen Untersuchungen (Umfragen wie eine EMNID-Studie im Rahmen einer EG-weiten Untersuchung von 1989 sowie die ALLBUS-Befragungen von 1980, 1984 und 1988, Analysen zu Medieninhalten und Forschungen zur Lebenslage von „Ausländern") zur „Ausländerfeindlichkeit" einer ziemlich vernichtenden Kritik unterzogen. Auch ihr fiel auf: „Es mangelt an gegenseitiger Bezugnahme und konstruktiver Kritik."[62] Bei den theoretischen Arbeiten, die auf „strukturbezogene Erklärungen" abheben, sieht sie die Schwächen hauptsächlich in dem Fehlen einer theoretischen Grundlegung – die Forschung thematisiere vornehmlich gesellschaftliche Randbedingungen.[63] Ihre Kritik an der Vorurteilsforschung lasse ich hier beiseite – darum wird es später noch gehen. Ihr Fazit zum empirischen Teil der Forschung fällt vom Standpunkt des kritischen Rationalismus aus noch weniger freundlich aus: „Die Verknüpfung von Theorie und Empirie muß somit als willkürlich bezeichnet werden. Zum einen erfolgt ein Rückgriff auf theoretische Überlegungen nur dann, ,wenn es gera-

60 Bielefeld 1992, S.19.

61 Singer 1997, S.52.

62 Jäger 1995, S.110.

63 ebd., S.112.

de paßt', zum anderen liegt die Entscheidung, welche Variablenausprägung eine ausländerfeindliche Haltung indizieren (aufgrund nicht eindeutig und explizit vorgenommener Definitionen und Operationalisierungen [...]), im höchst subjektiven Ermessen des Forschers."[64]

Am Ende weist sie vor allem auf die eminenten begrifflichen Probleme hin und verlangt eine „eindeutige Bestimmung der Personengruppe Ausländer als auch des Begriffs Feindlichkeit".[65] Hier stößt Jägers Kritik wiederum selbst auf die Grenzen ihrer eigenen Vorstellung von „objektiver" Wissenschaft. In der Folge muss sie nämlich selbst feststellen, dass die präzise Fassung besagter „Personengruppe" ziemlich schwer fällt.[66] Tatsächlich ist dieses Problem auch nicht zu lösen, wenn man wie Jäger annimmt, daß diese „Personengruppe" objektiv existiert und nicht in einem Apparat, in dem institutionelle Praxis und Wissensbildungsprozesse zusammenfließen, überhaupt erst produziert wird. Weitere Probleme ergeben sich bei der Bestimmung des Gehaltes von „Feindlichkeit". Zu Beginn ihrer Ausführungen über die theoretischen Arbeiten zum Thema definiert sie den Gegenstand folgendermaßen: „Entsprechend wird unter Ausländerfeindlichkeit jede Form menschlichen Tuns verstanden, in dem eine ablehnende, abwertende Haltung gegenüber Ausländern zum Ausdruck kommt."[67] Dieser Arbeitsdefinition, die sie aus der vorgefundenen Theorie ableitet, würden Hoffmann und Even jedoch ganz sicher nicht zustimmen. Darüber hinaus subsumiert sie unter „Ausländerfeindlichkeit" auch Ansätze von Autoren wie Wieland Elfferding, Birgit Rommelspacher oder Ute Osterkamp, die den Begriff „Ausländerfeindlichkeit" entweder nicht verwenden oder ihn von Rassismus deutlich abgrenzen. Doch passen die Ansätze zu „Ausländerfeindlichkeit" und jene zu Rassismus so problemlos zusammen? Jäger sagt selbst, dass „die uneinheitlich verwendete Terminologie Ausdruck einer unterschiedlichen Konzeptualisierung" des Gegenstandes sei.[68] Daraus lässt sich dann aber leicht schließen, dass diese theoretischen Konzepte nicht so einfach zu vergleichen sind. Schließlich führt ihre scharfe Kritik erstaunlicherweise nicht dazu, dass sie den Begriff „Ausländerfeindlichkeit" zurückweist – sie fordert lediglich eine Systematisierung und kritische Reflexion des Begriffes in der wissenschaftlichen Auseinandersetzung.[69]

Was ihre generelle Einschätzung der empirischen Forschung betrifft, kann man jedoch nur zustimmen – auch die jüngeren Untersuchungen sind, zumal gemessen an den eigenen methodischen Voraussetzungen, nachgerade katastrophal. Ich möchte hier drei Beispiele aus den neunziger Jahren kurz erwähnen. Das erste ist eine Studie über „Ausländerfeindlichkeit in der ehemaligen DDR", die im Oktober 1990 vom Bundesministerium für Arbeit und Sozialordnung in Auftrag gegeben wurde – durchgeführt hat sie die „ISG Sozialfor-

---

64 ebd., S.117.
65 ebd., S.107.
66 ebd., S.108.
67 ebd., S.27.
68 ebd., S.110.
69 ebd., S.121.

schung und Gesellschaftspolitik GmbH" in Köln.[70] Die gesamte Befragung, wie man dem Vorwort entnehmen kann, fand im November und im Dezember 1990 statt. In dieser Zeit interviewten die Forscher 56 „Experten" zum Thema qualitativ und 205 Personen – zumeist in Betrieben – mit einem standardisierten Fragebogen. Zusätzlich befragten sie 117 „Ausländer" wiederum standardisiert und nochmals sechs Journalisten, die in den neuen Bundesländern tätig waren, qualitativ. Trotz dieses immensen Materialberges – und jeder, der je ein qualitatives Interview ausgewertet hat, weiß, wie arbeitsintensiv das ist – lag die Untersuchung bereits am 31.12.1990 vor! Da hat das Bundesministerium offenbar gut daran getan, gleich in einem Klappentext darauf hinzuweisen, dass es „keine Gewähr für die Richtigkeit, Genauigkeit und Vollständigkeit" übernimmt.

Immerhin betonen die Autoren, dass sie angesichts der knappen Zeit keine Repräsentativität beanspruchen, sondern um die „qualitative Erfassung" von Erscheinungsformen, Umfang und Ursachen der „Ausländerfeindlichkeit" sowie möglicher Gegenmaßnahmen bemüht waren.[71] Nun sucht man vergeblich nach einer Definition des Begriffs. Insofern gibt es selbstverständlich auch keine Operationalisierung der Items. Um die Verbreitung der „Ausländerfeindlichkeit" zu messen, wurde den Befragten etwa folgendes Item angeboten, zu dem sie „volle" oder „teilweise Zustimmung", „Ablehnung" oder „Unschlüssigkeit" äußern konnten: „In einem Land mit hoher Arbeitslosigkeit sollte man so wenig Ausländer wie möglich aufnehmen."[72] Wenn nun jemand „volle Zustimmung" äußert, wie lässt sich bestimmen, ob das „ausländerfeindlich" ist? Tatsächlich könnte die Aussage jederzeit so von einem Politiker der Union oder auch von einem Vertreter der Gewerkschaft geäußert werden.

Um herauszufinden, „gegen wen" sich die Aversionen richten, legten die Forscher den Probanden Sympathie/Antipathie-Skalen vor.[73] Die Probleme solcher Skalierungen sind seit langem bekannt – sie zwingen geradezu zur Homogenisierung bestimmter Gruppen.[74] Dennoch fehlt jede Reflexion des Verfahrens. Zudem werden die Ergebnisse in Prozentzahlen präsentiert, obwohl zuvor festgestellt wurde, dass es um eine „qualitative Erfassung" gehe: Was soll aber die prozentuale Verteilung dann eigentlich aussagen? Schließlich gehören zu den „Erscheinungsformen", wie aus den Interviews mit den Betroffenen hervorging, auch Benachteiligungen im Betrieb und in der Arbeitswelt. Zweifellos ist es verdienstvoll, dass auch „Ausländer" über ihre Wahrnehmung befragt wurden, und es ist im Sinne einer explorativen Analyse auch sehr interessant, dass die „Ausländer" Benachteiligungen auch zur „Ausländerfeindlichkeit" rechnen. Was aber folgt daraus? Gehören Benachteiligungen damit auch zur „Ausländerfeindlichkeit"? Die Forscher lassen ein-

70 Der Bundesminister 1990.

71 ebd., S.9.

72 ebd., S.21ff.

73 ebd., S.33.

74 vgl. Terkessidis 1998: 17ff.

fach die Befragten den Begriff klären. Dabei haben sie durchaus erkannt, dass schon „die Schätzung des Ausmaßes von Ausländerfeindlichkeit [...] entscheidend davon ab(hängt), welches begriffliche Verständnis von Ausländerfeindlichkeit zugrunde gelegt wird".[75] Wenn aber jeder etwas anderes darunter versteht, was lässt sich dann aus der Untersuchung ableiten?

Im Sinne einer qualitativen Analyse wäre es denkbar gewesen, dass die Eruierung der Vorstellungen der Befragten zu „Ausländerfeindlichkeit" zu einer Begriffsanalyse geführt hätte. Davon aber keine Spur. Im Gegenteil, in ihrer „Zusammenfassung" finden sich Feststellungen wie die Folgende: „Die Tendenz zur Ausländerfeindlichkeit ist schichtspezifisch unterschiedlich ausgeprägt: alle Befragtengruppen waren sich darin einig, daß die Verbreitung von Ausländerfeindlichkeit mit der beruflichen Qualifikation und damit dem sozialen Status zusammenhängt, eine besonders starke Ausprägung wird unter den ungelernten und angelernten Arbeitern vermutet, als sehr selten wird sie bei den Hochqualifizierten angesehen."[76] Man muss sich das auf der Zunge zergehen lassen: Dass die Befragten sich darüber „einig" waren, dass die Ursachen von „Ausländerfeindlichkeit" in der Schichtzugehörigkeit zu suchen sind – das ist ein verbreitetes Klischee –, führt dazu, dass die Forscher diese Kausalität als eine wissenschaftliche Erkenntnis verkaufen. Ich denke, dass man bei dieser Untersuchung mit Fug und Recht von einer skandalösen Angelegenheit sprechen kann – es ist geradezu unglaublich, dass ein Ministerium für so etwas Geld ausgegeben hat. Zudem kann man nur hoffen, dass diese „Erkenntnisse" damals nicht in irgendeinem Praxisbereich handlungsrelevant geworden sind.

Das zweite Beispiel ist ein Bericht bzw. eine „Kurzstudie" zu „Dimensionen und Ursachen der Ausländerfeindlichkeit in den neuen Bundesländern" von Uwe Markus aus dem Jahr 1995 – entstanden im Rahmen der Tätigkeit der „Kommission für die Erforschung des sozialen und politischen Wandels in den neuen Bundesländern e.V.", einer, wie es heißt, „vom Wissenschaftsrat empfohlenen, auf fünf Jahre begrenzten Initiative von namhaften Sozialwissenschaftlern". Offenbar ging die Studie – das ist zumindest den für die Untersuchung geführten „Gesprächen" zu entnehmen, die der Autor in seinem Teil über die „empirischen Befunde" zitiert – auf die Ausschreitungen gegen Asylbewerber in Rostock-Lichtenhagen zurück. Markus beginnt seine Ausführungen ziemlich unvermittelt mit der Aufklärung von „Mißverständnissen in der Beurteilung des Phänomens Ausländerfeindlichkeit".[77] Wiederum sucht man irgendeine Definition des Gegenstandes vergeblich. Zunächst weist er darauf hin, dass die „Ausländerfeindlichkeit" kein isoliertes Phänomen sei, sondern das „Ergebnis und Attribut übergreifender sozialstruktureller und sozio-psychischer Umschichtungs- und Diversifizierungsprozesse".[78] Nach die-

75 ebd., S.143.
76 ebd., S.144.
77 Markus 1995, S.2.
78 ebd.

ser apodiktischen Behauptung stellt Markus dann die (rhetorische) Frage, ob Argumentationen und praktische Lösungsansätze nicht die „innere Verfaßtheit“ der Gesellschaft zum Gegenstand haben müssten. Obwohl es kein Bemühen darum gibt, diese Behauptung irgendwie zu erhärten, geht es im späteren Verlauf viel um die „DDR-Spezifik“, den „Umbruch“, um „Modernisierungsdruck und sozialstrukturelle Verwerfungen“. Offenbar muss man sich als Leser damit anfreunden, das Argument zu Beginn schlicht für plausibel zu halten.

Markus erklärt weiter, dass es die Konturen des Problems verwischen würde, „wenn pauschalisierend von der ‚Ausländer‘-Feindlichkeit ‚der‘ Deutschen gesprochen wird“.[79] Die „Aversionen“ richteten sich nämlich primär gegen jene „Ausländer“, „die als ‚fremd‘, als einer anderen Rasse und einem anderen Kulturkreis zugehörig erkennbar sind“. Zudem hätten die „unterschwelligen Diskriminierungen, denen auch schon jahrelang in Deutschland lebende und arbeitende Ausländer ausgesetzt“ seien, ihre Ursache „nicht nur in latenten Ressentiments“. „Die Eskalation der Fremdenfeindlichkeit“, schreibt er, „ist unverkennbar auf den Einwanderungsdruck zurückzuführen, der von Asylbewerbern ausgeht.“ Dadurch erst würden „alte Stereotype“ aktiviert.[80] Dass aus dieser losen Sammlung von Überlegungen auch noch Empfehlungen für die Politik abgeleitet werden, damit möchte ich mich hier nicht befassen, sondern ausschließlich mit der wissenschaftlichen Argumentation – wenn man Markus Ausführungen überhaupt eine solche zubilligen möchte.

Zum einen bewegen sich seine mit der Autorität des wissenschaftlichen Berichterstatters getroffenen Feststellungen nur auf der Ebene von Behauptungen – nach Belegen sucht man vergebens. Zum Zweiten schiebt er die „Ausländerfeindlichkeit“ offensichtlich den „Ausländern“ selbst zu – das „Problem“ entsteht durch ihre Zahl und ihre „Fremdheit“. Das ist eine Auffassung, die während der „Asyldebatte“ oft in der Öffentlichkeit zu hören war – begründet ist sie damit keineswegs. Zum Dritten verwendet Markus ganz selbstverständlich einen Begriff, der in wissenschaftlichen Diskussion bereits seit Jahrzehnten diskreditiert ist: Ich meine die Bezeichnung „Rasse“. Viertens wüsste man schon noch gerne, was eigentlich genau gemeint ist, wenn von „Ausländerfeindlichkeit“, „latenten Ressentiments“, „alten Stereotypen“, „Fremdenfeindlichkeit“ und „unterschwelligen Diskriminierungen“ die Rede ist – später kommen auch noch „Ausländerhaß“ und „Fremdenhaß“ dazu. Wissenschaftliche Terminologie: Fehlanzeige.

Bei den empirischen Befunden setzt sich die Schlamperei unvermindert fort. Zu Beginn werden Ergebnisse „zweier für die Wahlbevölkerung der neuen Bundesländer repräsentativen Erhebungen vom April und vom Juni 1991“ vorgestellt – allerdings gibt es überhaupt keine Quellenangabe.[81] Dann zitiert Markus ausführlich die oben kritisierte Untersuchung des Bundesministeriums

79 ebd., S.3.

80 Die gesamte Argumentation findet man auf S.3.

81 ebd., S.41ff.

für Arbeit und Sozialordnung von 1990, als handele es sich dabei um gesicherte Erkenntnisse.[82] Dann folgen „Gruppengespräche“, die der Autor geführt hat – mit „ausländischen“ und „deutschen“ Teilnehmern. Auf welcher methodischen Grundlage diese „Gespräche“ basierten, wird nicht erwähnt. Ebenso wenig wie sie ausgewertet wurden. Man erfährt nicht einmal, wieviel Personen teilgenommen haben. Insofern gibt es im Ergebnis wenig mehr als seitenlange Zusammenfassungen der Eindrücke, die Markus von den Gesprächen mit nach Hause genommen hat. In den „Schlußbemerkungen“ fordert er dann, dass die Bundesrepublik endlich die Frage beantworten solle, wie denn mit dem „Einwanderungsdruck“ umgegangen werden soll.[83] Ich brauche wohl kaum zu erwähnen, dass es zwischen der anfänglichen Behauptung, dass der „Einwanderungsdruck“ das eigentliche Problem sei, und der abschließenden Forderung, die noch einmal bestätigt, dass das so ist, keine Argumentation gab, welche das eine oder das andere tatsächlich begründet hätte.

Angesichts dieser beiden Beispiele mag man mir vorwerfen, dass ich mir solche Untersuchungen herauspicke, die sich leicht diskreditieren lassen. Ich kann in diesem Fall nur empfehlen, in der eigenen Universitätsbibliothek eine elektronische Proberecherche zum Thema „Ausländerfeindlichkeit“ zu starten. In Köln fanden sich in der zentralen Universitätsbibliothek gerade mal 29 Titel und in der Bibliothek der geisteswissenschaftlichen Abteilung der Fachhochschule noch einmal 14 – der überwiegende Teil Dubletten. Die Werke direkt zum Thema, die einen wissenschaftlichen Charakter haben, sind noch weniger. Obwohl allgemein angenommen wird, in Deutschland seien Unmengen Literatur zum Thema erschienen, ist der tatsächliche Bestand erstaunlich gering. Meine Auswahl ist also keineswegs beliebig, sondern basiert auf der verfügbaren Literatur. Das letzte Beispiel stammt aus dem engeren akademischen Kontext: Es handelt sich um einen Aufsatz über „Ausländerfeindlichkeit, Vorurteile und diskriminierendes Verhalten“ von Ulrich Wagner und Andreas Zick, in dem der Versuch unternommen wird, die theoretische Literatur mit bereits verfügbaren empirischen Daten zusammenzubringen.[84]

Die Arbeit von Wagner und Zick ist keineswegs auf dem Niveau der zuvor kritisierten Untersuchungen, aber auch ihr Ansatz birgt eine ganze Reihe von Problemen. Auch für Wagner und Zick ist der Ausgangspunkt ihrer Arbeit die deutliche Zunahme von „ausländerfeindlichen“ Straftaten in der Periode von 1991 bis 1993.[85] Allerdings nehmen sie sofort eine Gegenstandsbestimmung vor. In ihrer Definition, die im Folgenden ausführlicher zitiert wird, denken sie die individuelle und die gesellschaftliche Seite zusammen: „Der Begriff Ausländerfeindlichkeit umfaßt mehr als individuelle Vorurteile. Er meint auch die strukturelle Benachteiligung ethnischer Gruppen etwa durch staatliche Stellen und gesellschaftliche Organisationen [...]. Beispiele dafür sind eine

82 ebd., S.49.
83 vgl. ebd., S.59.
84 Wagner & Zick 1998.
85 vgl. ebd., S.146ff.

unnötige Erschwerung sicheren Aufenthaltsrechts, der Ausschluß von politischer Partizipation für lange in Deutschland lebende Zuwanderer und die Konstruktion negativer Bilder und Stereotypen durch Politik und Medien [...]. Ausländerfeindlichkeit ist gleichzeitig ein individuelles wie ein gesellschaftliches Phänomen. Es sind Individuen, die ablehnend urteilen und diskriminierend oder aggressiv gegenüber Ausländern handeln. Die Individuen agieren jedoch nicht unabhängig voneinander: Es besteht zum Teil weitgehende Übereinstimmung darüber, wer die Zielgruppen der Ausgrenzung sind; seit fast 20 Jahren sind dies in Deutschland vornehmlich die Türken, seit neuem auch Asylsuchende. Zum anderen werden auch Stereotype, die zur Ausgrenzung herangezogen werden, von vielen geteilt: Die Zuwanderer nehmen ‚uns' Arbeitsplätze, Wohnungen und Kindergartenplätze weg. Die Selektion der diskriminierten Minderheit und die Konstruktion der Begründung dieser Diskriminierung sind weitgehend das Ergebnis gesellschaftlicher Definitionsprozesse und beispielsweise in erheblichem Maße von der Darstellung von Minderheiten in den Massenmedien bestimmt."[86]

In diesem Definitionsversuch verbergen sich erhebliche Fallstricke. Zwar scheint es mir völlig richtig, die individuelle und die strukturelle Seite zusammen zu denken, doch die beiden Seiten bleiben bei Wagner und Zick letztlich unverbunden nebeneinander stehen. Das hat wiederum mit den theoretischen Konzepten zu tun, auf die sich die Autoren jeweils berufen. Für die individuelle Seite beziehen sie sich auf das Konzept des Vorurteils. Tatsächlich ist das aber nicht ohne weiteres möglich, weil die Verwendung des Begriffes Vorurteil eine ganz eigene Konzeptualisierung des Gegenstandes mit sich bringt, welche die gesellschaftliche Bestimmtheit gerade ausschließt. Ich möchte hier keine ausführliche begriffliche Kritik des psychologischen Vorurteilsbegriffes anschließen – die findet man etwa bei Rudolf Leiprecht[87] oder in meinem Buch „Psychologie des Rassismus".[88] Ich werde hier nur einige relevante Punkte noch einmal zusammenfassen:

1. Die komplette Vorurteilsforschung konzentriert sich auf die Einstellungen von Einzelnen gegenüber bestimmten Gruppen. Dabei gilt das Vorurteil stets als Verirrung des Individuums – also als falsche Einstellung gegenüber bestimmten Gruppen. Die Ursache für solche Verirrungen werden je nach theoretischem Ansatz in pathologischen Reaktionen (psychodynamische Ansätze[89]) oder in universellen Prozessen der Wahrnehmung (Stereotypenforschung[90]) gesucht. Dass Vorurteile Einstellungen im psychologischen Sinne sind, wird ohne weitere Begründung vorausgesetzt. Das Einstellungskonzept ist jedoch per se ungesellschaftlich – es kann nicht erklären, warum Einstellungen geteilt werden. Der Gegenstand, den ich hier Rassismus nenne, wird dadurch zu einer schlichten Aggregation individueller Irrtümer. Der gesell-

86 ebd., S.151.
87 vgl. Leiprecht 1992, S.72ff.
88 vgl. Terkessidis 1998, S.17ff.
89 vgl. ebd., S.21ff.
90 vgl. ebd., S.34ff. und S.45f.

schaftliche Kontext kann also immer nur addiert werden, d.h. die Gesellschaft bleibt dem Individuum völlig äußerlich. 2. Die Bezeichnung Vorurteil setzt voraus, dass ein richtiges Urteil über irgendein bereits existierendes „Objekt", etwa „Ausländer", prinzipiell möglich ist, und dass irgendjemandem, gewöhnlich dem vernünftigen Forscher, dieses Urteil bekannt ist. Die Verwendung von Eigenschaftslisten zur „Messung" von Vorurteilen etwa impliziert, dass bestimmte Gruppen als Entitäten existieren und solche Eigenschaften besitzen. Tatsächlich wird aber das „Objekt" durch eine bestimmte Praxis und einen bestimmten Diskurs überhaupt erst hervorgebracht. So kann die Untersuchung des Rassismus keine einfache wissenschaftliche Untersuchung eines „Objektes" sein. Sie muss den Prozess der Herstellung dieses „Objektes", also seiner Objektivierung, analysieren, einen Prozess, an dem die Wissenschaft selbst maßgeblich beteiligt war und ist. Aber hier greife ich schon vor. 3. Die Vorurteilsforschung kann die Vorurteile bloß registrieren; und das ist es, was die empirischen Untersuchungen bislang zumeist getan haben. Die Vorurteilsforschung kann aber aus sich heraus überhaupt keine Erklärungen liefern – nicht für die Tatsache, dass Menschen überhaupt solche Urteile fällen, nicht dafür, dass ganz bestimmte Gruppen betroffen sind, und auch nicht für den Inhalt der so genannten Vorurteile. Dafür muss immer auf andere Theorien zurückgegriffen werden, etwa auf die Psychoanalyse oder auch auf soziologische Theorien.

Bereits diese Kurzfassung der Kritik macht deutlich, dass man den Begriff Vorurteil nicht einfach weiterhin für die individuelle Seite des Gegenstandes „Ausländerfeindlichkeit" verwenden kann, wenn man gleichzeitig wie Wagner & Zick annimmt, dass es so etwas wie „gesellschaftlicher Definitionsprozesse" in Bezug auf „Ausländer" gibt. Tatsächlich würde der Begriff voraussetzen, dass die Gruppen, auf die sich die Vorurteile beziehen, tatsächlich existieren, und dass irgendeine Form von Urteil über diese Gruppen gefällt werden kann. Trotz des Hinweises auf die „Definitionsprozesse" scheint das auch für die Autoren außer Frage zu stehen. Sie sprechen stets selbstverständlich von „Ausländern", „fremden Gruppen" oder „fremden ethnischen Gruppen". Sie beziehen sich auf ein Item einer Eurobarometer-Untersuchung, in der von „Menschen, die einer anderen Kultur angehören", die Rede ist.[91] Wie aber gehört man genau „einer Kultur an"? Dann sprechen sie von Bedingungen, „die dazu führen, daß Menschen Mitglieder fremder Gruppen mehr oder weniger ablehnen und ausgrenzen".[92] Es muss ihnen selbst aufgefallen sein, dass sie hier ernsthaft eine Trennung suggerieren zwischen Menschen und „Mitgliedern fremder Gruppen", denn gleich darauf fragen sie: „Was aber sind die eigene und die fremde Gruppe? Warum werden Menschen gerade in In- und Ausländer klassifiziert?" Genau darauf geben sie aber keine Antwort. Diese Antwort ist auch nicht möglich, solange man mit dem Vorurteilskonzept von der Existenz der Gruppen ausgeht und nicht untersucht, wie solche

91 Wagner/Zick 1998, S.156.

92 ebd., S.161.

Gruppen im Prozess des Rassismus überhaupt erst zu „Ausländern“ oder „Fremden“ werden.

Dass bestimmte Gruppen in den Fokus von Vorurteilen geraten, das halten Wagner und Zick, wie gesagt, für eine Frage der Gesellschaft. Sie sprechen dabei von struktureller Benachteiligung, von der Konstruktion negativer Bilder durch Politik und Medien sowie von gesellschaftlichen Definitionsprozessen (s.o.). Doch all diese Verweise bleiben äußerst unklar. Als wissenschaftliche Referenz dafür, dass strukturelle Benachteiligung zum Gegenstand „Ausländerfeindlichkeit“ gehört, dienen Werke aus den USA – Jones (1974) und Feagin & Feagin (1978). Diese Autoren schreiben aber nicht über „Ausländerfeindlichkeit“, sondern sie verwenden ausdrücklich den Begriff „institutional racism“. Warum der Verweis auf diese Autoren trotz der begrifflichen Unterschiede zulässig ist, darüber äußern sich die Autoren nicht. Eine ähnliche Schwierigkeit mit der wissenschaftlichen Referenz ergibt sich auch beim Thema der Konstruktion negativer Bilder, die von Politikern und Medien ausgehen. Hier wird auf Arbeiten des Duisburger Instituts für Sprach- und Sozialforschung Bezug genommen sowie auf Teun A. van Dijk – die Forscher verwenden aber den Begriff Rassismus. Zudem ist es auch nicht selbstverständlich, dass Politiker und Medien einfach auf die Seite der Gesellschaft gehören – auch hier sind schließlich Individuen am Werk. Wie funktioniert also der Prozess, in dem die Gesellschaft etwas definiert? Tatsächlich geht es genau um diesen Prozess, aber um ihn zu fassen, sind die Begriffe „Vorurteil“ und „Ausländerfeindlichkeit“ völlig ungeeignet.

Wie die empirischen Daten bei Wagner & Zick mit der Gegenstandsbestimmung verknüpft wurden, darauf möchte ich nicht ausführlich eingehen. Vielmehr soll das in einem Exkurs zu einem Buch von Zick geschehen. In dieser monumentalen eigenen Arbeit, die erstaunlicherweise ein Jahr vor dem erwähnten Aufsatz erschien, verwendet Zick den Begriff „Ausländerfeindlichkeit“ eigentlich nicht mehr. Sie trägt den Titel „Vorurteile und Rassismus“ (1997). Obwohl es an dieser Stelle noch um „Ausländerfeindlichkeit“ geht, möchte ich auf sein Buch zu sprechen kommen, weil sich an dieser anspruchsvollen Arbeit exemplarisch verdeutlichen lässt, wie schlecht angesichts der theoretischen Schwächen, die ich soeben anhand des Aufsatzes von Wagner & Zick erläutert habe, die Verknüpfung zwischen Theorie und Empirie funktioniert.

1.4 Exkurs: Das Modell von Zick

An Zicks Buch fällt zunächst die bewundernswerte Gelehrsamkeit des Autors auf – allein das Literaturverzeichnis seines ohnehin fast 500 Seiten umfassenden Werkes besteht aus 85 (!) dünn bedruckten Seiten. Zick hat buchstäblich alles zum Thema und den angrenzenden Komplexen wie Rechtsradikalismus gelesen – nicht nur die deutsche wissenschaftliche und populäre Literatur, sondern auch die britische, US-amerikanische, niederländische und französische. Sein Umgang mit dieser umfangreichen Lektüre ist freilich alles andere als originell. Aus den Theorien, Ansätzen und Meinungen formt Zick nämlich etwas, das er „eine bibliographierte Systematik" nennt bzw. ein „Schema der Diskurse über Fremdenfeindlichkeit, Vorurteile, Rassismus und Diskriminierung".[93] Die Logik dieser Systematisierung bezeichnet Zick als „relativ einfach". Die Literatur wird rubriziert unter: Vorurteile und Rassismus als A. individuelle Phänomene (psychologische Vorurteilsforschung), B. gesellschaftliche Phänomene (sozialwissenschaftliche Rassismusdebatte), C. menschliche Grundkonstanten (philosophische, anthropologische und soziobiologische Forschung). Dazu kommen noch D. der Diskurs über ‚Vorurteilen ähnliche' Phänomene (Antisemtismus, Rechtsextremismus, Sexismus), E. der öffentlichen Diskurs über das Thema und schließlich F. der „Beseitigungsdiskurs", also die Konzeptionalisierung von Vorurteilen und Rassismus in Programmen zur Bekämpfung von „Fremdenfeindlichkeit" oder Rechtsextremismus.

Zick weist darauf hin, dass der Begriff Diskurs mit einer bestimmten Forschungstradition, nämlich der auf Michel Foucault zurückgehenden Diskursanalyse in Verbindung steht. Er findet den Begriff angemessen, weil sein Diskurs-Schema tatsächlich den Diskurs erfassen soll: „Allgemeine Erklärungen (Redeweisen) zu Vorurteilen und Rassismus".[94] Was er mit den „Redeweisen" macht, hat allerdings überhaupt nichts mehr mit Diskursanalyse und letztlich noch nicht einmal sehr viel mit Systematik zu tun. In der Diskursanalyse geht es darum, die Bedingungen zu analysieren, die es der Wissenschaft erlauben, die „Wahrheit" über ein bestimmtes Thema zu sprechen. Tatsächlich hätte die Forschung eine solche Diskursanalyse bitter nötig. Das würde jedoch bedeuten, dass man die Literatur nicht bloß nach vermeintlichen Gegebenheiten anordnet wie „Individuum" oder „Gesellschaft", sondern gerade danach fragt, wie die Forschung Individuum und Gesellschaft in Bezug auf den Gegenstand konstruiert. Dann würden sich vielleicht ganz andere Einteilungen ergeben. Bei Zick kann von einer Systematik im engeren Sinne gar nicht gesprochen werden, sondern lediglich von einer thematischen Zusammenstellung.

Diese Zusammenstellung geht zudem über die theoretischen Differenzen völlig hinweg. Ich habe oben schon von der prinzipiellen Unvereinbarkeit der Begriffe Vorurteil und Rassismus gesprochen. Nun presst Zick in seinem Schema nicht nur diese Ansätze zusammen, sondern auch soziobiologische Xenophobie-Konzeptionen und die im engeren Sinne diskursanalytischen Beiträge etwa der Bochumer „diskurswerkstatt" oder des Duisburger Instituts für Sprach- und Sozialforschung. Das ist abenteuerlich. Zum einen müsste Zick zumindest erklären, wie denn diskursanalytische Arbeiten über Medieninhalte selbst wieder Bestandteil eines Diskurses werden – wie genau konstruieren sie den Gegenstand? Zum anderen haben Forscher, die dem Verfahren der Diskursanalyse nahe stehen, schon recht früh darauf hingewiesen, dass eine Reihe von Arbeiten aus der Ethologie und Soziobiologie – etwa von Kon-

93 Zick 1997, S.17ff.

94 ebd., S.26.

rad Lorenz, seinem Schüler Irenäus Eibl-Eibesfeld oder auch von Edward O. Wilson – selbst als rassistisch zu qualifizieren sind bzw. zumindest deutliche rassistische Implikationen enthalten.[95]

Immerhin diskutiert Zick im Anschluss an seine zweifelhafte, wenn auch möglicherweise durchaus praktische Übersicht, die „Grundbegriffe des Diskurses". Diese Diskussion habe auch eine „Limitierungsfunktion": Zick weist nämlich die Begriffe „Ausländerfeindlichkeit", „Fremdenfeindlichkeit", „Fremdenhaß" und „Xenophobie" als zu global und ideologieanfällig zurück.[96] Da stellt sich selbstverständlich sofort die Frage, warum er selbst den Begriff „Ausländerfeindlichkeit" in dem oben erwähnten, 1998 erschienenen Aufsatz wieder verwendet. Was soll die Arbeit an den Begriffen nutzen, wenn man sich in der Folge nicht einmal selbst daran hält? Jedenfalls folgt dann in Zicks Buch eine längere Erörterung der Begriffe Vorurteil, Ethnozentrismus, Rassismus, Stereotyp und Diskriminierung, die ich hier nicht ausführlich wiedergeben möchte. Als Ergebnis bleibt, dass er im Rahmen seiner „sozialpsychologischen Perspektive" bestimmten Begriffen den Vorzug gibt, denen die anderen Bezeichnungen gewissermaßen einverleibt werden: „Die Diskussion der Begriffe zeigt [...] daß die sozialpsychologische Forschung Begriffe bietet (Vorurteil, Stereotype, Rassismus), die deutlich definieren, was unter ‚Fremdenfeindlichkeit' verstanden werden kann. Dabei kommt v.a. dem Vorurteilsbegriff eine zentrale Bedeutung zu. Die Kernkonzepte der Vorurteilsforschung leisten [...] einen wichtigen Beitrag zur Analyse der Phänomene, die für den Diskurs zentral sind (Fremdenfeindlichkeit, Rassismus, Rechtsextremismus etc.)".[97]

Die Stelle wirkt unfreiwillig ein wenig komisch. Offenbar hat sich Zick entschlossen, keinen Begriff, keine Gegenstandsbildung und keine Theorie wirklich zurückzuweisen, sondern sie alle seinem eigenen Modell anzuverwandeln. Zick tut hier so, als seien „Fremdenfeindlichkeit" oder „Ausländerfeindlichkeit" nicht mit bestimmten Konzepten des Gegenstandes verbunden, sondern einfach nur die Bezeichnung von Phänomenen – so können Vorurteil und Rassismus zu Analyseinstrumenten für diese Phänomene werden. Tatsächlich ist es aber etwas völlig anders, ob ich bestimmte Phänomene als „fremdenfeindlich" oder als rassistisch adressiere. Nehmen wir als Beispiel den Anschlag auf das Wohnhaus einer Familie türkischer Herkunft in Solingen zu Beginn der neunziger Jahre. Wenn ich dieses Phänomen als „fremdenfeindlich" bezeichne, dann schwingen sofort bestimmte Voraussetzungen mit: Es gibt zwei Gruppen, „uns" und die „Fremden"; die betroffene Familie war „fremd" und ihre „Fremdheit" war es, die bei den Tätern jene „Feindlichkeit" ausgelöst hat. Wenn ich die Anschläge jedoch rassistisch nenne, dann weise ich damit sofort auf zwei Merkmale hin: Zum einen wird der Unterschied zwischen „uns" und „ihnen" nicht vorausgesetzt, sondern es wird davon ausge-

95 vgl. Billig 1981, Barker 1981 oder Barker 1990.

96 vgl. Zick 1998, S.33ff.

97 ebd., S.48f.

gangen, dass solche Anschläge die Zugehörigkeiten qua Gewalt gerade markieren wollen. Zum anderen kommt ein rassistisches Ereignis, wie Frantz Fanon einmal gesagt hat, in einer Gesellschaft nicht einfach vor – quasi zufällig –, sondern eine Gesellschaft ist rassistisch oder sie ist es eben nicht.[98] Anders ausgedrückt: Wenn sich Jugendliche ermächtigt fühlen, einen solchen tödlichen Angriff auszuführen, dann müssen die Täter im sozialen Leben notwendig Ressourcen zur Legitimation ihrer Tat vorgefunden haben.

Vorurteile und Rassismus ordnet Zick zueinander an, indem er Vorurteile als „gesellschaftlich institutionalisierte Abwertung sozialer Gruppen" beschreibt und Rassismus als „institutionalisierte und ideologisierte Form von Vorurteilen".[99] Im Gegensatz zu dem oben erwähnten Essay mit Wagner wird in seinem Buch aber ein Verbindungsglied zwischen Individuum und Gesellschaft eingeführt – die Gruppe fungiert als „Schnittstelle". Zwar ist das Vorurteil eine individuelle Einstellung, doch der einzelne hat solche Einstellungen nur „auf der Basis seiner Zugehörigkeit zu bestimmten gesellschaftlichen Gruppen (Ingroup) gegenüber anderen sozialen Gruppen (meist ethnische Minderheiten)".[100] Neben Vorurteil und Rassismus sind nun die Begriffe Institution, Ideologie und Gruppe hinzugekommen. Hier schließt sich selbstverständlich die Frage an, wie denn genau die gesellschaftliche Institutionalisierung funktioniert, wie die Ideologie zu den Personen kommt und wie die Gruppen eigentlich entstehen. Die Gruppe als „Schnittstelle" einzuführen, nützt wenig, denn die Beziehung zwischen Individuum und Gruppe bleibt ebenso unvermittelt und abstrakt wie zuvor jene zwischen Individuum und Gesellschaft.

Bevor die begriffliche Kasuistik allzu langweilig wird, möchte ich zuletzt auf die Verknüpfung von Theorie und Empirie in Zicks Arbeit eingehen. Er erstellt aus seinem Diskursschema ein „heuristisches Modell". Aus den verschiedenen Vorurteilstheorien und anderen Ansätzen extrahiert Zick etwas, das er „Basisdeterminanten und -kriterien ethnischer Vorurteile" nennt.[101] Diese Determinanten heißen kurz darauf auch „Faktoren" bzw. „psychologisch relevante Faktoren zur Analyse der Ursachen ethnischer Vorurteile". Es gibt „externe" Faktoren (Status, politische Präferenzen, Kontext) sowie „interne" (personale, gruppale) und dann gibt es auch noch „Kriterien" für die Vorurteile selbst (unterschiedliche Varianten von Vorurteilen, Antipathie, Intentionalität).[102] Wichtig für die psychologische Forschung sind nach Zick die gruppalen Faktoren. Am Ende werden die externen Determinanten in einem gegliederten „Kausalmodell" auf Alter, Geschlecht, Bildungsniveau und Schichtzugehörigkeit reduziert; und die internen Faktoren auf Deprivation,

98 Fanon 1952, S.63ff.; 1969, S.44.
99 Zick 1997, S.43.
100 ebd., S.49.
101 vgl. ebd., S.216.
102 vgl. ebd., S.218ff.

Konservatismus, Ingroup-Identifikation, Kontakt zur Minderheit sowie Inkongruenz eingeengt.[103]

Zunächst kann ich nur noch einmal darauf hinweisen, dass Zick sich seine „Determinanten" und Kriterien willkürlich aus völlig unterschiedlichen Theorien zusammenklaubt, ohne auch nur den Versuch zu unternehmen, diese Ansätze theoretisch zu integrieren. Darüber hinaus fragt man sich angesichts der recht einfachen Aufteilungen wie „extern" und „intern" und der ebenso einfachen und augenfälligen „Determinanten" wie Alter oder Bildungsniveau schon, ob man dafür die gesamte Literatur zum Thema hätte studieren müssen. Schließlich würde man auch noch gerne wissen, was für eine wissenschaftliche Kategorie eigentlich die „Basis-Determinante" ist. Und wie genau determiniert die Determinante? Hier taucht zweifellos ein generelles Problem von so genannten Kausalmodellen in der traditionellen empirischen Sozialwissenschaft auf. Es wird Kausalität suggeriert, aber in der Folge werden lediglich Korrelationen zwischen bestimmten Variablen berechnet. Das ist es denn auch, was Zick in der Folge tut. Er nimmt seine vorgeblichen Determinanten und prüft sie anhand einer bereits vorhandenen Teilstudie der Eurobarometer-30-Umfrage.[104] Die Daten wurden in vier Ländern (Niederlande, Frankreich, Britannien, Bundesrepublik) von einem Forscherteam mit dem Titel „International Workgroup on Outgroup Relations" in den ausgehenden achtziger Jahren erhoben. Zu dem Team gehörten auch Zick und der Kollege Ulrich Wagner.[105] Operationalisiert werden Zicks „Determinanten", indem er sie mit bestimmten Items der Befragung in Verbindung setzt. Eine Pfadanalyse prüft schließlich mit der Hilfe von Korrelationsberechnungen und Regressionsanalysen die Beziehung zwischen den Elementen des Modells.[106]

Abgesehen davon, dass Zick hier die Ergebnisse einer Befragung interpretiert, die zum Zeitpunkt des Erscheinens von „Vorurteile und Rassismus" nahezu zehn Jahre zurückliegt, verwendet diese „repräsentative" Umfrage das ganze Arsenal von Methoden der Vorurteilsforschung, deren Fragwürdigkeit Zick schlicht verschweigt. Zum Beispiel gibt es Items, die mit Sympathie-Antipathie-Einschätzungen gegenüber Gruppen wie „Südeuropäer", „Nordafrikaner" oder „Türken" arbeiten.[107] Dieses Verfahren setzt die fraglose Existenz und Homogenität solcher Gruppen in der Gesellschaft nicht nur voraus, es zwingt die Beteiligten auch noch, ein gänzlich undifferenziertes Gefühl wie Sympathie gegenüber ganzen Gruppen von Menschen zu äußern – eine andere Alternative ist in dem Item ja nicht vorgesehen. Das gleiche gilt selbstverständlich für die Verwendung von „Ratinglisten", bei denen den jeweiligen Gruppen Adjektive, also Eigenschaften, zugeschrieben werden. Das impli-

103 vgl. ebd., Schaubild, S. 263.
104 vgl. ebd., S.238ff.
105 vgl. ebd., S.240.
106 vgl. ebd., S.282.
107 vgl. ebd., S.280.

ziert, dass ganzen Gruppen prinzipiell solche Eigenschaften zugeschrieben werden können.[108]

Ich möchte noch ein Beispiel anführen, wie die Items funktionieren. Um die „Einstellungs-Verhaltens-Relation" zu messen, verwendet Zick ein Item, das ein Indikator für die „Ausweisungsintention" sein soll.[109] Es handelt sich um „eine Guttman-Skala zur Erfassung der Intention ‚Ausländer unter bestimmten Umständen zurückschicken'". Das Item lautet so: „Es gibt verschiedene politische Zielvorstellungen zur Anwesenheit von Türken in der Bundesrepublik Deutschland. Welche politische Linie sollte ihrer Meinung nach von der Bundesrepublik langfristig verfolgt werden? Die Bundesregierung sollte..." Und die möglichen Antworten gehen dann (verkürzt) so: 1. alle zurückschicken, 2. nur diejenigen, die nicht hier geboren sind, 3. nur diejenigen, die nicht zum wirtschaftlichen Wachstum beitragen, 4. nur diejenigen, die Verbrechen begangen haben, 5. nur diejenigen, die keine Aufenthaltsgenehmigung besitzen, 6. keinen zurückschicken. Nun ist dieses Item so unglaublich suggestiv, dass es letztlich überhaupt nichts indizieren kann. Anfangs fragt dieses Item nach „politischen Zielvorstellungen" und gibt dann ernsthaft als einzige, abgestufte Antwortmöglichkeit das „Zurückschicken" der „Türken" vor. Damit wird so getan, als handele es sich beim „Zurückschicken" tatsächlich um a) so etwas wie eine langfristige „politische Linie" und b) um eine reale politische Option, der zumindest theoretisch keine Hindernisse im Weg stehen. Zudem: Was sagt es genau aus, wenn ich nun ankreuze, dass ich denke, dass alle „Türken" „zurück" müssten, die keine Aufenthaltsgenehmigung haben? Wenn damit gemeint ist, dass jene Personen „zurück" sollen, die sich ohne Papiere auf dem Gebiet der Bundesrepublik aufhalten, dann gehört diese „Ausweisungsintention" – ob man nun politisch damit einverstanden ist oder nicht – zum ganz normalen Funktionieren des Nationalstaates. Was heißt es also, wenn Zick am Ende feststellt, dass „die Vorurteilsindikatoren [...] signifikant positiv mit der Ausweisungsintention korrelieren"?[110]

Die Durchsicht der mit Abstand informiertesten und ambitionierten deutschen Untersuchung der letzten Jahre lässt einen am Ende angesichts der eklatanten Schwächen doch etwas ratlos zurück. Die evidenten Probleme der Vorurteilskonzeption werden ignoriert, die Begriffe werden nicht wirklich geklärt, die theoretischen Positionen bleiben unvermittelt nebeneinander stehen und schließlich ist auch noch der empirische Teil äußerst fragwürdig. Wie kann es zu solchen Defiziten in der Forschung kommen? Einen wichtigen Grund führt Zick am Ende seines Buches selbst an – er beklagt sich zu Recht über die mangelnde Kontinuität der Vorurteilsforschung in Deutschland, die immer nur dann aus dem wissenschaftlichen Hut gezaubert werde, wenn es zu rassistischen Übergriffen komme.[111] Tatsächlich gibt es nicht einmal eine

108 vgl. ebd., S.353.
109 vgl. ebd., S.332ff.
110 ebd., S.335.
111 vgl. ebd., S.393.

wirklich eigenständige Forschung zum Thema. Das zeigt sich auch daran, dass die Arbeiten von Zick nicht im eigentlichen Kontext einer Rassismusforschung erstellt wurden. Der Aufsatz über „Ausländerfeindlichkeit" etwa erschien in einem Sammelband über „Aggression und Gewalt. Phänomene, Ursachen und Interventionen". Sein Buch griff auf eine Auftragsforschung im Rahmen des statistischen Apparates der Europäischen Gemeinschaft zurück. Nun ist klar, dass der Gegenstand, den ich Rassismus nenne, nur interdisziplinär erforscht werden kann. Dennoch braucht es auch eine eigenständige Theoriebildung. In diesem Sinne muss es eine Arbeit an den Begriffen geben und auch die notwendige Aquirierung von Geldern darf nicht dazu führen, dass bestimmte Begriffe – wie etwa Rassismus – vermieden werden. Eine relevante theoretische Bestimmung des Gegenstandes muss die Begriffe „Ausländerfeindlichkeit" und auch Vorurteil zurückweisen. Sie beinhalten eine ganz bestimmte „Gegenstandsgewinnung", und die ist dem Gegenstand nicht adäquat.

2. Fremdenfeindlichkeit

Das Gleiche gilt für den Begriff „Fremdenfeindlichkeit", auf den ich nun zu sprechen kommen werde. Eine genaue Genese des Begriffs kann man letztlich nicht erstellen – schon zu der Zeit, als noch „Ausländerfeindlichkeit" als Paradigma der Forschung fungierte, wurde gleichzeitig schon von „Fremdenfeindlichkeit" gesprochen. Tsiakalos etwa verwendet den Begriff gleich in seiner Einleitung, ohne irgendeine Abgrenzung vorzunehmen. Die Rede vom Fremden hatte ihre Hochkonjunktur am Beginn der neunziger Jahre – und es kann überhaupt kein Zweifel darüber bestehen, dass diese Konjunktur angestoßen wurde durch den erneuten Anstieg rassistischer Straftaten in dieser Periode. Wie schon erwähnt, ignorierten die nun tätigen Forscher die Literatur über „Ausländerfeindlichkeit" fast komplett – man stellte die Uhr wie schon nach dem Zweiten Weltkrieg quasi auf Null und begann von neuem mit der Analyse eines wiederum als neu konzipierten Phänomens. Dass nun die Rede vom „Fremden" bzw. das Konzept der „Fremdenfeindlichkeit" sich so großer Beliebtheit erfreuten, könnte mit der bereits erwähnten Einsicht zu tun haben, die das Institut für Sozialforschung formulierte: Die „Feindlichkeit" beziehe sich nicht mehr nur auf Menschen mit anderem Staatsbürgerstatus, sondern vornehmlich auf Menschen mit bestimmten Sozialmerkmalen. Das mag durchaus ein Grund gewesen sein. Freilich möchte ich noch einen weiteren hinzufügen – einen Grund, der schon in dem zitierten Bericht von Uwe Markus ersichtlich wurde. Von den Attacken zu Beginn der neunziger Jahre waren zunächst vornehmlich Asylbewerber betroffen. Auf einer Skala der Distanz zu anderen Gruppen von Menschen galten die Asylbewerber, die etwa aus afrikanischen Staaten stammten, in der Öffentlichkeit schlicht als „fremder" als die bereits in Deutschland lebenden „Ausländer". Und offenbar haben sich die Forscher diese Sichtweise damals zu Eigen gemacht.

In der zunehmenden Anwesenheit von Asylbewerbern kam eine neue Justierung des gesamten Migrationsregimes zum Ausdruck. Seit dem Anwerbestopp von 1973 gab es im Grunde keine Möglichkeit mehr, in eine Bundesrepublik legal einzuwandern, die sich ja trotz der Ansiedlung von „Gastarbeitern" weiterhin als Nicht-Einwanderungsland betrachtete. Insofern wurde das Asylgesetz zum zentralen Punkt des gesamten Migrationskomplexes, weil es eben eine legale Einreise zuließ – selbstverständlich auch für Menschen, die weniger vor direkter staatlicher Verfolgung in ihrem Herkunftsland flohen als vielmehr vor den sich verschlechternden Lebensbedingungen in vielen Ländern der „Dritten Welt". So kam es zu einer Neuzusammensetzung der Einwanderer: Während die klassischen „Gastarbeiter" sich längst angesiedelt und gleichzeitig durch den Familiennachzug und andere legale Optionen Migrationslinien in ihre „Heimatländer" geknüpft hatten, stammte der überwiegende Teil der neuen Migranten aus „fernen" Regionen der Welt. Ähnlich wie es in den siebziger Jahren einen Diskurs darüber gab, dass „die Türken" wegen ihrer „Fremdheit" ein besonderes Problem für die Integrationskapazität der Deutschen darstellen würden, beklagte man zu Beginn der Neunziger die inkommensurable „Fremdheit" der neuen Einwanderer. Uwe Markus stand keineswegs allein mit seiner Behauptung, dass die „Aversionen" sich primär gegen jene „Ausländer" richteten, „die als ‚fremd', als einer anderen Rasse und einem anderen Kulturkreis zugehörig erkennbar" waren. Obwohl Markus den Begriff „fremd" in Anführungszeichen setzt, wird Fremdheit hier wie im Alltagsdiskurs der Bundesrepublik als substantielle Kategorie betrachtet – es geht um einen Unterschied zwischen „uns" und „ihnen", der als biologisch oder kulturell fundiert betrachtet wird, also als Ding und nicht als Beziehung.

Freilich kann man der in den neunziger Jahren beginnenden Forschung zum Thema „Fremdheit" und „Fremdenfeindlichkeit" nicht den Vorwurf machen, dass sie sich nicht damit befasst habe, dass das Eigene und Fremde konstruiert sind. Dennoch bleibt es oft beim Lippenbekenntnis, was sich zeigt, wenn man die Texte genau liest: Im konkreten Fall gehen die Forscher fast immer davon aus, dass zwei voneinander getrennte Gruppen tatsächlich existieren. Aber ich greife voraus. In den Diskursen um den „Fremden" bzw. um die „Fremdenfeindlichkeit" gibt es einen theoretischen Strang, der sich eher aus einer philosophisch inspirierten Soziologie speist, und einen empirischen. Der theoretische Diskurs über den Fremden zerfällt dabei wiederum in mehrere Linien. Es ist nicht ganz einfach, diese Linien einigermaßen kohärent darzustellen, weil man dabei unter Umständen etwas systematisiert, was oft wenig systematisch daherkommt.

2.1 Der Fremde als moderner Mensch schlechthin

In den theoretischen Arbeiten etwa von Alois Hahn oder Armin Nassehi gilt „der Fremde“ nicht bloß als konkrete Person, die einen anderen ethnischen oder nationalen Hintergrund hat, sondern auch als „Chiffre für den Menschen in der modernen Gesellschaft schlechthin“.[112] Alois Hahn spricht hier auch von „Generalisierung der Fremdheit“.[113] Damit ist Folgendes gemeint: Im Gegensatz zu vormodernen Gesellschaften beruhe in der Geldwirtschaft ein bedeutender Teil der Beziehungen zwischen den Menschen nicht mehr auf persönlichen Verbindungen, sondern auf anonymen Begegnungen zwischen Funktions- bzw. Rollenträgern. Insofern sei „Fremdheit kein besonderer sozialer Status mehr, sondern allgemeines Los“.[114] So ist es nur konsequent, dass Markus Schroer Simmel mit den Worten zitiert: „Fremde, in jenem alten Sinne, gibt es eben heute nicht mehr.“[115] Mit „jenem alten Sinne“ sind offenbar jene Fremden gemeint, die als Unbekannte von woanders her auf ein stabiles System persönlicher Verhältnisse treffen.

Wenn Fremdheit so definiert wird, was bedeutet das für den Gegenstand, den ich Rassismus nenne? Der oben ausgeführte Begriff des Fremden könnte sich möglicherweise eignen, um eine soziologische Untersuchung der modernen Gesellschaft vorzunehmen. Die Einwanderungsgesellschaft wiederum ließe sich als Spezialfall einer Gesellschaft von Fremden erforschen – wobei der Einwanderer als eine Art Prototyp der Moderne fungieren würde. Für den Gegenstand, den ich hier Rassismus nenne, entstehen freilich nicht unbeträchtliche Schwierigkeiten. Denn was wäre dann „Fremdenfeindlichkeit“? Nun gab es in einer bestimmten historischen Periode – vom letzten Drittel des 19. Jahrhunderts bis zum Ende des Zweiten Weltkrieges – vor allem in Deutschland, aber auch in anderen europäischen Ländern, eine weit verbreitete Identifikation der „fremden“ Juden mit der Moderne, oder besser gesagt: mit bestimmten Konsequenzen der Moderne, die abgelehnt wurden – wie etwa Pluralismus, Enttraditionalisierung, „Materialismus“ etc.

Allerdings ist mir kein Autor bekannt, der zum Fremden oder zu „Fremdenfeindlichkeit“ arbeitet, der daraus den nahe liegenden Schluss gezogen hätte: Dass nämlich „Fremdenfeindlichkeit“ im Sinne der genannten Konzeption des Fremden als Chiffre für den modernen Menschen eigentlich nichts anderes bedeuten kann als Antimodernismus. Hahn greift diesen Gedanken zumindest ansatzweise auf, indem er die „Selbstbeschreibung moderner Staaten als Nationen“ bzw. die „nationale Identifikation“ als „unvermeidliches kompensatives Moment“ zur erwähnten „Generalisierung“ von Fremdheit betrachtet.[116] Das würde heißen, dass die Nation selbst eine Art vor- oder anti-

112 Schroer 1997, S.22.
113 Hahn 1994, S.162.
114 ebd.
115 Schroer 1997, S.22.
116 Hahn 1994, S.163.

modernes Element in der Gesellschaft wäre, welches die allgemeine Fremdheit wieder aufhebt. Tatsächlich suggeriert der Nationalstaat, indem er ein kulturelles Band um die Individuen schlingt, eine Beziehung der Verwandtschaft zwischen seinen Mitgliedern – eine Beziehung, die der „homo ökonomicus" im Kapitalismus theoretisch nicht benötigen würde. Das Gefühl der Zusammengehörigkeit wird nach Hahn auch erzeugt, indem bestimmte Gruppen aus der Vertrautheit des Kollektivs ausgeschlossen werden: „Mit dieser neuen dominanten Selbstbeschreibung ergeben sich dann auch zwangsläufig die ihnen korrespondierenden Zuschreibungen von Fremdheit: der Prototyp des Fremden wird der Ausländer im Inland."[117] Dieses Modell hat durchaus eine gewisse Plausibilität. Allerdings ist der Gedankengang wenig mehr als ein Ansatzpunkt, denn die Fragen wären: Wie genau produziert der Nationalstaat Vertrautheit und Fremdheit? Warum sind es ganz bestimmte Gruppen, die als fremd markiert werden? Und was hat das wiederum mit deren Rolle in der „Geldwirtschaft" zu tun? Diesen Fragen wird jedoch nicht nachgegangen.

Die meisten Texte zu Fremdheit sind höchst abstrakt. Dieses Abstraktionsniveau führt dazu, dass der Fremde in der deutschen Literatur im konkreten Fall doch wieder substantialisiert wird: Das „Fremde" bezieht sich, wie etwa Ottfried Schäffter sagt, auf „fremde Andersartigkeit".[118] Der Prototyp dieses Fremden ist dann keineswegs eine Person, die im Inland zum „Ausländer" erklärt wird, sondern vielmehr im ganz klassischen Sinne der Neuankömmling in einer Gesellschaft. Solche Neuankömmlinge waren auch das Thema jener soziologischen Richtung, die Rudolf Stichweh „klassische Soziologie des Fremden" genannt hat – und die sich seit den beginnenden neunziger Jahren in der wissenschaftlichen Literatur wieder großer Beliebtheit erfreut. Mit dieser Soziologie sind grob gesagt Simmels „Exkurs" gemeint, Alfred Schützens Text „Der Fremde. Ein sozialpsychologischer Versuch", die an Simmel anschließende Konzeption des „marginal man" von Robert Ezra Park und Evrett Stonequist sowie Robert K. Mertons Bemerkungen über „Anomie" und „Devianz" in „Social Theory and Social Structure".[119]

All diese Theorien setzen, wie Armin Nassehi feststellt, eine ganz bestimmte Situation voraus: Der „Fremde" dringt in eine „fast geschlossene" gesellschaftliche Struktur ein.[120] In diesem Sinne wäre diese „klassische Soziologie" unbrauchbar zur Konzeptualisierung des Gegenstandes, den ich Rassismus nenne. Denn zu Recht betont Nassehi in Anlehnung an Zygmunt Baumann, dass die „Fremden" erst dann zu „Feinden" werden können, „wenn sie in den vertrauten Antagonismus von Freund und Feind eingeordnet werden können, d.h. wenn sie letztendlich keine Fremden mehr sind".[121] Bevor ich auf die Forscher zu sprechen komme, die sich den Fremden zumindest implizit als

117 ebd.

118 Schäffter 1991, S.11.

119 vgl. Stichweh 1992; zu den Problemen der Zusammenfassung dieser Ansätze zu einer „klassischen Soziologie": Reuter 2002.

120 Nessehi 1995, S.446.

121 ebd., S.455.

Neuankömmling vorstellen, möchte ich noch auf Armin Nassehi und Zymunt Baumann eingehen. Bei diesen beiden Autoren finden sich weitere Gedanken darüber, wie denn die „strukturelle Fremdheit“ der modernen Gesellschaft und „Fremdenfeindlichkeit“ ineinander verwoben sein könnten.

„Was aber macht den Fremden zum Feind?“, fragt sich Armin Nassehi. Seine Antwort lautet: „Zunächst seine Sichtbarkeit!“ [122] Es wird nicht so ganz deutlich, was Nassehi damit meint. Zwar kann er in seinem Essay über den „Fremden als Vertrauter“ zeigen, dass der Nationalstaat es in der spezifischen „strukturellen Fremdheit“ der Moderne vermag, durch „Einschlusssemantiken“ eine Vertrautheit herzustellen, die de facto gar nicht vorliegt (die Argumentation ist ähnlich wie bei Hahn), doch dadurch wird noch nicht klar, wie diese „Einschlusssemantiken“ sich auf die Sichtbarkeit des Fremden auswirken. Der Fremde ist ja nicht per se sichtbar. Offenbar, das geht aus Nassehis Diktum über Einschluss und Sichtbarkeit implizit hervor, muß der Nationalstaat eine Art nationalen Phänotyp definieren, damit der Fremde identifizierbar wird – etwa blondes Haar, blaue Augen. Doch selbst dann bleibt die Unterscheidung oft schwierig genug. Jüdische Deutsche waren ebenso wenig sichtbar, wie es etwa viele Deutsche jugoslawischer Herkunft heute sind – aus diesem Grunde brauchten die Nationalsozialisten den gelben Stern; eben um die jüdischen Deutschen erst sichtbar zu machen. Hier müsste Nassehi Auskunft geben, wie diese Sichtbarkeit genau zustande kommt.

Alleine reicht die Sichtbarkeit nach Nassehis Auffassung ohnehin noch nicht aus, um eine Feindschaft hervorzurufen. In Anlehnung an Hartmut Esser macht er die Konkurrenz um knappe Güter zu einer weiteren Bedingung. Während im Einwanderungsprozess zunächst selbstverständlich ist, dass die „Ausländer“ unterschichtet werden – also in jenes Segment des Arbeitsmarktes einwandern, in welchem sich die schweren, körperlichen und unsicheren Jobs befinden –, löst sich dieses zunächst einigermaßen stabile Arrangement (Deferenz-Modell) im Prozess der Ansiedlung allmählich auf: „Spätestens die ‚zweite Generation‘ taucht aus dem ‚Sekundär-Bereich‘ des formal universalistischen institutionellen Bildungs-, Arbeits- und Kulturmarktes auf und nimmt die formalrechtliche Gleichheit der modernen Gesellschaft in Anspruch.“[123] In dem von Nassehi bemühten Modell hat sich wiederum Esser auf die Ansätze „ethnischer Stratifikation“ berufen, die vor allem aus den USA bekannt sind (etwa von Stanley Lieberson, Pierre van den Berghe oder Donald Noel). „Gemeinsames Element der speziellen Ansätze ethnischer Stratifikation“, schreibt er, „ist die Aussage, daß ethnische Schichtungssysteme die Folge von Wettbewerb um knappe Ressourcen durch die in Kontakt tretenden Gruppen, der unterschiedlichen Kontrolle über Machtmittel und der Überführung der Machtunterschiede in Legitimationen dieser Unterschiede auf irgendeiner

122 ebd.

123 ebd., S.456.

akriptiven Grundlage sind, so daß dann die ungleiche Verteilung der (knappen) Ressourcen konfliktfrei und legitimiert abgewickelt werden kann."[124]

Ein wichtiges Element in den Ansätzen ethnischer Stratifikation ist die Feststellung, dass ethnische Unterschiede keineswegs die Voraussetzung ethnischer Schichtung sind, sondern im Prozess der Unterschichtung erst geschaffen werden – bestimmte Unterschiede werden herausgehoben, neu bewertet oder schlicht erfunden. Es gibt also keine festen Gruppen vor dem Beginn dieses Prozesses – die betreffenden Gruppen entstehen erst in jenem Rahmen, den Immanuel Wallerstein (s.o.) Ausschluss durch Einbeziehung genannt hat. Ein weiteres wichtiges Element ist, dass die Zuschreibungen und auch die Stereotype sich im Schichtungsgefüge entwickeln, „wenn es gilt, Machtverhältnisse gegen universalistische Ansprüche abzusichern".[125] Die Zuschreibungen – im Sinne der Markierung einer Gruppe von Menschen und ihrer Stereotypisierung – fungieren daher als Legitimation.

Ich möchte jetzt nicht in die Kritik der Stratifikationsansätze einsteigen – die kann man an anderer Stelle nachlesen.[126] Es sei nur kurz angemerkt, dass sie aus dem weiteren Kontext des Sozialdarwinismus stammen, und dass vor allem das darin angelegte Konkurrenzmodell zweifelhaft scheint: Denn zum einen ist Knappheit keineswegs immer die Ursache für Rassismus, und zum anderen geht es für die Einheimischen auch im Fall der „zweiten Generation", bei deren überwiegendem Teil der Aufstieg auf dem Arbeitsmarkt nicht gelingt, darum, eine echte Konkurrenzsituation gar nicht erst entstehen zu lassen. Direkte Konkurrenz um knappe Güter ist als Ursache für „Fremdenfeindlichkeit" wenig plausibel, denn in diesem Fall müssten gerade ungelernte Arbeiter besonders anfällig für „Fremdenfeindlichkeit" sein, weil ja sie in ihrem Arbeitsmarktsegment in hautnahen Wettbewerb mit den Einwanderern treten. Dass die Ungebildeten besonders rassistisch sind, ist freilich kaum mehr als ein Klischee. Umgekehrt schließlich müssten in den Mittelstand aufgestiegene Einwanderer ganz besonders von „Fremdenfeindlichkeit" betroffen sein, weil sie direkt mit den Einheimischen in den oberen Segmenten konkurrieren können. Das ist bislang jedoch nicht nachgewiesen worden.

Daher erscheint es nicht überzeugend, wenn Nassehi behauptet, dass der Fremde dann Feind wird, wenn er sich „aufgrund seiner Sichtbarkeit als Zurechnungsfokus für Konflikte um knappe Ressourcen" materieller oder kultureller Art anbietet.[127] Dennoch ist Nassehis Modell im Vergleich zu den Ansätzen, die ich später vorstellen werde, ziemlich differenziert. Die Frage freilich ist, warum er an der Begrifflichkeit „der Fremde als Feind" festhält – zumal die Bezeichnung „Feindschaft" auch bei ihm im Dunkeln bleibt (er hat sie zwar von Carl Schmitt und Zygmunt Baumann abgegrenzt, dann aber selbst nicht weiter ausgeführt).[128] Möglicherweise sind „Feindschaft" und „Feind-

124 Esser 1980, S.128.
125 ebd., S.132.
126 vgl. Terkessidis 1998, S.29ff.
127 Nassehi 1995, S.458
128 vgl ebd., S.447f.

lichkeit“ auch überhaupt nicht dasselbe. Jedenfalls: Wenn Fremdheit in einem gesellschaftlichen Prozess, in dem Arbeitsmarktstrukturen und verschiedene institutionelle Funktionsweisen des Nationalstaats zusammenwirken, durch Zuschreibungen und Definitionen überhaupt erzeugt wird, und der Fremde erst dann zum Feind werden kann, wenn er letztlich gar nicht mehr fremd ist, dann stellt sich die Frage, was der Begriff zur Klärung des Gegenstandes beitragen soll, den ich Rassismus nenne. Denn, wie ich noch zeigen werde, transportiert der Begriff Fremdheit stets die Konnotation eines substantiellen Unterschiedes zwischen „uns“ und den Fremden.

Ich möchte an dieser Stelle noch auf Zygmunt Baumann zu sprechen kommen, auf den Nassehi sich unter anderem kritisch beruft. Mit seinem Buch „Moderne und Ambivalenz“ sorgte Baumann auch in Deutschland für einige Furore. Schon im Titel macht Baumann den Zusammenhang zwischen seiner Konzeption des Fremden und der Moderne deutlich. In einem der wichtigsten Kapitel seines Buches führt Baumann den Fremden als Kategorie zwischen Freund und Feind ein.[129] Dabei sind Freunde innen, Feinde außen, und ihr Verhältnis ist von symmetrischer Abhängigkeit geprägt: „Das Außen ist die Negativität der Positivität des Innen. Das Außen ist, was das Innen nicht ist.“[130] Der Fremde stellt nun, so Baumann, diesen Antagonismus der gegenseitigen Anerkennung zwischen dem Subjekt und einem Anderen in Frage, und damit bedroht der Fremde das komplette gesellschaftliche Gefüge – der Fremde ist ein „Mitglied der Familie der Unentscheidbaren“[131], „Träger und Verkörperung der Inkongruenz“.[132] Dabei ist es der Nationalstaat, der aufgrund seiner Homogenitätsansprüche den Fremden hervorbringt und ihn gleichzeitig auch noch permanent als Problem präsentiert, für das Lösungen gefunden werden müssen – „Lösungen“ können etwa sein: Kultureller Ausschluss bzw. Stigmatisierung des Fremden oder auch seine radikale Entfernung durch Vertreibung oder gar durch Genozid.[133]

Nach Baumanns Auffassung ist der Fremde im modernen Staat sein Leben lang mit „der Ursünde des späten Eintritts“[134] belastet: Es sei unmöglich, meint er, der Fremdheit zu entkommen. Das liege vor allem daran, dass die Position der Ambivalenz, in welcher sich der „Fremde“ permanent blockiert finde, dafür sorge, dass er die Assimilation, die der Staat ja fordere, letztlich überhaupt nicht realisieren könne: „Je erfolgreicher die Praxis der kulturellen Assimilation – desto schneller wird ‚diese Wahrheit entdeckt‘, da die zunehmende störrische Inkongruenz des sich kulturell assimilierenden Fremden selbst ein Kunstprodukt seiner Assimilation ist.“[135] Ich glaube nicht, dass man mit Baumanns oft sehr wuchtig formulierten und wenig systematischen Ge-

129 vgl. Baumann 1991, S.73ff.
130 ebd., S.73.
131 ebd., S.76.
132 ebd., S.82.
133 vgl. ebd., S.89ff.
134 ebd., S.81.
135 ebd., S.98.

danken sehr viel weiterkommt. Während er permanent von „den Fremden" spricht, meint er konkret offenbar immer wieder die Situation der Juden in Europa – und zwar vor 1945. Dann ist aber völlig unklar, was er mit „spätem Eintritt" meint, also damit, dass der „Fremde" den „Bereich der Lebenswelt zu einem genau bestimmbaren Zeitpunkt betreten hat".[136] Von der „ostjüdischen" Einwanderung abgesehen, gehörten die Juden etwa in Deutschland bereits bei der Gründung des Nationalstaates überall zur „Lebenswelt".

Die Unterscheidung zwischen Freund und Feind wiederum stammt offenbar aus Carl Schmitts „Begriff des Politischen", doch Schmitt selbst wird bei Baumann nirgendwo erwähnt. Der fehlende Verweis auf Schmitt mag seinen Grund darin haben, dass bei Schmitt der Feind und der Fremde ineinander übergehen: „Er (der politische Feind) ist eben der andere, der Fremde, und es genügt zu seinem Wesen, daß er in einem besonders intensiven Sinne existentiell etwas anderes und Fremdes ist, so daß im extremen Fall Konflikte mit ihm möglich sind."[137] Darüber hinaus ist es fragwürdig, wenn Baumann das gesamte Unterscheidungsvermögen des Nationalstaates auf die drei Aggregatzustände Freund, Feind, Fremder reduziert. Tatsächlich kennt der Nationalstaat eine ganze Reihe von Grauzonen – wie zum Beispiel passen die Differenzen zwischen Engländern, Walisern und Schotten im „United Kingdom" in dieses Raster oder jene zwischen Flamen und Wallonen in Belgien? Zudem suggeriert Baumann, dass die Unterscheidung zwischen Freund und Feind stets funktioniert habe, aber das wird sogar von Schmitt in Frage gestellt: Er beschwert sich ja in seinem „Begriff des Politischen" darüber, dass die klare „politische" Unterscheidung durch die Moralisierung der internationalen Konflikte nach dem Ersten Weltkrieg aufgelöst worden sei.[138]

Offenbar eröffnet sich selbst den aufmerksamen Lesern von Baumann der Status des „Fremden" nicht ganz. So meint Uli Bielefeld in einer Relektüre von Baumanns Texten, dieser habe darauf hingewiesen, dass der „Fremde rasch in einen anderen Status, sei es in den des Freundes, sei es in den des Feindes", überführt werden könne.[139] Das steht bei Baumann aber nicht: Er hält Fremdheit, wie oben beschrieben, in der Moderne für ein unabwendbares Schicksal. Historisch allerdings ist diese Schicksalskonzeption zweifelhaft. Nehmen wir das Beispiel der so genannten Ruhrpolen im Deutschen Reich: Wie man die Maßnahmen auch immer bewerten mag, welche die Assimilation möglich gemacht haben – am Ende hatten sich die Polen nicht „nur dem Prozeß der Assimilation angenähert",[140] sondern sie waren tatsächlich assimiliert. Zumindest stellt sich heute niemand mehr Fragen über Nachnamen wie Kaminski oder Kramkowski. Solche Beispiele entgehen Baumanns Aufmerksamkeit, weil er die Fremden implizit mit den Juden identifiziert.

136 ebd., S.81.
137 Schmitt 1932, S.27; vgl. dazu auch Waldenfels 1997, S.45ff.
138 vgl. ebd., S.54ff.
139 Bielefeld 2001, S.21.
140 Baumann 1991a, S.43.

Anhand der „gelungenen“ Assimilation der Ruhrpolen stellt sich eine weitere Frage: Ist, wie Baumann annimmt, eigentlich nur der Nationalstaat und sein Verlangen nach Homogenität für die Erzeugung des Fremden verantwortlich? Oder gibt es noch weitere Gründe? Nassehi hatte eine Verbindung zwischen Arbeitsmarkt und Nationalstaat angedeutet. Und im Falle der Ruhrpolen ist interessant, dass diese Gruppe eben auch auf dem Arbeitsmarkt „assimiliert“ wurde: Die Ruhrpolen wanderten damals in eine industrielle Struktur ein, in der sie nicht unterschichtet wurden – es gab keine Begrenzungen. Die Juden dagegen waren stets von zahlreichen Ausschlüssen im wirtschaftlichen Bereich betroffen gewesen, ebenso wie die Migranten nach dem Zweiten Weltkrieg. Offenbar hat die askriptive Kennzeichnung einer Gruppe eben auch etwas mit ihrer Position auf dem Arbeitsmarkt zu tun, wie im Rahmen der Ansätze von ethnischer Stratifikation bereits angesprochen wurde. Ich werde später auf diesen Zusammenhang zurückkommen, allerdings möchte ich hier schon festhalten, dass allein die Thematisierung der kulturellen Homogenisierungsbestrebungen des Nationalstaates als Erklärung für die Produktion von Fremdheit nicht ausreicht. Eine Schieflage ist schon im Begriff des Fremden angelegt: Der in dieser Bezeichnung angesprochene Unterschied ist in erster Linie kultureller Art. Schon deswegen ist der Begriff unbrauchbar, um den Gegenstand zu analysieren, den ich Rassismus nenne.

Im zweiten Teil seines Buches, das sei noch abschließend bemerkt, erläutert Baumann eine historische Veränderung im Umgang mit der Ambivalenz. Mit der Wende von der Moderne zur Postmoderne, so Baumann, gehe die Verarbeitung der Ambivalenz von der öffentlichen in die private Sphäre über. Angeblich gibt der Staat seine Homogenisierungstätigkeit weitgehend auf: So werde der Umgang mit der Ambivalenz zur „persönlichen Angelegenheit“.[141] Die Renaissance von ethnischen Konflikten in jüngster Zeit habe ihre Ursache daher in der Privatisierung der Ethnizität. Ich werde auf diesen letzten Aspekt nicht ausführlich eingehen. Wenn Baumanns Theorie des Fremden an eine bestimmte historische Periode gekoppelt ist, wie sich am Ende herausstellt, dann fragt man sich, warum er sie in allen Texten im Präsens vorträgt – einem Präsens, das nicht ohne Absicht eine gewisse zeitliche Universalität beansprucht. Zudem ist es sicher richtig, dass der Nationalstaat kein traditionelles, kulturelles Assimilationsprogramm mehr auflegt, was aber nicht bedeutet, dass er keine Strategien der Homogenisierung mehr verfolgt – selbst auf kulturellem Gebiet. Hier werden Moderne und Postmoderne zu idealtypisch voneinander abgesetzt.

141 vgl. Baumann 1991, S.239ff.

2.2 Der Fremde als ewiger Neuankömmling

Dass die Kategorie des Fremden auch etwas mit Ausschluss zu tun hat, ist derweil deutlich geworden, aber dem Gegenstand „Fremdenfeindlichkeit" sind wir durch Hahn, Nassehi und Baumann nicht unbedingt näher gekommen. Um fortzufahren, ist es notwendig, kurz daran zu erinnern, dass eine der wichtigen Erkenntnisse von Nassehi lautete, dass der Fremde kein „Supernumarius" sein kann, der den Einheimischen als Unbekannter entgegentritt. Im deutschen Diskurs über den „Fremden" ist eine solche Konzeptualisierung eher selten – die meisten anderen Autoren, die sich, im Übrigen in den allermeisten Fällen ziemlich unsystematisch, mit Fremdheit beschäftigen, konstruieren immer wieder implizit die Situation des Neuankömmlings. Zu Beginn von Texten wird darauf hingewiesen, dass Fremdheit nichts anderes sein könne als das Produkt eines Verhältnisses, also eine Konstruktion. Doch im Verlaufe der Lektüre stellt sich meist heraus, dass dennoch davon ausgegangen wird, dass Fremdheit eine substantielle Qualität enthalte, wenn, wie selbst Alois Hahn schreibt, „tatsächlich fremde Menschen in unserer Umgebung auftreten, Fremde im Sinne von Menschen, die zumindest in vielerlei Bereichen von der Selbstverständlichkeit anderer Weltauffassungen ausgehen als wir selbst".[142]

Hier ist der „Ausländer im Inland" plötzlich nicht mehr der „Prototyp des Fremden", der als Komplement der „nationalen Identifikation" durch Zuschreibungen markiert wird, sondern eine Person, die sich substantiell von „uns" unterscheidet. Fremdenfeindlichkeit entsteht nach Hahn dann, wenn aufgrund der erwähnten „anderen Lebensauffassungen" eine Art Beben in „unserer Kultur" ausgelöst wird: „Hinter manchen politisch wie moralisch so abscheulichen und entsetzlichen Gewalttaten gegen Ausländer, Andersgläubige, Andersfarbige, Behinderte oder sexuelle Minderheiten steckt als tiefere Ursache die schwer überwindbare Angst vor der Alterität als solcher und der mit ihr grundsätzlich gegebenen Erschütterung der Selbstverständlichkeit unserer Annahmen über die Welt, ..."[143] Man fühlt sich ein wenig an die Arbeit von Hoffmann und Even erinnert: Die „Fremdenfeindlichkeit" wird ebenso wie die „manifeste Ausländerfeindlichkeit" durch „Irritationen" ausgelöst.

Dass Angst zu „Fremdenfeindlichkeit" führt – diese Auffassung findet man in der Literatur öfter. Als Motive für „Fremdenfeindlichkeit" macht etwa der Psychologe Manfred Bornewasser zum einen Angst und zum anderen „die Unsicherheit bezüglich des eigenen Status" aus.[144] Nach einer Definition des Gegenstandes „Fremdenfeindlichkeit" sucht man wieder einmal vergeblich – zu Beginn wird lediglich festgestellt, dass „Fremdenfeindlichkeit" als Phänomen zunimmt. Selbstverständlich hat auch Bornewasser nicht vergessen, gleich zu Beginn seiner Ausführungen darauf hinzuweisen, dass Fremdheit immer nur „relativ" zum eigenen „konkreten sozialen System" funktioniere,

142 Hahn 1994, S.155.
143 ebd.
144 Bornewasser 1995, S.95.

wobei er allerdings nicht erklärt, was ein solches System sein soll (Ethnien jedenfalls seien solche „Systeme“, behauptet er). Wenn es aber um die einheimische Wahrnehmung einer „Bedrohung“ durch die Fremden geht, dann erscheinen letztere plötzlich gar nicht mehr so „relativ“: „Fremde stehen dem – in der Regel negativ bewerteten – Normen und Wertesystem ihrer eigenen Kultur näher als dem des aufnehmenden Systems“; „Fremde kennen das Normen- und Wertesystem der aufnehmenden Gesellschaft nicht“; „Fremde haben keine positiv anerkennende Beziehung zum – in der Regel positiv bewerteten – Normen- und Wertesystem der aufnehmenden sozialen Gruppe.“[145]

Tatsächlich ist es atemberaubend, wie mühelos Hahn von der Konstruiertheit des Fremden zu den „tatsächlich fremden Menschen“ wechselt, oder Bornewasser von der Relativität desselben zu Fremden, die – um es mal weniger aufgebläht auszudrücken – keine Ahnung haben, wie man sich bei „uns“ benimmt. Die Voraussetzungen sind evident: Letztlich gehen die Autoren davon aus, dass zwei voneinander geschiedene Entitäten vorliegen, deren Differenz kulturell bedingt ist. Wenn diese Entitäten auf einem Territorium zusammenleben, dann kommt es offenbar mit anthropologischer Notwendigkeit zu „Schockerfahrungen“ (Hahn) und auch zu Konflikten – solche Auffassungen sind von biologistischen Konzeptionen einer angeborenen Xenophobie letztlich nicht weit entfernt. Dabei nehmen die Autoren ausdrücklich oder implizit die Perspektive der Einheimischen ein – Hahn spricht ja ganz unverhohlen von „unserer Umgebung“, „unserer Kultur“ etc.

Offenbar haben die Forscher nicht zur Kenntnis genommen, dass sich „die Fremden“ nicht erst seit gestern in der Bundesrepublik aufhalten. Letztendlich versetzen die Forscher mit einiger Realitätsblindheit die Migranten stets aufs Neue in die Position des Neuankömmlings, um sich danach mit dieser Position „objektiv“ zu befassen. Es ist erstaunlich, dass zehn Jahre nach dem Erscheinen des Buches von Hoffmann und Even die „Irritation“ für die einheimische Bevölkerung immer noch gleich groß sein soll – das „Wir“ hätte sich also ebenso wenig verändert wie die Fremden. Trotz aller Lippenbekenntnisse zu Fremdheit als Beziehung tritt hier eine äußerst traditionelle Vorstellung zu Tage, die eng mit dem Alltagsbewusstsein in der Bundesrepublik korrespondiert und die gerade das Spezifikum des Gegenstandes, den ich Rassismus nenne, nicht erfassen kann: Dass Rassismus ein kompliziertes und paradoxes Verhältnis gegenseitiger Verstrickung ist, in dem der Andere erst ausgeschlossen werden kann, nachdem er bereits einbezogen wurde.

Die Angst vor dem Fremden spielt selbstverständlich auch eine Rolle in den psychoanalytischen Betrachtungen über „Fremdenfeindlichkeit“, die ich an anderer Stelle kritisiert habe.[146] Gemeinsam ist den meisten Ansätzen, die mit dem Begriff des Fremden arbeiten, dass die Autoren stets auch eine Lösung für die „Fremdenfeindlichkeit“ vorschlagen. Freilich liest man nie etwas über Anti-Diskriminierungsgesetze oder „affirmative action“, sondern am En-

145 ebd., S.96.

146 vgl. Terkessidis 1998, S.21ff.

de steht zumeist der abstrakte Aufruf zur Restauration der Grenzlinien zwischen dem Eigenen und dem Fremden – wobei nie erklärt wird, worin dieses Eigene und Fremde sich konkret äußern. „Der eigenen Perspektivität bewußt, könnten wir dann das Fremde als Fremdes belassen", schreibt Ottfried Schäffter im Vorwort des von ihm herausgegebenen Bandes über „Das Fremde".[147] An gleicher Stelle betont auch Dieter Claessens, dass „wir" „unsere Identität in einem zuverlässigen Kreis", in einem „haltenden und schützenden Netz von Beziehungen" finden müssen, um „‘dem Fremden‘ offen zu begegnen".[148] Mario Erdheim meint angesichts der rechtsradikalen Gewalt, „daß kulturelle Identität zur Orientierung in Gesellschaft und Geschichte ebenso wichtig ist wie Geschichtsidentität".[149] Auch Bernhard Waldenfels stellt sich in Anbetracht von Feindseligkeiten und Aneignungsversuchen gegenüber dem Fremden die Frage, „wie und von woher wir vom Fremden sprechen können, ohne ihm seine Fremdheit zu rauben" bzw. „wie Fremdes als Fremdes auftreten kann", ohne dass es von „uns" Zudringlichkeiten zu erwarten hat. Ähnliche Auffassungen kommen auch in jüngeren Publikationen zum Ausdruck. „Vor allem", polemisiert Jochen Schütze, „bahnt sich unter der Bezeichnung Globalismus die Epoche an, in der die Dimension des Fremden endgültig ausstirbt." Er glaubt, dass der „existentielle Abstand" zwischen Eigenem und Fremdem gewahrt bleiben müsse – das Verschwinden des Fremden sei gar eine „Voraussetzung des Totalitarismus".[150] Und Frank Böckelmann: „Zu Kulturkampf und Rassenhaß kommt es nur zwischen einander Nahegerückten."[151] Gegen die multikulturellen „Entgrenzungsspekulanten" setzt er das „Lob der Fremdheit".

Ich habe eingangs dieses Kapitels bereits erwähnt, dass der Begriff der „Fremdenfeindlichkeit" mit seiner Konzentration auf das / den Fremden letztlich ideologisch ist. Nun lässt sich auch erkennen, warum. Der beschriebene Diskurs über das Fremde befindet sich im Einklang mit einer Gesetzgebung in der Bundesrepublik Deutschland, welche die Mitgliedschaft im Nationalstaat – die Staatsangehörigkeit – lange extrem restriktiv geregelt hat. Tatsächlich hat die Bundesrepublik ja erst 1998 mit dem Antritt der rot-grünen Regierung anerkannt, dass Deutschland ein Einwanderungsland ist. Kurz darauf folgte eine Anpassung der Staatsangehörigkeitsregelung in Richtung auf eine Koppelung der Mitgliedschaft an die Geburt im Lande – zuvor galt ein reines „ius sanguinis". Durch ihre Gesetze hat die Bundesrepublik jahrzehntelang den „Ausländer" bzw. den „Fremden" reproduziert, weil den Migranten schlicht die Zugehörigkeit abgesprochen wurde. Die beschriebene Theorie reproduziert nun diese Reproduktion, in dem sie als Urszene der „Fremdenfeindlichkeit" immer wieder die Situation des Neuankömmlings kreiert – auch nach 50 Jahren Einwanderung ist der „Ausländer" oder „der Fremde" immer noch eine

147 Schäffter 1991, S.28.

148 Claessens 1991, S.55.

149 Erdheim 1993, S.181.

150 Schütze 2000, S.93f.

151 Böckelmann 1998, S.442.

Epiphanie. Allerdings schießt diese Theorie sogar noch über das Ziel hinaus. Denn als „Lösung“ für die „Fremdenfeindlichkeit“ wird eine Restauration des Unterschiedes und der Grenze angeboten. Zwar sind das Eigene und das Fremde angeblich relativ voneinander abhängig, doch am Ende empfiehlt man eine Art Segregation: Ethnische, kulturelle Identität für „uns“ auf der einen Seite, intakte, “fremd“ bleibende „Fremdheit“ auf der anderen. Solche Vorschläge verschränken sich, ohne dass es den Autoren deutlich wird, mit dem, was in der jüngeren Literatur Neorassismus genannt wird.[152]

Wenn etwas restauriert werden muss, dann heißt das aber auch, dass sich bereits etwas verändert hat. Das ist bei Hoffmann und Even, die von der sich entwickelnden „Statuspassage“ sprechen, weitaus klarer heraus gearbeitet worden - und das zehn Jahre zuvor. Es ist absurd, anzunehmen, dass Angriffe auf Einwanderer von einer Angst vor dem Unbekannten motiviert würden. Tatsächlich „kennen“ die Angreifer ihre Ziele doch sehr genau – warum sprechen wir sonst von Stereotypen? „Wir“ wissen doch alles über die Kultur von „denen“, über die Probleme, die entstehen, wenn „die“ hier bei „uns“ leben. „Wir“ wissen doch, dass Asylbewerber schmutzig und kriminell sind, dass „der Türke“ ein Patriarch und Macho ist und „seine“ Frauen unterdrückt. Und „wir“ wissen doch auch, dass „der Islam“ die Gläubigen fanatisiert. Nun könnte ich behaupten, dass solche Stereotype eben die Distanz zu dem Fremden veranschaulichen – die Personen, die so etwas äußern, kennen eben persönlich keine „Fremden“. Aber wenn das so wäre, wenn diese Personen überhaupt keinen Kontakt zu den angeblichen Fremden haben: Wie ist es dann eigentlich zu dem in der Literatur viel beschworenen „Schockerlebnis“, zu all den Irritationen, Ängsten etc. gekommen? Tatsächlich müssen Einheimische den Einwanderern nicht persönlich begegnen, um ein bestimmtes Wissen über Fremde in Deutschland zu haben – das zeigt etwa die Verbreitung von „Fremdenfeindlichkeit“ in den neuen Bundesländern. Doch der persönliche Kontakt muss keineswegs zur Revision der Stereotype führen – die Erfahrung macht man als Mensch mit Migrationshintergrund jeden Tag. Dann ist man eben der „gute Ausländer“, die Ausnahme – darauf werde ich später bei der Auswertung der Interviews noch eingehen.

Die abstrakte Konstruktion des Fremden als Neuankömmling führt auch dazu, dass der „Fremde“ räumlich und zeitlich völlig entgrenzt wird. Die Situation eines Unbekannten, der in eine neue Gesellschaft eindringt, gilt quasi als überhistorisch – der Umgang von traditionellen Gesellschaften mit „Gästen“ kann daher problemlos mit der Situation von „Gastarbeitern“ in modernen Nationalstaaten verglichen werden.[153] Freilich sind solche Vergleiche unzulässig – jenes Spezifikum der Moderne, welches Wallerstein Ausschluss durch Einbeziehung genannt hat, kreiert eine gänzlich neue Situation, welche mit dem Zusammentreffen von Menschen, die sich noch nie begegnet sind, überhaupt nichts mehr gemein hat. Man kann kaum so tun, als habe die europäi-

152 vgl. Terkessidis 2000.

153 vgl. etwa die unterschiedlichen Beispiele in den Texten in Loycke 1992.

sche Einverleibung der Welt im Rahmen der imperialen Ausdehnung die Welt nicht verändert: Das Fremde im klassischen Sinne des Unbekannten wurde jedenfalls nachhaltig entsorgt. Es gibt heute keinen Ort der Erde mehr, den ein Europäer ganz naiv besucht: Er besitzt immer schon irgendeine Form von Wissen über die Menschen, die dort leben – unbekannt sind sie daher keineswegs.

Ein letzter Kritikpunkt ist, dass „dem Fremden", der doch eigentlich nur in der Beziehung zum Eigenen existieren soll, in der Literatur stets irgendwelche Eigenschaften zugeschrieben werden – von Objektivität und Abstraktheit sprach Simmel, von der notorischen Ruhelosigkeit Baumann, von der Sichtbarkeit Stichweh und auch Nassehi und von der Evidenz des „geheimnislosen Wesens" Vilem Flusser in seinem Büchlein „Von der Freiheit des Migranten".[154] Das suggeriert ein abstraktes Wesen des Fremden, welches letztlich unveränderbar ist. Aber wie verhält sich eigentlich dieser abstrakte Fremde zu einer konkreten Person, der in einer Gesellschaft Fremdheit zugeschrieben wird? Sind alle Fremden gleich? Bin ich als Franzose, der in Deutschland als Manager bei Renault arbeite, auf die gleiche Weise „evident" wie als Kind zweier Eltern, die aus der Türkei eingewandert sind? Nicht alle Fremden sind von „Fremdenfeindlichkeit" betroffen. Insofern wäre es zur Klärung des Gegenstandes, den ich hier Rassismus nenne, notwendig, von ganz konkreten Gruppen zu sprechen. Zudem ist die Frage entscheidend, wie die Personen, die als fremd gelten, die Zuschreibung von Fremdheit erleben. Was denkt also der angeblich Fremde eigentlich über die Fremdheitskonstruktion? Wie sieht er oder sie die Prozesse der „Entfremdung" – also jene Prozesse, die ihn oder sie sichtbar machen und zu einem abstrakten Phantom in einem Diskurs erklären, an dem er oder sie nicht teilnehmen darf.

Es muss also darum gehen, wie ganz konkrete Gruppen von Menschen in einem wiederum ganz konkreten Prozess „fremd" gemacht werden. Die Konstruktion des Fremden als Neuankömmling, die dem überwiegenden Teil der Fremdenfeindlichkeits-Konzepte zugrunde liegt, trägt überhaupt nichts zur Klärung des Gegenstandes bei. Letztlich ist dieser Fremde kaum mehr als eine Schimäre in den Köpfen der deutschen Forscher.

2.3 Fremdenfeindlichkeit empirisch

Im Grunde hat sich die Untauglichkeit des Begriffes „Fremdenfeindlichkeit" längst erwiesen – der Vollständigkeit halber möchte ich aber dennoch einen kurzen Abstecher zu den direkten, an empirischem Material orientierten Untersuchungen über „Fremdenfeindlichkeit" machen. Bei diesen Arbeiten ist die Begriffsverwirrung immens. Die meisten sind in den neunziger Jahren entstanden. Neben den Begriffen „Ausländerfeindlichkeit", Vorurteil und Stereotyp gehören nun auch die Begriffe Rassismus und Ethnozentrismus zum

154 vgl. Flusser 1994, S.30.

festen Repertoire der Wissenschaftler. Zwar stehen alle Arbeiten unter dem Signum der „Fremdenfeindlichkeit“, doch letztlich werden alle Termini wild durcheinander verwendet. Dieter Staas erklärt in seiner Dissertation über „Fremdenfeindlichkeit als politisches Problem“ über eineinhalb Seiten den Begriff Rassismus, wobei er sogar eine Definition liefert – Rassismus finde in seinem Text Verwendung „im negativen Sinne als Einstellung der Ungleichheit, die mit Abweisung, Benachteiligung durch Taten bis hin zur Gewaltbereitschaft verbunden ist und die sich gegen ethnische und soziale Minderheiten richtet“.[155] Ethnozentrismus wiederum sei ein Komplement zum Rassismus und meine „die Abgrenzung der eigenen Gruppe durch vorgestellte Merkmale von anderen Gruppen“.[156] Ich will auf diese Definitionen gar nicht kritisch eingehen – wichtig scheint mir an dieser Stelle vor allem zu sein, dass der Begriff, mit dem er eigentlich arbeitet und der seiner Promotion den Titel gibt, im Kapitel „Termini“ nur in einem kleinen Absatz auftaucht und lediglich in Abgrenzung zu Rassismus bestimmt wird: „Die Begriffe Rassismus und Fremdenfeindlichkeit dürfen hingegen nicht synonym verstanden werden. Fremdenfeindlichkeit kann rassistisch bedingt sein, muß es aber nicht. Auch bloße Konkurrenz um Ressourcen (Arbeit, Wohnen etc.) oder negative Erfahrungen mit fremden Gruppen können Fremdenfeindlichkeit erzeugen. Fremdenfeindlichkeit kommt also ohne das Element der Ungleichheit aus.“[157]

Diese Formel verstehe, wer will: Was ist denn nun „Fremdenfeindlichkeit“? Und was meint er, wenn er behauptet, dass „Fremdenfeindlichkeit“ ohne das Element der Ungleichheit auskomme? In seiner Arbeit geht es nicht um die „Feindlichkeit“ eines deutschen Managers, dem gerade von einem „fremden“ Franzosen ein Auftrag weggeschnappt wurde (Konkurrenz um Ressourcen), und auch nicht um einen deutschen Urlauber, der in Südfrankreich über den Tisch gezogen wurde und seitdem nur noch schlecht über die „fremden“ Franzosen redet. Es geht also nicht um „Feindlichkeit“ zwischen Gruppen, die man von ihrem Status her durchaus als gleich bezeichnen könnte. Nein, es geht um Gewalttätigkeiten und Einstellungen, die sich gegen „Gastarbeiter“ und „Asylbewerber“ richten. Da liegt das Element der Ungleichheit aber auf der Hand – allerdings nicht bloß in den „Einstellungen“, sondern in der gesamten sozialen Situation, in welcher die jeweiligen Gruppen sich konstituieren. Warum der Autor einen Begriff, den er ausführlich definiert und der auf die von ihm behandelten Phänomene zutrifft, gegen einen tauscht, der nicht passt und zudem diffus erläutert wird – das kann wohl nur noch mit der gesellschaftlichen Unerwünschtheit des Terminus Rassismus erklärt werden.

Ein ähnliches Missverhältnis findet sich in Martina Althoffs Untersuchung über die „soziale Konstruktion der Fremdenfeindlichkeit“[158] – eine (Diskurs-) Analyse der Ausschreitungen gegen Asylbewerber in Rostock-Lichtenhagen

155 Staas 1994, S.6f.
156 ebd., S.9.
157 ebd.
158 Althoff 1998.

und der folgenden Asylrechtsdebatte. Ihr geht es, wie im Titel bereits deutlich wird, um den Konstruktcharakter des Phänomens „Fremdenfeindlichkeit“. Dabei ist ihre Perspektive angelehnt an den Kriminalitätsbegriff in der kritischen Kriminologie, wo Kriminalität eben nicht als Eigenschaft verstanden wird, welche einem bestimmten Verhalten innewohnt, sondern vielmehr als Produkt aus bestimmten Handlungsweisen und gesellschaftlichen Zuschreibungsprozessen. Im Rahmen ihres Ansatzes ist die Untersuchung des Diskurses der „Fremdenfeindlichkeit“, wie sie betont, daher „gleichzeitig eine Analyse der Herstellung des ‚Fremden‘ in der Gesellschaft“.[159]

Um den Prozess dieser Herstellung zu erfassen, greift sie aber zurück auf Theorien des Rassismus – dabei orientiert sie sich vor allem an Denkern wie Stuart Hall, Robert Miles oder Etienne Balibar, die sich mit dem „neuen“ oder kulturellen Rassismus befasst haben. In der Folge werden diese recht komplizierten Theorien wieder zurück bezogen auf „Fremdenfeindlichkeit“. „Fremdenfeindlichkeit“, schreibt sie, müsse „als übergeordneter Begriff verstanden werden, der Formen des kulturellen Rassismus, aber auch andere Formen des auf Fremde bezogenen Ausschließungsdiskurses mit einbezieht, die keine rassistischen Inhalte haben und nicht mit der Idee der Ungleichheit und der Forderung nach ungleichen Rechten verbunden werden“.[160] Diese Argumentation stützt sich auf Gedanken des Rechtsextremismus-Forschers Helmut Willems, der „Fremdenfeindlichkeit“ in der genannten Weise von Rassismus abgegrenzt hatte. Er definiert Rassismus als eine „Ideologie“, die aus drei Elementen bestehe: 1. der Einteilung der Menschheit in „biologische Rassen“, 2. einem „Ungleichheitstheorem“, welches die „biologischen Verschiedenheiten“ in intellektuelle und moralische Differenzen transformiere und 3. einem „evaluativen Aspekt“, der diese Unterschiede in eine Hierarchie zwischen den „Rassen“ übersetze.[161]

Nun hat Willems ziemlich altbackene Definition mit der jüngeren Rassismustheorie überhaupt nichts gemeinsam. Und man muss es schon eine Dreistigkeit nennen, wenn die Rassismustheorie etwa von Balibar auf einen Diskurs verkürzt wird, in dem es um „rassistische Inhalte“, die „Idee der Ungleichheit“ und die „Forderung nach ungleichen Rechten“ gehe. In dem Buch „Rasse Klasse Nation“, welches Etienne Balibar und Immanuel Wallerstein zusammen verfasst haben, geht es vielmehr um eine grundsätzliche Klärung der Position rassistischer Verhältnisse innerhalb der Moderne (Ausschluss durch Einbeziehung, Nation-Form), die Funktionsweise der Konstruktion von „Völkern“ und „Rassen“, den inneren Zusammenhang von Nationalismus und Rassismus, die Einschreibung des Rassismus in die Strukturen globaler Arbeitsteilung sowie die Veränderung innerhalb der rassistischen Diskurse in jüngerer Zeit (Verschiebung der Argumentation von der Biologie zur Kultur). Was also soll mit den „rassistischen Inhalten“ gemeint sein, von denen Althoff in

159 ebd., S.20.
160 ebd., S.58.
161 vgl. Willems 1993, S.95

ihrer Definition spricht? Zudem basieren die rassistischen Diskurse nicht zwangsläufig auf der „Idee der Ungleichheit". In den neuen, „differentialistischen" Versionen des Rassismus wird gerade eine spezifische Form der Gleichheit zwischen den angeblichen Kulturen postuliert, die dem Modell der „Rassentrennung" oder der Apartheid nicht unähnlich ist: Gleich, aber eben getrennt. Es gibt also eine Verschiebung von Ungleichheit auf Unterschied[162] und damit in den verschiedenen Varianten dieses Diskurses eine spezifische Dialektik von Gleichheit und Ungleichheit, die man nicht einfach auf die „Idee der Ungleichheit" und die „Forderung nach ungleichen Rechten" reduzieren kann, um dann „Fremdenfeindlichkeit" im hellen Licht des „übergeordneten Begriffes" erstrahlen zu lassen.

Althoffs Versuch der Abgrenzung vom Rassismus hat dem Begriff „Fremdenfeindlichkeit" keinerlei Kontur verliehen. Das gilt auch für Willems. Er etwa geht sofort nach der Feststellung der „Überordnung" des Begriffes „Fremdenfeindlichkeit" zu seinem eigentlichen Thema über – der „fremdenfeindlichen Gewalt" in den neunziger Jahren. „Fremdenfeindlichkeit" wird also überhaupt nicht näher erläutert. Allerdings wird der Begriff dadurch interessanterweise faktisch synonym mit „Rechtsextremismus". Das zeigt sich auch an einem Faux-Pas des Verlages Leske & Budrich, der 1993 eine Studie von Helmut Willems et al. mit dem Titel „Fremdenfeindliche Gewalt" veröffentlichte, wobei auf dem Buchrücken ein anderer Titel zu lesen war – nämlich „Rechtsradikale Gewalt".[163]

In diesem Buch wird auch deutlich, warum Willems so auf einer Abgrenzung vom Rassismus-Begriff besteht. Durch eine Analyse der Täter und „Tätermerkmale" konnten er und seine Mitarbeiter zeigen, dass nur ein Teil der Tätertypen, die in rassistische Anschläge verwickelt waren, auch tatsächlich über ein in seinem Sinne rassistisches Weltbild verfügten. Neben den im engeren Sinne „ideologisch-motivierten" Tätern waren eben auch „Mitläufer" oder „Schlägertypen" an den Gewalttaten beteiligt. Darüber hinaus wurde noch ein Typus herausgearbeitet, der als „Ausländerfeind oder Ethnozentrist" bezeichnet wird. Dieser Typ besitzt keine festen rechtsextremistischen Vorstellungen, sondern hat ein eher unscharfes Konglomerat von Argumenten zur Hand, um die eigene Tat zu rechtfertigen. „Selbst wenn hier deutliche fremdenfeindliche Vorurteile und auch nationale Parolen vertreten werden", schreiben Willems und seine Mitarbeiter, „so grenzen sich diese Jugendlichen doch von den im engeren Sinne rechtsextremistischen Parteien und ihren Zielsetzungen ab. Gewalt gegenüber Fremden wird hier weniger über rechtsextremistische Ideologien legitimiert als über diffuse Gefühle der Benachteiligung, der Ungleichbehandlung ‚der Deutschen' gegenüber ‚den Ausländern' und insbesondere gegenüber Asylbewerbern, sowie der eigenen Bedrohung. Die unmittelbare oder für die Zukunft erwartete Konkurrenz um Arbeitsplätze, Wohnungen und materielle Zuwendungen und Transferzahlungen sowie Vorstellungen

162 vgl. Taguieff 1988, S.21.
163 vgl. Willems et al. 1993.

einer ungerechten Privilegierung ‚der Ausländer' scheint hier das dominante Thema und die zentrale Legitimationsfigur für Gewaltanwendung zu sein."[164]

Obwohl Willems et al. sich solche Mühe gemacht hatten, die Überlegenheit des Begriffes „Fremdenfeindlichkeit" gegenüber dem des Rassismus zu belegen, tauchen hier nun plötzlich die Begriffe „Ausländerfeind" und „Ethnozentrist" auf, die offenbar keinerlei Einführung benötigen. Das Diskurs-Konglomerat freilich, welches die Forscher für den „Ausländerfeind" herauspräparieren, entspricht nun wirklich exakt den Charakteristika des neorassistischen Diskurses. Zunächst stellt dieser Diskurs, wie etwa Taguieff und Balibar ausführlich beschrieben haben, die rhetorischen Mittel bereit, damit die Personen sich durch eine Art „Meta-Rassismus" von den alten traditionellen Ideologien der biologischen Hierarchie oder vom Rassismus im Allgemeinen abgrenzen können – das entspricht der von Willems et al. erwähnten Absetzung von den „im engeren Sinne rechtsextremistischen Parteien".[165] Zudem spielen im neorassistischen Diskurs neben der Thematisierung der Differenz vor allem Konkurrenz und Gefahr die größte Rolle – das wissen wir aus van Dijks Untersuchungen.[166] Dabei betont van Dijk, dass dieser Diskurs sich generell nicht mehr um das Thema der Überlegenheit herum organisiert, sondern um jenes der Bedrohung.[167] Die Überlegungen von Taguieff und Balibar sowie die Untersuchungen von van Dijk stammen alle aus den späten achtziger Jahren. Sie werden von Willems und seinen Mitarbeitern einfach nicht zur Kenntnis genommen – und das führt dann dazu, dass ein völlig unbrauchbarer Begriff wie „Fremdenfeindlichkeit", der zudem offenbar synonym verwendet wird mit dem älteren Begriff „Ausländerfeindlichkeit" und dem aus dem US-Sozialdarwinismus stammenden Konzept „Ethnozentrismus", nicht nur beibehalten, sondern auch noch zum Überbegriff von Rassismus deklariert wird. Das geht wirklich nur, wenn man die internationale Diskussion ignoriert.

Ich möchte noch einmal auf die Arbeit von Althoff zurückkommen. Nachdem sie wie Willems „Fremdenfeindlichkeit" zum Überbegriff von Rassismus gemacht hat, gibt sie für ihre konkreten Analysen erstaunlicherweise den „übergeordneten Begriff" wieder auf und arbeitet mit Rassismus weiter. Mehr noch, gerade weil „Fremdenfeindlichkeit" mehr Phänomene erfasse, erscheint ihr die Bezeichnung plötzlich sogar zweifelhaft. In der „Zusammenfassung" ihrer theoretischen Vorüberlegungen schreibt sie: „Fremdenfeindlichkeit wird als Sammelbegriff für unterschiedliche Phänomene wie Rechtsextremismus, Rassismus und Ethnozentrismus verstanden, der von daher als analytischer Begriff nicht geeignet ist."[168] Das ist nicht einfach zu verstehen: Der Begriff ist zwar „übergeordnet", aber analytisch nicht zu gebrauchen.

Da es nun in ihrer empirischen Analyse weitergeht mit dem Begriff Rassismus, könnte man annehmen, dass der unbrauchbare Begriff in der Folge

164 ebd., S.204.
165 vgl. etwa Balibar 1988, S.29ff.
166 van Dijk 1987, S.220.
167 ebd., S.62.
168 Althoff 1998, S.82.

verschwindet. Doch nein: Am Ende der Recherche geht es wieder „um die Frage der Konstituierung von Fremdenfeindlichkeit".[169] Am Schluss bekommt man sogar noch eine neue Definition von „Fremdenfeindlichkeit" geliefert – sie sei „eine Form des Ausdrucks der Ablehnung gegenüber einer als fremd charakterisierten Gruppe".[170] Und ihre Arbeit habe eben gezeigt, wie eine bestimmte Gruppe – die Asylbewerber – durch die diskursiven Muster der Kriminalisierung, des Antikommunismus und der Historisierung als „fremd" gekennzeichnet worden seien. Diese Kennzeichnung gehe zurück auf die politische Kultur der Bundesrepublik, die selbst „fremdenfeindlich" sei und durch die Bereitstellung von „institutionalisierten Bedeutungen" einen Rahmen bereitstelle, in dem „fremdenfeindliche" Gewalt überhaupt erst möglich werde.[171]

Bei dem Gegenstand, den ich Rassismus nenne, handelt es sich um einen Prozess, in dem bestimmte Gruppen buchstäblich produziert werden – und eben diesen Prozess arbeitet Althoff ja auch sehr deutlich heraus. Aber warum soll der Gegenstand, den sie am Ende wieder „Fremdenfeindlichkeit" nennt, bloß die Ablehnung der „gekennzeichneten" Gruppe umfassen? Ich denke, dass der Prozess der Kennzeichnung keineswegs aus dem Gegenstandsbereich des Rassismus entfernt werden kann – eben diese Kennzeichnung und Produktion einer Gruppe ist bereits Bestandteil des Gegenstandes. Der Begriff „Fremdenfeindlichkeit" kann diesen Prozess überhaupt nicht erfassen, weil der Begriff den „Fremden" zumindest implizit immer schon voraussetzt. Warum also kehrt sie am Ende zu einem Begriff zurück, dem sie eingangs gerade wegen seines diffusen Charakters die analytische Qualität absprach und den sie in der empirischen Analyse nicht mehr verwendete?

Ich kann nur spekulieren, warum Althoff und andere den Begriff weiter benutzen. Tatsächlich klingt es weniger erschreckend, wenn man behauptet, die politische Kultur in Deutschland sei „fremdenfeindlich", als sie sei rassistisch. Zuvor hatte Althoff bereits gemeint, dass eine „Gleichsetzung von Fremdenfeindlichkeit, Rechtsextremismus und Rassismus [...] die Behauptung zur Folge (hätte), daß die Mehrheit der Bevölkerung rassistisch sei".[172] Dieser Gedanke kommt wiederum von Willems, der fürchtet, dass eine solche Verwischung der Grenzen einen „Generalverdacht" auslösen könne.[173] Was aber bedeutet „Generalverdacht" in diesem Zusammenhang? Ist die Wissenschaft dazu da, die deutsche Bevölkerung vor einem Verdacht zu schützen? Tatsächlich kann es nicht darum gehen, die Differenzen zwischen verschiedenen Phänomenen einzuebnen, und damit zu suggerieren, zwischen einem Lichtenhagener Jugendlichen, der einen Stein ins Asylbewerberheim wirft, und einem Frankfurter Geschäftsmann, der sich die dubiosen „ausländischen Kriminellen" aus der Innenstadt weg wünscht, gebe es keinen Unterschied. Aber dass es einen

169 ebd., S.240.

170 ebd., S.255.

171 ebd., S.258.

172 ebd., S.58.

173 Willems 1993, S.95.

Zusammenhang zwischen diesen Phänomenen gibt, darüber kann kein Zweifel bestehen, und dass für diesen Zusammenhang der Begriff Rassismus in der internationalen Diskussion eingeführt ist, darüber ebenfalls nicht. Die Forschung kann keine Rücksicht nehmen auf die moralischen Dilemmata der einheimischen Bevölkerung – wichtig ist allein, welcher Begriff die größere analytische Schärfe hat.

Die meisten anderen empirischen Arbeiten zu „Fremdenfeindlichkeit" arbeiten mit Skalen, die Einstellungen messen – Beispiele sind etwa die Untersuchungen von Silbermann & Hüsers 1995, Ganter 1998, Alheim & Herger 1999 sowie von Stolz 2000 für die Schweiz. Ganter und Alheim & Herger fertigen Sekundäranalysen der sogenannten Ausländer-Items in den zweijährlich durchgeführten ALLBUS-Umfragen an, wobei sich beide maßgeblich mit der Umfrage von 1996 befassen. Die methodische Kritik an der ALLBUS-Umfrage läßt sich bei Jäger nachlesen.[174] Ansonsten gelten – auch für die Ermittlung „fremdenfeindlicher Attitüden" bei Silbermann & Hüsers und für die „einstellungszentrierte Forschung" von Stolz – die gleichen Einwände, die ich oben bereits im Falle von Zick gegen die Eurobarometer-Skalen vorgebracht habe. Alheim & Herger nutzen in ihrer Arbeit das gesamte empirische Material der Umfrage von 1980 bis 1998. In der Befragung von 1994 wurde zum ersten Mal das bis dahin in den Items gebräuchliche Wort „Gastarbeiter" nach interner Kritik durch das Wort „Ausländer" ersetzt.[175] Allein die Tatsache, dass die Autoren der ALLBUS-Umfrage offenbar erst 22 Jahre nach dem „Anwerbestopp" von 1973 zur Kenntnis genommen haben, dass ein Prozess der Ansiedlung stattgefunden hat, lässt die Skalierung ziemlich zweifelhaft erscheinen. Interessant ist zudem, dass „Gastarbeiter" nicht durch „Fremde" ersetzt wird – offenbar ist dieser Begriff zu abstrakt. Warum dann aber die Skala, die so etwas messen soll wie „Einstellungen gegenüber Ausländern", für Alheim & Herger dazu taugt, Aussagen über „Fremdenfeindlichkeit" zu treffen – dazu müssten die Autoren ausführlich Stellung nehmen. Das ist aber nicht der Fall.

Eine ähnliche Lücke klafft in der Arbeit von Stolz, der sich in seiner „Soziologie der Fremdenfeindlichkeit" vorgenommen hat, die „positiven und negativen Haltungen" gegenüber dem „sozialen Objekt" „Ausländer" zu eruieren.[176] Zu diesem „Objekt" zunächst einige Anmerkungen. Stolz versteht dieses „Objekt" unter anderem als „Stimulus". „Ist das Objekt ein eher positiver oder eher negativer Stimulus?", heißt es zur „evaluativen" Einstellungsdimension. In dieser Frage kommt zum Ausdruck, dass Stolz offenbar wirklich denkt, dass der „Stimulus" „Ausländer" sich draußen in der Welt ganz einfach zeigt. Tatsächlich jedoch wird dieser „Stimulus" ganz aktiv vom Betrachter konstruiert. Selbst wenn Aussehen und Sprache den „Ausländer" überhaupt nicht vom „Inländer" unterscheiden, dann weiß jede Person mit Migrations-

174 Jäger 1995, S.51ff.

175 vgl. Blank & Schwarzer 1994; bei Alheim & Herger 1999, S.18f.

176 vgl Stolz 2000, S.77ff.

hintergrund, dass etwa die Nennung eines „fremden" Namens einen solchen Konstruktionsprozess auslösen kann. Sicher hat Stolz darauf hingewiesen, dass es einen Prozess der Kategorisierung gibt, welcher bestimmte „Stimuli" ordnet und interpretiert. Das kann aber keineswegs heißen, dass „Ausländer" selbst zu einem kohärenten „Stimulus" werden, sondern dass eben bestimmte „Reize" den „Ausländer" in den Augen der Einheimischen erst hervortreten lassen. Doch dann ist die wirklich interessante Frage nicht jene nach den Einstellungen gegenüber „Ausländern", sondern jene nach den Gründen, warum bestimmte „Stimuli" so wirken und wie sie genau geordnet werden. „Der Ausländer" funktioniert jedenfalls sicher nicht so wie der Schritt der Wärters in Pawlows berühmten Hundeexperiment.

Ansonsten ließe sich das ganze Arsenal der Argumente gegen den Begriff „Fremdenfeindlichkeit" hier noch einmal wiederholen. Alheim & Herger halten es nicht für nötig, „Fremdenfeindlichkeit" überhaupt zu definieren. Silbermann & Hüsers definieren alle Begriffe von „Ausländerfeindlichkeit" über Extremismus bis hin zu Ethnozentrismus, wobei alle Begriffe irgendwie gültig bleiben und im Verlauf der Untersuchung auch weiter verwendet werden – „Fremdenfeindlichkeit" fungiert dabei als eine Art Oberbegriff.[177] Bei Ganter ist das ähnlich. Dennoch sind seine theoretischen Überlegungen so differenziert, dass es sich lohnt, darauf ausführlicher zu sprechen zu kommen, bevor es schließlich um Rechtsextremismus gehen wird.

Ganter betont, dass der Begriff der „Fremdenfeindlichkeit" doch „relativ offen" sei, und es daher eine Notwendigkeit gebe, das „Untersuchungsfeld" genauer zu markieren.[178] Am Beginn steht der Begriff der „ethnischen Differenzierung", womit er „Formen der Grenzziehung und Distanzierung" bezeichnet, „die im Kern auf Selbst- und / oder Fremdzuschreibungen kollektiver Zugehörigkeiten beruhen": „Die Eigentümlichkeit dieser Grenzziehungen liegt darin, daß sie sich an Merkmalen orientieren, die vermeintlich oder tatsächlich an die Umstände der Geburt und Herkunft gebunden sind [...]. Zu diesen Merkmalen zählen unter anderem Besonderheiten der Hautfarbe, der Sprache, der Religion, Kleidungsgewohnheiten oder der Wohn- oder Lebensweise, die nicht als Ausdruck individueller Vorlieben, sondern als Ergebnis der Abstammung und kulturellen Prägung interpretiert werden. Als besonders oder fremd erscheinen diese Merkmale freilich immer nur im Vergleich zu den davon abweichenden Merkmalen einer oft nur diffus bestimmbaren Eigengruppe [...]."[179]

Die Differenzierung kann „drei zentrale Erscheinungsformen" annehmen, die Ganter als Stereotyp, Vorurteil und Diskriminierung bezeichnet, während Rassismus und Ethnozentrismus als „Spezialfälle" der Grenzziehung genannt werden. Die Unterschiede zwischen den Erscheinungsformen stellt er dabei als gravierend dar. Zunächst seien nicht alle „Äußerungsformen [...] in einem

177 vgl. Silbermann & Hüsers, S.4ff.

178 vgl. Ganter 1998, S.13ff.

179 ebd., S.13f.

strengen Wortsinn ‚feindlich' oder ‚feindselig'. Zwischen gewaltsamen Angriffen auf Asylbewerbern aus Afrika und der Bezeichnung von Schwarzen als ‚faule Neger' liegen offensichtliche qualitative Unterschiede, die auch begrifflich und analytisch deutlich gemacht werden müssen".[180] Ganters Modell ist durchaus differenziert, wobei er allerdings nicht analysiert, dass die Begriffe alle einen unterschiedlichen theoretischen Hintergrund haben und damit auch einen anderen Gegenstand „gewinnen" – insofern kann man sie nicht einfach in dieser Weise zusammengruppieren, ohne ihren inneren Zusammenhang zu verdeutlichen. Aber dieser Mangel an theoretischer Kohärenz ist sicher ein allgemeines Kennzeichen der hiesigen Literatur.

Ganter beschreibt zunächst den grundlegenden Prozess der „ethnischen Differenzierung" durchaus richtig, doch das innere Gefüge zwischen der Tätigkeit der „Grenzziehung" und deren Erscheinungsformen kann kaum befriedigen. Diskriminierung wird von Ganter folgendermaßen beschrieben: „Zum Beispiel Benachteiligungen beim Zugang zu begehrten Arbeitsplätzen, Wohnungen und Bildungsinstitutionen, die Verweigerung bestimmter Rechte und politischer Beteiligungsmöglichkeiten, aber auch gewalttätige Angriffe oder eher subtile Formen der Kontaktvermeidung gegenüber Personen aufgrund ihrer Zugehörigkeit oder Zuschreibung zu einer bestimmten ethnischen Gruppe."[181] Während Ganter zuvor betont hat, dass zwischen der Bezeichnung „fauler Neger" und einem tätlichen Angriff ein qualitativer Unterschied besteht, werden nun unter Diskriminierung plötzlich strukturelle Prozesse (Benachteiligungen) und konkretes Tun (Tätlichkeiten etc.) subsumiert. Gibt es zwischen diesen Phänomenen keinen Unterschied in der Qualität?

Darüber hinaus geht Ganter offenbar davon aus, dass am Anfang die ethnische Differenzierung steht und daraus etwa Benachteiligung auf dem Arbeitsmarkt oder die Verweigerung von Rechten folgt. Diese Ableitung müsste aber belegt werden. Die oben kurz vorgestellten Theorien der ethnischen Stratifikation behaupten – und das ist auch historisch gut belegt –, dass die Diskriminierung der Differenzierung vorausgeht. Die Einbeziehung der „Gastarbeiter" in den Arbeitsmarkt fand nicht über das Kriterium der Ethnizität statt – es gab keine Jobs, für die speziell Griechen oder Türken benötigt wurden. Relevant war der Bedarf an Arbeitskräften in einem bestimmten, nämlich dem unteren Segment des Arbeitsmarktes. Aus dem Prozess der Unterschichtung, der durch die Verweigerung von Rechten noch untermauert wurde, entstand eine völlig neue Form der Differenzierung – der türkische Staatsangehörige etwa, der „Fremde", der die Bundesrepublik in den sechziger Jahren als Arbeitskraft betrat, und „der Türke", der heute im Diskurs der „ethnischen Differenzierung" als Phantom durch die deutsche Gesellschaft spukt, haben daher kaum mehr miteinander gemein als den Namen eines Herkunftslandes.

180 ebd., S.14.
181 ebd., S.15.

In diesem Sinne ist es also für die Erforschung des Gegenstandes, den ich Rassismus nenne, notwendig, sich mit den institutionellen Prozessen zu befassen, welche der „ethnischen Differenzierung" zugrunde liegen und sich zu überlegen, wie diese institutionellen Gegebenheiten mit Wissensbeständen oder konkreten Handlungen vermittelt sind. Doch die Beschäftigung mit der Institution der Staatsangehörigkeit erledigt Ganter mit wenigen Worten: „Die Einzelheiten und historischen Hintergründe des deutschen Staatsbürgerschaftsrechtes und die daraus legitimierte ‚institutionalisierte Diskriminierung' gegenüber ‚Ausländern' ist bereits mehrfach ausführlich dargestellt worden (vgl. Brubaker 1992, Hoffmann 1994); sie werden an dieser Stelle nicht erneut ausgeführt. Hier stehen die eher alltäglichen Handlungen und Verhaltensweisen gegenüber ‚Fremden' im Vordergrund."[182] Mit dieser Bemerkung suggeriert Ganter, dass das Funktionieren der Institution Staatsbürgerschaft in Bezug auf den Gegenstand Rassismus umfassend erforscht sei. Das ist aber zweifellos nicht der Fall – über das ausgezeichnete Buch des US-Amerikaners Rogers Brubaker hinaus und die Arbeiten von Hoffmann, auf die ich oben kurz eingegangen bin, ist die Literatur zu den Auswirkungen von spezifischen Mitgliedschaftsregelungen in Nationalstaaten und den spezifischen Formen, welche die „ethnische Differenzierung" aufgrund dieser Regelungen annimmt, im Großen und Ganzen ziemlich dünn.[183]

Indem ein Manko in eine Situation der Übersättigung umgeschrieben wird, kann Ganter begründen, warum ihn vordringlich die „ethnische Diskriminierung" im Alltagshandeln interessiert. „Letztlich sind es in erster Linie solche Handlungen und Verhaltensweisen, denen das Hauptaugenmerk gilt oder zumindest gelten sollte, weil sie für das alltägliche Zusammenleben zwischen ‚Einheimischen' und ‚Fremden' von besonderer Bedeutung sind."[184] Von wessen Augenmerk ist hier die Rede? Glaubt Ganter wirklich, dass die Frage des Aufenthaltsstatus von Migranten keinerlei Auswirkungen habe auf das „alltägliche Zusammenleben"? Erleben nicht viele Migranten ihre schlimmsten Diskriminierungen auf Ämtern – etwa auf dem Ausländeramt oder auf dem Arbeitsamt? Und waren es nicht Migranten, die seit den siebziger Jahren immer wieder darauf hingewiesen haben, dass sie bloß als „Bürger zweiter Klasse" (der Titel eines Buches von Haris Katsoulis aus dem Jahre 1978) behandelt werden? Um wessen Augenmerk geht es also hier? Offenbar impliziert die „Gewinnung" des Gegenstandes „Fremdenfeindlichkeit" eine bestimmte Blickrichtung: weg von den institutionellen Gegebenheiten und hin auf die diffuse Dimension des „alltäglichen Zusammenlebens". Und dabei wird bei Ganter am Ende nicht einmal die alltägliche Dimension der Diskriminierung wirklich erfasst – wie bereits erwähnt liefert er empirische Analysen lediglich zu den ALLBUS-Skalen von 1996, also bloß zu Einstellungen.

182 ebd., S.16.

183 Eine weitere Arbeit zu diesem Thema hat Hansen 2001 vorgelegt.

184 ebd.

2.4 Exkurs: Rechtsextremismus

Ich möchte die Kritik an den Ansätzen zu „Fremdenfeindlichkeit“ schließen mit einem Blick auf die psychoanalytische Forschung und ihre Beschäftigung mit dem Rechtsextremismus. In einer jüngeren, tiefenhermeneutisch ausgerichteten, qualitativen Befragung zu „alltäglicher Fremdenfeindlichkeit“ von Altvater et al. kommen die Autoren am Ende unter anderen zu diesem Fazit: „Die Fremdenfeindlichkeit ist als eine Beziehung des / der Einzelnen zu sich selbst zu verstehen. Eine naheliegende Deutung wäre, daß Fremdenfeindlichkeit Ausdruck des Ausagierens einer uneingestandenen, aber dennoch das Subjekt kränkenden Ich-Schwäche ist.“[185] Solche Interpretationen gehen zurück auf die paradigmatischen Arbeiten von Adorno, Horkheimer, Fenkel-Brunswick und anderen zur „autoritären Persönlichkeit“. Die Kritik liegt auf der Hand: Die psychoanalytisch inspirierte Betrachtungsweise transformiert den Gegenstand, den ich Rassismus nenne, in eine pathologische Störung des Einzelnen.[186] Der Blick des implizit als gesund konzipierten Forschersubjektes auf die Krankheit bringt auch eine Fixierung auf den „kranken“ Täter mit sich – die von Rassismus Betroffenen kommen in der im Zitat beschriebenen „Beziehung des / der Einzelnen zu sich selbst“ überhaupt nicht mehr vor. Doch Rassismus ist selbstverständlich auch eine Form der Beziehung zum Anderen, auch wenn diese Beziehung in der Verweigerung von Gleichberechtigung und Dialog besteht. Zudem spielen die Reaktionen der Betroffenen eine maßgebliche Rolle für die konkrete, historische Ausformung des Apparates des Rassismus – ohne den antikolonialen Widerstand und die Kämpfe der Migration hätte es eine Veränderung vom „superioren“ zum „differentialistischen“ Rassismus, in dem, wie Fanon sagt, der „Rassist“ sich verstecken muss, nicht gegeben.[187]

Sei es nun die Rede von der „Ich-Schwäche“ und dem unvollständigen Über-Ich oder jüngst jene von narzisstischen Verschmelzungswünschen mit der prä-ödipalen Mutter, welche im Phantasma der Nation wiederkehre[188] – stets bleibt die Forschung völlig fixiert auf den Täter; genauer gesagt: auf den einzelnen Täter. Und noch genauer gesagt: auf den einzelnen, gewöhnlich jugendlichen Gewalttäter. Durch diesen Fokus wird aber der Gegenstand, den ich Rassismus nenne, 1. implizit auf seine extreme bzw. „extremistische“ Variante reduziert. 2. wird Rassismus als Handlungsweise einzelner konzipiert, die als Problemfälle gesehen werden – wobei dieses „Problem“ je nachdem durch Therapie gelöst werden kann, oder, wenn man dieses „Problem“ als gesellschaftliches Symptom interpretiert, durch sozialtechnologische Eingriffe. 3. kann die Gesellschaft als Ganze vom bereits erwähnten „Generalverdacht“ entlastet werden – selbst wenn der Gewalttäter als gesellschaftliches Symptom

185 Altvater et al. 2000, S.323.
186 vgl. Terkessidis 1998, S.21ff.
187 vgl. Terkessidis 2000.
188 vgl. Clemenz 1998, S.144ff.

betrachtet wird, dann hat seine Existenz nichts mit Rassismus zu tun, sondern etwas mit falschen Erziehungsstilen in West (zu antiautoritär) und Ost (zu autoritär), fehlgeleiteter Männlichkeit, dem neuen Antlitz des Kapitalismus, der Verleugnung des Nationalen in Deutschland, der Überflutung mit Gewaltdarstellungen in den Medien oder mit sozialen „Integrations-Desintegrationsdynamiken".

Zwar findet die „Analyse" des Gewalttäters immer noch unter dem Aspekt des Rechtsextremismus statt, doch die Einengung der Forschung auf rechtsradikale Gewalt kann wegen ihrer Täterfixierung und der Vernachlässigung der Betroffenen leicht dazu führen, dass am Ende die spezifisch rassistische Ausrichtung der Gewalt völlig aus dem Blickfeld gerät und die Gewalt selbst zum letztlich erklärungsbedürftigen Phänomen wird. Exemplarisch lässt sich das an der Entwicklung der Untersuchungen von Wilhelm Heitmeyer und seinen Kollegen darstellen. In seiner umfangreichen Befragung von 1987 ging es noch um „rechtsextreme Orientierungen" bei Jugendlichen allgemein. In der „Bielefelder Rechtsextremismus-Studie", einer „Langzeituntersuchung" von 1992, wurden dann 31 Jugendliche ausführlich interviewt, um in ihrer „politischen Sozialisation" die Ursachen für Rechtsextremismus herauszupräparieren. 1996 schließlich – nachdem Heitmeyer „Gewaltakzeptanz" als eines der Grundelemente des Rechtsextremismus identifiziert hatte – erschien schließlich ein Buch nur noch zu „Gewalt. Schattenseiten der Individualisierung bei Jugendlichen aus unterschiedlichen Milieus".[189]

Zweifellos kann die Forschung über Rechtsextremismus angesichts der Existenz des „Dritten Reiches" durchaus eine gewisse Eigenständigkeit gegenüber dem Gegenstandsbereich des Rassismus beanspruchen – zumal was die weltanschauliche Komponente betrifft. Doch fast 60 Jahre nach dem Ende des Nationalsozialismus wirkt es schon ein wenig antiquiert, dass es in Deutschland eine umfangreichere Literatur zum Thema Rechtsextremismus gibt als zu den Themen „Ausländer-" oder „Fremdenfeindlichkeit", geschweige denn Rassismus. Dabei ist rassistisches Wissen – auf unterschiedliche Weise systematisiert – die zentrale Komponente der rechtsradikalen Weltanschauung. Daher müsste die Rassismus-Theorie zumindest innerhalb der Forschung über Rechtsextremismus eine bedeutende Rolle spielen, was aber nicht der Fall ist. Dazu kommt, dass nur Minderheiten in der Bundesrepublik ein fest gefügtes rechtsextremes Weltbild besitzen – selbst unter den Tätern befinden sich viele, die aus ganz anderen Gründen rassistische Gewalt ausüben. Sicher ist es eine legitime Frage, welche Ursachen diese Personen dazu bringen, solche Gewalt anzuwenden. Aber noch entscheidender erscheint mir die Frage, warum diese Täter sich legitimiert fühlen, bestimmte Gruppen von Menschen als Ziele für ihre Angriffe zu wählen. Diese „Wahl" ist nicht zufällig, ihr muss ein Prozess der Identifizierung dieser Gruppen vorausgegangen sein. Aber solange die Rechtsextremismus-Forschung auf den Täter fokussiert bleibt, sei es der Gewalt- oder der Schreibtischtäter, wird sie immer wieder auf die (kranke) Sub-

189 vgl. Heitmeyer et al. 1987, 1992, 1996.

jektivität des Akteurs oder die Probleme von „uns“ als einheimischem Kollektiv zurückgeworfen. Das bringt diese Forschung in die Nähe einer Maschinerie endloser Selbstbespiegelung.

Als Wilhelm Heitmeyer 1997 eine große Untersuchung zu „Türkischen Jugendlichen in Deutschland“ veröffentlichte, da hätte man meinen könne, dass er nun die Perspektive der Betroffenen berücksichtigen würde – dass er also aufgrund seiner umfangreichen Forschung zu Rechtsextremismus die allochthonen Jugendlichen zu ihren Erfahrungen mit Rassismus befragen würde. Doch den „Diskriminierungserfahrungen“ widmen sich in einem Werk von fast 280 Seiten gerade mal drei Seiten.[190] Zwar betont Heitmeyer, dass zur spezifischen Situation der Jugendlichen „in zentraler Weise“ Diskriminierungserfahrungen gehören, doch das empirische Material ist dünn. Man liest über Diskriminierung im privaten Bereich (Ergebnis: in Jugendzentren und Sportvereinen gibt es eher selten Diskriminierung, in Diskotheken jedoch häufiger) und im öffentlichen Bereich – besonders die Älteren berichten von Problemen in der Schule, auf Ämtern, auf dem Wohnungsmarkt und mit der Polizei. Schließlich werden diese Erfahrungen auf weiteren fünf Seiten in Bezug gesetzt zum „Rückzug in die eigene ethnische Gruppe“.[191] Auf weiteren vier Seiten werden dann die Auswirkungen von „fremdenfeindlicher Gewalt“ auf „demokratie- und integrationsfeindliche Orientierungsmuster“ dargestellt.[192]

Die Rassismuserfahrungen der Jugendlichen haben bei Heitmeyer also überhaupt keinen Eigenwert – diese werden ausschließlich im Zusammenhang mit deren fundamentalistischen Einstellungen und möglicher Gewaltbereitschaft zur Kenntnis genommen und interpretiert. Letztlich behandelt Heitmeyer die Jugendlichen türkischer Herkunft auf die gleiche Weise wie die einheimischen Rechtsradikalen in seinen Arbeiten zuvor: Er durchleuchtet sie im Hinblick auf ihre spezifische Variante des Extremismus (islamischer Fundamentalismus), und im Hinblick auf ihre Bereitschaft zur Gewaltanwendung im politischen Kontext. So rücken Rechtsextremismus und „Fundamentalismus“ plötzlich ganz nah zusammen: „Lange Zeit hat es in der Bundesrepublik keine angemessene und kontinuierliche öffentliche und politische Auseinandersetzung zu fremdenfeindlichen und rechtsextremistischen Entwicklungen gegeben. Nun deutet sich an, daß – abgeschirmt durch diese Ereignisse – Entwicklungen in Teilen der türkischen Bevölkerung nur mangelhaft öffentlich thematisiert werden.“[193] Am Ende sind Extremismus und Gewalt frei flottierende Gebilde, die sich mal hier und mal da niederlassen – dadurch verliert der Gegenstand, den ich Rassismus nenne, jegliche Eigenständigkeit und wird zum beliebigen Unterthema einer Art Polizeiwissenschaft auf der Suche nach „demokratie- und integrationsfeindlichen Tendenzen“. Möglicherweise ist

190 Heitmeyer 1997, S.53ff.

191 ebd., S.161.

192 ebd., S.172ff.

193 ebd., S.191.

diese Ausrichtung im Begriff des Extremismus, der ja so etwas voraussetzt wie eine „normale“, demokratische und integrierte Mitte, auch schon angelegt.[194]

Bevor ich nun meine Kritik zu den Begriffen „Fremdenfeindlichkeit“ und „Rechtsextremismus“ zusammenfasse, möchte ich noch kurz bemerken, dass die konzeptionelle Kritik selbstverständlich die empirischen Ergebnisse nicht vollends entwertet. Das muss im Einzelfall im Kontext überprüft werden. Was nun „Fremdenfeindlichkeit“ betrifft, so bleibt festzuhalten, dass 1. die Rede „vom Fremden“ in jeder Beziehung global ist und jede historische oder lokale Spezifik vermissen lässt. 2. Wenn es spezifisch wird, dann gehen die Forscher stets, wie bereits Simmel, von der Situation des Neuankömmlings in einer einigermaßen fest gefügten Gesellschaft aus, die aber dem Verhältnis von Ausschluss durch Einbeziehung, das Rassismus konstituiert, nicht im Geringsten gerecht wird. Der Konstruktionscharakter des „Fremden“ wird zwar immer wieder betont, doch konkret wird in den meisten Ansätzen davon ausgegangen, dass 3. „Feindlichkeit“ (was auch immer das sein mag) entsteht, wenn die Begegnung zwischen dem Einheimischen und dem tatsächlichen „Fremden“ bei Ersterem Irritationen oder Angst auslöst. In diesem Sinne werden „dem Fremden“ 4. in der Forschung immer wieder Eigenschaften zugeschoben – seien sie nun abstrakt oder sehr konkret. Die ganze Diskussion über „Fremdenfeindlichkeit“ ist 5. zutiefst geprägt von der Perspektive eines einheimischen „Wir“, welchem in der Forschung über Rechtsextremismus eine Fixierung auf den Täter entspricht. 6. reduziert die Forschung über „Fremdenfeindlichkeit“ den Gegenstand, den ich Rassismus nenne, implizit auf das Terrain der kulturellen Unterschiede.

Jede Forschung über einen Gegenstand öffnet immer auch einen Raum für Eingriffe – das ist ein Bestandteil von sozialwissenschaftlicher Forschung, wie Gunnar Myrdal festgestellt hat.[195] Das gilt auch für die Gegenstandsgewinnung „Fremdenfeindlichkeit“. Die deutliche Mehrheit der Bevölkerung sowie die Regierung sind zweifellos der Auffassung, dass dieses Phänomen bekämpft werden muss, und blicken auf der Suche nach Strategien zur Wissenschaft. Welches Feld öffnet diese Forschung nun? Vieles ist bereits gesagt worden. Zunächst wird der therapeutisch / sozialtechnologische Eingriff stets dem Täter oder dem eigenen, einheimischen Kollektiv gelten. Eine umgekehrte Perspektive kommt nicht in Frage, weil der „Fremde“ selbst nie in den Blick kommt. Niemand käme auf die Idee, dass auch seine Position verbessert werden könnte, um „Fremdenfeindlichkeit“ zu bekämpfen – etwa im Sinne eines Empowerments oder im Sinne struktureller Veränderungen. Doch die Situation der „Fremden“ wirkt nicht veränderungsbedürftig – alles, was diese Forschung, der die Irritationen und die Ängste der „Fremden“ selbst gleichgültig zu sein scheinen, für den „Fremden“ wünscht, ist, dass er in Ruhe gelassen wird, dass man ihn in seiner „Fremdheit“ belässt. Insofern kann der

194 vgl. etwa Terkessidis 1995, S.225ff.

195 Myrdal 1958, S.49ff.

Kampf gegen „Fremdenfeindlichkeit“ eben nur auf dem Gebiet der Kultur stattfinden – die Forschung über „Fremdenfeindlichkeit“ ignoriert systematisch die Produktion des „Fremden“ auf dem Arbeitsmarkt oder im Staatsbürgerrecht.

3. Rassismus

Abschließend möchte ich den Begriff Rassismus erörtern, wie er in der deutschsprachigen Diskussion auftaucht – im nächsten Kapitel werde ich dann meinen eigenen Begriff von Rassismus definieren. In der zuvor referierten Forschung ist der Begriff ja bereits mehrfach aufgetaucht. Allerdings ist Rassismus in den Arbeiten über „Ausländer-" und „Fremdenfeindlichkeit“ stets als Spezialfall aufgetaucht – entweder wurde die Bezeichnung ausschließlich für die nationalsozialistische Politik reserviert oder an Redeweisen geknüpft, in denen es mehr oder weniger explizit um „biologische Rasse“ ging. In diesem Sinne existiert in Deutschland auch eine historische Forschung, die den Begriff Rassismus ausschließlich für eine Kritik der klassischen, im weitesten Sinne biologischen „Rassenforschung“ reserviert – es geht also um „wissenschaftlichen Rassismus“.[196] Als weiteres Element, um Rassismus zu definieren, diente in einigen Theorien der „Fremdenfeindlichkeit“ auch das Moment der ausdrücklichen Thematisierung von Ungleichheit zwischen Menschengruppen. Der einzige, der den Begriff bislang gegenüber anderen Begriffsbildungen bevorzugte, war Zick – er jedoch koppelt Rassismus an das „Vorurteil“ und betrachtet es als dessen institutionalisierte Form. In der Folge möchte ich mich nun mit den Ansätzen befassen, die den Begriff Rassismus als eigenständigen Begriff und auch in Bezug auf aktuelle Phänomene in der Einwanderungsgesellschaft verwenden – also mit der hiesigen Rassismustheorie, insofern man denn tatsächlich davon sprechen kann.

Wie erwähnt, ist der Begriff erst relativ spät in der deutschen Forschung angekommen – und dass, obwohl der Österreichischer Friedrich Hertz bereits zu Beginn des 20. Jahrhunderts in einem Buch über „Rasse und Kultur“ die „Rassentheorien“ scharf kritisiert hatte und von „Rassenhaß“ sprach.[197] In der historischen Forschung dominierte nach der Erfahrung des „Dritten Reiches“ das Thema Antisemitismus, wobei kaum einmal der Bogen zum Rassismus geschlagen wurde. Diese historische Forschung – so vielfältig und detailliert sie auch sein mag – hat sich in theoretischer Hinsicht recht wenig mit der Definition und Erklärung des Antisemitismus befasst. 1997 betitelten Wolfgang Benz und Werner Bergmann beispielsweise einen Sammelband zu „Entwicklungslinien des Antisemitismus“ mit: „Vorurteil und Völkermord“. Eine Bestimmung des Begriffs Vorurteil fehlt jedoch völlig. Im Vorwort betonen die

196 vgl. etwa Kampen-Haas & Saller 1999, Kühl 1997.
197 vgl. Hertz 1904.

Herausgeber, der Schwerpunkt des Bandes liege auf „dem Zusammenhang zwischen antijüdischem Vorurteil und der Gewalt gegen Juden in der Geschichte" – entsprechend würden für die zentralen Entwicklungslinien „Verfolgungsaktionen" vorgestellt, „in denen Vorurteile situativ in Gewaltaktionen umgeschlagen sind".[198]

Damit erfassen sie freilich nur einen kleinen Teil der Phänomene – Ereignisse eben, in denen Vorurteile die Grundlage für Gewalt darstellen. Doch wie entstehen jene Vorurteile? Besteht denn nicht gerade das Systematische an jenem „Ismus", mit dem die Forscher sich beschäftigen, darin, dass die Vorurteile eine Erklärungs- und Legitimationsressource für eine Differenz bereitstellen, die in der gesellschaftlichen Praxis erzeugt wird? Oder um es anders zu formulieren: Wäre es nicht möglich, dass die „Verfolgungsaktionen" dem Vorurteil vorgängig waren, und das Vorurteil für diese Aktionen nachträglich Begründungen lieferte? Kürzlich hat Klaus Holz versucht das Feld der Theorien über Antisemitismus zu ordnen. Er unterscheidet funktionale, korrespondenztheoretische, kausale und differenztheoretische Arbeiten,[199] wobei er feststellt, dass die meisten dieser Ansätze sich kaum systematisch mit dem Grundmechanismus bzw. der „fundamentalen Leistung" der antisemitischen Semantiken befassen – ihrer Fähigkeit nämlich, „Wir-Gruppen zu erzeugen".[200] Solche Semantiken müssen, wenn sie wirksam Zugehörigkeit hervorbringen sollen, nach Holz drei Aufgaben erfüllen: Zuordnen, Zuschreiben und Bewerten. „Von antisemitischen Kommunikationen aber kann man nur sprechen, wenn sie alle drei Aufgaben erfüllen. Denn nur durch die Zuschreibung von Eigenschaften können die ‚Juden' als fremde oder feindliche Personengruppe stilisiert werden und eine antisemitische Bewertung erfahren. Zuschreibungen und Bewertungen aber unterstellen Zuordnungen – mit anderen Worten: die Konstruktion von Personengruppen."[201] Obwohl Holz hier die „produktive" Leistung des Antisemitismus allein auf das Feld der Semantik verlegt, spricht er dennoch den relevanten Punkt an: Bei Antisemitismus und Rassismus geht es nicht bloß um „Feindlichkeit" zwischen bereits existenten Gruppen, sondern es handelt sich um Prozesse, in denen Gruppen „erzeugt" werden.

Unter den Historikern haben vor allem zwei Forscher deutscher Herkunft explizit mit dem Begriff Rassismus gearbeitet – der in Berlin geborene und 1933 in die USA ausgewanderte George L. Mosse und Immanuel Geiss. Beide betrachten Antisemitismus und Rassismus als zusammenhängende Gegenstände. Allerdings definieren sie beide Rassismus in erster Linie als Ideologie. „Der Rassismus war eine auf Klischees oder Stereotypen basierende visuelle Ideologie", schreibt Mosse.[202] Und bei Geiss heißt es: „Rassismus entstand als Erklärungs- und Rechtfertigungsideologie der welthistorischen materiellen,

198 Benz & Bergmann 1997, S.9.
199 Holz 2001, S.27.
200 ebd., S.37.
201 ebd., S.38.
202 Mosse 1978, S.9.

militärischen und technischen Überlegenheit der Europäer seit ihrer Expansion in Übersee."[203] Mosses Ansatz ist vornehmlich ideengeschichtlich, während Geiss auch die Produktion des Unterschiedes innerhalb eines materiellen Prozesses beschreibt – er spricht ja nicht umsonst von einer Erklärungs- und Rechtfertigungsideologie. In einem aktuelleren Band über „Historische Rassismusforschung" von 1995 wird eine biographische Herangehensweise gewählt – es finden sich hier Lebensskizzen von Ideologen, Tätern und Opfern. Im Vorwort freilich rekurriert Wolfgang Wippermann ebenfalls nur auf die ideengeschichtliche Komponente des Rassismus.[204] Der Gegenstand wird auf das Feld der Ideologie beschränkt – und das ist typisch für die deutsche Forschung über Rassismus. Schon am Vorabend des Zweiten Weltkrieges hatte Magnus Hirschfeld ein Buch mit dem Titel „Racism" geschrieben[205], im Exil in Nizza. Dieses Buch erschien 1938, nachdem es ins Englische übersetzt wurde – und ist bezeichnenderweise bis heute nicht in deutscher Sprache erschienen. Das Buch ist eine ideengeschichtliche Herleitung des Rassismus im Denken der Nazis, die ohne theoretische Erörterungen auskommt. Am Ende empfiehlt Hirschfeld die Gründung einer „League für the Prevention of Racism" – ein Vorschlag, der Wippermann 60 Jahre später „geradezu naiv" erscheint.[206] Dabei könnte man die berühmte UNESCO-Expertenkommission, die sich 1950 in ihrem „Statement on Race" vom Begriff der „Rasse" verabschiedete, durchaus als Realisierung dieser Idee begreifen.

3.1 Kritik der „Rasse"

Ich möchte einige Bemerkungen zum Begriff der „Rasse" vorausschicken, der trotz der Erfahrung des Nationalsozialismus und der eindeutigen Empfehlung der damaligen Kommission in Deutschland nicht wirklich verschwunden ist. Zwar hat der Gebrauch des Wortes im Alltag und in der Wissenschaft deutlich abgenommen, und oft wird der Begriff auch scharf zurückgewiesen. Sogar manche Vorbehalte gegen den Begriff Rassismus – das war immer wieder auf Tagungen oder ähnlichen Veranstaltungen zu spüren, bei denen ich für den Gebrauch des Begriffs plädiert habe – rühren daher, dass es darin einen Verweis auf „Rasse" gibt: So scheint der Begriff quasi das zu wiederholen, was doch eigentlich längst in der Vergangenheit verortet wird. Trotz solcher Bedenken war es aber Ende der achtziger Jahre noch ganz selbstverständlich, dass in Reden und Büchern das Wort „Rasse" für die Einteilung von Menschen verwendet wurde. So meint Immanuel Geiss, dass die „Aufteilung der Menschheit in Groß-Gruppen nach äußeren Merkmalen von Bernier bis Kant" zu Beginn „durchaus sinnvoll" gewesen sei[207], und stellt fest: „Die größten Groß-Gruppen lassen sich als Europiden, Mongoliden und Negriden unter-

203 Geiss 1988, S.15.
204 vgl. Wippermann 1995.
205 Hirschfeld 1938.
206 Wipperman 1995, S.27.
207 vgl. Geiss 1988, S.39.

scheiden."[208] Die erstaunliche Selbstverständlichkeit des Rassebegriffes, der durch die Verbindung mit dem Nationalsozialismus völlig diskreditiert hätte sein müssen, erwies sich dann besonders deutlich ausgerechnet in den Debatten der deutschen Linken über Rassismus in den frühen neunziger Jahren.

Auf dem Kongress „Rassismus und Migration in Europa", den das unabhängige, von Nora Räthzel mitbegründete Hamburger „Institut für Migrations- und Rassismusforschung" organisierte, hielt „Argument"-Herausgeber Wolfgang Fritz Haug einen Vortrag, der sich gegen die „Über-Negation" des Rassebegriffes richtete.[209] Zwar bestritt Haug die Wissenschaftlichkeit des Begriffes „Rasse", doch gleichzeitig erschien ihm eine antirassistische Austreibung des Begriffes als kontraproduktiv: „Verleugnung, Über-Negation von Andersheit, in Gestalt der Diskurstaktik ‚Es gibt keine Rassen', kommt ungewollt der Dissimulation des Rassismus [...] entgegen. Der freie Blick auf die Unterschiede, auch die angeborenen des Körpers, scheint unerläßlich, um der Scheinheiligkeit des offiziösen Rassismus Paroli zu bieten."[210] Haugs Invektive gegen einen Antirassismus, der sich als reine Aufklärungs- und Korrekturinstanz versteht, mag man ja durchaus noch verstehen, doch dass er dagegen ausgerechnet den „freien Blick auf die Unterschiede" setzt, wirkt nachgerade lächerlich. Wie sollte sich die „Freiheit" dieses Blickes denn herstellen lassen? Selbstverständlich hat jedes Sehen Voraussetzungen, ebenso wie jede Realität, die gesehen werden kann, ein Produkt der Praxis ist. Zudem: Welche „Unterschiede" sind zu erkennen? Wäre die Hautfarbe tatsächlich zu irgendeinem relevanten Unterscheidungsmerkmal geworden, wenn die Spanier in der Praxis der Eroberung nicht eine „Rassen-Kasten-Gesellschaft" geschaffen hätten, in der die „Negros" stets die Handlanger waren?

Noch weiter als Haug ging zwei Jahre später Christoph Türcke in einem Referat über „Die Inflation des Rassismus" auf einem Kongreß des linken Traditionsblattes „Konkret". Türcke betonte ernsthaft, dass „Menschenrassen" keine Erfindung des Rassismus seien, sondern „ein Produkt der Naturgeschichte". „Daß Pygmäen, Mongolen, Eskimos, Araber, Skandinavier in Wuchs, Gestalt, Farbe, Sprache und Sitten deutlich voneinander abweichen, ist keine Erfindung ressentimentgeladener Mitteleuropäer, sondern simple Tatsache. Es gibt nun einmal Menschengruppen schwarzer, weißer, gelber oder rötlicher Hautfarbe, die sich durch die Gemeinsamkeit erblicher Merkmale signifikant von andern unterscheiden, und so unmöglich es ist, genau anzugeben, wie weit dieser Merkmalsunterschied sich über die Hautfarbe hinaus auf Temperament, Neigung, Begabung, Charakter erstreckt, so absurd wäre es, ihn zu leugnen, und so zu tun, als bedeute der Unterschied zwischen schwarzer und weißer Haut nicht mehr als der zwischen einem roten und grünen Anorak." [211] Im weiteren Verlauf seines Referates erging sich Türcke

208 ebd., S.23.

209 vgl. Haug 1992, S.411.

210 ebd., S.412.

211 Türcke 1993, S.36.

dann auch noch in Spekulationen darüber, dass die Beschaffenheit der Haut, also auch die Pigmentierung, einen Einfluss habe auf den „Stoffwechselprozess“ des jeweiligen Menschen mit der Natur.

Nur zwei Bemerkungen dazu. Wie absurd Türckes Ausführungen sind, zeigt sich schon daran, dass er behauptet, es gebe Menschen mit „gelber“ Hautfarbe. Walter Demel hat gezeigt, wie die Chinesen, die noch im 18. Jahrhundert als weiß galten, in den „Rassentheorien“ der Folgezeit im Dienste des Verlangens nach einer deutlichen „rassischen“ Differenzierung systematisch „gelb“ eingefärbt wurden. Immanuel Kant leistete offenbar die Pionierarbeit.[212] In diesem Sinne spricht Demel auch von einer „Anschwärzung der Schwarzen“[213] (wobei ich hinzufügen muss: Auch Demel möchte sich am Ende trotz seiner Argumentation nicht völlig vom Begriffe der „Rasse“ trennen).[214] Zum Zweiten hält Türcke es für falsch, zu glauben, der sichtbare Unterschied habe keine Bedeutung. Doch genau diese Aufladung von beobachtbaren Unterschieden mit Bedeutung gehört zum Apparat des Rassismus, worauf ich später noch ausführlicher eingehen werde. Dazu kommt: Welche Unterschiede Bedeutung erlangen, ist letztlich willkürlich. Und selbst wenn gar keine Unterschiede zu beobachten sind, wie etwa im Falle der Juden während der Zeit des Nationalsozialismus, dann werden eben welche erfunden, und die Personen durch das Anheften von gelben Sternen sichtbar gemacht.

Das Konzept „Rasse“ ist schon seit den zwanziger Jahren auch durch die Selbstreflexion der Humangenetiker massiv in Zweifel gewogen worden. Das bereits erwähnte „Statement on the Nature of Race and Race-Differences by Physical Anthropologists and Geneticists“ der UNESCO[215] schließlich war in seiner Empfehlung völlig eindeutig: Der Begriff kann keinerlei wissenschaftliche Qualität beanspruchen und sollte nicht weiter verwendet werden. Dabei handelte es sich um eine politische Abkehr vom Begriff, die noch einige Diskussionen nach sich zog.[216] Später nahmen sich die Genetiker des Themas noch einmal an – und auch wenn ihr biologisierender Ansatz und ihre Forschungsmethoden durchaus kritikwürdig sind, haben sie dem Konzept dennoch den Rest gegeben.[217] Bereits 1937 hatte Jacques Barzun einen ähnlichen Nachweis geführt und seine Untersuchung mit „A Study in Superstition“ untertitelt;[218] und Ashley Montagu, der spätere Leiter der UNESCO-Kommission, hatte 1942 eine Untersuchung vorgelegt, in dessen Titel „Rasse“ als „Man´s Most Dangerous Myth“ bezeichnet wurde.[219]

Zweifellos wird der Begriff „Race“ in englischsprachigen Raum weiterhin verwendet, was hierzulande gerne als Begründung für die Harmlosigkeit des

---

212 vgl. Demel 1992, S.648f.
213 ebd., S.635.
214 vgl. ebd., S.664ff.
215 vgl. Montagu 1951.
216 vgl. Shipman 1994, Weingart et al. 1988, S.602ff.
217 Weingart et al. 1988, S.615ff.
218 vgl. Barzun 1937.
219 vgl. Montagu 1942.

Begriffes herangezogen wird. Doch zum einen ist es so, dass der Begriff dort eher im Sinne einer soziologischen Kategorie, einer „Community“ oder eines subjektiven Zugehörigkeitsgefühls in Gebrauch ist. Zum anderen muss man selbst diesen Gebrauch keineswegs befürworten. Es gibt in Britannien etwa eine umfangreiche Kritik an der Subsumierung der sozialen Probleme der Einwanderungsgesellschaft in so etwas wie „Race Relations“. „Rasse“ spielt sicher als eine Art alltägliches Ordnungsprinzip der Wahrnehmung in mannigfaltigen Kontexten und unter anderen Bezeichnungen, wie etwa Kultur, durchaus eine Rolle. Doch dabei geht es um einen „repräsentationalen Prozeß“ der „Rassenkonstruktion“[220], der wiederum in der Praxis der Institutionen verankert ist – es geht also um Rassismus und nicht um „Rassen“.

Der Text von Türcke löste innerhalb der Linken eine heftige Debatte aus, die zeigt, wie unvorbereitet auch die Gesellschaftskritiker auf das Thema Rassismus waren. Verblüffend scheint mir, dass sich in der Bundesrepublik eine Diskussion über die Fehler des Antirassismus und die „Inflation des Rassismus“ entwickeln konnte, noch bevor der Begriff Rassismus wirklich Fuß gefasst hatte. Auch Detlev Claussen, der sich in der Tradition der kritischen Theorie verortet, beklagte 1994 im Vorwort zu dem von ihm herausgegebenen Sammelband „Was heißt Rassismus?“ eine „Inflationierung“ der Bezeichnung.[221] Sein erklärter Feind ist eine „antirassistische Ideologie“. Wer genau die vertritt, will nicht so ganz deutlich werden. Er nennt so verschiedene Denker wie Etienne Balibar, Pierre-André Taguieff, Robert Miles und Stuart Hall, von denen man schwerlich behaupten kann, dass sie sich in Deutschland flächendeckend durchgesetzt hätten – Taguieffs Buch ist erst 2000 überhaupt auf deutsch erschienen. Deren Thesen lässt er geradezu vulgär verkürzt aufblitzen, um schließlich mit großer Geste deren „Signalsprache“ abzukanzeln und zu postulieren: „Antirassismus kann man als Kümmerform von Gesellschaftskritik bezeichnen.“[222]

Was hat er nun selbst zu Rassismus zu sagen? Viel Zusammenhängendes nicht, wie sich gleich zeigen wird. „Unter Rassismus im engeren Sinne“, so schreibt er gleich zu Beginn, „läßt sich eine gesellschaftliche Praxis verstehen, in Wort und Tat Menschengruppen wegen ihrer Herkunft und Hautfarbe zu diskriminieren.“[223] Einige Seiten später jedoch heißt es, dass Rassismus nie etwas anderes gewesen sei als „ein Legitimationsmuster von unmittelbaren Gewaltverhältnissen“.[224] Wenn aber Rassismus ausschließlich als „Legitimationsmuster“ von „Gewaltverhältnissen“ bestimmt wird, dann kann er unmöglich gleichzeitig eine „gesellschaftliche Praxis“ der tätlichen Diskriminierung sein. Den Antirassisten wirft Claussen vor, sie würden die Gesellschaftskritik „ontologisieren“ und „fundamentalisieren“, weil sie das „Anwachsen populistischer Wählerpotentiale“ und die „Gewalt gegen Ausländer“ unterschiedslos

220 vgl. Miles 1989, S.99ff.

221 Claussen 1994, S.9.

222 ebd., S.15.

223 ebd., S.1.

224 ebd., S.15.

als Rassismus bezeichnen würden.[225] Dabei erklärt er aber nicht, warum diese beiden Phänomene eigentlich nicht zum Gegenstandsbereich des Rassismus gehören sollen. Gleichzeitig streicht er heraus: „Aber dazu muß man wissen, was rassistisch ist und was nicht. Es hilft nicht weiter, den ‚Rassismus'-Begriff für den nationalsozialistischen ‚Rassenimperialismus' zu reservieren."[226] Im „Kern des Rassismus", teilt er am Ende mit, „geht es um das gewaltsame Verhältnis von Körper und Arbeit" – es gebe „ein Überangebot von Körpern ohne Arbeit" und das rufe „xenophobe Ängste vor der Rache der Zukurzgekommenen" hervor.[227] Wie Claussen nun von der „Praxis der Diskriminierung" über das „Legitimationsmuster für Gewaltverhältnisse" schließlich zur „Rache der Zukurzgekommenen" gelangt ist – das bleibt völlig im Unklaren.

Zudem war es zu erwarten, dass Claussen im „Kern" des Rassismus ein anderes, wichtigeres gesellschaftliches Verhältnis findet. Offenbar geht es hier um die Rettung des vulgärmarxistischen „Hauptwiderspruchs" gegen die „kleinen Kämpfe" des Antirassismus. Wenn Claussen sich auch nur ein einziges Mal buchstäblich in die „Haut" einer Person versetzt hätte, die wegen ihrer Herkunft oder ihrer Pigmentierung diskriminiert wird, dann würde er möglicherweise verstehen, dass diese den Rassismus nicht einfach dem „Verhältnis von Körper und Arbeit" unterordnen will. Zunächst geht es darum, eine spezifische Form von Identifikation und Ausgrenzung zu verstehen und zu analysieren. Vermutlich befürchtet Claussen sogar, dass das demnächst passiert und seinen eigenen universellen Anspruch untergräbt. Es ist schon ein bisschen amüsant, wie ein Vertreter der aus der Mode gekommenen kritischen Theorie hier den Antirassismus als „Moralisierungstechnik" im „gesellschaftlichen, nicht nur akademischen Verteilungskampf" denunziert[228], ohne zu bemerken (und das trotz psychoanalytischer Kenntnisse), dass es sich bei den eigenen Invektiven um die schiere Projektion handelt: Claussen selbst ist es, der diesen „Verteilungskampf" mit Haken und Ösen führt.

3.2 Pionierarbeiten

Der Begriff Rassismus im Sinne einer eigenständigen theoretischen Kategorie wurde in den mittleren achtziger Jahren in die hiesige Debatte eingeführt. Vorläufer war das Buch von Anita Kalpaka und Nora Räthzel, welches den Titel „Die Schwierigkeit, nicht rassistisch zu sein" trägt, und das aus einem Text der Autorinnen („Wirkungsweisen von Rassismus und Ethnozentrismus") besteht und einem des britischen Cultural-Studies-Forschers Phil Cohen über die Entstehung einer „multirassistischen Kultur" in Britannien. Bald nach dem Erscheinen des Buches fand an der Universität Tübingen eine Veranstal-

225 ebd.

226 ebd., S.23.

227 ebd., S.23f.

228 ebd., S.8.

tungsreihe statt, die ebenfalls „Die Schwierigkeit, nicht rassistisch zu sein" hieß, und deren Referate später in dem Sammelband „Theorien über Rassismus" abgedruckt wurden.[229] In dieser Reihe, muss man allerdings sagen, verwendeten viele der Beteiligten neben Rassismus auch noch den Begriff „Ausländerfeindlichkeit".[230] 1990 fand schließlich der bereits erwähnte Kongress „Rassismus und Migration in Europa" in Hamburg statt. Im gleichen Jahr erschien auch eine erste empirische Untersuchung, die Rassismus theoretisch als Begriff zugrunde legte: Ich spreche von Rudolf Leiprechts Interviews zur „subjektiven Funktionalität von Rassismus und Ethnozentrismus bei abhängig beschäftigten Jugendlichen" (1990). Darüber hinaus wurde der Begriff von Autoren im Umfeld des unabhängigen Duisburger Institut für Sprach- und Sozialforschung (DISS) verwendet.

Ich hatte schon angemerkt, dass in der hiesigen Rassismus-Diskussion fast durchgängig eine Konzentration auf Ideologie, Diskurs oder Kommunikation festzustellen ist. Diese Schlagseite ist nicht zwangsläufig – im Verlaufe der Diskussionen über das Thema wurden der wirtschaftliche und der nationalstaatliche Kontext durchaus thematisiert. Im Tagungsband von „Rassismus und Migration" findet man noch gleich zu Beginn einen Text von Lydia Potts über den „Weltmarkt für Arbeitskraft" – offenbar wurde die Institution Arbeitsmarkt also noch als Teil des Gegenstandes begriffen. In der Tübinger Reihe war es Werner Ruf, der ein Stück über „Ökonomie und Rassismus" beisteuerte. Sein Referat bezog sich maßgeblich auf einen Text von Peter Schmitt-Egner. Letzterer begriff – in dem vielleicht einzigen deutschen Versuch einer marxistischen Interpretation des (kolonialen) Rassismus – die Entstehung der „Rassentheorien" als Effekt einer Rationalisierung: Während sich in Europa die „freie", also warenförmige Lohnarbeit durchsetzte, gab es in Übersee gleichzeitig Sklaverei und Zwangsarbeit. Durch die Kluft zwischen den beiden Schauplätzen werde der Kolonisierte nach Schmitt-Egner „im wörtlichen Sinne ‚minderwertig', weil es seine Bestimmung ist, unter dem Wert seiner Arbeitskraft zu arbeiten...".[231] Diese materielle „Minder*wert*igkeit" erhalte schließlich in den Rassentheorien ihren wissenschaftlichen Segen.

Ruf übertrug das Modell auf die Einwanderungsgesellschaft: „Der ‚Gast'-Arbeiter hat ja objektiv die Funktion, den Durchschnittslohn zu drücken." Die „rassistische Ideologie" greife dann, wenn die einheimischen Arbeiter sich „erhoffen, als Angehörige der ‚Nation' soziale Errungenschaften zu sichern, die sie sich erkämpft haben [...] und die in den Zeiten der ‚Krise' eben knapper und unsicherer werden".[232] Am Ende wies Ruf darauf hin, dass „wir es nicht nur mit Vorurteilen, Ideologemen zu tun haben, sondern daß hinter der Ausländerfeindlichkeit ein harter und realer ökonomischer Hintergrund steht.

229 Autrata et al. 1989.

230 vgl. etwa Elfferding 1989 in der Kritik an Kalpaka / Räthzel, S.105ff.

231 Schmitt-Egner1976, S.377.

232 Ruf 1989, S.81.

Dieser ist nicht allein und primär durch fortschrittliche Vorurteilspädagogik zu beseitigen, indem man versucht, ‚unseren', d.h. den sogenannten ‚nationalen' Arbeitern als irrational bezeichnete Vorurteile auszutreiben".[233]

Zwar waren solche marxistischen und quasi-marxistischen Deutungen des Rassismus arg verkürzend – unter „hartem Hintergrund" konnten sich die Autoren nichts anderes vorstellen als die Ökonomie, und aus dieser Ökonomie wurde dann etwas zu direkt die passende Ideologie abgeleitet. Dennoch muss man diesen Ansätzen zugute halten, dass sie Rassismus auch im institutionellen Bereich verorten. Eigentlich fehlt es im deutschsprachigen Raum nicht an Ansätzen, die das Phänomen der Migration in den Kontext der Institution Arbeitsmarkt stellen – doch diese Beobachtungen werden von der Rassismustheorie hierzulande nicht aufgegriffen und mit der „Ideologie" in einen Zusammenhang gebracht. Dabei legen die so genannten Segmentationstheorien, in denen die Einschließung der Migranten in die unteren Bereiche des Arbeitsmarkes beschrieben wird, diesen Zusammenhang nahe. Lutz Sengenberger, der sich mit segmentierten Arbeitsmärkte befasste, hat selbst davon gesprochen, dass die Merkmale der schlechten, „schmutzigen" Arbeitsplätze auf ihre Inhaber übertragen werden, und diesen Vorgang „statistische Diskriminierung" genannt[234] – ein Prozess, der für die Arbeit am Gegenstand Rassismus mehr als relevant wäre.

Ebenso wie der ökonomische Kontext ist auch der Nationalstaat aus der Diskussion über Rassismus verschwunden. Mitte der achtziger Jahre war die Verbindung noch Thema: Konrad Knolle etwa versuchte, den Begriff des „Institutional Racism" für die hiesige Situation fruchtbar zu machen, und kam zu dem Ergebnis: „Der Kampf gegen den Rassismus in der BRD muß sich gegen die ‚Ausländergesetzgebung' richten und ein gleichberechtigte Teilhabe der Einwanderer an der Gesellschaft garantierendes Einwanderungsgesetz fordern."[235] Auch im Kongress „Rassismus und Migration" gab es eine eigene Sektion zum Verhältnis von Einwanderung und Staat: „Citizenship und Citoyenneté". Nun ist es nicht so, dass heute über die Arbeitsmarktsituation oder die rechtliche Lage von Migranten überhaupt nicht mehr gesprochen wird – allein der Konnex zum Rassismus ist abhanden gekommen. Die „harten" Themen werden eher unter der Bezeichnung Diskriminierung verhandelt.[236] Zwar hat Ute Osterkamp den Begriff „institutioneller Rassismus" in den neunziger Jahren noch einmal aufgegriffen – aber ihr Ansatz bleibt ziemlich unklar und beschränkt sich im Großen und Ganzen auf eine Relektüre des klassischen Textes von Elias und Scotson über „Etablierte und Außenseiter".[237] Erst in jüngerer Zeit – im Gefolge der Diskussionen nach dem „MacPherson-Report" in Britannien[238] – wird erneut von „institutionellem Rassis-

233 ebd., S. 82f.

234 vgl. Sengenberger 1987, S.61.

235 Koller 1984, S.99.

236 vgl. etwa Räthzel & Sarica 1994; Gomolla & Radtke 2002.

237 Osterkamp 1996, S.199ff.

238 vgl. Bünger 2002.

mus" gesprochen. Jäger & Jäger reservieren den Begriff für „administratives Handeln", das sie als „Verfestigung des Rassismus" betrachten.[239] Da sie – ich werde darauf zurückkommen – Rassismus mal als Einstellung, mal als Diskurs und mal als „Dispositiv" beschreiben, wird der Zusammenhang zwischen institutioneller Handlungslogik und rassistischem Wissen aber nicht deutlich.

Man sollte an dieser Stelle vielleicht hinzufügen, dass die Thematisierung des wirtschaftlichen und gesetzlichen Kontextes auf die Interventionen von Forschern nichtdeutscher Herkunft zurückging, die allerdings ebenfalls nicht direkt von Rassismus sprachen. Bereits 1973 schrieb Marios Nikolinakos ein zu Unrecht mittlerweile vergessenes Buch über die „Politische Ökonomie der Gastarbeiterfrage". Darin findet sich gleich auf den ersten Seiten eine entscheidende Bemerkung: „Es ist falsch, von einer anzustrebenden Integration bzw. Eingliederung der Gastarbeiter zu sprechen, zumal die Gastarbeiter schon wirtschaftlich und sozial objektiv in der deutschen Wirtschaft und Gesellschaft integriert sind, nämlich als Hilfsarbeiter und als eine soziale Schicht, die die Funktion des Proletariats und Subproletariats des 19. Jahrhunderts erfüllen muß."[240] Es sei dahingestellt, ob die Situation der damaligen „Gastarbeiter" tatsächlich mit jener des „Proletariats des 19. Jahrhunderts" zu vergleichen war. Doch was Nikolinakos hier beschreibt, ist exakt der Mechanismus, den Wallerstein Ausschluss durch Einbeziehung nennt: Die Diskriminierung, die Unterscheidung zwischen „uns" und „ihnen", erfolgt erst an dem Punkt, wo sie letztlich bereits aufgehoben ist – also erst nachdem die Migranten bereits „integriert" sind. Während die primäre Form dieser „Integration" auf wirtschaftlichem Gebiet stattfindet – die „Ausländer" reisen ja als Arbeitskräfte ein –, folgt die zweite Form auf der Ebene des Rechtes.

Da die Bundesrepublik eine staatsbürgerliche Eingliederung bis in die neunziger Jahre hinein verweigerte, wurden seit dem ersten Anwerbevertrag mit Italien 1955 kontinuierlich Sondergesetze für „Ausländer" erlassen. Diese Erlasse und die später folgenden „Ausländergesetze" waren und sind aber definitiv Versuche der Einbeziehung – sie institutionalisieren den Aufenthalt einer Bevölkerung, deren Nicht-Zugehörigkeit bzw. „Fremdheit" trotz der faktischen Ansiedlung perpetuiert werden soll. In einer ausgezeichneten Untersuchung von 1978 hat Haris Katsoulis, der ehemalige Vorsitzende einer der ersten Griechischen Gemeinden in Ludwigshafen, diesen Status „Bürger zweiter Klasse" genannt.[241] Auch Yüksel Pazarkaya spricht vor allem mit Blick auf das „Ausländergesetz" von der Bundesrepublik als einer „diskriminierenden Gesellschaft".[242] Freilich wird, wie erwähnt, in all diesen Werken kein systematischer Zusammenhang mit Rassismus hergestellt. Pazarkaya trennt die Diskriminierung sogar ausdrücklich von der „Ausländerfeindlichkeit", die er für das Ergebnis der Manipulationen kleiner Kreise hält und die er nicht mit

239 vgl. Jäger & Jäger 2002.
240 Nikolonakos 1973, S.13.
241 vgl. Katsoulis 1978.
242 Pazarkaya 1983, S.56ff.

der von ihm so detailliert und intelligent attackierten Diskriminierung in Verbindung setzt.

Pazarkayas Trennung von „diskriminierender Gesellschaft“ und „Ausländerfeindlichkeit“ wird bei Räthzel und Kalpaka zu Beginn ihres einflussreichen Textes in etwas verschobener Weise durchaus reproduziert. Sie sprechen davon, dass der „institutionalisierte Rassismus“, wie er sich etwa im Ausländergesetz oder der Marginalisierung von Ausländern bei Arbeit, Bildung und Wohnen niederschlüge, eher nicht das Thema ihres Buches sei, denn diese Formen seien „eher erkennbar und kritisierbar“. Ihnen gehe es vielmehr „um die Funktion, die Rassismus für die Individuen hat“.[243] Was die Definition von Rassismus betrifft, so entleihen sie von Miles den Begriff der „Rassenkonstruktion“. Folgender Vorgang ist gemeint: „Bestimmte (wirkliche oder behauptete) somatische Merkmale werden als Kennzeichen einer Gruppe definiert und diese physischen Merkmale werden mit bestimmten Verhaltensweisen, Lebensweisen (z.B. religiösen Überzeugungen) verknüpft.“[244] Diese „Rassenkonstruktion“ wird nun – wiederum in Anlehnung an Miles – vom Rassismus unterschieden: „Wird eine so als ‚Rasse‘ konstruierte Gruppe gegenüber der eigenen als minderwertig eingestuft und führt diese Auffassung zur Ausgrenzung und Marginalisierung dieser Gruppe, handelt es sich um Rassismus.“[245] Rassismus wiederum grenzen Räthzel und Kalpaka ab von „Ethnozentrismus“. Dabei handele es sich zwar auch um eine „Haltung“, in der „andere ethnische Gruppen für minderwertig im Vergleich zur eigenen Gruppe“ erklärt werden. Der Unterschied zu Rassismus aber bestehe darin, „daß Verhaltensweisen und Lebensformen, die als ethnisch spezifisch definiert werden, nicht als natürliche, genetisch festgelegte Formen der Abstammung begriffen werden“.[246] So sei etwa die integrationspolitische Forderung nach der „Anpassung“ von Einwanderern als „ethnozentristisch“ zu qualifizieren, weil sie ja eine „Entwicklungsfähigkeit“ der Migranten impliziere.

Die Funktion des Rassismus für das Individuum besteht nach Meinung der Autorinnen in einer „ideologischen Vergesellschaftung“, die für die Selbstdisziplinierung und die aktive Zurichtung der eigenen Person sorge – so arbeite der Einzelne selbst mit an seiner Einpassung in Schemata der Normalität. „Das Auftauchen einer fremden Kultur, anderer Lebensweisen, auch äußerlich unangepaßter Menschen stellt eine Bedrohung für das mühsam hergestellte Gleichgewicht von Widerstand und Unterwerfung dar. Daß es möglich ist, andere Lebensformen zu praktizieren, läßt an den eigenen Normalisierungsanstrengungen zweifeln. [...] Daraus entsteht eine Ambivalenz gegenüber den ‚Fremden‘: Einerseits zeigen sie die Möglichkeit eines anderen Lebens, Erfahrungen, die man sich versagt hat, andererseits stellen sie gerade diese Versagung in Frage und damit die Selbstverständlichkeit und Stabilität der eigenen

243 Kalpaka & Räthzel 1990, S.19.
244 ebd., S.13.
245 ebd.
246 ebd., S.17.

Lebensweise. Eine Form, mit dieser Herausforderung fertig zu werden, ist ihre Zurückweisung, die Ablehnung ‚der Fremden', ihre Verurteilung im Namen einer höheren Ordnung, der man sich auf diese Weise noch einmal unterwirft."[247] Rassismus erweist sich hier als Reaktion auf Machtlosigkeit.

Ich möchte zunächst auf die Definition des Rassismus zu sprechen kommen, die Kalpaka und Räthzel liefern und die im Übrigen auch Leiprecht im Großen und Ganzen für seine Untersuchung übernimmt.[248] Diese Definition halte ich für zu eingeschränkt. Meine Kritik trifft auch auf Robert Miles zu, auf den sich die Autorinnen ja berufen. Zunächst lässt sich das Element der „Rassenkonstruktion", in dem bestimmte Kennzeichen als Markierung bestimmter Gruppen festgelegt werden, nicht auf somatische Merkmale reduzieren – auch ein sprachlicher Akzent oder das Tragen eines Kopftuches können Prozesse der Identifikation in Gang setzen. Colette Guillaumin hat daher die betreffenden Kennzeichen stark erweitert – sie beschreibt neben den morphophysiologischen auch soziologische, symbolische sowie imaginäre Kennzeichen.[249] Zudem ist die Unterscheidung zwischen „Rassenkonstruktion" und Rassismus nicht überzeugend. Die Einstufung einer Personengruppe als „minderwertig" oder das Element der Bewertung der Differenz im Allgemeinen halte ich für keine notwendige Bedingung, um von Rassismus sprechen zu können.[250] Die Artikulationsformen des „neuen Rassismus" hüten sich gerade vor solchen Einstufungen und betonen – ganz heterophil – die Unüberschreitbarkeit der Differenz. In vielen anderen Äußerungen ist die Bewertung überhaupt nicht zu erkennen. Ich habe von dem Beispiel der Kitkat-Werbung gesprochen, in der ein rastagelockter Schwarzer in bunter Kleidung eine vergrößerte Version des Schokoriegels anbietet – untertitelt mit dem Spruch „Size matters". Ich glaube nicht, dass jemand diese Anspielung auf die sexualisierte Rolle von schwarzen Männern in Jamaica sowie auf die Penisgröße von Schwarzen nicht im Kontext des Rassismus verorten würde – von einer Bewertung jedoch fehlt jede Spur. Tatsächlich hängt bereits die schiere Identifizierung einer bestimmten Gruppe mit deren spezifischer Rolle im Ensemble der Institutionen zusammen, wie auch schon die Theorien ethnischer Stratifikation gezeigt haben. Daher kann die „Rassenkonstruktion" keinerlei Neutralität für sich beanspruchen. Eine Bewertung ist immer schon implizit, wenn jemand als Mitglied einer Gruppe erkannt wird, welche von Ausgrenzungspraxen betroffen ist.

Auch die Trennung zwischen Rassismus und Ethnozentrismus wirkt künstlich. Wann die „Rassenkonstruktion" als völlig festgelegt und wann als veränderlich betrachtet wird, ist letztlich völlig fließend. Gerade der Diskurs um Integration hat immer wieder gezeigt, dass die „Entwicklung" der Migranten in Richtung Anpassung oft nur als oberflächlich und unnatürlich

247 ebd., S.40.
248 vgl. Leiprecht 1990, S.109ff.
249 vgl. Guillaumin 1991, S.167.
250 vgl. Terkessidis 1998, S.74ff.

gesehen wird, als eine Art Maskerade, hinter der jederzeit das „festgelegte" Programm einer ‚fremden' ethnischen Zugehörigkeit hervorbrechen kann – die Diskussion über die Täter des 11. September, die ja alle Studenten waren und von ihrem Habitus her als besonders „integriert" galten, spricht da Bände.[251] Zweifellos gibt es unterschiedliche Formen des rassistischen Wissens – lokale Versionen, die nach Schichtzugehörigkeit variieren, nationale Versionen und größere historische Formationen wie etwa der superiore und der differentialistische Rassismus. Das hat einige Forscher dazu bewogen, von „Rassismen" zu sprechen. Das kann man tun, doch muss es irgendeinen strukturellen Rahmen geben, der diese Phänomene miteinander verbindet. Schließlich gehen Kalpaka und Räthzel davon aus, dass die Einstufung als „minderwertig" der Ausgrenzung vorausgehe bzw. zur Ausgrenzung führe. Diese Auffassung ist in Deutschland nahezu überall anzutreffen, doch die historischen Beispiele zeigen eher den umgekehrten Fall: Zuerst kommt die Ausgrenzung, dann erst entsteht, im Zusammenhang mit den modernen Formen der Wissensbildung, ein Wissen über „die Anderen", das wiederum eine explizit bewertende Komponente haben kann.

Was die Erklärung angeht, die Kalpaka & Rätzel für Rassismus anbieten, so ähnelt sie doch stark den Erklärungen für „Ausländer-" und „Fremdenfeindlichkeit", die ich in den vorherigen Abschnitten vorgestellt habe: Die einheimische Bevölkerung ist durch die „fremde Kultur" nachhaltig „irritiert" und „verunsichert" und reagiert daher ablehnend. Diese Kultur scheint 1986 gerade erst „aufgetaucht" zu sein. Auch angesichts der Geschichte Deutschlands wirkt dieses „Auftauchen" nachgerade absurd: Am Ende des Zweiten Weltkrieges, 1944, befanden sich etwa acht Millionen Zwangsarbeiter auf dem Gebiet des Deutschen Reiches. Wenige Jahre später kamen etwa zwölf Millionen Flüchtlinge aus den ehemaligen Ostgebieten in die Bundesrepublik. In den frühen sechziger Jahren schließlich kamen die „Gastarbeiter" in großer Zahl. Die Deutschen waren also an „Fremde" gewöhnt. Warum sollen es nun ausgerechnet die „Gastarbeiter" bzw. die „Ausländer" sein, deren „Auftauchen" für so immense Verunsicherung sorgt? Welche „Möglichkeit eines anderen Lebens" scheint da auf, welche „Erfahrungen, die man sich versagt hat"? Könnte es sich bei diesen „Möglichkeiten" nicht um Projektionen handeln? Die angebliche Lebensfreude der „Ausländer" oder der Rhythmus, den sie „im Blut" haben, sind projektive Topoi, die ein spiegelverkehrtes Pendant bilden zu den disziplinären Werten der mittelständischen Arbeitsmoral. Daraus lässt sich aber nicht folgern, dass diese Projektionen etwas mit dem „Auftauchen" der tatsächlich „fremden Kultur" zu tun haben. Diese Projektionen zeigen, dass der Prozess der Wissensbildung über die Migranten in vollem Gange war – denn die „Gastarbeiter" waren bereits vor 30 Jahren „aufgetaucht". Nun geht es hier nicht darum, kulturelle Unterschiede zu leugnen, sondern darum, dass die Differenzen, die Thema im rassistischen Wissen werden, wenig mit realen Differenzen zu tun haben – das „Objekt" des rassisti-

251 vgl. Terkessidis 2001.

schen Wissens ist immer ein Phantom, mit dem dessen „Subjekt" letztlich kaum in Berührung kommt. Rassismus schafft erst die Distanz, die ihm angeblich zugrunde liegt.

Auch die Funktion des Rassismus für die Individuen, die Kapalka und Räthzel herausarbeiten, kann nicht überzeugen. Rassismus als Reaktion auf die Machtlosigkeit der unterworfenen Subjekte – das war eine Erklärung, die im linken Spektrum in den achtziger Jahren durchaus en vogue war. Doch diese Argumentation, betont Anja Weiß, „läßt den Rassismus der unteren Klassen als fehlgeleiteten Protest erscheinen und erlaubt es so, an der Vorstellung vom ‚revolutionären' Subjekt festzuhalten: Gerade während wirtschaftlicher Krisen werde für breite Bevölkerungsschichten deutlich, dass sie über die Bedingungen ihrer Existenz keine Kontrolle hätten. Die resultierende Verunsicherung der unteren Klassen richte sich ‚im Einvernehmen mit den Herrschenden' [...] in selbstschädigender Weise gegen rassistisch konstruierte Gruppen".[252] Diese Funktionsbestimmung des Rassismus erinnert an die Arbeiten im Umfeld der Psychoanalyse. Den Individuen wird letztlich irgendeine Form von Leiden unterstellt – ein Leiden an individuellen Störungen oder gesellschaftlichen Verwerfungen, das sie mit der Abwertung von anderen bekämpfen wollen. Doch diese Erklärung bleibt schiere Behauptung. Ist Rassismus nicht vielmehr in das normale Funktionieren der Gesellschaft eingelassen? Mit Begriffen wie „latente Ausländerfeindlichkeit" oder „Rassenkonstruktion" wird genau diese Normalität der Trennung zwischen „uns" und „ihnen" zum Thema. Diese Trennung ist konstitutiv für den Rassismus und damit das eigentlich erklärungsbedürftige Phänomen. Hoffmann und Even dagegen oder auch Kalpaka und Räthzel wollten nur die offensichtlichen Formen von Rassismus erklären – die explizite Abwertung, die Gewalt, den Rechtsextremismus. Sie suchen also Erklärungen für eine Ausnahmesituation – und da liegt es nahe, irgendein „Problem" zu konstruieren, das die Individuen durch Rassismus „bearbeiten".

Wie so viele andere Theorien, die sich mit dem Gegenstand befassen, den ich Rassismus nenne, hat auch die Arbeit von Kalpaka und Räthzel keine wesentliche Weiterentwicklung erfahren. Annita Kalpaka hat sich danach wieder dem engeren Themenkreis Einwanderung und Sozialarbeit zugewandt. Nora Räthzel arbeitete in der Folge einerseits über Diskriminierung (Arbeitsmarkt)[253] und andererseits über „Gegenbilder" – Bilder, welche die Konstruktion „nationaler Identität durch die Konstruktion des Anderen" ermöglichen.[254] Zweifellos hingen Räthzels Themenstellungen mit dem Gegenstand Rassismus zusammen, doch erst als sie kürzlich die Ergebnisse eines Projektes mit Schülerinnen präsentierte, tauchte auch der Begriff wieder auf. Freilich lieferte sie nun, ähnlich wie Anja Weiß, einen empirischen Beleg dafür, dass eine abstrakte „*anti*rassistische Moral" auf der Alltagsebene selbst wieder

252 Weiß 2001, S.27f.

253 Räthzel & Sarica 1994.

254 Räthzel 1997.

ausgrenzende Effekte haben kann.[255] Wie wenig sich in der gesamten Diskussion getan hat, zeigt der 2000 von Nora Räthzel herausgegebene Sammelband „Theorien über Rassismus", der lediglich eine um einige Texte erweiterte Version des Bandes mit dem gleichen Titel von 1989 ist.[256]

3.3 Rassismus diskursanalytisch

Einen diskusanalytischen Rassismusbegriff wollte das Duisburger Institut für Sprach- und Sozialforschung in den beginnenden neunziger Jahren entwickeln. Aus seiner Beschäftigung mit Rechtsextremismus zog Siegfried Jäger zu Recht den Schluss, dass er das Thema breiter anlegen muss – seitdem verwendet er konsequent den Terminus Rassismus.[257] Doch von Anfang an blieb die Theorie bei Jäger und beim DISS hinter der Empirie zurück. Das Institut legt seit seiner Entstehung höchst informative empirische Untersuchungen vor, doch die Arbeit am Begriff ist weitgehend unterblieben. Jäger lieferte folgende Definition: „Bei allen Unterschieden im Detail kann unter Rassismus [...] eine Einstellung verstanden werden, die genetisch bedingte oder / und kulturell bedingte Unterschiede, die man bei Angehörigen von Minderheiten feststellen kann oder feststellen zu können glaubt, i.R. negativ (gelegentlich auch positiv) bewertet und daß diese Bewertung aus der Position der Macht heraus geschieht, die sich i.R. bereits durch die Mehrheitszugehörigkeit ergibt."[258]

Ich möchte nicht alle Probleme dieser Definition noch einmal aufwerfen – vieles ist oben bereits angesprochen worden. Erstaunlich ist, dass Jäger Rassismus als „Einstellung" verstehen will. Kurz zuvor hatte er noch in einem anderen Text betont, Rassismus sei ein „ideologisches Konzept".[259] Das Problem ist, dass er die Begriffe alltagssprachlich und nicht in Verbindung mit bestehenden theoretischen Konzepten benutzt, denn sicher sind das psychologische Einstellungskonzept und die Ideologietheorie nicht miteinander vereinbar. In der Untersuchung „BrandSätze", in der man die Definition nachlesen kann, spielt denn auch die Einstellungsmessung überhaupt keine Rolle. „Einstellungen" seien nicht individuell, meint Jäger, sondern „Bestandteil einer ‚Grundhaltung' von Menschen", die sich in „sozialen Schemata in Gestalt von festen Scripts, Frames, bestimmten sozial allgemeinen narrativen Strukturen und Argumentationsstrategien" äußere.[260] Er beruft sich auf die Diskursanalyse, wobei er unter Diskurs in Anlehnung an Jürgen Link eine „institutionell

255 Räthzel 2002.
256 Räthzel 2000.
257 vgl. Jäger 1990.
258 Jäger 1992, S.15.
259 Jäger 1990, S.51.
260 Jäger 1992, S.16.

verfestigte Redeweise“ versteht, „insofern eine solche Redeweise schon Handeln bestimmt und also auch schon Macht ausübt“.[261]

Das ist ein Diskursverständnis, welches sich an der „Archäologie“ des frühen Michel Foucault orientiert – also grob gesagt an der Fragestellung, wie ein bestimmtes „Objekt“ in der Rede erzeugt wird und nach welchen Konventionen über dieses „Objekt“ die „Wahrheit“ gesprochen werden kann. Die spätere Wendung Foucaults zur Praxis bzw. hin zur Analyse jener Macht / Wissen-Komplexe, die er „Dispositiv“ nannte, wird von Jäger also ignoriert. Aber auch den „archäologischen“ Diskursbegriff verwendet er nicht konsequent. Von den Interviews, welche ihm die zu analysierenden „Diskursfragmente“ liefern sollen, spricht er als einem „Verfahren“, „mit dessen Hilfe man ‚hinter‘ dieses Material (die sprachliche ‚Oberfläche‘) gehen kann, um das darunter liegende eigentliche Denken, die wirklichen Ansichten über EinwanderInnen erkennen zu können“.[262] Diese eher an die Psychoanalyse angelehnte Vorstellung einer „hinter“ den Äußerungen liegenden Wahrheit entspricht ganz und gar nicht der Foucaultschen Konzeption der Diskursanalyse, die darauf abheben würde, nach welchen Konvention an der sprachlichen „Oberfläche“ die Wahrheit über das „Objekt“ EinwanderInnen erzeugt wird.

Wie oben bereits angesprochen, haben Jäger & Jäger kürzlich den Begriff der „institutionellen Rassismus“ wieder aufgegriffen. Nun wird Rassismus, der ja bereits als Einstellung, Ideologie und Diskurs definiert wurde, als „Dispositiv“ im Foucaultschen Sinne bezeichnet: „Rassismus kann [...] als ein Dispositiv verstanden werden, das sowohl rassistische Diskurselemente (z.B. im Einwanderungsdiskurs) enthält, darauf basierendes Handeln und die entsprechenden Handlungsmittel und –folgen.“[263] Unterschieden wird ein Rassismus, der auf der gesellschaftlichen Ebene auftritt, und einer, der sich in staatlichem Handeln niederschlägt – nur letzterer wird „institutioneller Rassismus“ genannt. Der Rassismus auf gesellschaftlicher Ebene „basiert“, das geht aus der Definition hervor, auf den rassistischen „Diskurselementen“. Doch woher kommen diese „Diskurselemente“ eigentlich? Im Umfeld des DISS scheint der „Diskurs“ eine Art letzterklärende Funktion zu haben – doch diese Annahme müsste belegt werden. Das staatliche Handeln wiederum soll auf einem „Wissen der Gesetze und der Verordnungen“ basieren. Doch was ist mit diesem Wissen eigentlich gemeint? Und wie ist es mit dem Diskurs vermittelt? Auf diese Fragen geben Jäger & Jäger keine Antworten.

Auch bei anderen Ansätzen, die mit einer Diskursanalyse des Rassismus arbeiten, gibt es eine große begriffliche Verwirrung – etwa bei Reisigl & Wodak (2001). Gleich zu Beginn ihrer Arbeit stellen sie fest, „that racism, as a social practise, and as an ideology, manifests itself discoursively“.[264] Durch diskursive Mittel, behauptet das Forscherteam, werden rassistische Meinun-

261 ebd., S.18.
262 ebd., S.23.
263 Jäger & Jäger 2002, S. 24.
264 Reisigl & Wodak 2001, S.1.

gen und Überzeugungen produziert und reproduziert. Zudem würden im Diskurs diskriminierende, ausschließende Praktiken vorbereitet, verbreitet sowie gerechtfertigt. Um Einblick in die Dynamik von rassistischen „Vorurteilen" zu erhalten, welche sie als „generalisierte Einstellungen" gegenüber sozialen Gruppen betrachten, müsse Diskursanalyse eben die rassistischen linguistischen Charakteristika mit den sozialen, politischen und historischen Kontexten der „diskursiven Ereignisse" in Beziehung setzen.[265] In dieser Konzeption werden erneut die Begriffe Diskurs, Vorurteil, Einstellung und Ideologie unreflektiert nebeneinander verwendet. Der theoretische Hintergrund der Begriffe wird ignoriert: Doch Vorurteils- und Einstellungskonzepte wurden vom Standpunkt der Ideologietheorie stets kritisiert, während die Diskursanalyse Foucaultscher Prägung wiederum stets als Gegenentwurf zum marxistischen Ideologieentwurf fungierte. Schließlich bleibt systematisch unklar, wie sich der Diskurs, der ja offenbar die diskriminierenden Praktiken „vorbereitet", zum sozialen, politischen und historischen Kontext verhält. Sind die diskriminierenden Praktiken nicht schon Bestandteil dieses Kontextes – und der Diskurs findet Erklärungen und Legitimierungen für diese Praxis?

3.4 Perspektivwechsel

Zusammenfassend lässt sich noch einmal wiederholen, dass in der hiesigen Diskussion über Rassismus von vornherein eine ziemliche Einengung auf Ideologie, Diskurs und Kommunikation stattgefunden hat. Zudem herrscht ein immenser theoretischer Eklektizismus vor, wobei Vorurteil, Einstellung, Ideologie, Diskurs etc. unreflektiert nebeneinander verwendet werden. Das schmälert keineswegs die empirischen Ergebnisse, aber es macht deutlich, dass die theoretische „Gegenstandsgewinnung" beim Thema Rassismus weniger weit vorangekommen ist, als man annehmen könnte. Zudem fehlt die historische Dimension in der jüngeren Rassismusdiskussion fast völlig. Da die Antisemitismusforschung in Deutschland als eigenständiges Feld gilt, werden hier kaum einmal Zusammenhänge hergestellt. Bislang hat nur Hennig Melber versucht, den Rassismus der Kolonialperiode mit aktuellen Erscheinungsformen in Verbindung zu bringen[266] – wobei man hinzufügen muss, dass die historische Forschung über die deutsche Kolonialperiode ohnehin nicht sehr umfangreich ist. Dass der Bereich der Praxis, also der wirtschaftliche und rechtliche Kontext, ausgeklammert wird, muss nicht noch einmal betont werden.

Woher kommt diese Einengung auf „Einstellungen"? Möglicherweise hat es etwas mit einem hierzulande weit verbreiteten philosophischen Idealismus zu tun: Ideen und Mentalitäten scheinen eine größere Macht zu besitzen als Gesetze und Arbeitsmärkte. Dabei hatte Jan Philipp Reemtsma zu Beginn der neunziger Jahre durchaus darauf hingewiesen, dass möglicherweise „eine

265 vgl. ebd.
266 vgl. Melber 1989, 1992.

konkrete, historisch beschreibbare Verfolgungsgeschichte eine ‚rassistische Einstellung‘ als ihr Resultat“ hervorbringe, und dass man deshalb bestreiten könne, dass die „rassistische Einstellung“ ein primärer Erklärungsgrund sei. Die „rassistische Einstellung“ fungiere vielmehr als eine Erklärung, welche „sich das verfolgende Kollektiv für die Persistenz seiner eigenen Praxis“ suche.[267] Reemtsma hatte diese These als radikale Frage formuliert und die Beantwortung weiteren historischen Analysen überlassen wollen. Offenbar sind diese Analysen in Deutschland leider ausgeblieben.

In jüngster Zeit ist jedoch neue Bewegung in die Konzeptualisierung des Rassismus gekommen. Es geht dabei um eine andere Perspektive, bei der, so könnte man grob sagen, nun vom Antirassismus aus auf den Rassismus geblickt wird. „Rassismus wider Willen“ (2001) von Anja Weiß ist eine empirische Arbeit über die unfreiwillige Reproduktion von Rassismus in Gruppen, die sich politisch dem Antirassismus verschrieben haben. Weiß hat in Anlehnung an Pierre Bourdieu einen eigenständigen Entwurf des Rassismus vorgelegt – sie entwickelt eine „Theorie des Rassismus als symbolisch reproduzierter Dimension sozialer Ungleichheit“.[268] Im Zentrum ihrer Ausführungen stehen „rassistische Klassifikationen“. Diese versteht sie als „ungleich verteilte symbolische Ressourcen, die die Lebenschancen ihrer BesitzerInnen maßgeblich beeinflussen“. Sie objektivierten sich in „symbolischen Gütern“ (etwa in Gegenständen wie dem Pass oder dem Kruzifix; und in körperlichen Merkmalen wie der Haut- oder Augenfarbe) und würden als Klassifikationssystem und Praxis von den Individuen inkorporiert. Schließlich existierten auch Institutionalisierungen rassistischer Grenzziehungen – etwa im Ausländerrecht oder im Staatsbürgerrecht.[269] Die „rassistischen Kapitalien“ versetzten die dominante Gruppe in die Lage, auf den allgemeinen Märkten Vorteile für sich zu erzielen. Das Modell ist hier nur recht grob wiedergegeben. Die Theorie hilft Weiß dabei, im Verlauf der Untersuchung ihr Interviewmaterial zu ordnen und schlüssig zu erklären. Dennoch erklärt ihr Ansatz nicht, wie denn das Ungleichheitsverhältnis eigentlich beschaffen ist, welches die rassistischen Klassifikationen und damit auch die symbolische Kapitalisierung ermöglicht. Bei Bourdieus Ansatz handelt es sich um die verfeinerte Analyse eines Klassenverhältnisses. Dieses lässt sich aber nicht auf „rassistische Dominanz“ übertragen – also: Wie konstituiert sich das Ungleichheitsverhältnis in Bezug auf den Rassismus, vor allem hinsichtlich der Feststellung, dass es gewöhnlich die Praxis ist, welche historisch der Klassifikation vorausgeht?

Weitere Ansätze kommen von Forschern nichtdeutscher Herkunft, welche die „Rassismuserfahrungen“ bzw. den Widerstand von Migranten zum Ausgangspunkt ihrer Analysen machen. Diese Sichtweise beinhaltet einen grundsätzlichen Perspektivwechsel, der auch in dieser Untersuchung eine Rolle spielen wird. Paul Mecheril hat in den letzten Jahren immer wieder die „Ras-

267 Reemtsma 1991, S.280.
268 Weiß 2001, S.53.
269 vgl. ebd., S.53f.

sismuserfahrungen“ von Personen nichtdeutscher Herkunft in den Vordergrund gestellt und damit das Wissen über die Funktionsweise von Rassismus deutlich verbessert.[270] Mecheril betrachtet „Rassismuserfahrungen“ als eine „psychologische Kategorie, in der gesellschaftlich vermittelte Erfahrungen und der gesellschaftlich vermittelte Umgang mit diesen Erfahrungen in den Blick kommen“. Es geht um „sozial kontextualisierte, subjektive Zustände“.[271] Obwohl subjektive Erfahrungen im Zentrum stehen, ist der soziale Kontext stets auch angesprochen. Eine Eruierung und Rekonstruktion der Rassismuserfahrungen birgt also auch die Möglichkeit, den Kontext in den Blick zu nehmen, welcher diese Erfahrungen bedingt und (mit)verursacht. Die Perspektive hat sich damit verändert: Als „Material“ zur Analyse des Rassismus dient nicht mehr in erster Linie das „Vorurteil“ der Autochthonen oder der „Einwanderungsdiskurs“ oder das „rassistische Wissen“, sondern die „Erfahrung“ der Betroffenen.

Die gleiche Perspektive, aber einen anderen Ausgangspunkt wählt Manuela Bojadzijev in ihrem Ansatz – sie geht vom Widerstand der MigrantInnen aus. „Widerstand sollte nicht als Reflex auf ideologische Rassenkonstruktion gedeutet, sondern als konflikthafter Prozeß begriffen werden, in dem die Rassenkonstruktionen herausgebildet und entwickelt werden. Im Rahmen dieser Prozesse konstituiert sich nicht nur der Rassismus, sondern er bildet zugleich den Referenzrahmen des Antirassismus. Rassismus kann aufgrund dessen nicht losgelöst vom Antirassismus konzipiert werden.“[272] Bojadzijev macht deutlich, dass Rassismus in der Praxis kein monolithischer Apparat der Herrschaft oder Dominanz ist, sondern dass der verstreute Widerstand der MigrantInnen, die in ihren Kämpfen jedoch keineswegs ein Subjekt bilden, die Ein- und Ausschlussmodi einer rassistischen Gesellschaft entscheidend mitprägt. Einen ähnlichen Gedanken hatten auch Jäger & Jäger zumindest implizit formuliert, als sie den Foucaultschen Begriff des „Dispositivs“ ins Spiel brachten.[273] Foucault hatte geschrieben, dass das „Dispositiv“ immer auf die Situation eines „Notstandes“ eine strategische Antwort findet.[274] Die Übersetzung mag hier ein wenig irreführen. Im Französischen verwendet Foucault das Wort „urgence“, dessen Bedeutung zwischen Dringlichkeit, Notfall und Ausnahmezustand schwankt. „Dispositif“ dagegen heißt Einrichtung, Vorrichtung, aber auch Gliederung – all diese Bedeutungen treffen in der Foucaultschen Idee des Macht / Wissen-Komplexes zusammen. Der Apparat des Rassismus kann in diesem Sinne als ein permanenter „Ausnahmezustand“ beschrieben werden: Das Unterdrückungsverhältnis ist verstreut und prekär, denn es hat kein Zentrum und wird ständig attackiert; die Wissensbestände sind ebenfalls problematisch, denn sie sind inkohärent, widersprechen anderen Wissensbeständen und werden zudem ununterbrochen der Ideologie bezich-

270 vgl. etwa Mecheril 1994, 1997.
271 Mecheril 1997, S.179.
272 Bojadzijev 2002, S.135.
273 Jäger & Jäger 2002, S.23.
274 Foucault 1978, S. 120.

tigt. Die Situation ist also nicht stabil. Nun kann man diesen Apparat analysieren, indem man ihn abstrakt beschreibt. Man kann aber auch die Erfahrungen und die Widerstände als Instrumente betrachten, um diesen Apparat in einer ganz konkreten Weise zu untersuchen. Erfahrungen und Widerstände sind Konfrontationspunkte, in denen der Apparat in seinen fassbaren Machtwirkungen auf die Individuen erscheint. Das ist ein Wechsel in der Perspektive. Für meine Untersuchung möchte aber nicht auf der Erfahrung oder dem Widerstand aufbauen, sondern auf der Kategorie des unterdrückten Wissens.

KAPITEL 2: METHODOLOGIE DER RASSISMUSFORSCHUNG

Nach der langen Tour de Force durch die Begrifflichkeiten dürfte deutlich geworden sein, wie wenig sich die Begriffe „Ausländerfeindlichkeit“ und „Fremdenfeindlichkeit“ eignen, um den Gegenstand zu erfassen, um den es in dieser Untersuchung geht. Es geht um Rassismus. Was ist nun Rassismus? Bei einer empirischen Untersuchung könnte man sich auf den Standpunkt stellen, dass erst die Ergebnisse der Untersuchung auf diese Frage eine Antwort finden werden. Die Analyse der Begrifflichkeiten hat aber gezeigt, dass die theoretischen Voraussetzungen bereits den Rahmen der Phänomene abstecken, die unter Rassismus gefasst werden. Es ist also nicht möglich, voraussetzungslos mit einer Befragung zu beginnen. Ich möchte das an einem Beispiel erläutern. Obwohl diese Untersuchung mit qualitativen Methoden arbeitet, würde prinzipiell nichts dagegen sprechen, auch quantitative Verfahren – etwa einen standardisierten Fragebogen – anzuwenden. Es wäre sogar höchst interessant, bestimmte Erfahrungen im Sinne Mecherils auf ihre Repräsentativität hin zu überprüfen. Doch hierbei würde sich die Hauptschwierigkeit aus der Definition des Rassismus ergeben, die dem Fragebogen zugrunde liegen müsste. Gewöhnlich werden der Inhalt (also die Merkmale) und der Umfang (Objektmenge) der Items aus den vorliegenden Definitionen abgeleitet – durch eine Bedeutungsanalyse. Zunächst hat sich erwiesen, dass es nur wenige ausgearbeitete Definitionen gibt. Dann stellt sich die Frage, welche Definitionen einbezogen werden können: auch die zu „Ausländer-" und „Fremdenfeindlichkeit“? Schon beim ersten Schritt ergeben sich also ganz erhebliche Probleme für Inhalt und Umfang.

Darüber hinaus wird die Diskussion über den Gegenstand weiterhin von Forschern dominiert, die Autochthone sind, wobei der Komplex der Migrationsforschung insgesamt in erstaunlicher Weise von den Paradigmen offizieller Politik geprägt worden ist[1] – also einer Politik, die sich bis 1999 de jure als Politik für einheimische Deutsche verstand. Die Dominanz einheimischer Forscher muss nicht zwangsläufig zu Verzerrungen führen. Doch wenn Rassismus stets die Konstruktion eines „Wir“ und „Ihr“ beinhaltet, und wenn Rassismus auf der Ebene des Wissens auch immer eine Rechtfertigung des Abstandes zwischen ethnisch markierten Gruppen in einer Gesellschaft bedeutet, dann ist der Forscher, der ja selbst dieser Gesellschaft angehört, unausweichlich in die gesellschaftlichen Ungleichheitsverhältnisse eingelassen. „Die So-

1 vgl. Berger 1990, S.126.

zialwissenschaftler", betont Gunnar Myrdal, „betrügen sich selbst, wenn sie naiv glauben, sie reagierten nicht wie alle Welt, und zögen nicht opportunistisch diejenigen Schlüsse, die in ihre Vorurteile passen und die denen anderer Leute auffallend ähnlich sind."[2] „Objektivität" ist in den Sozialwissenschaften immer ein höchst problematischer Begriff gewesen, aber das trifft, wie ich noch zeigen werde, für die Analyse des Rassismus in besonderem Maße zu. Am Anfang einer empirischen Untersuchung muss also eine Klärung der Voraussetzungen stehen – eine Klärung der Definition des Gegenstandes sowie eine Klärung der eigenen Position und des Vorwissens.

Für eine Konzeptualisierung des Rassismus ist Michel Foucaults Idee des „Dispositivs" oder Louis Althussers ganz ähnliche Vorstellung vom „Apparat" fruchtbar: Ich möchte Rassismus als eine Verbindung von sozialer Praxis und gleichzeitiger Wissensbildung fassen. Dabei überbrückt das rassistische Wissen ein modernes Dilemma – jenes zwischen allgemein gültigen Vorstellungen von der Gleichheit aller Menschen und der beständigen Produktion von Ungleichheit. Für eine solche Auffassung von Rassismus hat Frantz Fanon wesentliche Erkenntnisse geliefert. Zunächst formuliert er folgende Prämisse: „Ein für allemal stellen wir folgendes Prinzip auf: eine Gesellschaft ist entweder rassistisch oder nicht."[3] Die Identifizierung des „Negers" oder des „Ausländers" als „Objekt", die Existenz rassistischer Parteien oder Pamphlete sowie das Vorkommen von Gewalt gegen bestimmte Gruppen – das alles kommt nicht etwa zufällig in einer Gesellschaft vor, meint Fanon, sondern gehört zu ihrem normalen Funktionieren. Historisch gehört Rassismus ebenso zur Moderne wie die Demokratie. Das mag zunächst ein durchaus erschreckender Gedanke sein, doch erst dieser Gedanke macht Rassismus analytisch und politisch rational zugänglich. Niemand würde es besonders schwer fallen, zuzugeben, dass die Gesellschaft von Ungleichheit, gar von Klassen, durchzogen ist. Mittlerweile würden die meisten sogar anerkennen, dass die Gesellschaft strukturell Frauen benachteiligt. Doch im Falle des Rassismus steht dieser Anerkennung – insbesondere in Deutschland – offenbar ein moralisches Selbstbild entgegen, dass den Rassismus immer wieder auf ein Außerhalb verweist: Stets sind die politischen Extremisten oder die ungebildeten Randexistenzen für Rassismus verantwortlich, während der überwiegende Teil der hiesigen Bevölkerung daran festhält, dass Deutschland ein „ausländerfreundliches" Land sei. Wenn dann eine Umfrage ergibt, dass mehr als die Hälfte der Einheimischen findet, dass zu viele „Ausländer" im Land leben, oder wenn eine Mehrheit es vorzieht, nicht neben einer Roma-Familie zu wohnen, dann ist die Bestürzung groß. Anstatt jedoch weiter Rücksicht auf das erwünschte moralisch korrekte Selbstbild zu nehmen, ist es sinnvoller, davon auszugehen, dass es sich bei Rassismus um ein spezifisches Ungleichheitsverhältnis unter anderen innerhalb der Gesellschaft handelt.

---

2 Myrdal 1969, S.47.

3 Fanon 1952, S.63.

Für Hoffmann und Even war die „latente Ausländerfeindlichkeit" ein Teil der „institutionellen Alltagspraxis der Gesellschaft". In der oben erwähnten Untersuchung von Alphons Silbermann und Francis Hüsers hatten auf einer Skala der „Fremdenfeindlichkeit" nur 15 Prozent der Befragten überhaupt keine Punkte erreicht, was die Autoren zu der Feststellung bewegte, dass „Fremdenfeindlichkeit in unterschiedlich starker Ausprägung für unsere Gesellschaft leider ‚normal' ist".[4] Martina Althoff hatte am Ende ihrer Untersuchung geschrieben, dass die politische Kultur der Bundesrepublik selbst „fremdenfeindlich" sei. Die diskursanalytisch orientierten Forscher fanden wiederholt heraus, dass der „Extremismus" und die „Mitte" oft genug gar nicht so weit voneinander entfernt sind, was zu der paradoxen Formulierung vom „Extremismus der Mitte" geführt hat. Wie ein roter Faden zieht sich durch die verschiedensten „Gegenstandsgewinnungen" also die Feststellung, dass der Gegenstand, der in dieser Untersuchung Rassismus heißt, etwas mit dem normalen Funktionieren des sozialen Gefüges zu tun habe. Man mag das bedauern, doch als Voraussetzung dieser Arbeit möchte ich festhalten, dass es angesichts der historischen Persistenz verschiedener Formationen des Rassismus, angesichts der Funktionsweise der vorhandenen Institutionen sowie angesichts der Verbreitung von rassistischem Wissen völlig sinnlos wäre, Rassismus weiter als Anomalie zu begreifen.

Bislang existieren kaum Überlegungen zu einer Methodologie der Rassismusforschung. Überlegungen zur Methode stehen bekanntlich noch vor der Auswahl der Verfahren – erst die „Gewinnung" des Gegenstandes[5] macht es möglich, die adäquaten Mittel der Erkenntnis zu begründen. Tatsächlich handelt es sich bei Rassismus um einen außerordentlich komplexen Gegenstand, weil man es nicht mit einem „Objekt" im klassischen Sinne zu tun hat. In seiner umfangreichen Darstellung des Rassismus hat Robert Miles verdeutlicht, dass es sich bei Rassismus auch um einen „repräsentationalen Prozeß" handelt[6], in welchem Beobachtungen gemacht, Theorien gebildet und Erklärungen angeboten werden. „Damit erweist sich", so Miles, „[...] die praktische Angemessenheit [...] des Rassismus dadurch, daß er gedanklich bestimmte Regelmäßigkeiten widerspiegelt und eine kausale Interpretation konstruiert, die als mit diesen Regelmäßigkeiten übereinstimmend dargestellt werden kann und zur Lösung wahrgenommener Probleme dient."[7] Rassismus als Ideologie, meint Miles, erklärt „einleuchtend" einen zweifellos bestehenden materiellen Unterschied zwischen zwei Gruppen, indem, von einer „Rassenkonstruktion" ausgehend, die wahrgenommenen Unterschiede negativ bewertet werden. Demzufolge lässt sich festhalten, dass Rassismus selbst Akte sozialer Erkenntnis beinhaltet. Eine Rassismusforschung sieht sich daher mit dem Prob-

4 Silbermann & Hüsers 1995, S.41.
5 vgl. Holzkamp 1968.
6 Miles 1992, S.99.
7 ebd., S.197.

lem konfrontiert, dass sie Erkenntnisse über einen Gegenstand formulieren soll, der seinerseits einen Prozess der Erkenntnisbildung enthält.

Dieser Prozess ähnelt in seiner Struktur dem, was gewöhnlich als „objektive" Wissenschaft bezeichnet wird. Wenn man etwa folgenden Satz betrachtet, der in der Öffentlichkeit in den letzten Jahren recht oft zu hören war – „Bei denen haben Frauen doch gar keine Rechte" –, so handelt es sich von der Struktur her um eine Hypothese, also im Sinne Karl Poppers um einen „allgemeinen Satz".[8] Solche Sätze werden in der Wissenschaft traditionell durch Induktion gewonnen – also durch die Sammlung von einzelnen Beobachtungen bzw. von „besonderen Sätzen", die dann eben bei ausreichender Sättigung in einem Induktionsschluß zu einem „allgemeinen Satz" verdichtet werden können. Auch das rassistische Wissen arbeitet mit einem solchen Schluss. Denn auf den Vorwurf, die besagte Hypothese sei falsch, würde einer ihrer Vertreter zweifellos erwidern, dass man zur Bestätigung doch nur auf der Straße nachschauen müsse – da schleiche die türkische Frau mit Kopftuch ja auch ständig einen Meter hinter ihrem Mann her. Nun ist klar, dass die Hypothese im rassistischen Wissen niemals falsifiziert werden kann – und das unterscheidet rassistisches Wissen von wissenschaftlichem Wissen. Dennoch lassen sich die Gemeinsamkeiten nicht, wie es viele Forscher getan haben, mit dem Verweis beiseite wischen, beim Rassismus handele es sich schlicht um eine Pseudowissenschaft, in der die Struktur der echten Wissenschaft bloß nachgeahmt werde. Denn schließlich war die „objektive Wissenschaft" historisch massiv verwickelt in das, was ich den rassistischen Erkenntnisprozess nennen möchte.

Tatsächlich treffen rassistisches Wissen und „objektive" Wissenschaft beide Erkenntnisse über die Beschaffenheit eines bestimmten „Objektes" – was den Rassismus betrifft, so handelt es sich eben um „die Schwarzen" oder „die Türken" oder „die Ausländer". Nun ist die Verwicklung der Biologen, Ethnologen und Psychologen in die Konzeptionierung und Erforschung von „Rassen" derweil allgemein bekannt. Doch das Wissen um die Vergangenheit führt keineswegs zu einer permanenten Reflexion dieser Verwicklung. So ist es im Psychologiestudium etwa bislang keineswegs üblich, die Studenten darauf hinzuweisen, dass anerkannte Größen des Faches wie Karl Pearson, Charles Spearman oder Raymond B. Cattell an dem von Francis Galton gegründeten Lehrstuhl für Eugenik im Kampf um die Reinhaltung oder Verbesserung von Erbgut beispielsweise nach nationalen und „rassischen" Intelligenzunterschieden forschten. Ein bedeutender Teil der statistischen Verfahren, die den Psychologiestudenten beigebracht werden, stammt schlicht aus der „Rassenforschung".[9] Auch in der Biologie hat die Verquickung mit der „Rassenforschung" nicht zu mehr Bescheidenheit in den Ansprüchen geführt – im Gegenteil, seit den mittleren siebziger Jahren erheben „Soziobiologen"

8 vgl. Popper 1966, S.3.
9 vgl. Billig 1979, 1981.

wie Edward O. Wilson einen umfassenden Erklärungsanspruch der Biologie auch für die „Inhalte der Sozialwissenschaften".[10]

Ich denke, dass man die erwähnte strukturelle Ähnlichkeit im Hinblick auf die Entwicklung einer Methodik der Rassismusforschung sehr ernst nehmen muss. Tatsächlich verwundert mich das allgemeine Vertrauen in die Wissenschaft immer wieder – in eine Wissenschaft, die dem rassistischen Wissen letztlich erst zum Durchbruch verholfen hat. Wenn Rassismus auch einen Erkenntnisprozess beinhaltet, dann kann die Rassismusforschung nicht mit einem „Objekt" befasst sein, sondern mit der Konstruktion von „Objekten" in Praxis und Wissen. „Objektivität" dagegen würde bedeuten, sich in der Forschung positiv auf diese „Objekte" zu beziehen: Eine „objektive" Wissenschaft könnte höchstens Aussagen über „die Ausländer" treffen, was sie aber wiederum selbst zum Bestandteil des rassistischen „Dispostivs" machen würde. Dagegen bedeutet die Thematisierung von „Positivitäten" im Foucaultschen Sinne, dass man den Macht-Wissen-Komplex selbst in den Blick nimmt, welcher die„Objekte" erzeugt. Bislang ist das kaum systematisch getan worden – offenbar haftet „Rassen" oder ethnischen Gruppen immer noch genug Natürlichkeit an, als dass dieses Modell im Falle des Rassismus zur Anwendung käme.

Ich werde später auf die methodischen Fragestellungen noch ausführlicher eingehen, doch zunächst möchte ich ein theoretisches Modell des Rassismus vorstellen. Es war Immanuel Wallerstein, der auf außergewöhnliche Weise den Weg zu einem solchen Modell gewiesen hat – und der damit gleichzeitig auch den modernen Rassismus von früheren Formen der „Fremdenfeindlichkeit" unterschieden hat. „Lassen sie mich meine scheinbar paradoxe Formulierung entwickeln, in der ich behaupte, daß eine der Grundformeln, nach der unser eigenes historisches System, die kapitalistische Weltwirtschaft, organisiert wurde, die ist, daß sie Menschen ausschließt, indem sie Menschen einbezieht. Diese Formel ist weniger paradox als sie klingt, und in der Tat bildet sie den Schlüssel zu unserem Verständnis davon, wie das System funktioniert. Auch ist sie eine differentia specifica dieses historischen Systems, die es von allen vorangegangenen unterscheidet, die normalerweise nach dem Prinzip arbeiten, einige einzuschließen und andere auszuschließen. Die anderen, die ausgeschlossen wurden, waren jene, denen gegenüber man eine fremdenfeindliche Einstellung hatte."[11]

Vor der Moderne also war der „Fremde" jemand, der woanders lebte, der unbekannt war und der in sich einer unverständlichen Sprache ausdrückte. Zudem gab es keine spürbare Grenze zwischen dem Lebensraum des eigenen Gemeinwesens und jenem der Anderen – wenn man den Anderen begegnen wollte, dann musste man mutig durch einen diffus strukturierten Raum wandern, bis man nach langer Zeit irgendwann auf die „Barbaren" traf. Erst in der Moderne wurde das Eigene scharf umgrenzt – durch die Befestigung der

10 vgl. Wilson 1979, S.7f..

11 Wallerstein 1995, S.102.

Grenzen zwischen Staaten und durch Kriterien wie Blut und Abstammung. Gleichzeitig schufen die „Entdeckungen“ in Übersee und damit die Versklavung und die Kolonisation (und später auch die Migration) einen „Weltmarkt für Arbeitskräfte“ (Lydia Potts), in den die Anderen – die „Indios“, die „Neger“, die „Ausländer“ etc. – einbezogen wurden. Doch die Bedingungen dieser Einbeziehung – auf die eine oder andere Weise Zwang – sorgte gleichzeitig für bestimmte Formen von Ausschluss. Insofern hat im Falle des Rassismus keine explizit rassistische Ideologie am Beginn gestanden, sondern eine bestimmte soziale Praxis.[12] Bevor etwa die Spanier jene „Rassen-Kasten-Gesellschaft“ in der Karibik etablierten, von der Immanuel Geiss sprach,[13] und die von ihnen geknechtete Bevölkerungsgruppe aufgrund der unterschiedlichen Hautfarbe als „negro“ bezeichneten, hatten weder sie selbst noch die betroffene Gruppe irgendeine eine Vorstellung davon, was es bedeutete, ein „Schwarzer“ zu sein. In eben diesem Sinne bezeichnen die Kulturwissenschaftler Valentin Mudimbe (1988) und Kwame Anthony Appiah (1992) Afrika als Erfindung. Und tatsächlich hat es bis zum 20. Jahrhundert gedauert, bis größere Teile der afrikanischen Bevölkerung sich, unter dem Einfluss der panafrikanisch ausgerichteten Eliten, im Rahmen des antikolonialen Befreiungskampfes als schwarz identifizierten, wobei dieses Adjektiv für die meisten bis heute wenig Bedeutung hat. Im Gegenzug hat sich in dieser Praxis auch erst ein Verständnis davon realisiert, was es bedeutet, „weiß“ zu sein – ein Phänomen, das in den Whiteness-Studies in den USA detailliert ausgelotet wurde.

Ein weiteres Diktum von Frantz Fanon thematisiert den beschriebenen Prozess, in dem zunächst ein Kriterium der Unterscheidung zwischen zwei Gruppen eingeführt und dieses Kriterium dann mit bestimmten Eigenschaften aufgeladen wird: „Es ist der Rassist, der den Minderwertigen schafft.“[14] Ich möchte dieses Diktum weit umfassender interpretieren als im Sinne der Feststellung, dass Gruppen kognitiv oder diskursiv konstruiert werden, und dass diese Konstruktion nichts mit den realen Merkmalen der betroffenen Gruppen zu tun haben muss. Die „Schaffung“ bestimmter Gruppen ist eingelassen in ein „Dispositiv“, einen Macht/Wissen-Komplex. Insofern ist es nicht „der Rassist“ im buchstäblichen Sinne, der den „Minderwertigen“ schafft, sondern eine bestimmte institutionelle Praxis, die in ihrem Funktionieren das Andere wie auch das Eigene in einem Verhältnis der Ungleichheit hervorbringt. Dieses Verhältnis ist jedoch äußerst kompliziert. Denn historisch werden die Anderen gerade in dem Moment durch Sklaverei und Kolonisation, also durch Gewalt und Zwang, in den Weltmarkt einbezogen, als sich in Europa mehr und mehr bestimmte Formen von Freiheit und Gleichheit durchsetzen. Hier bricht ein Widerspruch innerhalb der Moderne auf, ein Widerspruch, der bearbeitet werden muss. Diese Bearbeitung findet im rassistischen Wissen statt,

---

12 vgl. dazu ausführlich Terkessidis 1998, S.121ff.

13 vgl. Geiss 1988, S.121ff.

14 Fanon 1952, S. 68

denn Zwang und Ungleichheit der Anderen bedürfen vor dem Hintergrund von Freiheit und Gleichheit der Erklärung und der Legitimation. So wird der Unterschied bzw. der Abstand naturalisiert: Die Anderen werden als noch nicht reif für die Freiheit und Gleichheit betrachtet, sie gelten als unzivilisiert, faul, grausam, kindlich etc. Die Fremdheit in der traditionellen Bedeutung des Unbekannten bleibt dabei auf der Strecke. Denn die Konquistadoren und Kolonisatoren interessieren sich nicht für tatsächliche Differenzen. Die Anderen werden in die eigene symbolische Matrix eingegliedert, um dann als Bild wieder ausgespuckt zu werden. In diesem Prozess werden sowohl die sichtbaren Merkmale von „Fremdheit“ festgelegt (Hautfarbe, Gesichtsform, kulturelle Accessoires etc., letztlich beliebige Merkmale, denen Bedeutung zugeschrieben wird) als auch die angeblich damit verbundenen (schlechten) Eigenschaften der Anderen.

Demokratie und Rassismus sind Bestandteile eine Januskopfes. In der Moderne ist die gesellschaftliche Ordnung als Ordnung der Ungleichheit nicht mehr natürlich – sie bedarf der Legitimation. In dieser Legitimation jedoch kehrt die Natur als Explanans des rassistischen Wissens wieder: „Sie“ sind „primitiv“ und daher noch nicht bereit für Freiheit und Gleichheit. Spätestens im 20. Jahrhundert wird schließlich das rassistische Wissen selbst zum Bestandteil eines Dilemmas: Bestimmte Annahmen über die Anderen gelten nun als „Vorurteil“, als unaufgeklärter Irrtum, der nicht wiederholt werden darf. Dabei erscheinen freilich nur bestimmte Redeweisen als illegitim – solche, die sich auf einen expliziten Rassediskurs der Superiorität beziehen. Unterdessen erlebt das rassistische Wissen vor allem seit dem Ende des Zweiten Weltkrieg eine maßgebliche Verschiebung – eine Veränderung, die in letzten zwei Jahrzehnten als Wendung zum „neuen“, „differentialistischen“ oder einfach zum „Kulturrassismus“ beschrieben wurde. Dieser Art der Wissensbildung ist das Dilemma sogar in den konkreten Aussageformen inhärent. Solche Aussagen beginnen gern mit der Formulierung: „Ich bin ganz sicher kein Rassist, aber...“ Und dann folgen die üblichen Klischees. In diesem Sinne ist dieser Diskurs des Rassismus eine jener „Operationen der Ent-Nennung“, die Roland Barthes als typisch für die bürgerliche Gesellschaft beschrieben hat.[15]

15 vgl. Barthes 1957, S.124.

1. Rassismus: eine Definition

Was nun die weitere theoretische Erfassung des „Apparates" des Rassismus betrifft, so wird zum einen eine Definition des Rassismus benötigt und zum anderen eine genauere Beschreibung der Funktionsweise des rassistischen Apparates. Angesichts der umfangreichen Literatur zum Thema ist es verwunderlich, wie spärlich auch in der englisch- und französischsprachigen Literatur die Versuche zu einer Definition des Rassismus ausgefallen sind. Der einzige, der sich den Mühen der Definition nicht entzogen hat, ist der britische Soziologe Robert Miles. Die folgende Definition ist an die seine angelehnt, unterscheidet sich jedoch vor allem darin, dass Rassismus nicht als Ideologie, sondern als Apparat begriffen wird.[16] Meine Definition des Rassismus umfasst drei Komponenten: 1. Die Rassifizierung. 2. die Ausgrenzungspraxis, 3. die differenzierende Macht.

Mit Rassifizierung meine ich jenen Prozess, der an anderer Stelle als „Rassenkonstruktion" (racialisation) bezeichnet wird. Ich möchte diesen ganz allgemein als Prozess fassen, in dem einerseits eine Gruppe von Menschen mittels bestimmter Merkmale als natürliche Gruppe festgelegt und gleichzeitig die Natur dieser Gruppe im Verhältnis zur eigenen Gruppe formuliert wird. Es handelt sich hierbei um eine bewusst offene Formulierung, die verschiedene Einschränkungen beseitigt, die gewöhnlich mit dem Begriff der „Rassenkonstruktion" einhergehen. Zum einen bezieht sich der Ausdruck Merkmal keineswegs nur auf biologische Kennzeichen, was die Reduktion auf den Begriff „Rasse" im klassischen Sinne vermeidet. Colette Guillaumin hat gezeigt, dass die zur Diskriminierung zwischen Gruppen verwendete Vorstellung von „Rasse" ein ganzes „Bündel von Konnotationen, ein Cluster unbeständiger Bedeutungen" umfasst.[17] In dieses Bündel können Elemente äußerst heterogener Art einfließen: a) morpho-physiologische Kennzeichen (diese können sichtbar oder unsichtbar sein, sie gelten als natürlich/evident und als geeignet, Gruppen zu unterscheiden); b) soziologische Kennzeichen (Sprachen, Wirtschaftssysteme, Gewohnheiten, Ernährung, Kleidung, Musik etc.); c) symbolische und geistige Kennzeichen (politische Praktiken, Einstellungen, Lebensauffassungen, kulturelle und religiöse Verhaltensweisen etc.) sowie d) imaginäre Kennzeichen (etwa phantasmatische Vorstellungen von okkulter Macht etc.).[18] „Die Gesamtheit dieser Merkmale verschmilzt zu einem Ensemble, das sich als synkretistisch definieren läßt."[19] Hier wird „Rasse" also längst nicht mehr im traditionellen Sinne verstanden. Tatsächlich kann sich das beschriebene Merkmalsbündel auch in der Rede von Kulturen oder Ethnien äußern – auch das wäre eine Rassifizierung. „Rasse" steht hier letztlich für eine Art Urform der Naturalisierung von Unterschieden, und daher bleibt das Wort auch im

16 vgl. dazu ausführlich Terkessidis 1998, S.67ff.

17 Guillaumin 1991, S.164.

18 Zu dieser Aufstellung siehe Guillaumin 1991, S.167 und 1992, S.83.

19 Guillaumin 1992, S.83.

Begriff der Rassifizierung erhalten. Worum es aber primär geht, ist die Festschreibung einer Gruppe als natürliche Gruppe.

Ein weiterer Punkt, in dem die Definition von Rassifizierung Einschränkungen vermeidet, ist das Problem der Wertung. In den meisten Definitionen (auch denen von „Ausländer-" oder „Fremdenfeindlichkeit") wird angenommen, dass erst eine Wertung des Unterschiedes von der bloßen Kategorisierung von Gruppen bzw. der Rassenkonstruktion zum Rassismus führt. Nun ist es aber so, dass diese Wertung nicht immer gleich auf der Hand liegt. Von den „Südländern" beispielsweise glauben viele Menschen in der Bundesrepublik Deutschland, dass sie das Leben nicht so hektisch angehen und großartig feiern können. Eine Wertung, gar eine negative, ist hier erst mal kaum erkennbar. Dennoch wird die Natur einer Gruppe formuliert, die ganz bestimmte Eigenschaften besitzt. Darüber hinaus sind diese Eigenschaften im Kontext einer Gesellschaft, die auf den Werten des Mittelstandes beruht, durchaus nicht neutral: In der Ausbildung, in der Universität, bei Industrie- oder Dienstleistungsunternehmen können solche Unterstellungen zu Benachteiligungen führen. Daher transportieren die vielfältigen äußerlichen Kennzeichen, die als naturgegeben gelten und zur Festlegung von Gruppen dienen, immer schon eine Wertung – sei es die Nacktheit der Ureinwohner; die schwarze Hautfarbe jener Gruppe, die seit dem 16. Jahrhundert als „Negros" bezeichnet wurde[20]; die berüchtigte Hakennase der Juden oder auch das Kopftuch der Migrantinnen. Die Merkmale scheinen gerade wegen ihrer negativen Konnotation überhaupt zu Bedeutungsträgern geworden zu sein. Zudem können auch die Zuschreibungen, die negativ bewertet werden, und die etwa Robert Miles für den Rassismus reserviert,[21] der schieren Kategorisierung dienen. Denn die angeblich negativen biologischen – etwa „Parasitentum" – oder kulturellen Eigenschaften – Unvernunft, Grausamkeit, Zügellosigkeit etc. – der Anderen fixieren die Gruppen durch die Zuschreibung als naturgegeben. Der Unterschied ist also immer schon bewertet.

Das zweite Element des Rassismus ist die Ausgrenzungspraxis. Damit soll die praktische Seite des Rassismus beschrieben werden. Der Begriff stammt von Miles: „Ich benutze ihn, um all die Fälle zu analysieren, in denen eine näher bezeichnete Gruppe bei der Zuteilung von Ressourcen und Dienstleistungen nachweislich ungleich behandelt wird, oder in denen sie in der Hierarchie der Klassenverhältnisse systematisch über- oder unterrepräsentiert ist."[22] Im Begriff der Ausgrenzungspraxis wird also die praktische Mechanik des erwähnten Ausschlusses durch Einbeziehung angesprochen – ich werde das gleich am Beispiel der Einwanderungsgesellschaft konkret erläutern. Das dritte Element des Rassismus schließlich ist die differenzierende Macht. Ich möchte gleich betonen, dass es dabei um einen etwas diffusen Begriff handelt.

20 Die erste Überlieferung des Wortes stammt aus dem Jahre 1516; siehe Geiss 1988, S.124.

21 vgl. Miles 1989, S.106.

22 ebd., S.103.

Er dient maßgeblich dazu, den Aspekt der Gewalt – so wenig spürbar er auch sein mag – wieder ins Spiel zu bringen. Zwar ist Rassismus als Apparat insbesondere dadurch charakterisiert, dass es sich nicht um Herrschaft im traditionellen Sinne mit einem lokalisierbaren Zentrum handelt, dennoch muss eine Gruppe über die Mittel verfügen, eine andere Gruppe sichtbar zu machen, zu unterdrücken etc. Das Moment der differenzierenden Macht mag im Falle des Kolonialismus weit mehr auf der Hand liegen als in jenem der Einwanderungsgesellschaft, aber dennoch kann auch im zweiten Fall das Moment der Gewalt sehr schnell offen zutage zu treten – man denke nur an die Macht, eine Ausweisung zu verfügen und eine Abschiebung zu exekutieren.

Diese Definition hat verschiedene Vorteile. Zum Ersten bringt sie die Praxisanteile und die Wissensanteile im Apparat des Rassismus zusammen. Zum Zweiten ermöglicht sie eine Abgrenzung gegenüber ähnlichen Phänomenen wie etwa dem Nationalismus oder gegenüber Konflikten, die auf Ethnizität rekurrieren: Diese Phänomene teilen mit dem Rassismus in Abstufungen das Element der Rassifizierung, jedoch nicht das der Ausgrenzungspraxis. Selbstverständlich fällt die Unterscheidung in der Realität oft genug schwer – hier sind eben genaue Analysen notwendig. Zum Dritten hat die Definition den Vorteil, dass sie nur einen flexiblen Rahmen zur Verfügung stellt, der jeweils spezifisch gefüllt werden muss. Zweifellos handelt es sich bei Rassismus um ein zusammenhängendes und durchaus auch kontinuierliches Phänomen, das aber je nach historischem Zeitpunkt, Gesellschaftstyp und nationaler Ausprägung sehr unterschiedliche Spezifika aufweist. In den letzten Jahren wurde daher auch wiederholt vorgeschlagen, nicht mehr von Rassismus zu sprechen, sondern von Rassismen. Doch dieser Appell bleibt rhetorisch, wenn man nicht in der Lage ist, die Struktur des Gesamtphänomens mit den jeweiligen historischen oder lokalen Realisierungen zusammenzubringen. Das aber erlaubt die vorgeschlagene Definition: Sie macht es möglich, jeweils zu unterscheiden zwischen den Rassifizierungen und Ausgrenzungspraxen in verschiedenen Epochen, Entwicklungszuständen, Staaten.

2. Theorie in Bewegung: die institutionelle Produktion von „Ausländern“

Es dürfte deutlich geworden sein, dass mit Rassismus keineswegs eine Anhäufung von Irrtümern und Ausnahmen im Betrieb der Moderne gemeint ist, sondern ein hoch komplizierter Bestandteil von deren Funktionieren. Ich habe die Arbeitsweise des Apparates des Rassismus an anderer Stelle genauer beschrieben[23] und möchte hier nur eine kurze Skizze entwerfen – so ausführlich, wie es für den Fortgang der Untersuchung notwendig ist. Die Charakterisierung des Apparates folgt einer grundsätzlichen Annahme, die sich Ideologietheorie und Wissenssoziologie teilen: Wenn es in einer Gesellschaft einen be-

23 vgl. Terkessidis 1998.

stimmten Wissensbestand gibt – was beim rassistischen Wissen der Fall ist –, dann bildet dieses Wissen eine Einheit mit der Praxis bestimmter Institutionen in der Gesellschaft. Im Falle des Rassismus werden Gruppen durch eine institutionelle Praxis objektiviert und sichtbar gemacht, während sich das Wissen dann wieder auf dieses „Objekt" bezieht. Doch um welche Institutionen handelt es sich? Wenn Rassismus Bestandteil der Moderne ist, dann werden jene Gruppen selbstverständlich im spezifisch modernen Ensemble der Institutionen geformt: der Arbeitsteilung bzw. dem Arbeitsmarkt, dem Nationalstaat sowie der kulturellen Hegemonie einer bestimmten Gruppe in der Gesellschaft (wobei letzteres sowohl eine institutionelle Praxis in Schulen, Familien, Vereinen, Kirchen, industrialisierter Massenkultur etc. umfasst als auch die symbolische Matrix bezeichnet, welche das Gesamtensemble durchwirkt). Für jede historische Epoche und jede lokale Situation lässt sich nun eine eigentümliche Ausprägung dieses institutionellen Komplexes beschreiben, die wiederum im Prozess des Ausschlusses durch Einbeziehung eine bestimmte Ausgrenzungspraxis und bestimmte Wissensbestände hervorbringt. Für meine Untersuchung werde ich nun auf die „Produktion" von „Ausländern" im Einwanderungskontext der Bundesrepublik Deutschland eingehen.

a) Arbeitsmarkt

Die primäre Institution des Ausschlusses durch Einbeziehung von Migranten in Deutschland war und ist der Arbeitsmarkt.[24] Bekanntlich wurde die Migration nach Deutschland in den fünfziger und sechziger Jahren aufgrund eines Mangels an Arbeitskräften in Gang gesetzt. Allerdings handelte es sich um eine charakteristische Knappheit. Die Arbeiter aus dem Ausland wurden im „sekundären Sektor" des Arbeitsmarktes beschäftigt: Sie übernahmen unqualifizierte, schlecht bezahlte und vor allem unsichere Jobs. Diese Form der Einordnung in den Arbeitsmarkt wurde in der Folgezeit „tradiert" – ein breit gefächerter sozialer Aufstieg hat in der Gruppe der „Gastarbeiter" und ihrer Nachkommen nicht stattgefunden. Aus diesem Arrangement der „sozialen Schließung" (Max Weber) gegenüber den „Ausländern" ergibt sich auf der anderen Seite eine Art „Interessensgemeinschaft" der Einheimischen, die von der Schließung auf mannigfaltige Weise profitiert. So „puffern" die Migranten die Autochthonen etwa gegen das Risiko des Arbeitsplatzverlustes ab: Gewöhnlich werden sie in einer Krise als erste entlassen.

Das Phänomen der „Unterschichtung" wurde unter anderem in den so genannten Segmentationstheorien des Arbeitsmarktes thematisiert – dabei handelt es sich um Ansätze, die die institutionelle Definition von Gruppen auf dem Markt fokussieren. Die Rolle von „Vorurteilen" wurde in diesen Ansätzen früh thematisiert. Lutz Sengenberger etwa sprach von einer „statistischen Diskriminierung"[25]: Den „Ausländern" wird aufgrund der Jobs, die sie bekleiden, ein hohes Maß an innerer Homogenität insbesondere hinsichtlich ihrer

24 vgl. dazu ausführlich Terkessidis 1998, S.187ff.

25 vgl. Sengenberger 1987, S.64.

Fähigkeiten zugeschrieben. Die Unterstellungen von „Dummheit“ und „Faulheit“, später von problematischen kulturellen Unterschieden, dienen dabei zur Erklärung und Legitimation der strukturell bedingten sozialen Schließung auf dem Arbeitsmarkt, die mit dem Prinzip der „Chancengleichheit“ auf dem Markt nicht zu vereinbaren ist. Zudem hat die Einsperrung in die unteren Arbeitsmarktsegmente auch Konsequenzen für die Herausbildung von Verhaltensalternativen bei der betreffenden Gruppe: Tatsächlich ist es wahrscheinlich, dass sich eher ein instrumentelles, mechanisches Selbstbewusstsein entwickelt, welches vor allem bei der Erziehung der Nachkommen die Schaffung der mentalen Voraussetzungen für Aufstiegsaspirationen verhindert – Unterschichtsangehörigkeit ist „erblich“.

Zudem trägt der Staat traditionell zur Abriegelung des Arbeitsmarktes protektionistisch bei – mit dem so genannten Inländerprimat bei der Arbeitssuche auf dem Arbeitsamt. Dadurch werden die Aufstiegschancen weiter gemindert, weil die meisten Einwanderer in Deutschland von ihrem Aufenthaltsstatus her keine Bürger sind – sie gelten weiterhin als „Ausländer“.

b) Staatsbürgerschaft

Die soziale Schließung auf dem Arbeitsmarkt wird hierzulande durch ein weiteres „mächtiges Instrument sozialer Schließung“ (Rogers Brubaker[26]) sanktioniert – der Staatsbürgerschaft.[27] Die Staatsbürgerschaft regelt nicht nur abstrakt und formal die Mitgliedschaft, sie transportiert auch eine bestimmte Definition des Insiders. Mit den jeweiligen Regelungen in verschiedenen Staaten verbinden sich charakteristische „Idiome“, „eine Art, über das Nationale nachzudenken und zu sprechen“, wie Rogers Brubaker gezeigt hat.[28] In der Bundesrepublik beruhte die Definition des Insiders zum Zeitpunkt der Masseneinwanderung auf dem Kriterium der Abstammung („ius sagnuinis“), was die „Gastarbeiter“ prinzipiell von der Zugehörigkeit ausschloss. Dennoch gab es auch einen Prozess der Einbeziehung auf der rechtlichen Ebene, aber durch ein sonderrechtliches Regulationssystem, das „Ausländerrecht“, welches die dauerhafte Anwesenheit von Einwanderern ebenso akzeptierte wie es ihre volle rechtliche Integration verhinderte. Die Schließung auf dem Arbeitsmarkt wurde auf der Ebene der Staatsangehörigkeit wiederholt: Die Arbeitsmigranten wurden als „Ausländer“ institutionalisiert, sie blieben auf einen anderen Ort verwiesen. Diese Verweisung verlieh der Ungleichheit der Migranten etwas Selbstverständliches. Fortgesetzte Benachteiligungen auf dem Arbeitsmarkt, hohe Arbeitslosigkeit und mangelnde Bildungschancen besitzen weiterhin nur ein sehr geringes Potential zur Skandalisierung, weil die betroffenen Personen ja nicht als Mitglieder des Nationalstaates gesehen werden, sondern lediglich als „Gäste“, die quasi zu lange geblieben sind.

---

26 Brubaker 1992, S.47.

27 vgl. dazu ausführlich Terkessidis 1998, S.200ff.

28 Brubaker 1992, S.41.

Daraus ergab sich eine bestimmte Dialektik der Repräsentation von Migranten. Politisch und gesellschaftlich wurden sie als Personen, die eigentlich woanders hingehören, unsichtbar gemacht, während die Verwaltungsorgane in erster Linie Verhaltensabweichungen registrierten: Migranten wurden immer nur als „Problem“ oder als bedrohliches, weil fremdes Kollektiv auf dem deutschen Territorium sichtbar. Zudem sorgten die Idiome der Staatsbürgerschaft, die auf Abstammung rekurrierten, dafür, dass viele Einheimische sich und die „Ausländer“ scharf voneinander abgrenzten: Die „Ausländer“ schienen buchstäblich eine andere „Blutsgruppe“ zu sein. Diese Trennung wirkte im Vergleich mit anderen Einwanderungsländern extrem – darauf haben Forscher wie Teun A. van Dijk hingewiesen.[29] Mittlerweile kann man sicher von einer Verflüssigung solcher Auffassungen sprechen, wobei es aber übertrieben wäre, zu behaupten, dass die Trennung zwischen Einheimischen und Migranten nicht auch weiterhin vergleichsweise scharf gezogen bleibt.

Mit dem Amtsantritt der rotgrünen Regierung 1998 hat die Bundesrepublik zum ersten Mal anerkannt, dass sie ein Einwanderungsland ist. Kurz darauf wurde das Staatsangehörigkeitsrecht verändert – und zwar durchaus substantiell. Das bis dahin geltende „ius sanguinis“ wurde zugunsten einer Bodenregelung suspendiert. Damit wurde das Reichs- und Staatsangehörigkeitsrecht von 1913, das bis dahin fast durchweg gegolten hatte, endlich abgeschafft. Freilich hat das neue Gesetz weiterhin eine ganze Reihe von Tücken.[30] Auch ist das Element des Blutes noch nicht ganz verschwunden, weil der Artikel 116 des Grundgesetzes die Mitgliedschaft weiter mit dem Kriterium der „Volkszugehörigkeit“ in Verbindung bringt. Nach der Reform haben sich die Einbürgerungszahlen – und die Ergebnisse meiner Untersuchung werden auch noch zeigen warum – nicht erwartungsgemäß entwickelt: Weit weniger Personen als angenommen entschieden sich nach der Änderung für die deutsche Staatsangehörigkeit. Insofern wird der überwiegende Teil der Migranten in Deutschland weiterhin durch das sonderrechtliche „Ausländerrecht“ regiert.

Die Zurückhaltung gegenüber der Einbürgerung hat auch damit zu tun, dass in Deutschland „Integration“ als Voraussetzung der Staatsangehörigkeit gilt. Diese Integration wird implizit vornehmlich auf dem Feld der Kultur verortet, denn lange Zeit galt sogar nur die vollständige Assimilation an den deutschen „Kulturkreis“ als einzige Möglichkeit, einen Ersatz für die „falsche“ Abstammung beizubringen.[31] „Es scheint, als werde Einbürgerung in Deutschland mehr als etwas begriffen, das nicht eine Veränderung im Rechtsstatus mit sich bringt, sondern eine Veränderung der eigenen Wesensart, [...], eine soziale Transsubstantiaton, welche die Einwanderer sich schwer vorstel-

29 van Dijk 1987, S.232.

30 vgl. Terkessidis 2000, S.67ff.

31 vgl. etwa die Implikationen der Einbürgerungsrichtlinien von 1977, Terkessidis 1998, S.205.

len, geschweige denn wünschen können."[32] Zwar bringt die Gesetzesänderung von 1999 vor allem für in Deutschland geborene Kinder eine erhebliche Statusverbesserung mit sich, doch ein großer Teil der Migranten steckt weiter in einem Teufelskreis: Die mangelnde Chancengleichheit auf dem Arbeitsmarkt wird ignoriert, die politische Gleichberechtigung wurde und wird zum Teil auch aktuell noch verhindert, während gleichzeitig auf dem Gebiet der Kultur eine „Integration" eingefordert wird, die wiederum als Voraussetzung für die ökonomische und politische Eingliederung gilt.

c) Kulturelle Hegemonie

Der Bereich der Kultur ist aber seinerseits ein Ort der Schließung. Diese Schließung ist nicht einfach zu beschreiben. Sie ist angesiedelt in dem institutionellen Komplex, den ich als kulturelle Hegemonie bezeichnen möchte, und der sich in einem Raum zwischen der Tätigkeit des Staates, den Anforderungen des Arbeitslebens und der Aktivität der Individuen reproduziert. Die kulturelle Hegemonie umfasst zwei Bereiche, die aufs engste miteinander verflochten sind. Zum einen ist mit kultureller Hegemonie die Durchsetzung eines bestimmten modernen Werte- und Moralsystems gemeint. Es handelt sich dabei, wenn man es lapidar sagen will, um den Tugendkatalog des bürgerlichen Mittelstandes: Selbstbeherrschung in erster Linie, Fleiß, Mäßigung, Ordnung etc. Diese Werte haben im Laufe der Moderne je nach den historischen Zeitumständen zweifellos einige Flexibilität erlebt, doch in ihrem Kern hat sich dieses System von Werten nicht wesentlich verändert. Zum anderen verweist der Begriff kulturelle Hegemonie auf die Abgrenzung und Definition einer „eigentlichen" Nation in einem Staat sowie auf die Abgrenzung und Definition eines dominanten Kollektivs mit dem Namen „weiße Rasse", „europäische Kultur" oder auch „der Westen" im Weltmaßstab.

Dazu einige kurze Erläuterungen. In Deutschland geht man gewöhnlich davon aus, dass das „Volk" bzw. die Nation als Kulturgemeinschaft schon immer da gewesen sei und sich später in einem Staat verdichtet habe. Historisch jedoch ist es so – das hat die jüngere Nationenforschung etwa von Ernest Gellner oder Benedict Anderson gezeigt[33] –, dass der Staat die Nation durch einen Prozess der kulturellen Vereinheitlichung eines zuvor eingefriedeten Territoriums quasi erfindet. Den zentralen Eingriffsort der staatlichen Arbeit an dieser Homogenisierung bildet das Paar Familie-Schule. Das wichtigste Moment ist zunächst die Einführung einer einheitlichen Schriftsprache. Dann gibt der Staat der historischen Tradition einen neuen Sinn: Diese Tradition wird nun auf das Territorium bezogen. Die Bewohner des Staatsgebietes erscheinen quasi als Verwandte – der Staat „erfindet" eine gemeinsame Abstammung. Die Nation wird verkörpert in der Flagge, in Bauten, Denkmälern, allerlei Symbolen, der nationalen Währung usw. Zum Prozess der Vereinheitlichung trägt aber auch die „Zivilgesellschaft" bei, die vielfältig verwoben ist

32 ebd., S.112.
33 vgl. Anderson 1983, Gellner 1983.

mit dem Staat: Zeitungen und später andere Medien verbreiten die einheitliche Sprache, Intellektuelle arbeiten an der Geschichte der Nation, und Vereine widmen sich dem Brauchtum. Die entstehenden kulturellen Objektivationen fungieren als symbolische Grenzposten, welche die „eigentliche“ Nation definieren.

Ich kann diesen Prozess hier nur sehr verkürzt wiedergeben – an anderer Stelle wird er ausführlicher beschrieben.[34] Hier soll nur betont werden, wie die kulturelle Hegemonie einer bestimmten Gruppe in einer nationalen Gesellschaft als „fiktive Ethnizität“ (Etienne Balibar) erzeugt wird. Die kulturelle Hegemonie definiert aber nicht nur die „eigentliche“ Zugehörigkeit, sondern im Netz ihres institutionellen Wirkens wird auch ein bestimmtes Werte- und Moralsystem etabliert. Was die Moderne charakterisiert, ist ein atemberaubender Prozess der Disziplinierung der Individuen. Sie unterwerfen sich – freiwillig oder gezwungen – einer Zurichtung der Körper und der Moralisierung des täglichen Lebens, die verknüpft sind mit der Rolle der Arbeit im kapitalistischen Wirtschaftsleben. Zudem beinhaltet das Wertesystem bestimmte Vorstellungen von Freiheit und Gleichheit, von Pflicht und Toleranz, von Vertrag und Demokratie etc. Keine Herrschaftsform in der Moderne kann in seinem Legitimationsdiskurs auf diese Werte verzichten – selbst der Nationalsozialismus gab sich als die einzig wahre Form der Volksherrschaft aus.

Auch diese Seite der kulturellen Hegemonie kann ich hier nur grob anreißen. Wichtig ist, dass die Klischees über die Anderen in der Geschichte – sei es über nationale Minderheiten, sei es über die Kolonisierten – sich aus dem Pool der Werte herleiten, die bestimmen, was man zu einem gegebenen historischen Zeitpunkt in einer Gesellschaft tun und was man lassen sollte. Die Anderen bilden stets das spiegelverkehrte Gegenüber dieser Werte: Wenn Zivilisation in der Gesellschaft als hohes Gut gilt, dann gelten die Anderen als primitiv; wenn Fleiß eine besondere Relevanz hat, dann werden sie als faul betrachtet; wenn Toleranz eine wichtige Verhaltensmaxime darstellt, dann erscheinen sie als intolerant. Diese spiegelverkehrten Bilder des Anderen haben eine gewisse Variabilität, aber dennoch lassen sie sich immer aus einem vergleichsweise fest umrissenen Pool von Werten generieren. Dabei haben die Klischees auch etwas Doppelbödiges. Dass es von Schwarzen etwa hieß und heute noch heißt, dass sie es im Großen und Ganzen langsam angehen lassen, kann im Bereich der Arbeit negativ betrachtet werden. Wenn es um Freizeit oder Konsum geht, dann üben solche Zuschreibungen jedoch eine große Faszination aus: Es ist bekannt, dass die Weißen nicht erst seit der Erfindung des Massentourismus nach Afrika aufgebrochen sind, um dort eine ursprüngliche Welt zu finden – eine Welt, unbehelligt von der Hektik des zivilisatorischen Alltags, eine Welt, in der das Leben eben noch nicht vom Takt der Uhren bestimmt wird.

Für die Einwanderer nun, die ab den späten fünfziger Jahren nach Deutschland kamen, war diese kulturelle Hegemonie, wie gesagt, ein weiterer

34 vgl. ausführlich Terkessidis 1998, S.138ff.

Bereich, in dem eine bestimmte Form der Schließung stattfand. Ich habe bereits angemerkt, dass die Schließung auf dem Arbeitsmarkt in Deutschland durch die Schließung auf dem Feld der Staatsbürgerschaft ergänzt wurde. Im Bereich der kulturellen Hegemonie werden diese Schließungen nun symbolisch reflektiert und verdichtet – und zwar in der spezifischen Weise des Ausschlusses durch Einbeziehung. Die Migranten werden zu Bewohnern einer bestimmten kulturellen Matrix, während sie im Inneren dieser Matrix immer wieder auf symbolische Grenzposten stoßen. Die Klischees gehen spiegelverkehrt aus der jeweiligen Werteagenda der deutschen Gesellschaft hervor. In den sechziger Jahren, als Deutschland noch stark geprägt war von Ordnungsvorstellungen des 19. Jahrhunderts, da hieß es, die „Ausländer" seien faul, laut, schmutzig oder dumm. Diese Klischees sind mit der Lockerung dieser Ordnungsideen weitgehend verschwunden. Heute versteht sich die einheimische Gesellschaft primär als tolerant und offen – insofern wird etwa am Fall des Kopftuches den Anderen Intoleranz und Verschlossenheit zugeschrieben.

Die Definition der „eigentlichen" Nation kann je nach Nationalstaat sehr unterschiedliche Formen annehmen – und zwar je nach den „Idiomen" der Staatsbürgerschaft. Zwar gibt es überall ein bestimmtes Wissen über die gemeinsame Abstammung der Bürger, doch diese Abstammung kann entweder eher als gemeinsam erlebte Geschichte oder eher als Blutsverwandtschaft konzipiert werden. Letztlich enthält jeder Abstammungsmythos etwas von beidem, aber es ist entscheidend, welches Element überwiegt. In Frankreich etwa gilt die Revolution als Ursprung der Nation, während hierzulande dieser Ursprung traditionell im „Volk" als ursprünglicher Bluts- und Kulturgemeinschaft verortet wird. Solche Wissensbestände haben Auswirkungen auf die Permeabilität der kulturellen Grenzziehungen. In Deutschland galt die Kultur historisch eben als Merkmal einer durch Blutsverwandtschaft charakterisierten Volkszugehörigkeit. Diese Auffassung ist in einer abgeschwächten Version durchaus noch wirksam. Dadurch wird Kultur ebenso wenig austauschbar wie das Blut – ein Einwanderer bleibt also immer auf seinen ursprünglichen Zugehörigkeitskontext verwiesen und kann sich an die deutsche Kultur eben nur möglichst weitgehend anpassen. In diesem Sinne sind hierzulande Fragen nach der Herkunft – „Wo kommen Sie her?" – oder die Thematisierung der Sprachbeherrschung – „Sie sprechen aber gut Deutsch!" – eben nicht bloß neugierige Erkundigungen oder freundliche Feststellungen, sondern sie betonen eine Grenze: Sie markieren, wer zur „eigentlichen" Nation gehört und wer nicht.

Die beiden Bereiche der kulturellen Hegemonie – das Wertesystem und die Definition einer „eigentlichen Nation" – stützen sich gegenseitig. Im gesellschaftlich verbreiteten Wissen scheint es so zu sein, als verkörpere sich das Wertesystem quasi exklusiv in einer bestimmten Gruppe: Historisch war die „Mittelstandsmoral", wie George Mosse schreibt, „implizit wie explizit Verbündete [...] rassischer Herrschaft".[35] Das bedeutet, dass mit den Grenzen der

35 Mosse 1978, S.109.

„eigentlichen" Nation auch immer die Mittelstandswerte verteidigt wurden, und mit den aus dem Wertesystem abgeleiteten Klischees über die Anderen auch immer besagte Grenzen. In der kulturellen Hegemonie wird so auch das Bild eines „Wir" erzeugt. Zwar hat sich die Verquickung von „eigentlicher" Nation und Wertesystem zweifellos gelockert, aber aufgelöst hat sie sich keineswegs. In Deutschland wirkt diese Verbindung verheerend, weil die „eigentliche" Nation so exklusiv konzipiert wird: Da die Kultur nicht als austauschbar erscheint, lassen sich auch die Werte letztlich nicht erlernen – oder höchstens in einem oberflächlichen Sinne. Mit welchen Vorstellungen die Personen aus der zweiten Migrantengeneration im Rahmen der kulturellen Hegemonie konfrontiert sind, und welche Wirkungen diese Vorstellungen auf sie haben, das wird noch deutlich in der Auswertung der von mir geführten Interviews.

Der Begriff der Grenze ist in den vorhergehenden Ausführungen öfter aufgetaucht – und ich denke, dass die Thematisierung der Grenze für die Untersuchung des Rassismus ganz entscheidend ist. Frederick Barth hat in seinem mittlerweile klassischen Vorwort zu „Ethnic Groups and Boundaries" geschrieben: „When defined as an ascriptive and exclusive group, the nature of continuity of ethnic units is clear, it depends on the maintainance of a boundary."[36] Übertragen auf die im rassistischen Ensemble „produzierten" Gruppen würde das bedeuten, dass man sich auf die sozialen Grenzen, die Schließungen, die praktischen Prozesse der Ausgrenzung konzentrieren muss, und nicht auf den verdinglichten „cultural stuff it encloses".[37] Das rassistische Wissen basiert in erster Linie auf der Zuweisung von Essenzen in Grenzen. Eine bestimmte Gruppe wird in der institutionellen Praxis durch Schließungen sichtbar gemacht, sie wird zu einer „Positivität", auf die sich schließlich ein Prozess der Wissensbildung richtet, welcher das Innen, das die Begrenzungen geschaffen haben, als Essenz definiert – als „Rasse", als „Kulturkreis", als ethnische Einheit, kurz: als natürliche Gruppe, die gleichzeitig bestimmte Eigenschaften (eine Natur) hat. Dieses Wissen legitimiert und erklärt gleichsam die beschriebene Schließung, die vor den modernen Idealen der Freiheit und Gleichheit eigentlich keinen Bestand haben dürfte.

Rassismus ist also ein institutionelles Ensemble, welches – um ein Bonmot von Moses Mendelssohn zu zitieren – ermöglicht, Menschen die Hände zu binden, um ihnen dann vorzuwerfen, dass sie sie nicht benutzen. Die Grundstruktur dieses Ensembles bzw. des Apparates des Rassismus funktioniert folgendermaßen. Am Anfang steht 1. eine konkrete Objektivierung (also eine gewisse Beschränkung der Freiheit, eine soziale und rechtliche Ungleichheit). Die Beschränkungen werden jedoch geleugnet, denn in der Moderne erscheint die Freiheit stets als Voraussetzung des gesellschaftlichen Lebens – es sei denn, es herrscht offensichtlich eine Diktatur. Insofern gibt es 2. eine selbst-

36 Barth 1969, S.14.
37 ebd., S.15.

verständliche Zuweisung von abstrakter Freiheit. Genau in der Kluft zwischen der konkreten Beschränkung der Freiheit und der gleichzeitigen Unterstellung dieser Freiheit entfalten sich die Legitimationen und die Erklärungen für die Ungleichheit zwischen „uns" und „denen". Für den offensichtlichen Abstand muss es eben einen Grund geben. Der Grund wird schließlich in „ihrer" Andersheit gesucht bzw. in der Natur ihrer Andersheit. Insofern zieht man die Anderen zur Rechenschaft, weil sie genau in der Rolle sind, in welche die gesellschaftliche Verteilung von Chancen sie gestoßen hat.

Die Naturalisierung des Unterschiedes möchte ich 3. eine Subjektivierung-als-Abweichung nennen. Mit dem Begriff der Subjektivierung kommt zum Ausdruck, dass die „Objekte" des rassistischen Wissens stets Subjekte sind. Sie werden auch innerhalb des rassistischen Wissens durchaus als Subjekte gesehen – es sind „ihre" Taten, „ihr" Verhalten, „ihre Kulturen", die in diesem Wissen zum Thema werden. Gleichzeitig subjektivieren sie sich ununterbrochen selbst – indem sie gegen Mechanismen der sozialen oder kulturellen Ausgrenzung kämpfen, oder gegen Rassismus im Allgemeinen. In diesem Feld besitzen auch verschiedene Formen der kulturellen Artikulation der Anderen Elemente von Widerstand, wie etwa Homi Bhabbha gezeigt hat. Doch in der Subjektivierung bleibt die konkrete Objektivierung immer präsent – und dieses Verhältnis von Objektivierung und Subjektivierung ist mit der Bezeichnung Subjektivierung-als-Abweichung angesprochen. Das „Wir" und das „Ihr" in einer rassistischen Gesellschaft sind stets aneinandergekettet: Das „Wir" braucht den Spiegel des Anderen, um sich als Einheit mit bestimmten Eigenschaften zu empfinden, während das „Ihr" in der Konstitution der eigenen Subjektivierung stets den Blick der hegemonialen Gruppe spürt, welches es objektiviert. Aber dazu werden die Interviews noch weiteres Material liefern.

Die Skizze des Apparates hat gezeigt, dass „Ausländer" in der Praxis der Institutionen als Gruppe sichtbar gemacht werden. Daher ist Rassismus durchaus banal – in dem Sinne, in dem Michael Billig von einem „banal nationalism" gesprochen hat.[38] Nationalismus artikuliert sich eben keineswegs nur dann, wenn jemand nationalistische Reden schwingt, sondern auch ganz selbstverständlich im Alltagsleben – die nationale Flagge wird, wie Billig betont, in vielen kleinen Erlebnissen jeden Tag aufgezogen. Nun bezieht sich Billig, der seinen Ansatz „rhetorische Psychologie" nennt, zumeist auf Texte. Aber die Nation ist eben auch in den praktischen Dingen auffindbar – wie etwa in den nationalen Symbolen auf den Geldmünzen oder „-scheinen". Tatsächlich hat man also die Nation täglich in der Hand. Ebenso verhält es sich mit dem Rassismus. Das rassistische Wissen ist deshalb so beharrlich und einleuchtend, weil es in einer Praxis „gelebt" wird und mit sozialen Gegebenheiten übereinstimmt. Insofern ist rassistisches Wissen nicht „Vorurteil" und auch nicht „falsches Bewußtsein" im Sinne von traditionellen Ideologievor-

38 vgl. Billig 1995.

stellungen – kritikwürdig ist vielmehr die institutionelle Praxis, die Ungleichheit erzeugt und dieses Wissen „beherbergt".

Da das rassistische „Subjekt" in die Institutionen eingelassen ist, entpuppt es sich als Phantom; es verbirgt sich, es spricht in Namen von etwas anderem – des Universalismus, der Toleranz, der Kultur, der sozialen Sicherungssysteme etc. Ebenso sind die jeweils Betroffenen – in diesem Fall die Personen mit Migrationshintergrund in Deutschland – eine Art Phantom. Es gibt in der Realität keine einheitliche Gruppe mit dem Namen „Ausländer". Dennoch haben die Phantome von „Wir" und „Ihr" eine immense Wirkkraft, weil sie in den Institutionen strukturell sichtbar werden. Erst wenn man Rassismus so begreift, entgeht man der permanenten Moralisierung des Themas. Es kann nicht darum gehen, die hegemoniale Gruppe als böse zu diffamieren und die Opfer für prinzipiell gut zu befinden, was in antirassistischen Kämpfen oft genug geschehen ist. Es geht vielmehr darum, die Schaffung jener Phantome im normalen Funktionieren der Gesellschaft herauszupräparieren. Selbst im Falle von schweren, intentionalen Gewalttaten mit rassistischem Hintergrund geht es in der Forschung über Rassismus primär nicht um böse oder gut, sondern darum, die institutionellen Mechanismen und Wissensbestände zu thematisieren, welche es den Tätern erlauben, sich die Legitimität für einen Mord zu verschaffen. Was die individuellen Motive für solche Taten betrifft – die Frage also, warum diese und keine andere Person solche Taten ausgeführt hat –, so spricht nichts gegen eine individualpsychologische Herangehensweise. Und die Ahndung der Tat wiederum ist eine Frage der Justiz. Die Untersuchung des Rassismus jedoch kann sich sinnvoll nur damit befassen, wie es dem Angreifer möglich war, die attackierten Personen überhaupt als „Objekte" zu identifizieren.

3. Rassismus und Wissenschaft: eine problematische Beziehung

Dass Rassismus auch einen Prozess der Wissensbildung beinhaltet, und dass die Wissenschaft selbst in die Produktion des rassistischen Wissens verstrickt war, das stellt die Forschung vor beträchtliche Probleme. Wie erwähnt, haben die europäischen Eroberer eine Ansammlung von Menschen aufgrund des Kriteriums der Hautfarbe überhaupt erst zu einer Gruppe gemacht, zu einem „Objekt", über das die „rationale" Wissenschaft anschließend mit Hilfe des Begriffs der „Rasse" Erkenntnisse liefern konnte. Daher war dieses Wissen stets Erkenntnis und Legitimation von Macht zugleich. „Wissenserwerb", schreibt Aziz Al-Azmeh, „war noch niemals ein unschuldiges Streben und wird es auch niemals sein; Wissen ist von Grund auf besudelt."[39] Die „Objektivität" ist selbst perspektivisch; in der Konstruktion der Anderen verkörpert sich die parteiische Weltsicht der dominanten Gruppe. Was bedeutet es nun

39 Al-Azmeh 1996, S.182.

für die Erkenntnis des Rassismus, wenn die Epistemologie der „Objektivität" sich nicht mehr anwenden lässt? Die Beschäftigung mit dem Rassismus kann weder wertfrei noch unparteiisch sein. Um Rassismus als Gegenstand hervortreten zu lassen, ist es notwendig, die Perspektive zu ändern.

Schon die Begriffe, die man benutzt, um einen Gegenstand ans Licht kommen zu lassen – das hat die Beschäftigung mit „Ausländer-" und „Fremdenfeindlichkeit" im ersten Kapitel gezeigt –, beinhalten Wertungen. Das betrifft alle sozialwissenschaftlichen Begriffe. Gunnar Myrdal hat das einmal an einem anderen Leitbegriff für die Forschung erklärt: „'Wirtschaftliche Integration' ist ein wertgeladener Ausdruck. Er besagt, daß die Verwirklichung wirtschaftlicher Integration in gewissem Sinne wünschenswert sei."[40] Diese Bemerkung trifft auch auf den Begriff der „Integration" zu, der seit den mittleren siebziger Jahren in Fragen der Einwanderungsgesellschaft kursiert – auch hier wird Integration als etwas Erstrebenswertes betrachtet. Bei Rassismus verhält es sich genau umgekehrt – der Begriff impliziert, dass die Phänomene, die er umfasst, absolut nicht wünschenswert sind. Tatsächlich handelt es sich in vielfältiger Weise um einen Kampfbegriff. In Frankreich etwa, das hat Pierre-André Taguieff gezeigt, diente der Begriff *Racisme* zunächst sogar den französischen Rechten von der Action Francaise dazu, um den eigenen Nationalismus von dem völkischen Nationalismus abzugrenzen, der im Deutschen Reich vorherrschte.[41] Der Begriff Rassismus hat also eine durchaus polemische Geschichte, die es zu berücksichtigen gilt, wenn man dem Begriff eine sozialwissenschaftliche Bedeutung geben möchte.

Wenn alle sozialwissenschaftlichen Begriffe Wertungen enthalten, dann hat es keinen Sinn, ihre „Objektivität" zu simulieren. „Es gibt keine andere Methode", schreibt Myrdal, „die Wirklichkeit zu studieren, als vom Standpunkt menschlicher Ideale."[42] Aber welche Ideale sollen das sein? Myrdal besteht darauf, dass die Werte, die in der Forschung zur Anwendung kommen sollen, relevant, bedeutsam und praktikabel sein müssen – was für ihn heißt, dass die jeweiligen Ideale von Gruppen innerhalb der Gesellschaft getragen werden müssen, die groß oder mächtig genug sind, um diesen Werten tatsächlich einen realistischen Gehalt zu geben.[43] Für seine eigene Untersuchung „An American Dilemma" (1944) über die Lage der afrikanischen US-Amerikaner verwendete er in einer geschickten Wendung jenen Komplex von Werten als Grundlage, den er den „Amerikanischen Glauben" nannte. Dabei handelt es sich, wie er meinte, um ein verbreitetes Leitbild, das historisch aus einer Mischung zwischen Aufklärung, Christentum und englischem Recht entstand und das grob gesagt aus den Idealen der Menschenwürde, der grundsätzlichen Gleichheit, der Unveräußerlichkeit des Rechtes auf Freiheit, der Gerechtigkeit und der fairen Chancen für jeden besteht.[44] Den „Amerikanischen Glauben"

40 Myrdal 1958, S.43.
41 Taguieff 1988, S.117.
42 Myrdal 1958, S.43.
43 vgl. Myrdal 1958, S.81.
44 vgl. ebd., S.93ff.

als Wertprämisse zu formulieren, war deswegen so geschickt, weil sich die Lage der schwarzen Bevölkerung in den USA eben mit diesen Werten keineswegs vertrug – was unter den Weißen, insbesondere den Liberalen, ein schlechtes Gewissen hervorrief. Allerdings wurde bereits ausgeführt, dass rassistisches Wissen ja gerade dazu da ist, die Lücke zwischen dem Glauben an die modernen Ideale von Gleichheit und Freiheit und den tatsächlichen Ausschlussmechanismen zu überbrücken – durch die Naturalisierung des Unterschiedes. Die lang andauernde historische Koexistenz zwischen den demokratischen Idealen und dem Rassismus deutet darauf hin, dass diese Ideale als Wertprämissen zu abstrakt sind, um Rassismus in all seinen Dimensionen hervortreten zu lassen. Nichtsdestotrotz bieten diese Werte eine Möglichkeit, Rassismus als Gegenstand zu „gewinnen", denn die Herstellung von bestimmten Gruppen als „Objekte" in der Praxis und im Wissen lässt sich mit diesen Werten nicht vereinbaren. Rassismus wird also sichtbar, weil er ein Prozess ist, der die Realisierung von gleichen Chancen und Demokratie unterläuft.

Eine andere Möglichkeit, die Perspektive zu ändern, ergibt sich aus einer Umkehrung der Blickrichtung – und diese Möglichkeit erscheint mir als bessere Grundlage für eine methodische Konstituierung der Rassismusforschung. Die Analyse spricht nun vom Ort der „Objekte" aus. Die „Objektivität" wird aufgehoben, indem die Forschung heuristisch den Standpunkt der „objektivierten" Gruppe einnimmt: So wird der Rassismus als Prozess der „Objektivierung" sichtbar. Diese Perspektive bedarf, wie Michel Foucault sagt, „zur Bestätigung der eigenen Gültigkeit nicht der Billigung eines allgemeinen Normensystems", sondern zeigt so etwas auf wie eine autonome, nicht zentralisierte theoretische Produktion.[45] Für seine Methode der Genealogie, einer Methode zur Analyse von Macht/Wissen-Komplexen, wählte Foucault diese Perspektive – daher bezeichnet Hans-Herbert Kögler sie als eine „Standpunkt-Epistemologie der unterdrückten Wissensarten".[46] Die Genealogie verstand Foucault als eine Form der Kritik, in der eine historisch und exakt vorgehende „Gelehrsamkeit" eine Kombination eingeht mit dem lokalen „Wissen der Leute".[47] Mit Hilfe der „Gelehrsamkeit" wollte er untersuchen, wie durch bestimmte Machttechnologien bestimmte „Positivitäten" hervorgebracht werden, und nach welchen Regeln die Wissenschaft schließlich die „Wahrheit" über diese „Objekte" sprechen kann. In der Rassismusforschung kann eine solche Gelehrsamkeit eben dazu dienen, in interdisziplinärer Weise die soziale Praxis der Institutionen und die Formen des rassistischen Wissens in ihren jeweils historischen Ausprägungen zu rekonstruieren.

45 Foucault 1978, S.59. Bei dem Text handelt es sich um eine Vorlesung am Collège de France. Mittlerweile sind die Vorlesungen insgesamt in Deutsch erhältlich (Foucault 1999). Ich halte mich hier aber dennoch an die erste Übersetzung, weil sie etwas freier vorgeht, dabei aber auch näher am Gemeinten ist.

46 Kögler 1994, S.126.

47 vgl. Foucault 1978, S.59ff.

Etwas ganz anderes ist mit jenen „unterdrückten Wissensarten“ gemeint, die Foucault als das „Wissen der Leute“ charakterisiert. Es handelt sich dabei um „eine ganze Reihe von Wissensarten, die als nicht sachgerecht oder als unzureichend ausgearbeitet disqualifiziert wurden; naive, am unteren Ende der Hierarchie, unterhalb des erforderlichen Wissens- oder Wissenschaftlichkeitsniveaus rangierende Wissensarten“. Diese Wissensarten, die Foucault als „geradezu disqualifiziert“ bezeichnet, seien nicht zu verwechseln „mit Allgemeinwissen oder gesundem Menschenverstand“, sondern es handele sich um „ein besonderes, lokales, regionales Wissen [...], das seine Stärke aus der Härte bezieht, mit der es sich allem widersetzt, was es umgibt“.[48] Als Beispiel nennt Foucault etwa das Wissen der Psychiatrisierten, der Kranken, der Delinquenten (manchmal auch jenes des Krankenwärters oder des Arztes, wenn es sich vom Wissen der Medizin unterscheidet). Es handelt sich um ein Wissen, in dem sich aufgrund der Perspektive Einsicht in die ganz konkrete Mechanik von Macht ausdrücken kann. Über das „Wiederauftauchen“ dieser Wissensarten kann, wie Foucault meint, die Kritik erfolgen.[49] Die Umkehrung der Blickrichtung, das Denken vom Ort der „Objekte“ her, stellt die „objektive“ Wissenschaft radikal in Frage. „Die Genealogien sind also nicht positivistische Rückgriffe auf eine gewissenhaftere und exaktere Form der Wissenschaft; die Genealogien sind gerade Anti-Wissenschaft.“[50]

Schon in Myrdals Vorstellungen konnte die Sozialwissenschaft nicht mehr „‚objektiv‘ in der herkömmlichen Bedeutung des Begriffes“ sein.[51] Foucault schließlich sprach ganz bewusst von „Anti-Wissenschaft“. Darin verbirgt sich kein Plädoyer für „wildes Denken“ oder Ähnliches. Es geht nicht „gegen die Inhalte, Methoden oder Begriffe einer Wissenschaft als vielmehr gegen die zentralisierenden Machtwirkungen, die mit der Institution und dem Funktionieren eines wissenschaftlichen Diskurses verbunden sind, wie er in einer Gesellschaft wie der unsrigen organisiert ist“.[52] Das heißt, Foucault wendet sich frontal gegen eine Wissenschaft, welche die eigene Wissensproduktion monopolisieren will. Wer Wissenschaftlichkeit einfordert, der erhebt Anspruch auf eine ausgezeichnete Position: „Welche Wissensarten wollt ihr disqualifizieren, wenn ihr fragt: ist es eine Wissenschaft? Welche sprechenden, diskursführenden Subjekte, welche Erfahrens- und Wissensgegenstände wollt ihr also ‚minorisieren‘, wenn ihr sagt: ‚Ich, der diesen Diskurs halte, halte einen wissenschaftlichen Diskurs, ich bin ein Wissenschaftler‘?“[53]

Mit dem „Wissen der Leute“ möchte Foucault auch „ein historisches Wissen der Kämpfe“ thematisieren. Denn jedes „Dispositiv“ – das wurde bereits gesagt – ist immer auch das Ergebnis eines Zusammenstoßes: Es handelt sich ja um eine Strategie, die einem Notstand entgegentritt. Das Terrain des

48 ebd., S.60
49 ebd., S.61
50 ebd., S.62
51 Myrdal 1969, S.79.
52 Foucault 1978, S.63.
53 ebd., S.64

„Dispositivs", des Apparates, ist stets ein umkämpftes Gelände – und daher soll sowohl die spezialisierte Gelehrsamkeit als auch das disqualifizierte Wissen der Leute „die Erinnerung an die Zusammenstöße" zutage fördern.[54] In den Bemerkungen von Foucault sind Wissen, Erfahrung und Kämpfe immer gleichzeitig angesprochen. Letztlich lassen sich diese Kategorien auch überhaupt nicht trennen. Ich habe oben bereits erwähnt, dass sich Paul Mecheril mit den Erfahrungen befasst und Manuela Bojadzijev mit den Kämpfen. Ich habe für meine Untersuchung das „Wissen der Leute" gewählt, in diesem Fall eben das Wissen über Rassismus. Foucault selbst hat zwar dieses Wissen als Voraussetzung seiner Kritik benannt, doch in seinen eigenen Arbeiten spielt das „Wissen der Leute" letztlich keine wirkliche Rolle – er hat sich auf die Gelehrsamkeit konzentriert. In dieser Arbeit jedoch soll das Wissen über Rassismus gehört werden.

Damit wird nicht behauptet, dass dieses Wissen einen privilegierten Zugang zum Gegenstand besitzt. Das kann dieses Wissen nicht beanspruchen – es ist ein lokales Wissen. Und es ist zudem ein unterworfenes und disqualifiziertes Wissen, wie ich noch genauer zeigen werde. Insofern geht es auch nicht um die Eruierung einer „authentischen Wahrnehmung" oder einer „unverfälschten Subjektivität" – so beschrieben Hoffmann und Even das Ziel ihrer Befragung über „Erfahrungen von Türken an deutschen Arbeitsplätzen".[55] Das Wissen ist weder authentisch noch unverfälscht subjektiv, es ist immer Ergebnis eines Vermittlungsprozesses – mit den selbst erlebten Situationen, mit den eigenen Interpretationen, mit den Interpretationen der Mehrheit und auch mit demjenigen, dem dieses Wissen mitgeteilt wird. So stellt sich auch die Frage der „Glaubwürdigkeit" meiner Gesprächspartner nicht, die für Hoffmann und Even durchaus noch eine Rolle spielte.[56] Zwar schicken die beiden Forscher voraus, dass „der parteiische Standpunkt der Ausländer nicht auf das Maß seiner objektiven Richtigkeit, sondern auf seine Begründungen, Bedeutungen und Funktionen hin untersucht werden" sollte, doch kurz darauf führen sie ausführlich Argumente an, warum die Aussagen der Befragten als glaubwürdig gelten können – sie suchen nach Hinweisen „auf das Bemühen um eine objektive Beurteilung".[57] Hier wird das Wissen der Leute erneut zurückgebogen auf den Anspruch auf wissenschaftliche Objektivität. Es geht aber darum, das Wissen in seiner eigenen Qualität zu belassen, und im Verbund mit der Gelehrsamkeit den Gegenstand zu erforschen. Die Glaubwürdigkeit interessiert mich nicht. Ich bin selbst nichtdeutscher Herkunft. Ich bin parteiisch. Ich will über Rassismus schreiben. Und meine Gesprächspartner haben mir bei diesem Schreiben geholfen. Ein allochthoner Befragter in einer Untersuchung von Leiprecht in den Niederlanden hat ihm Folgendes über seine Erfahrungen mit Rassismus erzählt: „Manchmal frage ich mich, merken die

54 ebd., S.61

55 Hoffman/Even 1985, S.10.

56 vgl. ebd., S.35ff.

57 ebd., S.36f.

das eigentlich? Oder sind sie eigentlich wirklich so hart? Da machen sie Sachen, da verschlägt es einem die Sprache."[58] Hier scheint der Punkt auf, um den es bei dieser Untersuchung geht: Gemeinsam eine Sprache für das zu finden, was oft sprachlos gemacht hat oder es heute noch tut. Es geht also darum, sich gemeinsam zu subjektivieren.[59]

Bislang hat die Forschung über Vorurteile die empirische Forschung über Rassismus weitgehend dominiert. Um etwas über Inhalt und Verbreitung des rassistischen Wissens zu erfahren, wurden Befragungen – quantitativer wie qualitativer Art – unter Einheimischen durchgeführt. Dagegen spricht nichts, doch die Ergebnisse basieren eben in hohem Maße auf dem, was der jeweilige (gewöhnlich ebenfalls einheimische) Forscher unter einem rassistischen Vorurteil versteht. Insofern spiegelt sich in diesen Untersuchungen zumeist die Problemagenda der einheimischen Gesellschaft. Es sind offensichtliche Klischees oder rechtsextreme Ideologeme, die im Mittelpunkt der Auswertung stehen. Solchen Auffassungen begegnen Nichtdeutsche im Alltag jedoch eher selten. Das gleiche gilt für rassistische Gewalttäter – in der Mehrheit haben die Migranten in Deutschland keine persönlichen Erfahrungen mit Überfällen, Angriffen, Anschlägen oder Ähnlichem. Vielmehr sind es die kleinen Erlebnisse, die in ganz entscheidendem Maße eine ausgrenzende Wirkung entfalten. Im überwiegenden Teil der Untersuchungen, die sich im weitesten Sinne mit Rassismus befassen, kommt aber niemand auf die Idee, die von Einheimischen an Migranten regelmäßig gestellte Frage nach der Herkunft – „Woher kommst du?" – als Bestandteil im Funktionieren des rassistischen Apparates zu betrachten. Freilich zeigen die Erzählungen der Migranten, dass diese Frage von „Ausländern" in der Bundesrepublik häufig als Identitätsausweis verstanden wird, der die betreffende Person an einen anderen Ort im Ausland verweist – „ausbürgert", wie Cem Özdemir in einem Interview meinte[60] – und damit als nicht-zugehörig kennzeichnet, wodurch immer wieder die Gemeinschaft der Deutschen definiert und gegenüber Anderen verschlossen wird. Eine Befragung von schwarzen Frauen in den Niederlanden hat Ähnliches gezeigt.[61] Eben diese Mikrodimensionen der Rassifizierung – all die kleinen, alltäglichen, scheinbar unwichtigen Erlebnisse – waren es, die mich bei meinen Interviews ganz besonders interessiert haben.

---

58 vgl. Leiprecht 2001, S.97.

59 Einen ähnlichen methodischen Standpunkt der „Parteilichkeit" formuliert Otyakmaz 1995, S.59.

60 vgl. „die tageszeitung", 10.11.03, S.5.

61 vgl. Essed 1991, S.190.

4. Das Wissen der Migranten über Rassismus

Was ist nun dieses Wissen über Rassismus? Was lässt sich vorab genauer darüber sagen? Zunächst lässt sich festhalten, dass die Migranten im Sinne der klassischen qualitativen Forschung als „Experten für ihre Situation“[62] Auskunft geben können über die Bedingungen ihrer Praxis, vor allem über die für sie relevanten Aspekte dieser Bedingungen. Wie erwähnt, ist damit kein priviligierter Zugang gemeint: Es ist das „Lageschema“[63] der Migranten, welches ein spezifisches Wissen ermöglicht. Wenn ich davon ausgehe, dass Rassismus als Ausgrenzungspraxis in das Funktionieren des Ensembles aus Arbeitsmarkt, Staatsbürgerschaft und kultureller Hegemonie eingelassen ist, so muss die alltägliche Praxis der Migranten in den Institutionen von Rassismus mitgeprägt sein. Denn die Praxis dieser Institutionen konstituiert die Begrenzung von Möglichkeitsräumen sowie die „Objektivierung“ der Migranten.

Im (1) Wissen der Migranten von ihrer Praxis steckt daher implizit ein Wissen über Rassismus. Es spielt keine Rolle, ob die Befragten ihre Lebenspraxis insgesamt als vom Rassismus mitbestimmt betrachten. Wenn aus Beschreibungen der Praxis etwa hervorgeht, dass die Person trotz ihrer Geburt in Deutschland keine deutsche Staatsangehörigkeit besitzt, dann muss das von ihm oder ihr nicht als Ausgrenzungspraxis wahrgenommen werden. Es kann allerdings theoretisch bestimmt werden, dass dieses Moment auf ein bestimmtes institutionelles Funktionieren verweist, das zum Gegenstand gehört.

Solche Vorabbestimmungen gemäß der Definition sind gewissermaßen ein Teil der Gelehrsamkeit. Dieses Vorgehen entspricht weder dem Wissenschaftsverständnis des logischen Positivismus, welcher Hypothesen vorausschickt und sie danach quantitativ prüft, noch jenem der „Grounded Theory“, die durch einen behutsamen Prozess der Analyse aus den qualitativen Daten schließlich die Theorie generiert. Im Sinne des Grounded-Theory-Ansatzes mag die Einordnung des Wissens über die Praxis wie eine Vergewaltigung der Daten erscheinen, aber ich möchte eben nicht den Fehler vieler empirischer Untersuchungen wiederholen, die ich oben kritisiert habe – den nämlich, die Befragten den Gegenstand definieren zu lassen. Angesichts der Probleme, welche die deutsche Gesellschaft mit dem Thema Rassismus hat, und auch angesichts der immensen Begriffsverwirrung in der wissenschaftlichen Literatur, kann ich kaum von den Betroffenen erwarten, dass ausgerechnet sie nun explizite Vorstellungen vom Gegenstand haben.

In einer Untersuchung von 1982 über die „Lebenssituation“ von „jungen Ausländern“ wird festgestellt, dass in den Interviews „auf die Frage nach der Diskriminierung meist in dem Sinn geantwortet wird, daß sie keine große Rolle spiele, vielleicht vereinzelt vorkomme, aber im allgemeinen keine Probleme mache“.[64] Dennoch berichteten eine Reihe Jugendlicher von krassen

62 Bielefeld et al. 1982, S.10.

63 vgl. Thomae 1985.

64 Bielefeld et al. 1982, S.94.

Diskriminierungserlebnissen etwa im Zusammentreffen mit der Polizei, die offenbar nicht als Rassismus kategorisiert wurden. Darüber hinaus war eine Absonderung von den Einheimischen festzustellen, welche die Autoren wiederum auf „die jederzeit gegebene Möglichkeit und die Erwartung“ zurückführten, „daß latent eine Diskriminierung vorhanden ist, auch wenn sie nicht offen geäußert wird“.[65] Hier werden zwei wichtige Punkte angesprochen. Zum einen die Frage, was eigentlich unter Rassismus kategorisiert wird – darauf werde ich unten zurückkommen, wenn es um das Wissen über die rassistischen Situationen geht. An dieser Stelle ist der zweite Punkt relevanter – die erwähnte „Absonderung“. Denn tatsächlich könnte gerade die „Absonderung“ einer Minderheit dazu führen, dass Diskriminierungserlebnisse minimiert werden. Möglicherweise erlebt man im „Ghetto“ oder im „Bantustan“ einer Gesellschaft, die auf „Rassentrennung“ beruht, weit weniger direkte Diskriminierung als in einer Gesellschaft des alltäglichen Kontaktes zwischen Menschen verschiedener Herkünfte. Dennoch muss theoretisch gesagt werden, dass Formen der Apartheid zum Gegenstand Rassismus gehören – auch wenn die Betroffenen ihre Situation als selbstverständlich sehen. Durch die Definition des Rassismus habe ich meine Annahmen vorab verdeutlicht – es ist völlig klar, dass jemand, der diese Definition nicht teilt, die Daten anders deuten würde.

Neben dem Wissen über die Lebenspraxis gibt es (2) ein Wissen über erlebte rassistische Situationen im Alltag, wie etwa Beschimpfungen, explizite Benachteiligungen z.B. im Bildungsbereich oder auch die Konfrontation mit Klischeevorstellungen über „Ausländer“. Solche Situationen werden durch das rassistische Wissen der Einheimischen verursacht, welches mit den Institutionen eine praktische Einheit bildet. Die Annahme etwa, „Türken“ seien aufbrausend und würden zahlreiche Arbeitsunfälle verschulden, führt beispielsweise zu einer Zurückweisung des „ausländischen“ Bewerbers bei der Arbeitssuche. Da rassistisches Wissen zur Weltanschauung der Autochthonen gehört, und sie sich selbst gewöhnlich für nicht rassistisch halten, werden ihnen oft ihre eigenen diskriminatorischen Bemerkungen und Verhaltensweisen nicht deutlich. Um also solche Situationen zu problematisieren, müssen die Migranten eine alternative Normalitätserwartung ins Spiel bringen, um so die Situationsdefinitionen der „Mehrheit“ zu durchbrechen. Das führt zu einer paradoxen Situation. Denn zum einen erwarten die Migranten, dass sie nicht als „Objekte“ behandelt werden, dass es also keine präfixierten Annahmen über ihre Natur gibt. Da allerdings die betreffenden Situationen immer wieder vorkommen, muss eben mit ihnen gerechnet werden. So überschneiden sich ständig zwei unterschiedliche Normalitätserwartungen: Die Erwartung, dass man nicht als „Objekt“ behandelt wird, und gleichzeitig die Erwartung, dass eben genau das ständig geschehen könnte. In Bezug auf die Einheimischen müssen bei den Migranten wiederum zwei Prozesse in Gang kommen: Sie

65 ebd., S.161f.

müssen als „Subjekte" identifiziert werden, und es muss der Vorwurf erhoben werden, dass sie sich nicht an ihre eigenen (Gleichheits-)Normen halten.

Allerdings kann die alternative Deutung oft nicht einfach offen ins Spiel gebracht werden. Der Vorwurf der „Fremdenfeindlichkeit", der Diskriminierung oder des Rassismus verletzt insbesondere in Deutschland das positive Selbstbild der Einheimischen. Daher setzt er gewöhnlich Abwehrreaktionen in Gang. So werden die Deutungen der Migranten als „überempfindlich", zu subjektiv oder gar als Beleidigung disqualifiziert.[66] Die abweichende Interpretation der Situation kann also ganz buchstäblich als disqualifiziertes Wissen gelten. Diese Disqualifizierung wirft auch das bereits angesprochene Problem auf, was denn eigentlich von den Befragten unter Rassismus kategorisiert werden kann – in einem Land, dessen öffentlicher Diskurs eine Verwirrung über den Phänomenbereich einerseits und heftige Abwehrreaktionen gegen die Thematisierung andererseits transportiert. Ähnlich wie die Teilnehmer an der oben zitierten Untersuchung von Bielefeld et al. aus dem Jahre 1982 hatte auch einer meiner Interviewpartner zu Beginn des Interviews sofort vorausgeschickt, dass er keinerlei Erfahrungen mit Rassismus habe. Dennoch hatte er den verabredeten Termin eingehalten und berichtete schließlich im Verlaufe des Gesprächs recht ausführlich über allerlei Erlebnisse mit Diskriminierung. Auch Essed schreibt, dass es in ihrer Befragung von 55 schwarzen Frauen in den Niederlanden und den USA in vier Fällen vorgekommen sei, dass Frauen behaupteten, sie besäßen kein explizites Wissen über Rassismus – dennoch konnten sie alle Erlebnisse erinnern, in denen sie unfair oder diskriminierend behandelt wurden. Woher kommt diese Verleugnung?

Bublitz & Wehner halten die Verleugnung in abgestufter Form für ein „generelles Problem der Befragung von Rassismus Betroffener": „Direkten Fragen wird zunächst ausgewichen, entsprechende Erinnerungen werden verharmlost, obwohl dann ein längeres Gespräch handfeste Erfahrungen mit rassistischer Ausgrenzung zutage bringt."[67] Die Gründe für diese Zurückhaltung sind mannigfaltig. Essed fand heraus, dass die betroffenen Frauen in ihrer Untersuchung sich nicht als „Objekte" des Rassismus betrachteten: „They do not define themselves as Black."[68] Ähnlich verhielt es sich bei einem Befragten in meiner Arbeit – es handelte sich um eine Person portugiesischer Herkunft, die sich selbst als willkommener „Gast" in Deutschland betrachtete und die sich gleichzeitig von „den Ausländern" in Deutschland deutlich abgrenzte. Bublitz & Wehner, die freilich nicht mit Personen der zweiten Generation, sondern mit Studenten aus den Ländern der so genannten Dritten Welt gesprochen haben, vermuten als weitere Gründe „Höflichkeit gegenüber den Gastland" ebenso „wie das Verdrängen negativer Erfahrungen [...], die den

66 vgl. Essed 1991, S.63.

67 Bublitz & Wehner 1994, S.42.

68 Essed 1991, S.78.

Auslandsaufenthalt vor dem Selbstwertgefühl nicht länger rechtfertigen könnten".[69]

Das Ausweichen vor den direkten Fragen hat seinen Grund auch darin, dass unter Rassismus in Deutschland gewöhnlich nur körperliche Angriffe durch Rechtsradikale gefasst werden. Damit haben aber die wenigsten Migranten Erfahrungen. Wie können angesichts dieser immensen Verwirrung überhaupt rassistische Situationen identifiziert werden? Philomena Essed war in ihrer Arbeit davon ausgegangen, dass ihre Befragten durch den permanenten Umgang mit Rassismus zu „Experten" geworden seien, die, weil sie ja ständig eine abweichende Deutung von Situationen ins Spiel bringen müßten, in der Lage seien, das Implizite bestimmter Vorgänge explizit zu machen. Daher ging sie davon aus, und ihre Ergebnisse bestätigten sie[70], dass die Konfrontation mit Rassismus mit der Zeit zu einem „generellen Wissen" über den Gegenstand führe – zu einer Art epistemischem Rahmen zur Erkenntnis von rassistischen Situationen und zum Verständnis des Rassismus in seiner Bedeutung für das eigene Leben. [71] Es schien mir unabdingbar, die Frage nach dem (3) „generellen Wissen" auch in meine Arbeit zu übernehmen, denn erst dieses „generelle Wissen", also eine abstrakte Vorstellung davon, wie Rassismus funktioniert und was zu seinem Phänomenbereich gehört, ermöglicht letztlich die deutliche Identifizierung einer Situation als rassistisch.

Nun werden die Ergebnisse meiner Befragung noch zeigen, dass dieses generelle Wissen in Deutschland sehr schwach ausgebildet ist. Die meisten Befragten haben sich ihr epistemisches Wissen über Rassismus quasi im Alleingang angeeignet – es gibt unter Migranten hierzulande kaum explizite, geteilte Wissensbestände. Oft ist die Wahrnehmung von Rassismus kaum mehr als ein Gefühl. Als ich mich mit Schülerinnen einer Gesamtschule unterhielt und Diskriminierung erwähnte, kannten einige das Wort nicht. Eine Schülerin hatte eine Erklärung zur Hand – „das ist, wenn dich einer Scheiße behandelt". In meinen Interviews ging es daher oft um recht uneindeutige Situationen, in denen der Befragte spürte, dass das Gegenüber plötzlich nicht mehr mit der eigenen Person, sondern mit einem „Ausländer" kommunizierte. Und solche Situationen werden dadurch identifiziert, weil sie nerven, schmerzen, wütend machen oder körperliche Reaktionen auslösen. Was aber das generelle Wissen betrifft, so weichen die Vorstellungen oft nur wenig von dem ab, was auch in der einheimischen Gesellschaft an Erklärungen kursiert. Das macht die Identifizierung von rassistischen Situationen schwierig. Und selbstverständlich auch die Befragung, denn der Charakter der Situationen musste oft im Gespräch geklärt werden. Hier wird noch einmal deutlich, warum eine theoretische Vorabbestimmung des Gegenstandes unabdingbar war. Mit dieser Bestimmung habe ich den von Essed beschriebenen Schritt der Herausbildung

69 Bublitz & Wehner 1994.

70 vgl. ebd., S.105ff.

71 vgl. Essed 1991, S.72ff, S.172.

eines expliziten, epistemischen Wissens, den ihre Interviewpartnerinnen gemacht hatten, auf der Ebene der Gelehrsamkeit nachvollzogen.

Zumindest eine signifikante Abweichung vom Mainstream der Gesellschaft gab es allerdings in der Frage des generellen Wissens. Alle Befragten waren der Auffassung, dass es sich bei Rassismus nicht um das Problem von verirrten Einzelnen handele, sondern dass Rassismus den Charakter eines Systems habe. Dafür wurde als Begründung gewöhnlich das als kohärent negativ empfundene Bild des „Ausländers" in der öffentlichen Sphäre angeführt – also in der offiziellen Politik in Deutschland sowie in den Medien.

Möglicherweise aber ist das Vorhandensein eines generellen Wissens abhängig vom Alter der Personen. Diese These legten zumindest einige Eindrücke während meiner Befragung nahe. Die meisten meiner Interviewpartner waren zwischen 20 und 30 Jahre alt. Bei dem Gruppengespräch allerdings, das ich mit Schülerinnen geführt habe, fiel auf, dass die im Durchschnitt 16-jährigen sehr viel offener, deutlicher und auch wütender über ihre Rassismuserlebnisse sprachen. Zu ähnlichen Ergebnissen ist eine quantitative Studie des Zentrums für Türkeistudien gekommen. Zum einen stellten die Forscher beim Vergleich der Ergebnisse von 1999 und 2000 eine zunehmende Sensibilisierung für das Thema „Ausländerfeindlichkeit" fest.[72] Zum anderen ging aus der Auswertung hervor, dass „je jünger die Befragten sind, sie um so häufiger Ungleichbehandlung" erfahren.[73] Die Autoren führen das auf den vermehrten Kontakt der jüngeren Migranten türkischer Herkunft mit der Mehrheitsbevölkerung sowie auf ihr gestiegenes Selbstbewußtsein zurück. Andere Fragebogen-Untersuchungen widersprechen allerdings diesen Resultaten. Einer Befragung von 306 Personen türkischer Herkunft entnimmt Ülger Polat, dass die Migranten zweiter Generation weniger Diskriminierung wahrnehmen als solche der ersten Generation – zumindest auf der Straße, an der Universität oder auf der Arbeit. Nur bei Ämtern trifft dieser Rückgang nicht zu. Er vermutet, „daß sie durch eine stärkere Integration in die deutsche Gesellschaft alltägliche Diskriminierungen weniger wahrnehmen oder diese nicht mehr auf sich selbst beziehen".[74]

Dass die statistischen Daten über die Wahrnehmung von Rassismus wenig Kohärenz aufweisen, ist eigentlich kein Wunder – die Untersuchungen haben ja keinen Begriff ihres Gegenstandes. Bevor ich nun zu den Verfahrensfragen komme, möchte ich noch kurz auf weitere, bereits vorliegende Befunde eingehen. Auch diese Daten sind extrem widersprüchlich. Aus dem „DJI-Ausländersurvey" etwa, der mit einer deutlich antiquierten Terminologie arbeitet, geht hervor, dass es erhebliche Unterschiede zwischen Personen unterschiedlicher Herkunft gibt.[75] Die jungen Erwachsenen türkischer Herkunft fühlten sich deutlich öfter diskriminiert – 49 Prozent gaben an, dass sie sehr

72 vgl. Sen et al. 2002, S.32.
73 ebd., S.33.
74 Polat 1997, S.111.
75 vgl. Weidacher 2000, S.107ff.

oft bis manchmal wegen ihrer Nationalität benachteiligt würden; im Gegensatz zu 24 Prozent der Griechen und nur 20 Prozent der Italiener. Konkret gefragt nach Diskriminierung an Schule und Arbeitsplatz, Wohnort, Einkaufen, Clubs und Diskotheken ergab sich ein ähnliches Bild – doppelt so häufig hielten sich die jungen Leute türkischer Herkunft für betroffen. Eine Interpretation der ALLBUS-Daten von 1996 in Bezug auf die Fragestellung „Die anderen und wir: Das Verhältnis zwischen Deutschen und Ausländern aus der Sicht der in Deutschland lebenden Ausländer“, kann die Ergebnisse des „Surveys“ jedoch nicht bestätigen. „Insgesamt zeigten sich bei betrachteten Gruppen („Türken“, „Jugoslawen“, „Südeuropäer“, „Aussiedler“) nur eher geringe Differenzen. Die erwarteten Unterschiede zwischen Türken und anderen Ausländer- und Immigrantengruppen sind nur tendenziell festzustellen. Am deutlichsten sind sie bei der Behandlung durch Behörden.“[76]

Nun sind die Fragen in allen genannten Untersuchungen sehr grob gestellt. Was soll man etwa im „Survey“ eintragen bei der Frage „Fühlen sie sich gegenüber den Deutschen beim Einkaufen benachteiligt?“: „Nicht, wenig, stark oder sehr stark“. Und was genau bedeutet hier Benachteiligung? Im ALLBUS wurde danach gefragt, wie die Migranten denn die Häufigkeit einschätzen, „daß ein Gastwirt sich weigert, Ausländer zu bedienen, daß Eltern ihrer 17jährigen Tochter die Freundschaft mit einem türkischen Jugendlichen verbieten und daß ein Unternehmer, der Personal abbauen muß, zuerst ausländische Arbeitnehmer entläßt“.[77] Diese Fragen sind nicht nur grob, sondern auch antiquiert und ungeeignet. Bereits in den mittleren neunziger Jahren war es äußerst unwahrscheinlich, dass Migranten in Lokalen nicht bedient werden – solche Erlebnisse gehören in die frühen Jahre der Einwanderung. Und was wird eigentlich gemessen, wenn ein Aussiedler die Wahrscheinlichkeit schätzt, mit der ein Junge türkischer Herkunft diskriminiert wird?

Andere Ergebnisse wären erklärungsbedürftig, was sich aber aufgrund des groben Datenmaterials sehr schwierig gestaltet. Während sich im „Survey“ insgesamt 37,3 Prozent der Befragten wegen der Herkunft benachteiligt fühlten, ergab die Nachfrage in Bezug auf die konkreten Orte nur einen Prozentsatz von 18 Prozent. Ähnliches zeigt sich bei Polats Befragung. 69,9 Prozent sind der Auffassung, dass „Ausländerfeindlichkeit“ ihr größtes Problem in Deutschland sei, 65,9 Prozent sehen sich in Deutschland rechtlich und politisch benachteiligt und 53,6 Prozent geben an, von den Einheimischen abschätzig behandelt zu werden. Das führt dazu, dass sich der überwiegende Teil der Teilnehmer zumindest gelegentlich „unwohl“ fühlt (69,8%). Die Zahlen für die Dimension der persönlichen Erfahrungen liegen aber darunter: immer (4,6%), oft (17%) und gelegentlich (38,4%).[78] Polats Ergebnisse „dokumentieren, daß die türkischen Migranten weniger persönliche Erfahrungen

76 Kühnel & Leibold 2000, S.131.

77 ebd., S.122.

78 vgl. Polat 1997, S.106ff.

mit der Ausländerfeindlichkeit haben als Angst vor dieser empfinden".[79] Ich halte das für eine interessante Feststellung, die auch durchaus verständlich erscheint, wenn man davon ausgeht, dass die Gesellschaft rassistisch ist, aber dass das Ungleichheitsverhältnis selbstverständlich nicht ununterbrochen spürbar präsent ist. In beiden Arbeiten wird jedoch überhaupt keine Erklärung für dieses Ergebnis angeboten. Ich habe die Untersuchungen hier nur kurz angerissen, um noch einmal zu zeigen, wie notwendig es ist, zum einen ein theoretisches Modell des Rassismus zu haben und zum anderen mehr über die Wissensbestände der Migranten zu erfahren. Denn wenn unklar bleibt, was überhaupt als Rassismus oder als rassistische Situation bzw. Diskriminierung identifiziert wird, haben die Prozentzahlen praktisch keine Bedeutung.

5. Verfahrensfragen

Um das Wissen über Rassismus zu eruieren, habe ich mich für Interviews entschieden. Und zwar für eine Mischstrategie aus der Anamnese,[80] dem „narrativen Interview"[81] und dem „problemzentrierten Interview".[82] Eine (selbstverständlich nicht vollständige) anamnestische Befragung hat dabei geholfen, die Praxis der jugendlichen Migranten etwa in Familie oder Schule zu erfragen, aber auch etwa den kulturellen Hintergrund zu verdeutlichen. Die Strategie des „narrativen Interviews" zielte auf die dramatischen Einzelepisoden, in denen die rassistischen Situationen aufbereitet werden. Dabei sollten im Anschluss an Essed drei verschiedene Bereiche von Erfahrungen erfasst werden: 1. eigene Erfahrungen; 2. stellvertretende Erfahrungen (d.h. solche, die an anderen beobachtet oder von anderen erzählt wurden); sowie 3. vermittelte Erfahrungen (also solche, die als gegen die gesamte Gruppe von „Ausländern" gerichtet erscheinen).[83] Das „problemzentrierte Interview" schließlich fügte der „erzählungsgenerierenden Funktion" eine „verständnisgenerierende Funktion" hinzu,[84] welche die Erforschung des generellen Wissens über Rassismus gewährleistete.

Mit der Hilfe dieser Strategien und auf der Grundlage meines Vorwissens habe ich für die Interviews einen Leitfaden erstellt, der von den Lebenslaufdaten zu den konkreten Erlebnissen führte und dann zum generellen Wissen über Rassismus überging. Dabei war es nicht das Ziel, die Interviews möglichst nondirektiv zu führen, da Vertiefungen gerade zu wichtigen Interpretationen führen konnten. Es ging auch nicht darum, möglichst viele Erzählungen

79 ebd., S.110.
80 vgl. etwa Kemmler & Echelmeyer 1978.
81 vgl. Schütze 1976, 1983, 1984.
82 vgl. Witzel 1982.
83 vgl. Essed 1991, S.58.
84 vgl. Witzel 1982, S.76.

„hervorzulocken“ und „Allsätze“ zu vermeiden,[85] denn gerade in ihnen konnte generelles Wissen über Rassismus zum Ausdruck kommen. „Die Problemzentrierung des Interviews gewährleistet“, schreibt Witzel, „daß die Forscher/Interviewer den Untersuchungsgegenstand in aktiverer Form als üblich explorieren können: Aufgrund ihres Hintergrundwissens sind sie zum einen eher in der Lage, die in die Form von Kürzeln, Stereotypen und Widersprüchen gekleideten Selbstverständlichkeiten des Alltags zu entdecken und zu einer detaillierteren Explikation zu überführen. Desweiteren können z.B. bei vom Interviewten ausgelassenen Themenbereichen, begründete Vermutungen in Fragen umgesetzt werden und auf diese Weise problemorientiert eine größere Breite der Befragung erreicht werden.“[86] Es ging also darum, den Gegenstand als Ganzen zusammen mit den Beteiligten zu erarbeiten.

Eine erhebliche Relevanz bei Interviews mit Personen mit Migrationshintergrund hat die „Etikettierung“ des Forschers. Dabei geht es meiner Meinung nach nicht um den unterschiedlichen kulturellen Hintergrund, der früher im „Arbeitsbündnis“ zwischen einheimischen Befragern und allochthonen Befragten als Problem erschien.[87] Meine Interviewpartner gehören alle zur so genannten zweiten Generation – die Voraussetzung war also, dass sie in Deutschland geboren sind. Insofern spielte der kulturelle Hintergrund thematisch in den Interviews durchaus eine Rolle, aber „Übersetzungsschwierigkeiten“ ergaben sich dadurch nicht. Bekanntlich neigt die hiesige Forschung ohnehin zu einer Überschätzung von kulturellen Differenzen und daraus resultierenden Konflikten – das wurde seit den achtziger Jahren wiederholt kritisiert.[88] Zudem werden die Ergebnisse der Auswertung noch zeigen, dass auch Rassismus einiges zur Entstehung von kulturellen Differenzen in einem Einwanderungsland beiträgt.

Ein weiteres Erschwernis bei Gesprächen mit Migranten ergibt sich daraus, dass „Interviews, wie qualitative Methoden überhaupt, [...] mit Überwachen und Strafen verschwistert sind“.[89] Sicherlich ist es nicht mehr so, dass es per se die Vermutung gibt, die Interviewer stünden möglicherweise mit staatlichen Institutionen in Verbindung, wie es Bielefeld et al. in den frühen achtziger Jahren erleben mussten.[90] Dennoch fühlen sich Allochthone gewöhnlich unter Beobachtung. Das hat mit ihrer Repräsentation in der Öffentlichkeit zu tun hat, wo sie, wie verschiedene Untersuchungen in den letzten Jahren gezeigt haben, hauptsächlich als Abweichung registriert werden.[91] Dazu kommt, dass die meisten Migranten aufgrund ihres Aufenthaltsstatus als „Ausländer“ oft unangenehme Erfahrungen gemacht haben mit der Ausforschung durch die

85 vgl. Schütze 1976, S.197f.
86 Witzel 1982, S.93.
87 vgl. Hoffmeyer-Zlotnik 1986, S.13ff.
88 vgl. etwa Auernheimer 1988, Bukow & Llaryora 1988, Mecheril 1999, Hamburger 1994.
89 Wiedemann 1986, S.5.
90 vgl. Bielefeld et al. 1982, S.187ff.
91 vgl. etwa Zentrum für Türkeistudien 1995; Jäger et al. 1998.

Ausländerbehörden der Bundesrepublik. Daher werden nicht nur einheimische Forscher oft zunächst misstrauisch beäugt.

Das kann dazu führen, dass die Mitarbeit schlicht verweigert wird, wie zwei österreichische Journalistinnen, obwohl sie selbst einen Migrationshintergrund haben, bei einer Befragung über die Situation von jugendlichen Migranten erfahren mussten. Sie legten in einem Jugendzentrum den Jugendlichen Fragebögen vor und erwarteten rege Mitarbeit. Die Reaktionen fielen jedoch nicht so aus, wie die Journalistinnen vermutet hatten: „Was geschah? Die meisten der Besucher im Jugendzentrum sagten (oder zeigten) uns, daß sie nichts von uns hielten. [...] Später mußten wir feststellen, daß die Schuld bei uns lag. [...] Die meisten Jugendlichen kamen aus der Türkei oder aus Ex-Jugoslawien. Und das sind genau die Leute, die ständig Fragen gestellt bekommen. Sie müssen ständig Rede und Antwort stehen.“[92]

Das Gefühl, dass man beobachtet wird und unter Legitimationsdruck steht, kann manchmal auch in ein Bemühen münden, ein bestimmtes Bild von sich selbst, der jeweiligen ethnischen Gruppe oder auch der „Ausländer“ allgemein zu entwerfen – der Forscher fungiert dabei quasi als Vehikel eines Versuches der Vermittlung. „Viele der Jugendlichen“, berichtet Viola Georgi von ihren Interviews über die „Geschichtsbilder“ junger Migranten, „spekulierten offenkundig darauf, daß ihre ‚Stimme‘ mittels der durch mich herzustellenden wissenschaftlichen Öffentlichkeit auch die deutsche Mehrheitsgesellschaft erreichen würde. Insofern wurde mir als Repräsentantin von Wissenschaft und Mehrheitsgesellschaft von diesen Jugendlichen direkt oder indirekt der Auftrag erteilt, ihren Stimmen Gehör zu verschaffen.“[93] Dieser strategische Umgang mit dem Medium „Wissenschaftler“ kann zu Verzerrungen führen.

Eine weitere Quelle für Verzerrungen liegt in einem Phänomen, dass Mecheril et al. nach einer detaillierten Analyse von Interviewpassagen als „Otheringprozeß“ bezeichnet haben. Zwar muss der Interviewpartner als „Experte“ anerkannt werden, doch darf damit keine Zuschreibung auf eine bestimmte „Identität“ erfolgen. Hoffmann und Even etwa suchten, wie erwähnt, nach Aussagen von „unverfälschter Subjektivität“. Darin liegt die Gefahr, dass das Gegenüber als „positives, einheitliches und kommunizierbares Phänomen konstituiert“ wird, also die Gefahr einer „Festschreibung des Anderen als Anderer (‚othering‘)“.[94] Dieser Situation liegt eine Machtbeziehung zugrunde: Der Forscher wird zum Subjekt eines Verstehens des Anderen – eines Anderen, den er selbst vorab konstruiert hat und der so bloß als „Objekt“ der Forschung erscheint. Schließlich kann auch die Struktur des „hegemonialen Interviews“[95] eine Rolle spielen. Ein Forscher, der als Vertreter der Mehrheitsgesellschaft und als Vertreter einer reputablen Bildungsinstitution auftritt, könnte als eine Instanz wirken, die aufgrund ihrer Position das eigene Wissen

92 „Falter“, Nr. 50, 1996, S.76.

93 Georgi 2003, S.114.

94 Mecheril et al. 2003, S.104.

95 vgl. Clemenz 1998, S.164.

entwertet. Ich habe ausführlich erläutert, dass es sich beim Wissen über Rassismus um eine „unterworfene Wissensart“ handelt – um ein Wissen also, dass sehr oft unter dem Druck der Disqualifikation steht. Daher finde ich es nicht weiter verwunderlich, dass auf die Frage nach dem Rassismus oft ausweichend geantwortet wird – man schützt das eigene Wissen durchaus auch unbewusst vor der Disqualifikation.

Es war in meinen Interviews völlig unmöglich, all diese Schwierigkeiten per se zu vermeiden. In erster Linie ging es darum, sich während der Gespräche über solche Vorgänge bewusst zu sein und sie manchmal mit den Gesprächspartnern offen zu erörtern. Ich bin selbst nichtdeutscher Herkunft, womit eine Dimension von möglichen Schwierigkeiten ausgeräumt war. Ich habe meine Herkunft auch von Anfang an ins Spiel gebracht. Zudem ließ ich keinen Zweifel über die parteiische Perspektive der Arbeit, also darüber, dass es in der Untersuchung gerade darum geht, jenes Wissen über Rassismus, dass man gewöhnlich mit anderen Migranten ganz selbstverständlich, auch in vielen Witzen, teilt, öffentlich zu machen – und damit der Mehrheitsgesellschaft zu verdeutlichen, wie Rassismus in Deutschland funktioniert. Dabei wollte ich gerade mehr über die Mikrodimensionen erfahren, über die „kleinen“ Erlebnisse. Das habe ich meinen Gesprächspartnern ebenfalls gesagt, damit von vornherein erkennbar war, dass ich unter Rassismus keineswegs nur gewalttätige Attacken oder extreme Äußerungen verstehe.

Während des Teils, der sich mit den rassistischen Situationen befasste, haben wir über Begriffe nicht weiter diskutiert – den meisten war sofort einsichtig, was ich mit den „kleinen“ Erlebnissen von Ausgrenzung meinte. Erst später, als es um das generelle Wissen ging, wurde darüber teilweise noch einmal gesprochen. Viele meiner Partner hatten immense Probleme mit der Kategorisierung ihrer Erlebnisse. Teilweise wurden sogar ganz deutliche Fälle von Diskriminierung, etwa beim Wechsel des Schultyps, erst im Laufe des Gesprächs erinnert und erstmals unter Rassismus gefasst. Offenbar gelten bestimmte Diskriminierungen fast als selbstverständlich, weil die Betroffenen nicht das Gefühl haben, dass es ihr Recht ist, als Gleiche behandelt zu werden – sie gelten ja als „Ausländer“. Um die „kleinen“ Erlebnisse „hervorzulocken“, die möglicherweise unter dem großen Begriff Rassismus hätten begraben werden können, habe ich in den Interviews oft auch eigene Erlebnisse als Folie angeboten – im Sinne eines „Kennst Du das auch, dass...?“. Dieses Vorgehen hat sich als sehr produktiv erwiesen. Zum einen konnte ich meine eigene Verwicklung in den Gegenstand deutlich machen. Zum anderen führte es nicht nur, wie erwartet, dazu, dass eine Reihe von ähnlichen Erlebnissen erzählt wurden, sondern auch zur Erinnerung an ganz andere Ereignisse: „Nein, das kenne ich nicht, aber dafür...“. In diesem Sinne haben die Gespräche jeweils für eine gemeinsame Sensibilisierung gesorgt – der Gegenstandsbereich wurde während der Interviews ständig überprüft und diskutiert. Übrigens auch manchmal ganz buchstäblich: Immer wieder gab es regelrechte Auseinandersetzungen etwa über die Staatsbürgerschaft, über den „Gaststatus“, über das Verhältnis zu anderen Migranten. Ich habe diese Diskussion nicht gescheut und auch mit meiner Meinung nicht hinter dem Berg gehalten – ich habe ja schon mehrfach begründet, warum ich die Neutralität des Forschers für einen Mythos halte.

Bevor ich auf die Auswertungsschritte eingehe, möchte ich noch etwas zum „Sample" der Arbeit sagen. Der Begriff „zweite Generation" verursacht mir und vielen anderen, die gewöhnlich unter dieser Bezeichnung subsumiert werden, ein deutliches Unbehagen. Zunächst ist die Bezeichnung in den siebziger Jahren in einem bestimmten politischen Kontext entstanden. Die Rede von der „zweiten Generation" tauchte im Rahmen der frühen Diskussionen über „Integration" auf. Als Ministerialamtsleiter Wolfgang Bodenbender das Integrationskonzept im Jahre 1976 erstmals vorstellte, da sprach er von der „zweiten Generation" vor allem im Hinblick auf deren Probleme. Aufgrund der immensen Sprachschwierigkeiten, der mangelnden Bildung im Allgemeinen, der fehlenden kulturellen Anpassung, der angeblich höheren Kriminalitätsbelastung und der Gefahr der „Ghettobildung" sah er in der nachkommenden Generation von „Ausländern" einen „sozialen Zündstoff mit Zeitzünder". Tsiakalos hat das als „pyrotechische Metaphorik" qualifiziert[96] und bemerkt, dass in der Folge von Bodenbenders Rede kaum jemand, der sich mit dem Thema beschäftigte, auf diese Art des Vokabulars verzichtete.

Auch in der Wissenschaft dominierte, etwa bei Schrader et al. (1976), eine Sichtweise, die vornehmlich die Defizite der „zweiten Generation" fokussierte. Für diese Defizite wurde der kulturelle Hintergrund verantwortlich gemacht. Zum einen hätten die Jugendlichen Probleme bei der Bildung einer „Basispersönlichkeit", da durch die Migration die „Enkulturation" im jeweiligen heimatlichen Umfeld unterbrochen worden sei. Zum anderen sei der autoritär-patriarchalische Erziehungsstil der Eltern türkischer Herkunft in der weitgehend liberalisierten deutschen Gesellschaft dysfunktional. Solche Ansätze – insbesondere deren Besessenheit mit dem Faktor Kultur – sind in den achtziger Jahren nachdrücklich kritisiert worden und gelten mittlerweile als überholt.[97] Dennoch erfuhr die Debatte über die „zweite Generation" nach der Verabschiedung des neuen Staatsangehörigkeitsgesetzes 1999 eine Renaissance. Tatsächlich wurden erneut die gleichen Defizite beschworen wie bereits in den siebziger Jahren. Nun musste es allein rechnerisch an der Jahrhundertschwelle bereits eine dritte und vierte Generation gegeben haben – insofern durfte man sich über die abermalige Beschäftigung mit der „zweiten Generation" doch wundern. Im Großen und Ganzen ist der Begriff eher pejorativ besetzt, weil er immer in Zusammenhang mit einer Thematisierung von Defiziten verwendet wird. Darüber hinaus hat „zweite Generation" auch den Beigeschmack einer nicht enden wollenden „Fremdheit" – wann werden Personen eigentlich nicht mehr mit der Einwanderung in Verbindung gebracht?

96 vgl. Tsiakalos, S.77.

97 vgl. etwa Bender-Szymanski & Hesse 1987, S.37ff. und S.179ff., Auernheimer 1988, S.26ff.

Aber letztlich sind alle Begriffe in dieser Diskussion unzureichend, und für den Zweck meiner Untersuchung soll „zweite Generation“ nicht mehr meinen als eine einzige Voraussetzung: Alle meine Gesprächspartner waren in Deutschland geboren, während ihre Eltern eingewandert waren. Möglicherweise wäre der Ausdruck „in Deutschland geborene Personen mit Migrationshintergrund“ neutraler, aber eben auch sehr viel komplizierter und auch schrecklich lang.

Dass es so etwas wie eine „zweite Generation“ überhaupt als Gruppe gibt, ist selbstverständlich ebenso eine Fiktion wie die Existenz der Migranten als Gruppe. Ich verwende diese Fiktion nur im oben beschriebenen Sinne. Unter den fünf Frauen und fünf Männern, mit denen ich jeweils etwa zwei Stunden gesprochen habe (wobei anschließende Gespräche einen ganzen Abend weitergehen konnten), waren vier Personen türkischer Herkunft, und jeweils eine Person tunesischer, syrischer, spanischer, portugiesischer, ghanaisch-deutscher sowie koreanischer Herkunft. Das Gruppengespräch wurde mit acht Schülerinnen einer Gesamtschule geführt, die alle aus der Migration stammten, aber deren genaue Herkunft ich aufgrund der Implikationen der Frage „Woher kommst du?“, die ich später noch genauer erläutern werde, nicht kenne. Das „Sample“ entwickelte sich kontinuierlich. Am Beginn habe ich Personen aus meinem ferneren Bekanntenkreis befragt, dann Personen, die ich bei den unterschiedlichsten Gelegenheiten traf oder die mir wiederum durch Bekannte vermittelt wurden. Dieses zugegebenermaßen recht zufällige Vorgehen ist gerechtfertigt, weil eben potentiell jede Person „zweiter Generation“ in Frage kam – es ging ja gerade darum, herauszufinden, ob es im Wissen über Rassismus überhaupt gemeinsame Elemente gibt.

Meine Gesprächspartner gingen den verschiedensten Tätigkeiten nach – manche waren bereits im Berufsleben, einige studierten, andere befanden sich gerade in einer Orientierungsphase. Keiner der Beteiligten an den Einzelinterviews lebte am berühmten „Rande“ der Gesellschaft. Möglicherweise hätte man in Interviews mit Personen, die sich ohne Schulabschluss durchs Leben schlagen, „härtere“ Erfahrungen zutage fördern können, doch das war nicht unbedingt mein Ziel. Rassismus macht auch vor gesellschaftlichen Aufsteigern nicht Halt, auch wenn die Artikulationsweisen in den höheren Gesellschaftsschichten zweifellos respektablere Formen annehmen. Über rechtsextreme Gewalt wissen wir vergleichsweise viel in Deutschland – wenn auch nicht unbedingt über die Wirkung auf die Betroffenen –, aber über die alltäglichen Erlebnisse der Ausgrenzung fast nichts. Aus dem sozialen Hintergrund der Interviewten ergab sich freilich auch ein Problem: Da der überwiegende Teil noch in der Ausbildung war, ließ sich über die Praxis auf dem Arbeitsmarkt nur begrenzt Material sammeln. Aber die Untersuchung erhebt ohnehin keinen Anspruch auf Repräsentativität, sondern ich habe versucht, zusammen mit den Betroffenen eine Grundlage für das Wissen über Rassismus zu schaffen. Möglicherweise lässt sich daraus in Zukunft ein differenzierter Fragebogen entwickeln.

In der Auswertung schließlich war nicht der Text der transkribierten Interviews das zu bearbeitende Phänomen – wie das etwa in der „objektiven Hermeneutik" der Fall ist. Tatsächlich ging es um die Phänomene, die in diesem Text verhandelt wurden: Praxen, Erlebnisse, Wissensbestände. Nun kann kein Zweifel darüber bestehen, dass das rassistische Wissen als hegemoniale Form des Diskurses über das Verhältnis zwischen „Uns" und „Ihnen" im „unterworfenen" Wissen über Rassismus im Sinne einer diskursiven Organisation seinen Einfluss zeigt. Gerade das generelle Wissen ist stark von den herrschenden Redeformen durchdrungen. Deshalb kam die Diskursanalyse – also die Analyse der Konventionen zur Erzeugung von „wahren Aussagen über einen Gegenstand" – bei der Auswertung immer wieder zum Einsatz. Doch im Großen und Ganzen habe ich aus den theoretischen Vorannahmen nur eine Reihe von „sensitizing concepts" entwickelt, die „a general sense of reference and guidance in appoaching empirical instances" bereitstellen.[98]

Die Analyse umfasste drei Inventare, deren innere Aufgliederung vorab nicht genau bekannt war. Diese Inventarisierung wurde zunächst für jedes einzelne Interview angegangen, um von dort aus zu einer „vergleichenden Systematisierung"[99] zu gelangen. Die Auswertung der drei Interventare verlief nicht nach dem gleichen Schema – darauf werde ich gleich zu sprechen kommen.

Die Inventare sahen im Einzelnen so aus:

Das Inventar der Praxis (Das „Gelebte")

Hier wurden die durch die anamnestische Strategie ermittelten Praxisanteile inventarisiert, welche die Institutionen Arbeitsmarkt, Staatsbürgerschaft und kulturelle Hegemonie betrafen. Selbstverständlich umfasste das Wissen hier nicht nur die schieren Daten, sondern es ging maßgeblich um die Wahrnehmungen und Deutungen – etwa rund um das Thema Staatsangehörigkeit. Da das Feld der kulturellen Hegemonie gewissermaßen unendlich ausgedehnt ist, habe ich mich hierbei auf das Paar Familie-Schule konzentriert. Alle Bemerkungen zu den jeweiligen Komplexen wurden thematisch zusammengestellt. In einer Mischung aus Systematisierung und Einzelanalyse wurden diese Bemerkungen schließlich darauf befragt, ob die darin aufscheinende Praxis mit den theoretischen Vorannahmen über die Praxis übereinstimmte.

Das Inventar der rassistischen Situationen (Das „Sichtbare")

Hier ging es um die Inventarisierung der Erlebnisberichte. Damit die in den Geschichten dargebotenen Ereignisse relevant werden, müssen sie bestimmte Routinen durchbrechen. Wiedemann erläutert dies mit Hilfe des von Schank & Abelson eingeführten Begriffs des „scripts"[100]: „Der Erzählinhalt läßt sich als Bruch mit einer (skript-definierten) Normalformerwartung fassen,

98 Blumer 1969, S.148.
99 Witzel 1982, S.112.
100 vgl. Schank & Abelson 1977, S.36ff.

durch den 'events' thematisch relevant werden."[101] Im Gesamterzählaufbau (Abstract, Orientierung, Komplikation, Evaluation, Auflösung, Koda) kommt dies nach Labov in der „Komplikation" zum Ausdruck.[102] Bei der Inventarisierung der rassistischen Situationen lag daher ein besonderes Augenmerk auf der Art der Komplikation. Interessant war vor allem die Identifizierung der genauen Ursache der „Stockung" des Normalablaufs.

Das Vorgehen bei der Auswertung war hier an den Forschungsstil der „Grounded Theory" angelehnt.[103] Zunächst wurden in den Interviews sämtliche Geschichten isoliert. Dann habe ich diese Geschichten zerlegt und die jeweilige Komplikation heraus gefiltert. Diese Komplikationen wurden dann offen kodiert, worauf sich eine Reihe von inhaltlichen Konzepten ergab. Eine Feinanalyse allerdings machte deutlich, daß diese ersten Konzepte mit der Perspektive der Untersuchung nicht übereinstimmten: Sie waren nicht aus dem Blickwinkel der Betroffenen formuliert. Das wird unten noch genauer erläutert. So brachte die Feinanalyse zwar keine grundsätzliche Neuordnung des Materials, aber eine veränderte Fassung der Kategorien. Diese Kategorien habe ich „Akte" genannt. Mit diesen „Akten", welche ich mit den Begriffen Entfremdung, Verweisung, Entantwortung, Entgleichung und Spekularisation belegt habe, sind nicht die rassistischen Handlungen gemeint, sondern ausschließlich die Bedeutungen, die diese Handlungen für die Subjektivierungsprozesse der Betroffenen haben.

Das Inventar des generellen Wissens (Das „Sagbare")

Für das „abstrakte Wissen"[104] über Rassismus hat Essed ein komplexes Modell entwickelt. Sie unterscheidet etwa nach der „Natur" (Wann taucht er auf?; Wie wird er reproduziert – individuell oder strukturell?; etc.), den „Urhebern" und den „Mechanismen" des Rassismus. Dabei teilt sie die „Mechanismen" noch einmal auf. Auf der einen Seite spricht sie von „Schlüsselkonzepten": In den Niederlanden werde der Diskurs geleitet von den Begriffen „ethnic difference" und „unequal participation", während in den USA vielmehr „race conflict" und „socioeconomic power" eine Rolle spielten. Auf der anderen Seite schreibt sie von „abstrakten Repräsentationen von Prozessen und strukturierenden Faktoren": In den Niederlanden seien dies Assimilation, in den USA Segregation. Schließlich arbeitet sie noch die „generellen und spezifischen Prozesse des Rassismus" heraus: Für beide Staaten ließen sich Problematisierung, Marginalisierung und Eindämmung herausfiltern.

An diesem Modell ist leicht zu erkennen, dass Esseds Befragung im Hinblick auf das „generelle Wissens" äußerst ergiebig war, und dass sie zudem in diesem Begriff die eigenen Ergebnisse verdichtet hat. In meiner Untersuchung habe ich alle Bemerkungen zum generellen Wissen thematisch zusammenge-

101 Wiedemann 1986, S.57.
102 vgl. Labov 1978, S.67.
103 Glaser & Straus 1967.
104 vgl. ebd., S.76.

stellt und nach Erklärungsmodellen geordnet. Doch viel Differenzierung ließ sich nicht erreichen: Ich hatte bereits erwähnt, dass das Material zum generellen Wissen in meiner Befragung aufgrund der Situation in der Bundesrepublik weitaus weniger ertragreich war. Daher liegt der Schwerpunkt der Auswertung zweifellos auf den ersten beiden Inventaren, die allein von ihrem Volumen her das Inventar des generellen Wissens um ein Vielfaches übersteigen.

Die Inventarisierungen sind schon „vergleichende Systematisierungen", d.h. im Prozess der Auswertung wurden die Aussagen der Gesprächspartner thematisch zusammengefasst, verdichtet und mit den theoretischen Vorannahmen in Verbindung gesetzt. Das Ziel war letztendlich, eine Morphologie des rassistischen Apparates zu entwickeln. Dabei spielte das Prinzip der Verdichtung eine große Rolle, denn in den bisherigen qualitativen Befragungen im Umfeld des Gegenstandes Rassismus wurden meiner Meinung nach zu schnell zu oberflächlichen Kategorien entwickelt. In der Studie von Hoffmann & Even über die „Wahrnehmung der alltäglichen Ausländerfeindlichkeit in Industriebetrieben durch ausländische Arbeitnehmer" (1985) haben die beiden Forscher die Erzählungen ihrer Interviewpartner eigentlich nur ein wenig thematisch organisiert. Dabei herausgekommen ist ein unübersichtliches Feld von möglichen Bereichen der Diskriminierung – unter „Ausländerfeindlichkeit in den informellen Beziehungen" etwa wird rubriziert: „Nationalitätsspezifische Segregation", „Ausländer als Gesprächsgegenstand", „Intention und Argumentation gegen Ausländer", „Agitation gegen Ausländer" sowie „soziale Differenzierung des Handelns gegenüber Ausländern". Nun liegen die „Segregation" und die „Agitation gegen Ausländer" nicht auf der gleichen Ebene – das eine ist das Ergebnis eines durchaus strukturellen Prozesses und das andere eine intentionale Handlung von benennbaren Akteuren. Insofern haben Hoffmann & Even das Material eigentlich bloß gesammelt, aber nicht wirklich organisiert. Das kann man von Esseds Studie, die ein Vorbild für meine Befragung darstellt, sicher nicht behaupten. Sie hat wichtige Erkenntnisse über die Morphologie des Rassismus zutage gefördert. Allerdings finde ich ihre Kategorien ebenfalls zu vielfältig und kompliziert. Ich glaube, dass es sinnvoller war, hier etwas mehr zu verdichten, um auf wenige „Akte" zu kommen, die zahlreichen Situationen zugrunde liegen.

Eine auch nur annähernd ähnliche Untersuchung wie jene von Essed ist in Deutschland bislang nicht zu finden. Zwar hat es durchaus Selbstartikulation von Migranten in mehr oder minder literarischer Form gegeben (etwa die zahlreichen Werke im Umfeld der so genannten Gastarbeiterliteratur, Akcam 1982, Matzouranis 1985, Zaimoglu 1995, 1998) oder auch kabarettistische Bearbeitungen des Themas Rassismus (vgl. Terkessidis 2000). Zudem existieren einige Broschüren aus dem Umfeld der Antidiskriminierungsarbeit, die teilweise oder ganz auf Befragungen beruhen (Just 1989, Räthzel & Sarica 1994, Diskriminierung im Alltag 1996). Mit den Wirkungen von „Ausländerfeindlichkeit" oder Rassismus befassen sich nur wenige Aufsätze (Hemmati et al. 1999, Ferreira 2003). Die meisten qualitativen Untersuchungen, die auf Befragungen von Migranten beruhen, drehen sich um andere Themen: die Lebenssituation der ersten Generation (Seibel-Erdt & Söhret 1999; Spohn 2002), die „Alltagstheorien" von türkischen Jugendlichen (Hoffmann 1981), deren Identitätsbildung (Otyakmaz 1995, Atabay 1994 und 1998, Badwia 2002), „türkische Jugendliche" im Allgemeinen (Stüwe 1982, Stüwe 1988), „Lebenssituationen und Überlebensformen" (Bielefeld et al. 1982), „türkische Arbeiterkinder" (Vassaf 1985), Kriminalität (Hamburger et al. 1981, Gür 1990, Tertilt 1996, Bukow et al. 2003), Jugendhilfe und Heimerziehung (Deniz 1999), „Sprachverhalten" (Bommes 1993), die „Subjektivität" von „intellektuellen Migrantinnen" (Gutiérrez-Rodríguez 1999) oder das Verhältnis zum Islam (Karakasoglu-Aydin 2000, Alacacioglu 2000, Kelek 2002, Frese 2002, Nökel 2002). Diese Liste, die keinen Anspruch auf Vollständigkeit erhebt, macht deutlich, wie unterrepräsentiert das Thema Rassismus ist. Es gibt in Deutschland eben eine Konzentration auf sozialtechnische „Probleme", wie etwa „Lebenssituation" und Kriminalität oder auf (kulturelle) Unterschiede („Identität", Religion). Und daher eine Lücke in der Forschung.

KAPITEL 3: „ICH HAB MICH NIE ALS AUSLÄNDER GEFÜHLT“

1. Das Inventar der Praxis

In der deutschen Debatte über Rassismus spielen die Institutionen eine erstaunlich untergeordnete Rolle. Nun ist diese mangelnde Aufmerksamkeit bereits im Funktionieren der Institutionen angelegt – einmal etabliert, verflüchtigt sich deren Tätigkeit in den Hintergrund; sie wirken auf jene, die in den Institutionen leben, wie eine „zweite Natur“. Ganz bewusst habe ich das Inventar der Praxis, welches auf das Eingebundensein in die Institution verweist, als „das Gelebte“ bezeichnet, um diesem Inventar den ihm zustehenden Charakter des Konkreten zu verleihen. Denn die Institutionen werden von den Individuen gelebt – niemand kann sich dem Betrieb der Institutionen entziehen. Selbstverständlich waren und sind Menschen deren Schöpfer, doch die Stabilisierungsfunktion der Institutionen besteht gerade darin, dem eigenen Erfinder einen Handlungsrahmen vorzugeben, den er ab einem gewissen Zeitpunkt vergisst. Dieses Vergessen freilich bietet auch Vorteile – eine Freiheit nämlich, über andere Dinge nachzudenken. So können die Institutionen auch von Menschen spezifisch weiterentwickelt und verändert werden.[1]

Dem Leben und Handeln in einer bestimmten institutionalen Ordnung entsprechen stets bestimmte Formen des Wissens – es gibt also, wie ich an anderer Stelle genauer ausgeführt habe, eine praktische Einheit von Institution und Wissen.[2] In diesem Wissen leben und verstehen die Individuen die Institutionen. So wird das spezifische Ungleichheitsverhältnis Rassismus, welches in die Institutionen des Arbeitsmarktes, der Staatsbürgerschaft und der kulturellen Hegemonie eingelassen ist, in einem rassistischen Wissen gelebt und verstanden. Allerdings sollte man sich den Zusammenhang zwischen institutioneller Praxis und Wissen nicht zu direkt vorstellen. Das Wissen muss keineswegs kohärent sein und auch nicht notwendig logisch. Im rassistischen Wissen etwa gibt es eine beachtliche Variabilität – es gibt zu einem gegebenen Zeitpunkt legitime und illegitime Redeweisen, es gibt extreme, überschießende und moderate Formen, es gibt systemisch ausgebaute Wissensbestände und

1 zum Verständnis der Institution vgl. Gehlen 1986, Berger & Luckmann 1966.
2 vgl. Terkessidis 1998, S.109ff.

bloß aufgeschnappte Versatzstücke von Wissen, und es gibt sogar deutliche Widersprüche zwischen den einzelnen Versatzstücken des rassistischen Wissens, sogar zwischen solchen, die von einem einzigen Individuum verwendet werden. Dennoch stellt man in all diesen Wissensformen Gemeinsamkeiten fest, eine bestimmte Rahmung – etwa den Prozess, den ich als „Rassifizierung" bezeichnet habe. Innerhalb dieses Rahmens haben die Individuen die Möglichkeit, ihre Wissensbestände selbst zu organisieren. Sie können den Rahmen auch zurückweisen, doch Anja Weiß hat gezeigt, wie sogar in der Selbstdefinition als „Antirassist" die Rahmung des rassistischen Wissens erhalten bleiben kann.[3] Solange man in bestimmten Institutionen lebt, ist es schwierig, die zugehörigen Wissensformen, die quasi evident sind, die sich aufdrängen, ununterbrochen zu dementieren.

Im Ungleichheitsverhältnis Rassismus werden bestimmte Gruppen von Menschen institutionell über den Arbeitsmarkt verteilt. Die Migranten wurden bekanntlich von Beginn an auf dem hiesigen Arbeitsmarkt unterschichtet. Das bedeutet nicht, dass alle Migranten stets in den unteren Segmenten des Arbeitsmarktes gearbeitet haben oder noch arbeiten, doch wenn man sich die statistische Verteilung der Schichtzugehörigkeit der nach dem Zweiten Weltkrieg aus der Einwanderung hervorgegangenen Bevölkerung anschaut, dann unterscheidet sich diese signifikant von der einheimischen Bewohnerschaft. Ein solcher sozialer Unterschied wird gewöhnlich mit Begriffen wie Klasse oder Schicht adressiert. Im Falle der Migranten jedoch geschieht dies nicht, sondern in diesem Fall wird der Unterschied als „Fremdheit" interpretiert. Es findet eine Kategorisierung der Migranten als nicht-zugehörig statt, die entweder dadurch sanktioniert wird, dass die Staatsangehörigkeit des Einwanderungslandes vorenthalten wird, oder dadurch, dass bei Erhalt der Staatsangehörigkeit informelle (kulturelle) Grenzen aufgerichtet werden, welche die „eigentliche" Nation definieren und so den Unterschied perpetuieren. Allerdings ist der soziale Unterschied zwischen Einheimischen und Migranten, zwischen Deutschen und „Ausländern", in einer Gesellschaft, die zur selben Zeit nach dem Prinzip der Gleichheit der Bürger und der Menschen funktioniert, weiterhin erklärungsbedürftig.

Nun funktioniert das Ungleichheitsverhältnis Rassismus nicht wie das Klassenverhältnis à la Karl Marx: Es gibt keine zwei Gruppen, die sich antagonistisch gegenüber stehen. In der Bundesrepublik existiert nicht einmal, wie in den USA, eine scharf geschnittene „Color Line". Dennoch ist die Diskriminierung zwischen „Deutschen" und „Ausländern" überall in der Gesellschaft gegenwärtig. Quer zu dieser Unterscheidung verlaufen zahlreiche Linien. Es gibt beispielsweise „Deutsche", die sich mit erheblicher Radikalität gegen diese Diskriminierung stemmen. Es gibt andere, die gegen bestimmte Formen des rassistischen Wissens ankämpfen und Toleranz einfordern. In der Gruppe der „Ausländer" wiederum kann man erhebliche Spaltungen feststellen – etwa was die Schichtzugehörigkeit betrifft. Zudem setzt sich die Kategorie „Aus-

3 vgl. Weiß 2001.

länder“ aus Menschen zusammen, die mannigfaltige nationale Hintergrunde haben. Dazu kommen Differenzen im Aufenthaltsstatus, die oft mit der jeweiligen Herkunft in Zusammenhang stehen.

All diese Spaltungen wirken sich auf die jeweiligen Wissensbestände aus. Es gibt unterschiedliche Arten von rassistischem Wissen, je nach sozialer oder politischer Zugehörigkeit. In ähnlicher Weise unterscheidet sich auch das Wissen der Migranten über die Praxis in den genannten Institutionen, je nachdem, ob ich mit einer gebildeten oder ungebildeten Person spreche, mit einem „EU-Ausländer“ oder einem „Drittstaatsangehörigen“, mit einer Person aus der Unterschicht oder einer aus der Mittelschicht. Die Frage, die sich zu Beginn der Arbeit stellte, war, wie gravierend diese Unterschiede sein würden. Gibt es überhaupt ein gemeinsames Wissen über die Lebenspraxis in dieser extrem heterogenen zweiten Generation? Die Gemeinsamkeit beginnt mit den Eltern. Zwar habe ich bereits erwähnt, dass das Material zum Thema Arbeitsmarkt nicht so ergiebig war, wie erhofft, doch das traf nicht auf die Eltern der Befragten zu. Denn da zeigten sich die erwarteten Formen der institutionellen „Integration“ auf dem deutschen Arbeitsmarkt. Von den zehn einzeln befragten Personen gaben acht an, dass ihre Väter ganz „klassisch“ als „Gastarbeiter“ nach Deutschland gekommen seien – und in Berufen wie Industriearbeiter, Schlosser, Dachdecker oder Krankenpfleger gearbeitet hätten.

Bei den Müttern war die Hälfte zum Zeitpunkt der Interviews im Haushalt tätig, während die andere Hälfte Dienstleistungsjobs bei der Post, in der Gärtnerei oder im Krankenhaus bekleidete. Viermal waren die Mütter im Rahmen des Familiennachzugs eingewandert. Alle anderen Paare haben erst in Deutschland geheiratet: Einmal war die Mutter ebenfalls als Arbeitskraft immigriert und hatte dann den Vater kennengelernt; ein anderes Mal waren beide als „Gastarbeiter“ gekommen und ein weiteres Mal war die Ehe aus dem Heimatdorf in Spanien „vermittelt“ worden. Nur bei zwei Befragten hatten die Väter einen anderen sozialen Hintergrund. Ein Vater war aus Syrien als Geschäftsmann eingereist, hatte einen Betrieb aufgebaut und sich schließlich niedergelassen. Ein anderer war von Ghana nach Britannien gegangen. Dort erhielt er ein Stipendium für ein Medizinstudium in Deutschland, wo er eine einheimische Frau kennenlernte, sie heiratete und sich daraufhin ansiedelte.

Nun erscheinen diese Lebensdaten zunächst banal, doch äußerst sich darin eben eine ganz bestimmte Art der Eingliederung von Personen auf dem Arbeitsmarkt – nämlich die Unterschichtung. Diese Form der Eingliederung hat Auswirkungen auf die nachkommende Generation. So haben verschiedene Untersuchungen wie etwa die PISA- oder die Iglu-Studie in den letzten Jahren gezeigt, dass in Deutschland der soziale Hintergrund der Eltern quasi „vererbt“ wird. Auch meine Interviewpartner konnten durchweg von Erfahrungen in der Schule berichten, wo ihre Herkunft zu Benachteiligungen führte. Daher sind diese Lebensdaten keineswegs banal, weil die Eingliederung in den Arbeitsmarkt für eine bestimmte Positionierung innerhalb der Gesellschaft sorgt. Und in dieser Hinsicht kann mein „Sample“ sogar eine gewisse Repräsentativität beanspruchen, denn der ganz überwiegende Teil der Personen, die zur zweiten Generation zählen, stammt von Eltern ab, die im Rahmen eines „Gastarbeitersystems“ nach Deutschland gekommen sind. Was nun die eigenen Erfahrungen der Befragten mit dem Arbeitsmarkt betrifft, so soll es darum später gehen. Beginnen möchte ich die Inventarisierung der Praxis mit der Institution der Staatsbürgerschaft.

1.1 Staatsbürgerschaft: Die Frage der Zugehörigkeit

Über die Staatsbürgerschaft wurde in den Interviews viel und ausführlich gesprochen. Zunächst zu den Daten. Von den acht im Gruppengespräch befragten Schülerinnen hatten nur zwei die deutsche Staatsangehörigkeit. Von den zehn einzeln Befragten besaßen diese Staatsangehörigkeit drei Personen. Freilich liefen einige Anträge auf Einbürgerung. Unter den genannten drei Deutschen waren die beiden Personen, deren Eltern nicht als „Gastarbeiter“ eingewandert waren, sowie eine junge Frau türkischer Herkunft, die sich radikal von ihren Eltern getrennt hatte. Von den insgesamt 18 Teilnehmern waren daher 13 Personen de jure „Ausländer“ – und dass, obwohl der überwiegende Teil der Ehen in Deutschland geschlossen wurde und die Befragten selbst alle in der Bundesrepublik geboren waren. Es lässt sich also hier festhalten, dass das von mir befragte „Sample“ sich von der Gesamtbevölkerung nicht nur im Hinblick auf die soziale Herkunft der Eltern signifikant unterscheidet, sondern auch in Bezug auf den eigenen Aufenthaltsstatus.

Ich hatte bereits darauf hingewiesen, dass dieser seltsame Status als „inländischer Ausländer“ (Ulrich Bielefeld) mit dem äußerst exklusiven deutschen Staatsangehörigkeitsrecht zusammenhängt. Freilich haben meine Interviews gezeigt, dass dieser Status auch das Ergebnis einer Verweigerungshaltung ist, die mit den verbreiteten „Idiomen“ der Staatsbürgerschaft zu tun hat. Denn tatsächlich hätten alle diese „Ausländer“ einen Anspruch auf Einbürgerung nach dem veränderten Ausländergesetz von 1993 gehabt. Doch die Verweigerungshaltung war in der Zeit, in der die Interviews geführt wurden, 1999 und 2000, sehr stark zu spüren. Denn kurz zuvor hatte die rotgrüne Regierung ein neues Staatsangehörigkeitsrecht verabschiedet. Die Regelung war jedoch ein Kompromiss. Die ursprüngliche Forderung der rotgrünen Koalition hatte weit radikaler geklungen – und hätte die Akzeptanz der Zweistaatlichkeit eingeschlossen. Das neue Recht schloss die „doppelte Staatsbürgerschaft“ nun ausdrücklich aus – und dabei handelte es sich um den Punkt, über den die meisten Befragten sich ziemlich erregen konnten.

Die neue Regelung wurde als Ausgrenzung erlebt, weil die Befragten die deutsche Staatsangehörigkeit als höchst exklusiv empfanden: Sie war an die Abstammung gekoppelt und an eine ebenfalls ziemlich exklusive Vorstellung von „Deutsch-Sein“. Dieses „Deutsch-Sein“ kollidierte mit der Selbstwahrnehmung der Befragten. Kemal, türkischer Herkunft, zu dieser Zeit 26 Jahre alt und Student, betonte vehement, dass er „kein Deutscher“ sei. „Ich fühle mich nicht als Deutscher, habe aber deutsche Elemente in mir. Das ist auch klar, wenn ich 26 Jahre hier lebe, aber ich sehe mich als Türke. Darum ist es für mich wahrscheinlich einfacher mit der doppelten Staatsbürgerschaft.“ Wie in vielen anderen Gesprächen auch, wird die Herkunft zunächst als etwas Ausschließliches, Statisches und Selbstverständliches beschrieben. Wenn man „Türke“ ist, dann kann man eben „kein Deutscher“ sein. Jemand, der „kein Deutscher“ ist, kann höchstens „deutsche Elemente“ in sich aufnehmen – diese „Elemente“ entstehen als Folge der langen Zeit, die man in Deutschland verbracht hat. Der Ausdruck „deutsche Elemente“ war für Kemal nicht weiter erklärungsbedürftig; es wurde vorausgesetzt, dass das Gegenüber weiß, was damit gemeint ist. Offenbar gibt es eine recht ausgeprägte und deutliche Vorstellung davon, was „Deutsch-Sein“ bedeutet.

Allerdings bleiben die „deutschen Elemente“ in Kemals Konstruktion äußerlich – sie berühren nicht die Dimension des „Fühlens“. Letztlich ist es also ein „Gefühl“, welches Kemals Verweigerungshaltung gegenüber der deutschen Staatsangehörigkeit begründet. Freilich ist dieses „Gefühl“ keineswegs irrational. Im zweiten Kapitel wurde bereits beschrieben, wie die deutsche Staatsangehörigkeit traditionell mit der Abstammung verwoben war, und dass Rogers Brubaker im Vergleich mit Frankreich darauf hingewiesen hatte, dass die Einbürgerung in Deutschland als etwas begriffen werde, dass nicht nur eine Veränderung im Rechtsstatus mit sich bringe, sondern vielmehr eine „Veränderung der eigenen Wesensart“, eine „soziale Transubstantiation“. Es ist dieser Punkt, den Kemal in der Dimension des Gefühls anspricht: Wenn er die deutsche Staatsangehörigkeit annimmt, dann scheint es ihm, als müsse er sein Wesen wandeln. Diese Wandlung bleibt jedoch oberflächlich, denn er hat zwar „deutsche Elemente“, aber er ist eben dennoch nicht „deutsch“ – im Sinne der Abstammung. Die „doppelte Staatsbürgerschaft“ hätte eine Lösung bedeutet, weil sie die Ausschließlichkeit der Herkunft entschärft hätte. „Die hätte ich genommen“, erklärte er ein wenig später während des Gespräches.

Die Änderung des Staatsangehörigkeitsrechtes, die dann tatsächlich beschlossen wurde, bestärkte Kemal dagegen eher in seiner Haltung. Dabei beschwerte er sich auch über die neue Regelung, die den in Deutschland geborenen Kindern unter gewissen Voraussetzungen die Staatsangehörigkeit automatisch zuschreibt. „Es geht nicht nur um mich, sondern auch um meine Eltern. Wenn sich Leute 26 Jahre lang hier in Deutschland aufopfern, arbeiten, Steuern zahlen und so weiter, die bekommen den deutschen Pass nicht, aber mein Neffe, der jetzt drei Jahre alt ist, der bekommt den.“ Die neue Regelung erschien ihm inkohärent und ungerecht. Die Zugangsbedingungen wirken unklar: Während die Personen, die über eine längere Periode Leistungen für das Gemeinwesen erbracht hatten, die Staatsangehörigkeit nicht automatisch erhalten, wird sie nun den Kindern zugeschrieben. In fast allen Interviews äußerten die Beteiligten ganz ähnliche Gedanken: Das deutsche Recht, sei es das „Ausländerrecht“ oder das Staatsangehörigkeitsrecht, machte auf meine Gesprächspartner im Großen und Ganzen einen geradezu kafkaesken Eindruck.

Kemals Klage über die Ungerechtigkeiten betraf aber nicht nur das neue Staatsangehörigkeitsrecht. Ganz besonders interessant an seinen Erläuterungen war, dass er mit der Thematisierung der Ungerechtigkeiten plötzlich begann, die zuvor statischen Auffassungen der Nationalität weitgehend zu relativieren. Das wird im folgenden, längeren Zitat deutlich: „Nein, ich sehe das so: Bis zu meinem sechzehnten Lebensjahr habe ich immer gedacht, dass ich dazu gehöre. Ich war auch eher wie ein Deutscher. Du bekommst den türkischen Pass, musst damit zum Ordnungsamt, merkst zum ersten Mal, dass du nicht richtig hier bist. Bei mir war auch das Problem, ich habe in einem Viertel gewohnt, wo sehr wenig Türken gewohnt haben. Deshalb war das für mich der erste Schritt, dass ich doch kein gleichberechtigtes Mitglied bin, vom Gesetz aus. Dann fängt das mit Sechzehn ja auch an, dass man eher als Türke gesehen wird. Du kommst viel mehr raus, bist öfter unterwegs und bekommst mit, wie die Leute eigentlich wirklich zu dir stehen. Darum sagt man dann, dass man eigentlich fremd ist und diese Rolle annimmt und darin lebt. Die kannst du aber nicht von heute auf morgen abgeben, weil du die ganze Zeit mit einem türkischen Pass herumläufst und den immer dabei hast. Da kannst du nicht sagen, dass du den Pass jetzt weggibst. Das ist so die Verbundenheit mit dem Land. Für einen Deutschen hört sich das total komisch an, dass man an seinem Pass hängt, aber für uns ist das so. [...] Das verstehen viele ja nicht, vor allem nicht die Politiker. Den Menschen in Deutschland wird dann erzählt, dass wir dann mehr als die haben, aber das stimmt gar nicht. Mit dem deutschen Pass kann man überall rumreisen, wo man will, und das kann man mit dem Türkischen nicht. Erst durch diese doppelte Staatsbürgerschaft hätten wir das Recht, das Gleiche zu haben."

In diesen Ausführungen spielt der herrschende Abstammungsdiskurs überhaupt keine Rolle – von türkischem „Fühlen" und „deutschen Elementen" ist keine Rede mehr. Es ist ein durchaus erstaunlicher Vorgang, auf den Kemal hinweist, wenn er die Selbstverständlichkeit seines Lebens in Deutschland betont. Zwar war er nicht „deutsch", aber „eher wie ein Deutscher", als er aufwuchs – jedenfalls stand seine Zugehörigkeit nicht zur Disposition. Erst das Erlebnis auf der Ausländerbehörde und in der Folge seine Wahrnehmung, dass er von außen als „Türke" gesehen wurde, machten ihm klar, dass „man eigentlich fremd ist". Dieses Fremd-Sein wird von außen oktroyiert und hat offenbar zunächst den Charakter einer „Rolle". Diese „Rolle", so sagte Kemal, nahm er schließlich an: Er hat also gewissermaßen eine „Entfremdung" erlebt. Der türkische Pass wird zur Bestätigung, zur materiellen Untermauerung der Rolle des Fremden – deswegen kann der Pass nicht einfach weggegeben werden.

Als er beginnt, von seinem Pass zu sprechen, ist dann wiederum von der „Rolle" keine Rede mehr, sondern der Pass erscheint ganz unmittelbar als Ausdruck der „Verbundenheit" mit einer spezifischen Nation. Der langwierige Prozess, der zu dieser Verbundenheit geführt und den Pass aufgewertet hat, findet keine Erwähnung mehr. Nun könnte diese Verbundenheit eigentlich unproblematisch sein: Warum soll man sich nicht dem Herkunftsland der Eltern nahe fühlen und sich dafür interessieren? Aufgrund der institutionellen scharfen Trennung zwischen „Deutschen" und „Türken" sieht sich Kemal jedoch vor eine unmögliche Entscheidung für das eine oder das andere gestellt – und an diesem Punkt restauriert und verteidigt er seine Verbundenheit mit der Türkei. Die „doppelte Staatsbürgerschaft“ wäre deshalb eine optimale Lösung gewesen, weil sie besagte Verbundenheit nicht nur entproblematisiert, sondern beide Verbundenheiten sogar offiziell anerkennt hätte. Zudem stellt sie in Kemals Augen die Rechtsgleichheit mit den einheimischen Bürgern her. Angesichts der Diskriminierungen in der Vergangenheit kann erst die aktive „Verdoppelung“ der Zugehörigkeit für Gerechtigkeit sorgen.

Auch Dong-ju, koreanischer Herkunft, hielt die „doppelte Staatsbürgerschaft“ für den besten Weg. „Im letzten halben Jahr“, erzählte er, „als das wieder aufkam mit der doppelten Staatsbürgerschaft, da war ich dann ganz vorne dabei und hatte mich schon sehr darauf gefreut, weil das genau das war, was ich wollte.“ Den Erwerb der eigenen Aufenthaltsgenehmigung hat auch er nicht in positiver Erinnerung: „Die haben mich nochmal nach Hause geschickt und wieder kommen lassen, oder so, wie die das gerne machen.“ Der letzte Nebensatz, „wie die das gerne machen“, deutet auf eine geteilte Erfahrung unter Migranten zweiter Generation hin: Der Erwerb der Aufenthaltsgenehmigung (und damit auch von Rechten) wird als etwas gesehen, dass einem von behördlicher Seite schwer gemacht wird. Mehmet, türkischer Herkunft, berichtete in diesem Sinne, dass er zwar einen Antrag auf Einbürgerung gestellt habe, dass dieser aber an „bürokratischen Hindernissen“ gescheitert sei. Er benötigte eine Geburtsurkunde aus der Türkei, weil er dort gemeldet war. Diese Geburtsurkunde war auf den Namen der Mutter ausgestellt worden; später jedoch hatten die dortigen Behörden aufgrund eines Gerichtsbeschlusses den Namen des Vaters eintragen lassen. Obwohl er eine Übersetzung des Urteils anfertigen ließ, erkannten die deutschen Stellen die Urkunde nicht an und verweigerten ihm die Einbürgerung. Mehmet empfand das als „Schikane“ – „und dann hatte ich erst mal die Schnauze voll“. Dennoch wollte er es erneut versuchen. Wie Kemal verlieh auch Dong-ju dem Pass des Herkunftslandes eine emotionale Qualität, die er in ästhetischen Kategorien beschrieb: „Ich mag meinen koreanischen Pass eigentlich auch gerne. Das ist halt so ein Reisepass, grün, mit dem Visum für Amerika. Der hat so ein schönes Muster.“ Interessant ist an dieser Stelle die recht unvermittelte Erwähnung des Visums für die Vereinigten Staaten. Es mag etwas spekulativ sein, dennoch scheint es mir, als würde „Amerika“ hier als die Utopie eines Einwanderungslandes eingesetzt, in dem die Herkunft eine untergeordnete Rolle spielt.

Ambivalenzen angesichts der Exklusivität des Deutsch-Seins schilderte auch Maria, die spanischer Herkunft ist. Sie erklärte, dass sie die deutsche Staatsangehörigkeit nicht haben „kann“, weil sie dann die spanische zurückgeben müsste und eben das möchte sie nicht. Nur die deutsche zu haben, „das wäre für mich jetzt komisch“. Und zwar, weil es nicht „passt“: „Ich glaube schon, dass da gewisse Sachen sind, wie z.B. bei der Herkunft, da gibt es schon so spanische Einschläge, oder was ich jetzt als Spanisch empfinde.“ Auch Maria koppelt den Pass an die Herkunft. Was ihr die ausschließliche Zuordnung zum Deutsch-Sein unmöglich macht, das sind ihre „spanischen

Einschläge". Bzw. etwas, was sie aktuell als Spanisch „empfindet" – sie macht selbst die Einschränkung, dass das mit „dem Spanischen" in Spanien gar nichts mehr zu tun habe, sondern einer individuellen Bewertung unterliege. Auf Nachfrage stimmte sie zu, dass sie dann wohl einen Teil von sich aufgeben müsste – ich hatte ihr die Redewendung allerdings angeboten. „Gefühlsmäßig" jedenfalls hielt sie es für richtig, „beide zu haben" – und wenn es dieses Angebot gegeben hätte, dann hätte sie, wie sie betonte, längst einen deutschen Pass.

Auch für Maria brachte der Erwerb einer eigenen Aufenthaltsgenehmigung ein Erlebnis von Nicht-Zugehörigkeit mit sich.[4] Als sie das sechzehnte Lebensjahr erreichte, da vergaß sie schlicht den Behördentermin. „Ich hatte davon gehört, aber ich hatte es nicht auf mich bezogen. Irgendwann später bin ich dann mal vom Amt angeschrieben worden und sollte dann hin. Ich bin dann auch dahin gegangen, natürlich ein Jahr zu spät, und da bin ich dann von den Beamten ziemlich fertig gemacht worden, warum ich denn nicht früher erschienen wäre, und das fand ich schon ein bisschen komisch, weil ich einfach nicht darüber nachgedacht habe. Ich bin hier geboren und wenn, hätten die mich anschreiben müssen." Offenbar war auch für Maria die Zugehörigkeit bis zu diesem Moment nicht problematisch – ausdrücklich verweist sie darauf, dass sie in Deutschland geboren ist. Den verantwortlichen Beamten beschrieb sie als „richtig unfreundlich", der habe sie „richtig runtergemacht". An den genauen Wortlaut konnte sie sich zwar nicht mehr erinnern – aber es war eine „blöde Situation" und „ein bisschen unangenehm". Ansonsten, meinte sie, wäre es ja nicht „hängen geblieben". „Ich fand es unpassend, weil ich das eben nicht so gedacht hatte. Ich bin hier geboren, und das ist jetzt dieser Status für Leute, die später kommen, da hätte ich das verstanden, aber für mich eben nicht." Danach habe es noch „endlos gedauert", bis sie die „Unbefristete" hatte – jedes Jahr musste sie aufs Neue zum Ausländeramt. „Irgendwann bin ich dann mit meinen ganzen Zeugnissen dahin und dann hatte ich sie direkt. Ich weiß jetzt nicht den Grund, warum es so lange gedauert hat. Das war mir auch egal. Hauptsache, ich musste da nicht mehr hingehen und mich melden." Wichtig an dieser Bemerkung ist, dass Maria hier, ebenso wie zuvor Kemal, die Erfahrung der Inkohärenz und Ungerechtigkeit des Rechts referiert. Das Gesetz erscheint im besten kafkaesken Sinne als unbegreiflich („weiß nicht den Grund"). Am Ende löst sich der Knoten durch die Vorlage der „Zeugnisse", was auf eine Verschränkung der Aufenthaltsgenehmigung mit bestimmten Leistungen hindeutet. Das wird von Maria aber nicht weiter reflektiert – „egal".

Eine „Protesthaltung" gegenüber dem „Deutsch-Werden" wie bei Kemal findet sich auch bei anderen Befragten. Fatima etwa, tunesischer Herkunft, sprach von „Trotz" und „Abwehr" – sie habe lange das Gefühl gehabt, dass eine Bewerbung um die deutsche Staatsangehörigkeit dazu geführt hätte, dass andere sie als „Angepasste" sehen würden. „Ich habe gesagt, dass die mich

---

4 für die Bedeutung dieses Ereignisses vgl. auch Gutiérrez-Rogríguez 1999, S.124.

nicht wollen, dann will ich die auch nicht. Also unbewusst, ich meine, ich habe auch gute deutsche Freunde, aber das war eine Abwehr. [...] Es hätte irgendwie damit zusammengehangen, dass ich meine Herkunft verleugne, dass ich mich so nicht akzeptieren möchte.“ Auch bei Fatima erhielt die Staatsangehörigkeit der Eltern die Qualität des „Fühlens“. Die Erlebnisse der Diskriminierung – „dass die mich nicht wollen“ – sowie die exklusiven Ansprüche der deutschen Staatsangehörigkeit machen den Akt der Einbürgerung zu der von Brubaker angesprochenen Wesensveränderung: Fatima hat den Eindruck, dass sie so einen Teil ihrer Persönlichkeit von sich weisen würde.

Als ich nochmal danach fragte, was sie denn mit Verleugnen der Herkunft genau meinen würde, da betonte Fatima, dass ihr „Aussehen“ und das „Deutsch-Sein“ nicht miteinander in Einklang zu bringen seien. „Wenn man mich fragen würde ‚Was bist du?‘, und das würde mich garantiert jeder fragen durch mein Aussehen, dann würde ich sagen ‚Deutsche!‘ und dann würde man fragen: ‚Deutsche?‘ – und das hört sich dann bei vielen an wie Möchtegern-Deutsch. Ich möchte auf keinen Fall identifiziert werden, als eine, die... Herkunftskultur, was ist das eigentlich? Ich fasse da jetzt einfach mal Religion drunter, dann wäre ich so eine, die sich gegen die Religion wehrt, und das will ich nicht. Ich weiß mittlerweile schon, dass man Deutsch nicht mit bestimmten nationalen Dingen verbindet, aber damals wusste ich das eben nicht.“

Auf die genaueren Implikationen der Frage nach der Herkunft – „Was bist du?“ – werde ich später noch eingehen, aber hier wird schon deutlich, dass es sich bei dieser Frage nicht bloß um eine naive, neugierige Erkundigung handelt, sondern dass diese Frage bei Fatima einen Zwang zur Identifizierung auslöst. Was nun die Staatsangehörigkeit betrifft, so verweigerte Fatima diese zu einem früheren Zeitpunkt, weil sie argwöhnte, dass ihre Zugehörigkeit als „Deutsche“, trotz des rechtlichen Status, ununterbrochen anhand von allerlei informellen Kriterien angezweifelt würde: Sie befürchtete – und das ganz zu Recht –, dass man ihr dann als „Möchtegern-Deutsche“ die Anerkennung entziehen könnte. Da sie gleichzeitig das Gefühl hatte, dass sie ihre eigene Herkunft hätte verleugnen müsse, entstand eine unerträgliche Situation, weil sie scheinbar dabei war, sowohl jegliche Authentizität als auch jede Anerkennung zu verlieren. Doch am Ende verleiht sie dem „Deutsch-Sein“ auch eine staatsbürgerliche Note und trennt die Zugehörigkeit von der Nationalität. Erst dieses Verständnis des „Deutsch-Seins“ hatte es ihr möglich gemacht, sich kurz vor dem Termin des Interviews doch für einen Antrag auf Einbürgerung zu entscheiden.

Auch Sevim wollte lange nicht „deutsch“ werden. „Ich weiß nicht, es war immer so komisch, das auszufüllen, welche Staatsangehörigkeit, da halt Deutsch anzukreuzen, das fand ich immer ziemlich blöd, weil ich ja keine Deutsche im eigentlichen Sinne bin, und wieso sollte ich dann Deutsch ankreuzen?“ In diesen Bemerkungen kommt wieder jenes „Idiom“ zum Tragen, welches die deutsche Staatsangehörigkeit an die Abstammung koppelt: Sevim hält sich nicht für eine „Deutsche im eigentlichen Sinne“. Allerdings lebte sie sehr „deutsch“, weil sie auf dem Gymnasium, in den Sportvereinen und in ihrem Bekanntenkreis im Grunde nur mit Einheimischen Umgang pflegte – stets war sie, wie sie sagte, rundum die einzige „Ausländerin". Das trug ihr nun wieder Vorwürfe aus der eigenen Familie ein. Sevims Mutter, die sie als sehr konservativ beschrieb, habe oft gekrittelt „Du bist ja richtig ganz deutsch" und sich über die mangelnde Verbindung zur Türkei beklagt. Da „Deutsch-Sein" so ausschließlich konzipiert ist, wird auch in der eigenen Familie und Community der Wechsel zum „Deutsch-Sein", sei es im Lebensstil oder im rechtlichen Status, oft als Distanzierung von der eigenen Herkunft gesehen – als jene „Anpassung", von der Fatima oben gesprochen hatte.

Allerdings hatte sich auch Sevim in der Zeit, als das Interview geführt wurde, für einen Antrag auf Einbürgerung entschieden. Den Konflikt umging sie, indem sie den Erwerb strikt pragmatisch interpretierte. Darauf werde ich noch zu Sprechen kommen.

Während die Befragten, die sogenannte Drittstaatsangehörige waren, sich über die Undurchsichtigkeit und Ungerechtigkeit der hiesigen Rechtslage vehement beschwerten, schien das für die Angehörigen von EU-Mitgliedsländern ein weniger großes Problem zu sein. Zwar hatte Maria auch Kritik geäußert, aber letztendlich konnte sie sich aufgrund ihres Status als EU-Bürgerin eine Haltung der Gleichgültigkeit leisten – die Episode mit ihrer unbefristeten Aufenthaltserlaubnis bzw. Aufenthaltsberechtigung war ihr zwar als unangenehm in Erinnerung, doch es handelte sich nicht um ein Erlebnis, das sie wirklich nachhaltig beschäftigt hatte. Am Ende war es „egal". Weitaus offensiver wurde diese Gleichgültigkeit von Pedro vertreten, portugiesischer Herkunft und auch portugiesischer Staatsbürger: „Als Portugiese bist du ja EU-Bürger und da haste ja praktisch keine Probleme damit." Deutscher werden wollte er nicht. Da er, wie die anderen Beteiligten auch, die Staatsangehörigkeit an die Herkunft koppelte, kam ihm das „Deutsch-Werden" einfach „unnatürlich" vor. Seine Eltern seien „nicht Deutsche" und seine Großeltern nicht, und daher sei er eben auch nicht „von Geburt an" Deutscher. Und so stellte er denn kategorisch fest: „Ich bin Portugiese."

Auf die Partizipationsmöglichkeiten des Bürgerstatus angesprochen – etwa auf das Wahlrecht – meinte Pedro, er befinde sich schließlich in einem „fremden Land" und wählen sei die „Sache der Einheimischen". „Hier in Deutschland will ich auch nicht unbedingt wählen, weil irgendwo bist du Gast hier in Deutschland." Schließlich fügte er noch hinzu, dass er es wohl auch nicht gern sehen würde, wenn die Engländer, die in Portugal Urlaub machen oder den ganzen Winter da seien, dort das Wahlrecht hätten. Der Status als „Gast" freilich, in dem Pedro sich eingerichtet hatte, war nicht ganz unproblematisch. „Nein, ich sehe es nicht so, dass die Leute mich als Sozialgast behandeln oder so, aber ich bin halt nur ein Gast. Ich meine, ich bin froh, dass ich hier in Deutschland bin, und ich verstehe mich supergut mit denen, also mit fast allen." Mit dem Neologismus „Sozialgäste" markierte Pedro offenbar jene Personen, die, wie es in konservativen Kreisen heißt, in die Sozialsysteme einwandern und diese dann belasten. Von diesen Personen grenzte er sich ab, allerdings nicht aktiv – so wird er eben einfach nicht „behandelt".

Auch die „doppelte Staatsbürgerschaft“ wollte Pedro nicht. Zwar wies er darauf hin, dass er ein unpolitischer Mensch sei und sich mit dem Thema nicht wirklich beschäftigt habe, doch sah er für sich einfach keine Vorteile – nicht einmal, was den möglichen Kampf gegen Diskriminierung betraf. „Ich sehe da keine Lösung, dass das irgendwie anders werden sollte. Mich wird man auch immer noch als Ausländer sehen, auch wenn ich einen deutschen Pass habe. Ich empfinde das aber auch nicht als schlimm bei mir.“ Was das Dasein als „Ausländer“ betrifft, vertrat Pedro überhaupt eine fatalistische Position – Diskriminierungen wird man halt „nicht weg kriegen“, denn „Diskriminierungen finden wenn, dann unter Menschen statt“. Das „wird es immer geben“. Und wenn er einen Job suche, dann stehe er einem Menschen gegenüber: „Du kannst ihm zwar sagen, du bist Deutscher, aber was in seinem Kopf dann vorgeht, das weißt du ja dann nicht.“ Da bringe der Pass keine Verbesserung.

Nun empfand Pedro dennoch ein gewisses Dilemma, dass er seinen Lebensmittelpunkt in einem Land hat, in dem er sich dauerhaft als „Gast“ definiert. Dieses löste er durch eine Verschiebung der Zugehörigkeitszuordnung auf den lokalen Kontext: „Ich lebe gern hier, aber ich sehe mich als Kölner. Wenn mich jemand fragt, ob ich Ausländer bin oder Portugiese, dann sage ich immer, dass ich Kölner bin, fertig. Ich möchte einfach keinen Stress mit den Leuten haben, und für mich ist das immer noch ein Gastdasein.“ Auch für Pedro war die Frage nach der Herkunft offenbar ein wenig unangenehm – wie im späteren Gespräch mit ihm noch deutlich wurde, war er sich über die negativen Konnotationen der Bezeichnung „Ausländer“ durchaus im Klaren. Seine Bemerkung darüber, dass er „keinen Stress“ haben wolle, könnte als Devise über dem gesamten Interview mit ihm stehen. Seine Anpassung an den herrschenden Diskurs war offensichtlich – als „Portugiese“ wies er selbst die „doppelte Staatsbürgerschaft“ zurück, er hielt sich von jeder politischen Partizipation fern und definierte sich als rechtschaffenen „Gast“ (kein „Sozialgast“).

Um seine Position zu begründen, verglich er sich selbst mit einem britischen Touristen in Portugal – der habe ja z.B. auch keinen Anspruch auf das Wahlrecht. Diese Gleichsetzung ist doppeldeutig. Auf der einen Seite wird dieser absurde Vergleich, der das Machtgefälle zwischen Arbeitsmigranten und Urlaubern geflissentlich übergeht, sehr oft von einheimischer Seite dazu verwendet, um die angeblichen Gäste zur Anpassung aufzurufen – nach dem Motto: „Wir respektieren ja schließlich auch deren Sitten, wenn wir bei denen in Urlaub sind“. Insofern wiederholt Pedro ein Argument, dass seine prekäre Rolle als „Gast“ erklärt und legitimiert. Auf der anderen Seite jedoch versetzt sich Pedro so an die Stelle des Touristen – sein Status als „Gast“ verschafft ihm so eine privilegierte Position, in der er jederzeit woanders hin kann und sich am politischen Tagesgeschehen nicht zu beteiligen braucht.

Zwei der Befragten in meiner Untersuchung hatten die deutsche Staatsangehörigkeit bereits als Kind erhalten. Zudem besaßen beide auch noch Pässe der Herkunftsländer ihrer Eltern. Anna, syrischer Herkunft, war Inhaberin eines syrischen Passes. Und Herbert, Kind eines ghanaischen Einwanderers und einer einheimischen Mutter, besaß ein Ausweispapier Ghanas, was er aber aus mangelndem Interesse nicht verlängert hatte. Da die beiden schon als Kinder naturalisiert wurden und keine ausgrenzenden amtlichen Rituale über sich ergehen lassen mussten, beschrieben sie ihr Verhältnis zum „Deutsch-Sein" weitaus entspannter als die „Drittstaatsangehörigen". Innerhalb des „Samples" stellten sie eine Ausnahme dar. Man kann mutmaßen, dass dieser Ausnahmestatus mit der sozialen Herkunft der Eltern zu tun hat: Sowohl Herberts Vater als auch der von Anna waren keine „Gastarbeiter", sondern der eine war Arzt und der andere Geschäftsmann. Durch ihre höhere soziale Position waren sie bereits in einheimische Gesellschaftskreise vorgestoßen, als andere Migranten gerade mal ihre „Gastarbeiterlager" gegen Wohnungen eingetauscht hatten. So führte Anna eine gewisse Entproblematisierung des „Deutsch-Seins" auch auf das Verhalten ihrer Eltern zurück: „Vor allem hatten meine Eltern uns nie das Bild vermittelt, dass das Deutsche sind und wir nicht, wir wären anders, müssten anders leben und uns abkapseln. Bei meinen Eltern war das nie so und bei uns Kindern dann auch nicht. Aber gleichzeitig gab es auch nie so ein Verschmelzen, ich weiß nicht, wie die das geschafft haben."

Durch die Selbstverständlichkeit des rechtlichen Status und der ebenfalls selbstverständlich „integrierten" Lebensweise der Eltern war es für Anna möglich, einen Weg der Vermittlung zu beschreiten, der die institutionalisierte Kollision von „Deutsch-Sein" und syrischer Herkunft umschiffte. Anna war sehr gläubig, sie engagierte sich in der Gemeinde und trug auch ein Kopftuch. „Dass ich zum Beispiel eine Identität aufgebaut habe, die... – also ich nenne sie islamisch, nicht arabisch, weil ich diesen Nationalismus nicht mag, deshalb nenne ich sie islamisch und nicht arabisch, also so von meiner Lebensphilosophie eher, von meinem Glauben her. Eine islamische Identität, mit der ich keine Probleme habe, sie hier zu integrieren. Ich würde nicht sagen, ich bin Syrerin und die Gesellschaft hier ist überwiegend deutsch. Ich bin beides, ich bin deutsch und syrisch, aber mein Identitätsmerkmal ist eigentlich mein Glaube, der also mein Verhalten, meine Lebenseinstellung bestimmt und nicht dieser Nationalismus. Das ist auch etwas, wogegen meine Eltern immer angekämpft haben, diesen Nationalismus zu entwickeln." Die „islamische Identität" ist in Annas Fall eine Neukonstruktion – ein Selbstbild, das sich dem „Nationalismus" entzieht, also im deutschen Kontext der Verkoppelung von Zugehörigkeit und Abstammung. Diese Funktion der Bezugnahme auf den Islam hat auch Nikola Tietze bei ihren Interviews zum Thema „Islamische Identitäten" immer wieder herauspräpariert: „Die Religiosität markiert eine Grenze jenseits der Nationalitäten und Kulturen."[5] Offenbar kann diese neue Positionsbestimmung in der Gesellschaft aber nur dann problemlos realisiert werden, wenn die Frage des rechtlichen Status geklärt ist.

Eine völlig andere Erfahrung hat Neijla, türkischer Herkunft, mit ihrer Einbürgerung gemacht. Sie stellte ihren Antrag als Jugendliche, wie sie sagt, „auf eigene Faust", und es dauerte immerhin zweieinhalb Jahre, bis er

5 Tietze 2001, S.61.

schließlich genehmigt wurde. „Es war damals die Idee eines Schutzmittels für mich. Ich habe auch eine ziemlich heftige Geschichte hinter mir: Ich bin von zu Hause weg gelaufen und es war damals so eine Idee von mir, dass, sollten die mich finden und in die Türkei zurückschicken, dass ich jederzeit zur Deutschen Botschaft gehen und Schutz bekommen kann. Das war damals halt meine Intention.“ Neijla konnte eine Geschichte erzählen, die geradezu dem Horrorklischee vom Leben des „türkischen Mädchens“ in Deutschland entsprach – ein extrem konservativer Vater, eine stumme Mutter und ein randalierender Bruder schnürten Neijla die Luft ab.

Was aber nicht in dieses Klischee passt, war Nejlas Widerstand. Sie beendete das „Dahinleben“ zu Hause nach dem Abitur mit einer Flucht aus dem Elternhaus – und dazu brauchte sie eben die deutsche Staatsangehörigkeit. Den türkischen Pass gab sie damals bewusst zurück: „Ja, damals war ich auch ziemlich anti-türkisch drauf. Ich wollte nichts mehr mit türkischen Leuten, weder mit dem türkischen Pass noch mit der Türkei zu tun haben. Ich habe dann irgendwie meine neue Chance in der deutschen Gesellschaft gesehen. Da ist sowieso alles besser, und die Türken kotzen mich mit ihrem religiösen Scheiß sowieso nur an.“ Doch Nejla stieß mit ihrer Entscheidung für die „deutsche“ Seite wiederum auf Grenzen – „aber das war dann wie vom Regen in die Traufe“. Sie hatte sich ihr neues Leben anders vorgestellt. „Ich habe mir gedacht, ich wäre ein freier Mensch und könnte tun und lassen, was ich will, merkte aber bald, dass ich überhaupt nicht frei bin. Das war nur eine Pseudofreiheit. Ich war mit den Deutschen zusammen, hatte keine türkischen Freunde und merkte dann, dass die mir nichts geben. Die sind ganz anders und zeigen mir auch, dass ich anders bin, das war irgendwie komisch.“

Ich halte diese Bemerkung von Nejla für äußerst wichtig. Obwohl das „türkische Mädchen“ genau die Entscheidung getroffen hat, welche die einheimische Gesellschaft ununterbrochen als Antidot gegen den religiös bedingten Sexismus in Familien türkischer Herkunft einfordert, wird sie von genau dieser einheimischen Gesellschaft danach jedoch nicht aufgenommen – die Einheimischen „zeigen“ Nejla, dass sie „anders“ ist. Wie genau dieses „Zeigen“ vor sich geht und wirkt, darum soll es später ausführlich gehen. An dieser Stelle sei vor allem erneut darauf hingewiesen, dass die vom Staatsangehörigkeitsrecht und den herrschenden „Idiomen“ errichtete scharfe Trennung zwischen den Einheimischen und den Migranten jede Entscheidung für die eine oder andere Seite unbefriedigend werden lässt. Das ist wohl auch der Grund, warum Mädchen türkischer Herkunft es oft akzeptieren, dass die Emanzipationsprozesse sehr langsam vorangehen: Sie fürchten das Überwechseln, den scharfen Bruch, die Einsamkeit, die mangelnde Anerkennung. Die viel beschworene Situation des „Dazwischen“ – sie wird, das hat sich in den verschiedenen Aussagen gezeigt, institutionell etabliert und muss von den betroffenen Personen bewusst ausagiert werden.

Nun hatten zum Zeitpunkt der Befragung dennoch die meisten der Beteiligten einen Antag auf Einbürgerung gestellt. Die Gründe dafür sind strikt pragmatischer Natur gewesen. Ebenso wie Nejla wollten sie die „Schutzfunktion" der deutschen Staatsangehörigkeit im weitesten Sinne nutzen. Sevim und Fatima strebten längere Auslandsaufenthalte an, die mit den Visabestimmungen für die Türkei und Tunesien sowie mit den Verpflichtungen der Aufenthaltsgenehmigung in Deutschland kollidiert wären – deswegen hatten sie einen deutschen Pass beantragt. Mehmet dagegen hatte „keinen Bock auf das Militär in der Türkei" – hier schützte der Pass also vor Ansprüchen des Herkunftslandes (umgekehrt wurde der Paß des Herkunftslandes im Übrigen von Dong-ju eingesetzt, um keinen Wehrdienst in Deutschland leisten zu müssen). Zudem bot der deutsche Pass „Schutz" im Sinne der Sicherheit des Aufenthaltsstatus: „Weil, so kann ich früher oder später davon ausgehen, dass ich dann wegen irgendwelcher Sachen belangt werde, nur weil ich auf einer Demo mitlaufe oder so, ne? Kann man sich ja schon etwas schützen" (Mehmet). Oder Dong-ju: „Das ist einfach ein besseres Gefühl, als irgendwie immer zu denken, dass die einen abschieben, wenn man Scheiße baut."

Die Ergebnisse der Befragung zum Thema Staatsbürgerschaft haben gezeigt, dass die institutionalisierte Trennung zwischen „Deutschen" und „Ausländern" sowie das „Idiom", das die Staatsangehörigkeit an die Abstammung koppelt, für die Migranten eine paradoxe Situation kreieren: Sie sind einbezogen (sie wachsen hier „eher wie ein Deutscher" auf, fühlen sich zugehörig) und gleichzeitig ausgeschlossen („Ausländer", „Möchtegern-Deutsche"). Ich möchte zum Schluss dieses Abschnittes den institutionellen Kontext noch einmal genauer erläutern, damit der Zusammenhang mit den Äußerungen meiner Befragten deutlich wird. Zudem werde ich die Resultate einiger aktueller Arbeiten referieren, welche die Vorstellungen vom „Deutsch-Sein" in der hiesigen Öffentlichkeit untersucht haben – und die ebenfalls den hier präsentierten Ergebnissen entsprechen.

Es wurde schon mehrfach gesagt: Das deutsche Staatsangehörigkeitsrecht hat traditionell eine geradezu extreme Trennung etabliert zwischen „Deutschen" und „Ausländern". Die erste Kodifikation der Mitgliedschaft im deutschen Staat stammt aus dem Jahre 1913. Es handelt sich um das „Reichs- und Staatsangehörigkeitsgesetz". Dieses Gesetzt band die Mitgliedschaft an die Tatsache der deutschen Abstammung – hier wurde also eine sehr reine Version des so genannten „ius sanguinis" festgeschrieben. Der Gesetzgeber der Bundesrepublik hat dieses Blutsrecht im Artikel 116 des Grundgesetzes erneuert, wo in einer tautologischen Formulierung als Deutscher definiert wird, wer deutscher Staatsangehöriger oder deutscher Volkszugehöriger ist. Trotz der Masseneinwanderung von Arbeitsmigranten seit den sechziger Jahren sind diese Regelungen lange intakt geblieben.[6]

Im Jahr 1977 haben die Behörden dann erstmals in „Einbürgerungsrichtlinien" versucht, Klarheit darüber zu schaffen, welche Leistungen ein Bewerber nichtdeutscher Abstammung erbringen muss, um Staatsangehöriger zu werden. In diesen Richtlinien wurde verlangt, dass der Bewerber die falsche Abstammung durch kulturelle Assimilation ausgleicht. Erwartet wurde eine

6 vgl. dazu auch Hoffmann 1992, 1994; Hansen 2001.

„dauerhafte und freiwillige Hinwendung zu Deutschland“, welche sich aus der „nach dem bisherigen Gesamtverhalten zu beurteilenden grundsätzlichen Einstellung zum deutschen Kulturkreis“ ergeben sollte. Als weitere Voraussetzung galt die „Einordnung in die deutschen Lebensverhältnisse“, die in der Regel „ein langfristiges Einleben in die deutsche Umwelt“ erfordere. Eine Prüfung dieser Voraussetzungen durfte sowohl den „Lebensweg“ des Bewerbers umfassen als auch sein „Persönlichkeitsbild“.[7] Es ist erstaunlich, wie selbstverständlich vom „deutschen Kulturkreis“, von „deutschen Lebensverhältnissen“ und gar von „deutscher Umwelt“ die Rede war. Wenn man bedenkt, dass etwa zur gleichen Zeit zum ersten Mal über die „Integration“ von Einwanderern debattiert wurde, dann zeigt sich an diesen Richtlinien, dass die Behörden diese Integration als kulturelle Assimilation begriffen und als Vorleistung für die Einbürgerung betrachteten. Eine Vorleistung, die Rogers Brubaker zu Recht als „Veränderung der eigenen Wesensart“ charakterisierte.[8]

Die erwähnten Richtlinien galten für Willküreinbürgerungen. Einen Anspruch auf Einbürgerung aufgrund der Erfüllung bestimmter Bedingungen gibt es seit 1990. Freilich wurde dieser Anspruch im „Ausländergesetz“ eingetragen – letzteres ist eben die Sondergesetzgebung für Menschen anderer Herkunft, die sich dauerhaft auf dem Staatsgebiet der Bundesrepublik aufhalten. Das Gesetz von 1913 erfuhr zum ersten Mal im Jahre 1999 eine Änderung. Seitdem gilt, dass die Staatsangehörigkeit durch Geburt erworben wird. Zudem wurde die Aufenthaltsdauer, in der Migranten einen Anspruch auf Einbürgerung erwerben können, erheblich verkürzt. Der Artikel 116 freilich, der die starke Formulierung der „Volkszugehörigkeit“ enthält, wurde nicht angepasst, was zu erheblichen Widersprüchen in der Rechtslage führt.

Außerdem blieb die deutsche Staatsangehörigkeit wie erwähnt exklusiv – bei Erwerb müssen andere Staatsbürgerschaften aufgegeben werden. Für die im Land geborenen „ausländischen“ Kinder, welche die Staatsangehörigkeit nun automatisch erhalten, gilt eine befristete Ausnahme. Die Staatsangehörigkeit der Eltern bleibt vorläufig noch parallel bestehen, aber das Gesetz beinhaltet die Verpflichtung, bei Volljährigkeit eine Entscheidung für einen Pass zu fällen. Im Kommentar zum Ausländerrecht weist Helmut Rittstieg darauf hin, dass die neue Regelung damit „Deutsche minderen Rechts im Verhältnis zu dem Abstammungsdeutschen“ schaffe.[9] So ist Brubakers Bilanz weiter zutreffend: „Ohne eine verändertes Verständnis davon, was es bedeutet, ein Deutscher zu sein – oder zu werden –, wird die Liberalisierung der Einbürgerungspolitik keinen spürbaren Anstieg der Einbürgerungsziffern bringen.“[10] Das zeigen auch die Statistiken der letzten beiden Jahre: Zwar gab es durchaus eine Erhöhung, die aber nicht annähernd die Zahl der Personen umfasste, die einen Anspruch gehabt hätten. 2003 waren die Zahlen dann wieder rückläufig.

---

7 vgl. Einbürgerungsrichtlinien 1977.
8 Brubaker 1994, S.112.
9 Rittstieg 2001, S.IX.
10 Brubaker 1994, S.115.

Die Erklärung für diese Zurückhaltung ergibt sich aus den Ergebnissen meiner Befragung. Zwar hat es eine substantielle Änderung gegeben, doch diese Änderung wird als unvollständig empfunden. Zum einen wird sie von vielen erwachsenen Migranten nicht als Lösung des vorangegangenen institutionalisierten Konfliktes begriffen – da die deutsche Staatsangehörigkeit exklusiv ist, wird die Regelung ihrem „Fühlen" nicht gerecht. Zum anderen werden die Personen auch nach dem rechtlichen Übergang mit Wissensbeständen über das „Deutsch-Sein" konfrontiert, die weiter informelle Grenzen aufrechterhalten. Dadurch werden die Migranten zu „Möchtegern-Deutschen" degradiert. Dabei haben die Auffassungen vom „Deutsch-Sein", die sich in den informellen Grenzen äußern, weiterhin eine materielle Grundlage – die „Volkszugehörigkeit" ist immer noch im Grundgesetz festgeschrieben, und auch nach der Verabschiedung des neuen Staatsangehörigkeitsrechtes erklärte etwa der damalige Fraktionsvorsitzende der Union, Wolfgang Schäuble: „Wir schöpfen unsere Identität nicht aus dem Bekenntnis zu einer Idee, sondern aus der Zugehörigkeit zu einem bestimmten Volk."[11] Dennoch hat sich gezeigt, dass viele meiner Befragten aus pragmatischen Gründen die Staatsangehörigkeit beantragt haben. Doch bei den Beteiligten handelte es sich durchweg um reflektierte und bildungserfolgreiche Personen, welche die Kosten von emotionalisierten Haltungen gegenüber dem Nutzen eines anwendungsbezogenen Arrangements abwägen konnten. Das ist bei vielen Menschen jedoch nicht so – für sie wirkt die ethnische Aufladung und die mangelnde staatsbürgerliche Komponente des „Deutsch-Seins" nachhaltig abschreckend.

Dass die informellen Grenzen weiterhin undurchlässig wirken, das zeigen auch einige aktuelle Untersuchungen zum Thema „Deutsch-Sein" ziemlich deutlich. Tatsächlich dringen die Änderungen der neunziger Jahre nur sehr langsam ins Bewusstsein der Einheimischen vor. In einer ethnographischen Untersuchung über „Deutsch-Sein"[12] interviewte Jens Schneider 35 Personen unterschiedlicher regionaler und ethnischer Herkunft sowie verschiedener politischer Orientierung, die so genannten Eliten angehörten – die meisten arbeiteten in der Öffentlichkeit; in Politik und Medien. Zunächst fiel ihm die „geringe Definititionstiefe der Kategorie" auf.[13] Die Vokabel „deutsch" wurde bloß mit wenigen Charakteristika gefüllt. Zum einen wurde sie in Verbindung gebracht mit den sogenannten Sekundärtugenden – hauptsächlich mit Genauigkeit und Zuverlässigkeit, aber auch mit Pünktlichkeit, Pflichtbewußtsein etc.[14] Zum anderen konnotierten die Befragten das „Deutsche" mit romantischen Vorstellungen über „Tiefe": Das Grüblerische, Zerrissene und Melancholische gehörten für sie ebenfalls zum „Deutsch-Sein" dazu.[15]

Allerdings beurteilten die Beteiligten diese Charakteristika keineswegs durchweg als positiv – Schneider konnte eine starke Ambivalenz der Eigende-

11 vgl. Baumann / Dietl / Wippermann 1999, S.8.

12 Schneider 2001.

13 ebd., S.146.

14 vgl. ebd., S.177.

15 vgl. ebd., S.180.

finition „typisch deutsch“ herausfiltern.[16] Tatsächlich waren die meisten seiner Gesprächspartner kaum noch in der Lage, ihre eigenen Lebenserfahrungen mit jenen Eigenschaften in Verbindung zu bringen, die sie selbst als „deutsch“ betrachteten.[17] Doch selbst im Falle der Verweigerung gegenüber dem „typisch Deutschen“ wurde die Prägekraft des „Deutsch-Seins“ bestätigt. „Deutsch-Sein“ wurde als eine Art zufälliges, aber unausweichliches Schicksal betrachtet. Die Staatsangehörigkeit erschien den Teilnehmern als kontingent, als etwas, das man nicht selbst verantwortet, etwas, das von außen zugeschrieben wird. Gleichzeitig glaubten die meisten, dass „Deutsch sein“ in frühester Kindheit durch Sozialisation und kulturelle Prägung festgelegt werde.[18] Grundsätzlich positiv beurteilt wurde dagegen das institutionelle System der Bundesrepublik Deutschland, wobei der zentrale Begriff freilich nicht Demokratie war, sondern Sicherheit – sowohl hinsichtlich des Lebensstandards und der sozialen Schutzmechanismen als auch hinsichtlich der politischen Stabilität des Gemeinwesens.[19]

Kulturelle Vielfalt wiederum wurde positiv gewertet – jedenfalls solange keine Vermischung eintritt: „Der entscheidende Aspekt dieser Vielfalt ist aber, daß die Kulturen erkennbar unterschiedlich bleiben. Das Ziel ist weniger die gegenseitige Annäherung oder Beeinflussung, im Gegenteil: Toleranz bedeutet hier eher das Vermeiden von kultureller Interferenz.“[20] In diesem Sinne werden auch Gemeinsamkeiten zwischen Einheimischen und Einwanderern gewöhnlich übersehen oder unterbewertet. Ähnlich wie Schneider stellten auch Honolka & Götz in Interviews fest, dass es unter den Autochthonen eine besondere Wertschätzung von Wirtschaftskraft, Rechtssicherheit und Demokratie gibt. Die Autoren halten diese Charakteristika für „erwerbbare identifikative Merkmale“ und vermuten daher in dieser Wertschätzung einen Ansatzpunkt für ein gemeinsames „Wir“-Gefühl von Einheimischen und Einwanderern. Doch schließlich müssen sie eingestehen: „In unserem gesamten Fallmaterial finden sich [...] keine detaillierten Beispiele dafür, daß Deutsche solche identifikativen Berührungspunkte mit Eingewanderten sehen.“[21]

Ganz in diesem Sinne war es für die Teilnehmer an der Untersuchung zum „Deutsch-Sein“ gewöhnlich überraschend, wenn ihr Gegenüber – obwohl er oder sie gemäß von Kriterien wie Aussehen, Kleidung, Akzent etc. „fremd“ wirkte – sich selbst als „deutsch“ vorstellte.[22] Das korrespondiert mit den Ängsten meiner Befragten, bloß als „Möchtegern-Deutsche“ betrachtet zu werden. Wie berechtigt diese Befürchtung ist, zeigt sich auch an einer aktuellen Analyse von Talkshows im deutschen Fernsehen in Bezug auf die Konstruktion „nationaler Identität“ – sie trägt den bezeichnenden Titel „Deutsch-

16 vgl. dazu auch trotz vieler methodischer Probleme: Honolka & Götz 1999.
17 vgl. Schneider 2001, S.174ff.
18 vgl. ebd., S.147ff.
19 vgl. ebd., S.184.
20 ebd., S.225.
21 Honolka/Götz 1999, S.91.
22 vgl. Schneider 2001, S.230.

Stunden“ (2003). „Es zeigt sich“, schreibt Tanja Thomas, „daß eine eindeutige nationale Selbstkategorisierung von InteraktionspartnerInnen als erwartbar eingestuft wird. Eine Verweigerung führt zur verstärkten Einforderung einer Festlegung und damit zu kommunikativen Prozessen, die Moralisierungen enthalten.“[23] Tatsächlich wird etwa eine Frage von „Bärbel Schäfer“ vielen Migranten nur zu bekannt vorkommen: „Fühlst Du Dich als Türke oder fühlst Du Dich als Deutscher?“[24] Hier soll die Entscheidung offenbar herbei gezwungen werden. Aber selbst wenn Talkshow-Gäste türkischer Herkunft diese Entscheidung durch den Erwerb der deutschen Staatsangehörigkeit gefällt haben, bleiben sie unter Legitimationsdruck: „Nachdem der Gast seinen türkischen Paß abgegeben hat, stellt die Moderatorin fest: ‚Sie sind jetzt kein Türke mehr‘. Die Ratifizierung des Umkehrschlusses allerdings, und das ist bemerkenswert, nimmt sie nicht vor: Bülent Arslan hat jetzt einen deutschen Paß, sie könnte ihn als Deutschen bezeichnen. Statt dessen fragt sie: ‚was sind sie denn jetzt?‘“[25]

Es ist fast überdeutlich, wie das Wissen über das „Deutsch-Sein“ mit den „Idiomen“ der Staatsbürgerschaft und den institutionellen Routinen korrespondiert. „Deutsch-Sein“ wird nicht einmal ansatzweise als ein staatsbürgerlicher Status gesehen, den man erwerben und durch Teilhabe am demokratischen Gemeinwesen bestätigen kann. „Deutsch-Sein“ wird als schicksalhafte, unveränderliche, ethnisch-kulturelle Kategorie betrachtet. Mit der passiven Auffassung, dass der Staat die Bürgerrechte von außen zuschreibt, geht zudem eine wiederum passive Assoziation Deutschlands mit Sicherheit einher. Die Gleichung „Deutschland gleich Sicherheit“ lässt „Ausländer“ schon bei der kleinsten Abweichung als Problem erscheinen – als Bedrohung für Lebensstandard, Sozialsysteme und politische Stabilität. In diesem Sinne wird also die extreme Trennung zwischen „Deutschen“ und so genannten Ausländern auch informell fortwährend erneuert, obwohl sie nach 50 Jahren Einwanderung selbst den eigenen Erfahrungen längst nicht mehr entspricht. Das institutionelle Arrangement und das gelebte Wissen sorgen also dafür, dass Personen nichtdeutscher Herkunft „entfremdet“ werden. Die Differenz ist also keineswegs, wie man in Deutschland weiterhin glaubt, immer schon gegeben und wird zur Ursache eines Konfliktes, sondern die Differenz wird im Prozess der Diskriminierung als relevante Differenz erst entdeckt, erfunden und neu definiert. Der Konflikt kommt danach.

23 Thomas 2003, S.174.
24 ebd., S.173.
25 ebd., S.177.

1.2. Kulturelle Hegemonie I: Die Familie

Es wurde bereits beschrieben, dass die kulturelle Hegemonie einer bestimmten ethnischen Gruppe, der „eigentlichen“ Nation im Nationalstaat, vor allem zwei Bereiche umfasst: Zum einen die Aufrichtung von symbolischen Grenzbefestigungen, von informellen Grenzen, welche die „eigentliche“ Nation einhegen, sowie auf der anderen Seite die Etablierung eines spezifischen Werte- und Moralsystems. Nun stand ich vor dem Problem, wie man diesen riesigen und auch recht diffusen Bereich der Praxis in der kulturellen Hegemonie auf eine überschaubare Reihe von Fragen bringt. Ich habe mich dazu entschieden, die kulturelle Hegemonie in zwei relevanten Ausschnitten zu adressieren – der Familie und der Schule. Das Thema Familie spielte im anamnestischen Teil zunächst ganz selbstverständlich eine Rolle. Mit dem Fortschreiten der Interviews hat sich gezeigt, dass sich dieses Thema durch eine bestimmte Frage leicht vertiefen ließ – die Frage nach der Erziehung. Ich habe alle Beteiligten in den Einzelinterviews gefragt, wie sie denn ihre Erziehung beschreiben würden – als eher „liberal“ oder als eher „konservativ“.

Nun ist die Familie nicht nur ein zentraler Ort, um bestimmte kulturelle Praxen und Wissensbestände zu übertragen, sondern, was die Migranten betrifft, wird sie in der hiesigen Öffentlichkeit explizit als der Ort gesehen, an dem diese Übertragung scheitert, weil hier angeblich die „dysfunktionalen“ Praxen des „Heimatlandes“ eingeübt werden. Die migrantische Familie erscheint oft genug – und das wird sich auch am Beispiel Schule noch einmal zeigen – gegenüber der einheimischen Familie als defizitär. Diese Sichtweise ist ein Effekt der kulturellen Hegemonie: Die „deutsche Familie“ wird als Norm gesetzt. Daher konnte die Frage nach der Erziehung kaum naiv gestellt werden. Insbesondere die Personen islamischer Religionszugehörigkeit wussten selbstverständlich um die verbreiteten Wissensbestände über die „islamische Familie“, die angeblich patriarchal und traditionell organisiert ist. Das Wissen über solche Vorstellungen floss von Beginn an in die Antworten ein.

Bei Kemal wurde das schon in seiner ersten Replik deutlich: „Ein Deutscher würde zu der Erziehung konservativ sagen, weil es ja immer so ist, dass man in der türkischen Familie türkisch sein muss, aber es war immer sehr locker.“ Danach kam er sofort auf den Islam und die Türkei zu sprechen: „Meine Eltern haben mir die Religion, also den Islam näher gebracht, aber nie unter Druck. Die haben mir auch immer die türkische Geschichte erzählt, und es war mir dann halt überlassen, wie ich damit umgehe.“ In seinen Antworten spielt der „einheimische Blick“ eine große Rolle, denn Kemal thematisiert von sich aus gleich die Elemente, die von den Einheimischen hinsichtlich der Familien türkischer Herkunft als „konservativ“ gesehen werden: die islamische Religion und der Bezug zur Türkei. Indem er seine Entgegnungen an den herrschenden Wissensbeständen orientiert, scheint er die Zuschreibungen zunächst zu akzeptieren. Gleichzeitig jedoch befreit er diese Elemente vom Konservatismus, indem er betont, es sei stets „locker“ gewesen. „Ich wurde nicht gelenkt, mir wurde das alles erzählt, was in unserer Religion gut ist, dass das und das unsere Regeln sind, die man befolgen muss. Nur, ob ich das dann auch mache, war dann mir überlassen. Mein Vater hat mir immer nur gesagt, dass er es mir nur erzählen kann, ich es aber machen muss.“ So wie Kemal seine Erziehung schildert, würde man sie wohl eher als „liberal“ charakterisieren, was Kemal aber nicht direkt tut. Er verharrt in einer Verteidigungshaltung, weil er die eigenen Erlebnisse unter dem Blickwinkel eines „Deutschen“ betrachtet.

Anna, die allein durch ihr Kopftuch bereits als Gläubige ausgewiesen war, reagierte auf meine Frage ziemlich schnippisch: „Konservativ im Hinblick auf was? Streng islamisch oder was?“ Als ich ihr erklärte, dass ich meine eigene Erziehung auch als „konservativ“ beschreiben würde, und es hier keineswegs um den Islam ginge, da fügte sie hinzu: „Ich habe nur nachgefragt, weil die Frage bei den anderen immer in die Richtung Glauben zielt, [...]: ‚Wurdest Du gezwungen, Kopftuch zu tragen?‘ oder so was. Ich habe das jetzt mittlerweile drin, und deshalb dachte ich, dass das jetzt auch in die Richtung ging.“ Zwar konnte Anna mit der zugegebenermaßen ziemlich groben Unterscheidung zwischen „konservativ“ und „liberal“ nichts anfangen (sie war eine Studentin der Pädagogik), aber „wenn ich mich jetzt entscheiden müsste, dann würde ich sagen: liberal“. „Meine Eltern“, erklärte sie weiter, „sind im Vergleich zu unseren Bekannten und zu unserem Freundeskreis ganz anders. Erstens sprechen sie besser Deutsch als jeder in unserem Freundeskreis – mit Ausnahme derer, die mit Deutschen verheiratet sind. Zweitens sind sie schon sehr eingedeutscht – von Alltagsgewohnheiten über Denkweisen. Und deswegen war meine Erziehung schon sehr liberal. Ich will nicht sagen sehr deutsch, aber liberal.“ Zwar wehrt sich Anna zunächst durchaus aggressiv gegen die übliche Unterstellung eines Konservatismus der „islamischen Familie“, doch im nächsten Moment misst sie die eigene Familie dennoch am Maßstab der „deutschen Familie“ – die Eltern sind „ganz anders“ als andere Migranten, ihre Sprachbeherrschung ist ausgezeichnet, Tun und Denken sind „eingedeutscht“. Es ist auch zu erkennen, dass Anna „deutsch“ mit Offenheit und Freizügigkeit assoziiert – am Ende ist die Erziehung nicht „deutsch, *aber* liberal“.

In den bisherigen Äußerungen über die Erziehung macht sich bereits die bekannte, extreme Trennung zwischen dem, was als „Deutsch“ betrachtet wird und dem jeweiligen „Ausländischen“ bemerkbar. Stets werden zwei Vergleichsmaßstäbe für die eigene Erziehung aufgerichtet, wobei sich das „Deutsche“ per se am Pol der Liberalität befindet und das jeweilige „Ausländische“ an jenem des Konservatismus. Eine Bemerkung von Fatima kann das verdeutlichen: „Meine Eltern waren wohl offener als die klassischen Ausländer und sie waren vielleicht – mein Vater zumindest – einen Tick konservativer als die klassischen deutschen Eltern.“ Ihre Eltern bezeichnete sie als „klassische Moslems“: „Meine Mutter trägt ein Kopftuch und meine Eltern beten seit zirka fünf Jahren hier.“ Diese Religiosität sah Fatima aber nicht als Bestandteil des Konservatismus in ihrer Erziehung, denn die Eltern hatten sich erst in den letzten Jahren bewusst dem Islam zugewandt. Als junge „Gastarbeiter“ in Deutschland hätten sie sich „ausgetobt“, wie sie meint: Sie tranken Alkohol und aßen auch Schweinefleisch. Dennoch wurde ihre ältere Schwester noch sehr streng erzogen. Als Beispiel erzählte sie, dass die Schwester erst in der zehnten Klasse zum ersten Mal an einer Klassenfahrt teilnehmen durfte. Bei ihr sei das aber schon anders gewesen.

Deshalb: „Ich denke eigentlich schon, dass unsere Eltern sich weiterentwickelt haben, obwohl immer gesagt wird, dass sie sich zurückentwickelt haben, aber sie haben sich weiterentwickelt.“ Während der einheimische Diskurs – „es wird immer gesagt“ – den Islam prinzipiell auf der konservativen Seite verortet, entwirft Fatima, ebenso wie Anna, ein weit komplizierteres Bild persönlicher Entwicklungen und Orientierungen. Darin hat die Religion keinen Ort per se, sondern wird im Kontext gesehen – im Kontext der Subjektivität der Eltern einerseits und im Kontext der Auswirkungen bestimmter religiöser Vorstellungen auf die Erziehung der Kinder andererseits. „Ich meine“, schickte Fatima hinterher, „das hört sich jetzt widersprüchlich an: Auf der einen Seite jugendliche Eltern, und jetzt wenden sie sich zur Religion, auf der anderen Seite sind sie streng zu meiner Schwester gewesen.“

Offenbar wird dieser Widerspruch von außen herangetragen – der Widerspruch ergibt sich aus der herrschenden Konstruktion eines Modells der „deutschen Familie“ und einer Abweichung namens „ausländische Familie“. In diesem Modell haben bestimmte Elemente – Sprache, Religion, Tradition, Heimatbezug – von vornherein festgelegte Bedeutungen. Dieses Modell, das ein Bestandteil der kulturellen Hegemonie ist, erzeugt erst das Gefühl der „Widersprüchlichkeit“. Solche Auffassungen sind auch der Ursprung jenes Klischees über Migrantenkinder, das besagt, sie würden „zwischen zwei Stühlen“ sitzen. Bestimmte Dinge hören sich aber nur widersprüchlich an, wie Fatima sagte. Sie selbst hielt ihre Erziehung für „eine ganz normale Erziehung“. Widersprüche gehören zu dieser „Normalität“ dazu – in diesem Sinne tragen jüngere, qualitative Untersuchungen von ForscherInnen nichtdeutscher Herkunft über das Selbstverständnis von jungen MigrantInnen Titel wie „Auf allen Stühlen“ oder „Der dritte Stuhl“.[26]

Die meisten Befragten positionierten ihre Kindheit in dem genannten Spannungsfeld – nur zwei männliche Teilnehmer der Untersuchung bezeichneten ihre Erziehung weitgehend unambivalent als „total offen“ bzw. „liberal“, und eine der Teilnehmerinnen ihre als „streng religiös und traditionell“. Da die eigenen Erfahrungen stets an den Kriterien „deutsch/offen“ und „ausländisch/traditionell“ gemessen wurden, erschien die widersprüchliche Normalität der eigenen Erziehung letztlich als eine Art Sonderfall – eine Ausnahme von „den Deutschen“ und eine Ausnahme von „den Ausländern“. Gleichzeitig nahmen die Beteiligten für ihren Sonderfall aber auch „Normalität“ in Anspruch. Sie situieren sich also in einem neuen Raum – in einem Raum, der sich der starren Gegenüberstellung von „deutsch“ und „ausländisch“ entzieht.

26 vgl. Otyakmaz 1995, Badawia 2002.

Zu ähnlichen Ergebnissen kommt auch Berrin Özlem Otyakmaz bei einer Befragung von sieben jungen Frauen türkischer Herkunft. Auch diese Frauen identifizierten das „Türkische“ stets mit Konservatismus, wobei vor allem der Begriff „türkische Frau“ mit negativen Konnotationen belegt war. Daneben existierte aber unvermittelt ein weitaus differenzierteres Bild der „türkischen Frau“. [27] Zudem konnte Otyakmaz feststellen, dass der Kampf um mehr Offenheit und tatsächlich erreichte Liberalisierungen von ihren Befragten keineswegs als ein Schritt in Richtung „Deutsch-Sein“ verstanden wurde. „Mit einer Ausnahme ist die Zielvorstellung der Frauen nicht, wie Deutsche zu werden, sondern sie betonen, daß sie einen Teil der Normen und Werte, die sie für sich selbst als richtig erkannt haben, an ihre Kinder weitergeben wollen. Es kann also nicht von Strategien der Assimilierung an deutsche Werte und Normen gesprochen werden, deren zunehmende Pluralisierung ohnehin die Etikettierung als deutsch fragwürdig macht. Auch die Überlegung, daß größere Freiräume in Verbindung zu einer Annäherung an deutsche Gepflogenheiten stehen, erweist sich als unhaltbar.“[28]

Auch diese Erkenntnisse deuten darauf hin, dass die Migranten sich und ihre Familien in einem neuen Raum positionieren. Noch freilich wird dieser Raum nicht positiv besetzt – gewöhnlich wird er von den Befragten gegenüber den allgegenwärtigen Zuschreibungen einfach als „Normalität“ verteidigt. Das rührt daher, dass die Norm im Rahmen der kulturellen Hegemonie das Modell der „deutschen Familie“ bleibt. Für die Abweichung der „ausländischen Familie“ von dieser Norm wird in den herrschenden Diskursen gewöhnlich der weiterhin gepflegte „Heimatbezug“ der Eltern verantwortlich gemacht: „Die“ wollen sich bekanntlich nicht „anpassen“, wie es im Volksmund heißt. Nun bricht, wenn man wie die Eltern meiner Befragten in ein anderes Land einwandert, der Bezug zum Herkunftsland nicht einfach von einem Tag auf den anderen ab – zumal, wenn das Einwanderungsland selbst, wie im Falle der Bundesrepublik, über 40 Jahre lang die Fiktion aufrecht erhält, dass die „Ausländer“ irgendwann einmal in ihre angebliche Heimat zurückkehren werden.

In meiner Untersuchung habe ich auch nach dem Verhältnis der Eltern zum Herkunftsland gefragt – also in dem Sinne, ob dieses Herkunftsland in der Erziehung der Beteiligten eine besondere Rolle gespielt habe. Kemal wurde oben bereits zitiert, dass seine Eltern ihm diesen Bezug keineswegs oktroyiert haben, sondern ihn als Angebot formulierten. In den Interviews zeigte sich eine ganz erhebliche Vielfalt. Bei manchen haben die Eltern den Kontakt weitgehend abgebrochen, obwohl sie durchaus bestimmte „Traditionen“ beibehielten oder neu entdeckten. Manche besuchten die „Heimat“ regelmäßig im Urlaub. In Nejlas Fall hat sich die Familie gar mit dem gesamten Haushalt „zurück“ begeben, um nach drei Monaten zu erkennen, „dass es doch nichts für uns war“ – und dann ging es wieder retour nach Deutschland. Andere be-

27 vgl. Otyakmaz 1995, S.130.

28 ebd., S.131.

schrieben das eine Elternteil als extrem am Ideal der „Heimat“ orientiert, während das andere Elternteil überhaupt kein Interesse zeigte. Und wiederum andere besuchten das Herkunftsland fast nie, hatten aber gleichzeitig eine extrem enge Bindung an die ethnischen Community-Strukturen in Deutschland. Freilich spielte bei keinem der Befragten das Land der Herkunft überhaupt keine Rolle mehr.

Für alle Befragten war klar, dass „Heimatland“ in Anführungszeichen stehen muss. Nicht nur für die Befragten selbst, sondern bereits für die Eltern, die ja schon seit geraumer Zeit ihren Lebensmittelpunkt in Deutschland hatten, war „Heimat“ zu einer imaginären Größe geworden, zu einem Bezugspunkt in der Vergangenheit, dem subjektive Bedeutung eingehaucht worden war. Neijla, deren Eltern sich wirklich auf einen erfolglosen Weg zurück gemacht hatten, wo sie dann einsahen, dass sie in der Türkei nicht mehr leben konnten, erzählte, dass die Rückkehrpläne danach zwar immer noch nicht aufgegeben worden seien, aber: „Danach war es nur noch ein Wunsch.“ Ebenfalls erfolglos zurückgekehrt ist Herberts Vater mit seiner ersten (auch einheimischen) Frau und Herberts Stiefschwester – aber die schlechten Lebensbedingungen und die politische Instabilität in Ghana erwiesen sich als unerträglich. Auch Herberts Vater hielt danach erstaunlicherweise an seinen Rückkehrplänen fest, aber weder in seiner Lebensführung noch in seinen Zukunftsvorstellungen hatte Ghana tatsächlich einen Platz. Für Herbert wiederum bedeutete Ghana kaum mehr als: „Wenn mein Vater zu Hause war, dann war halt ständig Musik im Haus.“

Die Eltern der anderen haben eine reale Rückkehr nicht in Erwägung gezogen. Ein Zitat von Anna soll hier stellvertretend für die Erfahrungen stehen, die eine ganze Reihe von Teilnehmern gemacht haben: „Bei meinen Eltern ist es so, dass ich manchmal das Gefühl habe, dass sie ihr Heimatland noch so im Herzen bewahren, wie es damals war, als sie weggegangen sind. Jedes Mal, wenn sie dann wieder da sind, ist es ein bisschen enttäuschend. Die werden dann mit der Realität konfrontiert und müssen dann feststellen, dass die Leute da anders geworden sind, und dass sich das Land äußerlich verändert hat. Und ich denke, so eine Art Heimweh hat dann dazu geführt, dass sie das Bild im Herzen eingeschlossen haben, wie es damals war. Also als Wunsch, dass es noch so sein möge, wie es damals war.“ Von diesem „Bild im Herzen“ sprach auch Dong-ju. Seinen Eltern sei durchaus klar, dass das Korea, aus dem sie stammen, mit dem veränderten Korea von heute nichts mehr zu tun habe, und dass sie deswegen auch nicht ohne weiteres zurückgehen und dort ein ganz normales Leben führen könnten. Gleichzeitig jedoch würden sie „in diesem Korea-Ding so drin hängen“, weil sie, wie er ironisch bemerkte, in der koreanischen Gemeinde „die Position der Dorfältesten“ einnehmen. Weil dieses Community-Korea mit dem aktuellen Korea aber nichts zu tun habe, sah er seine Eltern „schon in ihrer eigenen Welt leben“. Die Formulierung „ihre eigene Welt“ macht den subjektiven Charakter des Bezuges auf „Heimat“ noch einmal deutlich. Tatsächlich wird von den Eltern die „Heimat“ buchstäblich neu erfunden. Diese Neuerfindung ist einerseits das Ergebnis von allzu menschlichen Nostalgiegefühlen in Bezug auf die Zeit der Jugend. Zum anderen findet die Neudefinition der Heimat statt, weil die Eltern dem neuen Land „fremd“ blieben – gezwungenermaßen, denn die Bundesrepublik Deutschland hat die „Gastarbeiter“ bekanntlich nie als zugehörig akzeptiert.

Ich habe oben gesagt, dass die Befragten ihre Familien in einem neuen Raum verorten. Auch die Neuerfindung der Heimat gehört zu diesem Gelände. In diesem neuen Raum sind die aus dem Herkunftsland stammenden Vorstellungen über Kultur sowie die tatsächlich „mitgebrachten“ kulturellen Praktiken in einem Prozess der Subjektivierung umformuliert und individuell neu gestaltet worden. Diese Subjektivierung ist eine genuine Leistung. Im Rahmen einer kulturellen Hegemonie, in der die „deutsche Familie“ als Norm gesetzt wird, lässt sich diese Leistung aber nicht erkennen. Im Gegenteil, die individuelle Arbeit am kulturellen Unterschied wird geleugnet. Zweifellos wird in den Familien der Einwanderer in kultureller Hinsicht einiges anders gemacht, aber diese Unterschiede haben als gelebte Differenz kaum etwas gemein mit den unterstellten Abweichungen von der Norm.

Ein konkretes Beispiel für den Unterschied zwischen gelebter Differenz und der normgeleiteten Konstruktion als Abweichung kommt aus Mehmets Familie. Seine Mutter liest gerne aus dem Kaffeesatz. Das tun nur wenige Einheimische (manche tun es). Das Kaffeesatzlesen setzt voraus, dass in Mehmets Familie türkischer Kaffee zubereitet wird, was ebenfalls beim überwiegenden Teil der Einheimischen nicht der Fall ist. Man könnte diese Differenz im Verhalten als Einfluss einer Tradition betrachten und behaupten, Mehmets Mutter sei im Gegensatz zu den einheimischen Müttern dem Aberglauben verhaftet. Nun hat meine einheimische, katholische Mutter mir stets kleine Anhänger mit dem Bildnis der „Mutter Gottes“ unter die Matratze gesteckt. Niemand hätte von diesem Verhalten aus generalisiert. Für Mehmet ist das Lesen aus dem Satz „das Persönliche“. Und sein Verhältnis dazu ist etwa so wie das anderer Leute zum Lesen von Horoskopen. „Das sind zwar so Sachen, an die wir nicht glauben, aber die auch irgendwie ganz angenehm sind.“ Allerdings ist auch die gelebte Differenz vom Rassismus mitgeprägt. Rassismus lässt sich dabei eben nicht nur als Ideologie begreifen, die Menschen abwertet, sondern es handelt sich um ein strukturelles Ungleichheitsverhältnis. Dieses Verhältnis wirkt im Sinne der Machtwirkungen, die Michel Foucault beschreibt, keineswegs nur unterdrückend. Der Apparat das Rassismus wirkt auch produktiv, er bringt etwas hervor und läßt etwas hervorbringen – in diesem Fall eine Gruppe, die als Abweichung subjektiviert wird und die sich gleichzeitig in der Abweichung subjektiviert.

Die subjektiven Leistungen der Migranten im familiären Bereich sind, wie schon erwähnt, lange Zeit in der Forschung nicht gesehen worden. Der überwiegende Teil der Forschung hat sich von vornherein an dem Paradigma orientiert, welches die „ausländische Familie“ am Modell der deutschen Normfamilie misst, und sie deswegen als „dysfunktional“ disqualifiziert.[29] In der

29 vgl. Bender-Szymanski & Hesse 1987.

Wissenschaft ist dieses Paradigma nicht zuletzt aufgrund der scharfen Kritik an der „Ausländerpädagogik“ zurückgetreten. Zudem haben sich die Forscher offenbar zu sehr auf die verbalen Selbstauskünfte der Personen verlassen, anstatt die gelebte Differenz in ihrer Praxis zu analysieren. Kürzlich haben vergleichende Untersuchungen nämlich gezeigt, dass es bei den Einwandererfamilien ein starkes Auseinanderklaffen von Sagen und Leben gibt. So ist es möglich, dass im Diskurs weiterhin bestimmte Vorstellungen von „Tradition“ – insbesondere in Bezug auf Männlichkeitskonzepte – beschworen werden, während es in der Alltagspraxis längst alle möglichen Prozesse der tagtäglichen Veränderung, des Aushandelns und des Umdeutens gibt.[30] Während in der Wissenschaft die Vorstellungen von der „Dysfunktionalität“ der Migrantenfamilien weitgehend verschwunden sind, haben sich in der Öffentlichkeit die Klischees über die patriarchal strukturierte „ausländische Familie“, deren partikulares Paradeobejekt stets die „moslemische“, und in abgestufter Weise die „türkische“ Familie darstellt, in den letzten Jahren erst so richtig verbreitet. Das konnte Margret Jäger in einer Untersuchung über die „Kritik am Patriarchat im Einwanderungsdiskus“ feststellen.[31]

Die angesprochene Differenz zwischen Sagen und Leben könnte auch noch einen anderen Grund haben. Denn vielleicht ist das Beharren auf „Traditionen“ in der Rede, etwa auf bestimmten Männlichkeitskonzepten, nicht nur ein Lippenbekenntnis an das Hergebrachte, sondern eine offensive Reaktion auf den Diskurs der kulturellen Hegemonie, in welchem der „türkische Vater“, die „türkische Frau“, der prügelnde Macho-Sohn und die stumme, unterdrückte Tochter als Projektionsfläche für die Definition eines neuen und progressiven, einheimischen Geschlechterverhältnisses verwendet werden. Darauf deutet etwa ein Zitat hin, das ich in einer qualitativen Untersuchung von Encarnacion Gutierrez-Rodriguez über „intellektuelle Migrantinnen“ gefunden habe. Dort meint „Mine“, die Mitte der achtziger Jahren nach dem Abschluss eines sozialwissenschaftlichen Studiums aus der Türkei nach Deutschland eingewandert ist, in Bezug auf ihre ständige Identifizierung als „unterdrückte Türkin“: „Also gut, am Anfang gab´s so ne´ merkwürdige Entwicklung und zwar, es gab so n´ Phase, wo ich das total verteidigt habe. Ich hab Sachen verteidigt über die Türkei oder die Türkinnen, wo ich normalerweise dagegen war oder so, ja. Ich hab mich in so eine Ecke gedrängt gefühlt, wo ich das verteidigen mußte. [...] Ich hab bestimmte Musik hier gehört, die ich in der Türkei gehaßt habe, türkische Musik, ja oder so n´ Art Fest, wo ich in der Türkei nie an solchen Festen teilgenommen habe, hier hab ich teilgenommen.“[32]

Nun soll mit der Anerkennung der subjektiven Leistungen der Einwandererfamilien nicht der gleiche Weg begangen werden, den Mine hier beschreibt – die Verhältnisse in diesen Familien sollen nicht einfach als richtig und gut

30 vgl. Herwartz-Emden 2000, darin etwa Westphal 2000, S.203f.

31 vgl. Jäger 1996; vgl. auch Guttiérrez-Rodríguez 1999, S.158ff.

32 zitiert nach Gutiérrez-Rodríguez 1999, S.172f.

verteidigt werden, weil sie im Rahmen der kulturellen Hegemonie ständig unter Klischeebeschuss stehen. Es wäre völlig widersinnig, wenn man abstreiten wollte, dass es in den Migrantenfamilien patriarchale Strukturen gibt, die auch möglicherweise etwas mit der Herkunft zu tun haben. Die Frage ist nur, wie diese patriarchalen Strukturen adressiert und kritisiert werden. Wenn man sie im Rahmen eines Patriarchats in der deutschen Gesellschaft betrachtet, das ohne Zweifel je nach dem spezifischen Hintergrund graduell unterschiedlich ist, dann wäre die Kritik notwendig und gerechtfertigt. Wenn man allerdings im Rahmen der kulturellen Hegemonie diese patriarchalen Strukturen als „fremd“ definiert, während gleichzeitig die einheimische Gesellschaft generell als gleichberechtigt erscheint, dann wird die Trennung zwischen „uns“ und „ihnen“, welche konstitutiv für den Rassismus ist, nur noch verschärft.

1.3 Kulturelle Hegemonie II: Die Schule

Die Schule ist ein zweiter zentraler Ort in der Konstituierung von kultureller Hegemonie. Zudem ist die Schule auch direkt verbunden mit dem Arbeitsmarkt – hier wird der Grundstein gelegt für die spätere Eingliederung in die verschiedenen Berufssparten und Marktsegmente. Nun hat die Schule in der Bundesrepublik eine ganze Reihe von Spezifika, die erst in den letzten Jahren mehr und mehr in die Öffentlichkeit dringen. Insbesondere die Ergebnisse der so genannten Pisa-Studie über die Lesefähigkeit im internationalen Vergleich haben für einigen Aufruhr gesorgt. Relevant für die Diskussion über Rassismus ist vor allem, dass die Studie gezeigt hat, dass es in der Bundesrepublik eine unverhältnismäßige hohe Korrelation zwischen mangelnder Lesefähigkeit und Migrationshintergrund gibt.[33] Das bedeutet, wer aus der Migration stammt, dessen Chancen sind deutlich geringer, eine ausgezeichnete Lesefähigkeit zu erwerben, was auch heißt: Diese Person hat im deutschen System, das ja im Gefolge der Grundschule sehr selektiv gestaltet ist, sehr viel geringere Chancen, eine höhere Schulbildung zu erlangen und später dann auch zu studieren.

Dieses Ergebnis der „Pisa“-Studie wurde bereits mehrfach bestätigt – auch in der Internationalen Grundschul-Leseuntersuchung (Iglu). Darin wurde auch festgestellt, dass die Gymnasialempfehlung nach der Grundschule in den seltensten Fällen aufgrund der Leistung erfolgt, sondern gewöhnlich an die Herkunft des Kindes gekoppelt wird. Der Leiter der „Iglu“-Studie äußerte sich so: „Lehrer sprechen die Gymnasial-Empfehlung für ein Akademikerkind öfter aus, weil sie damit rechnen, daß Papi und Mami ihm helfen, die Hürden der Penne zu überwinden.“[34] Im Falle der „ausländischen Familie“ wird per se angenommen, dass solche Hilfestellungen nicht geleistet werden, denn die

33 vgl. PISA 2000, S.272ff.

34 „Baden-Württemberg: Elite von Geburt“, in: „die tageszeitung“, 29.01.2004.

„ausländische Familie“ wird im Rahmen einer Struktur, die sich am Modell der „deutschen Familie“ orientiert, ohnehin als Abweichung betrachtet. Zahlen des Statistischen Bundesamtes belegen schließlich das Ergebnis der Auslese: „Ausländische“ Schüler sind überproportional an Sonderschulen vertreten (sechzehn Prozent) und unterdurchschnittlich an Gymnasien (vier Prozent).[35] Tatsächlich kann man diesen Vorgang als „institutionelle Diskriminierung“ von Migrantenkindern bezeichnen – darum wird es noch gehen.

Die Bemerkung des Leiters der „Iglu“-Studie über die Tücken der Gymnasialempfehlung am Ende der Grundschule spiegelte sich in vielen Erlebnissen meiner Interviewpartner wider. Sevim zum Beispiel war in der vierten Klasse „eine der Klassenbesten“. Ihre Eltern jedoch hatten an ihrer Bildung keinen besonderen Anteil genommen, was sich auch darin äußerte, dass sie „nie auf dem Elternsprechtag“ waren und auch sonst an schulischen Aktivitäten nicht teilnahmen. Die Lehrerin ließ Sevim spüren, dass sie das Verhalten der Eltern missbilligte. Als es dann um die Empfehlung für einen bestimmten Schultyp ging, meinte die Lehrerin: „Ja, du wirst es viel leichter haben auf der Hauptschule, und Gymnasium wäre nichts für dich.“ Sevim wollte das nicht hinnehmen, vor allem, weil sie nun von einer Freundin getrennt werden sollte, einer Schweizerin, die zwar schlechtere Noten hatte als Sevim, aber dennoch aufs Gymnasium geschickt wurde.

Das Protestieren half nichts. Auch die Eltern blieben desinteressiert: „Ich hab das dann meinen Eltern erzählt, und die haben dann gesagt: ‚Tja, phhh...‘.“ Sevim kam auf die Hauptschule. Dort wurden ihre überdurchschnittlichen Leistungen von verschiedenen Lehrern und auch Schülern bemerkt – man drängte sie, aufs Gymnasium zu wechseln. Aber auch auf der Hauptschule gab es Widerstand – diesmal von höherer Stelle. „Oder auch die Direktorin von der Hauptschule, die immer zu mir: ‚Nein, das schaffste nicht‘, und: ‚Mach doch gleich deine Ausbildung‘, und: ‚Wieso Gymnasium, du brauchst doch nicht zu studieren‘, und: ‚Sichere erst mal deinen Arbeitsplatz‘, und so.“ Sevim bezeichnete diese Behandlung als Diskriminierung: „Das ist es ja auch, dieses Nicht-Zutrauen, dass ich es schaffe.“ Die mangelnde Hilfestellung durch die Schule und durch die Eltern hat Sevim aber keineswegs in die Resignation getrieben. Sie hat ihre Entscheidungen allein getroffen. Als einige Lehrer trotz des Widerstandes der Direktorin weiter drängten, sie solle doch aufs Gymnasium gehen, da hatte Sevim auf der Hauptschule schon Freunde gefunden, die sie nicht verlieren wollte. So hat sie die Hauptschule beendet und dann erst mit dem Gymnasium weitergemacht – erfolgreich.

Eine ähnliche Geschichte berichtete Kemal. „Ich hatte eigentlich ein gutes Grundschulzeugnis, aber meine Lehrerin meinte irgendwie, dass ich auf die Hauptschule komme. [...] Ich weiß wirklich nicht, warum die unbedingt wollte, dass ich auf die Hauptschule komme. Ich hatte nur eine Vier, und das war in Schönschreiben. Die meinte, ich würde besser erst mal auf die Hauptschule gehen, und dann später gucken, ob ich noch Abitur machen sollte. Mein Vater

35 „Deutsch mangelhaft“, in: „die tageszeitung“, 08.09.2003.

wollte unbedingt, dass ich aufs Gymnasium gehe, weil das sein Traum war, und ich habe dann eben gesagt, dass ich auf die Realschule will, und dann mal weiter schauen möchte. Ich weiß noch genau, dass meine Lehrerin immer bei mir an der Realschule vorbeigekommen ist und gefragt hat, ob es klappt: ‚Ist nicht so einfach, ne? Wärst doch lieber auf die Hauptschule gegangen?‘ Das meinte sie auch zu meinem Vater. Sie hat dann auch gehört, dass ich jetzt aufs Gymnasium komme, und sagte nur, dass das jetzt ja noch schwerer würde und ich mich noch mehr anstrengen müsste.“ Und dann fügte Kemal noch sarkastisch folgende Episode hinzu: „Letztens hat sie meinen Vater gesehen und erfahren, dass ich jetzt studiere, und hat dann nur gesagt, dass sie wusste, dass ich meinen Weg machen würde.“ Von solchen Behinderungen in ihren Bildungswerdegängen erzählten insbesondere die Befragten türkischer Herkunft.

Auch bei Neijla folgte auf die Grundschule die Realschule – an die Begründung für die Schulwahl konnte sie sich allerdings nicht mehr erinnern. Von der Grundschule berichtete sie jedoch die Episode, dass sie von ihrer Klassenlehrerin lange mit dem Nachnamen angesprochen wurde – und den sprach die Lehrerin auch noch falsch aus. Erst nach zwei Jahren (!) konnte Nejla, die bei der Einschulung eben kein Deutsch sprach, sich dann endlich so gut ausdrücken, dass sie sich traute, ihrer Lehrerin ihren richtigen Vornamen zu sagen: „Da war sie natürlich auch schockiert.“ Ich möchte diese Episode nicht überbewerten, aber es ist sicher nicht übertrieben, zu behaupten, dass die falsche Anrede auf ein mangelndes Interesse hindeutet. Die Ignoranz gegenüber der konkreten Person nichtdeutscher Herkunft setzte sich bei Neijla auf der Realschule fort: „Da war es dann so, dass ich dauernd Deutsch-Förderunterricht bekommen habe, auch wenn ich eine Zwei in Deutsch hatte. Ich musste diesen Förderunterricht besuchen, was ich damals als sehr lästig empfunden habe.“

Ein ähnliches Erlebnis lässt sich bei dem Journalisten Deniz Yücel nachlesen – er erzählt von seinen „Deutsch für Ausländer“-Kursen in der Grundschule zu Beginn der achtziger Jahre: „Da saß ich und sollte Sätze nachsprechen wie: ‚Ich heiße Ali‘. Verstanden habe ich das Ganze nicht. Den Stoff schon, nicht jedoch, warum er mir vorgesetzt wurde. Schließlich war ich im regulären Deutschunterricht Klassenbester, was meine Lehrerin zu Wutanfällen gegen meine Mitschüler veranlaßte: ‚Schämt euch, der Türke weiß es besser als ihr‘“.[36] In solchen Erlebnissen zeigt sich erneut, dass für manche Lehrer offenbar die Herkunft weitaus relevanter ist als die jeweilige Leistung des Schülers – selbst wenn sie dabei die offensichtliche Realität dieser Leistung verleugnen müssen. Nejla machte im Nachhinein das Beste aus ihren Erlebnissen. Was die Lehrerin in der Grundschule betraf, so bezeichnete sie den Moment, in dem sie ihr endlich ihren Namen sagen konnte, als „schönes Erlebnis“. Und den Förderunterricht fand sie „eigentlich ganz o.k. Einfach, um mich noch besser ausdrücken zu können als die anderen, normalen deutschen

36 Yücel, Deniz: „Integration? Schwänzen!“, in: „Jungle World“, Nr. 20, 9. Mai. 2001.

Schüler“. Gerade die Herabsetzung begründet schließlich sogar eine gewisse Überlegenheit.

Auch Marias Bildungswerdegang kam am Übergang von der Grundschule zum Gymnasium kurzfristig ins Stocken. Sie sagte, dass ihre Noten „o.k.“ waren, aber gleichzeitig gab sie zu, dass sie damals „oft ziemlich faul war und keine Lust“ hatte. Obwohl ihre Mutter einigen Druck ausübte, damit sie sich in der Schule anstrengte, und ihr auch half, wo sie nur konnte, zweifelte die Lehrerin im Hinblick auf das Gymnasium am Unterstützungspotential der Eltern: „Also, ich glaube, dass die Lehrerin nicht genau wusste, ob ich das Gymnasium schaffen würde, und eben auch dauernd jemand hinterher sein musste, weil ich geschludert habe. Das Gymnasium galt schon als ein anspruchsvolles Gymnasium. Und wenn da jetzt schwierige Aufgaben waren, wie Latein oder Mathe, dann hätten meine Eltern mich nie unterstützen können. Das haben die leider nicht mehr verstanden.“ Freilich reagierte die Lehrerin in diesem Fall nicht wie einige ihrer Kollegen im Fall von Sevim und Kemal. Sie sorgte nämlich dafür, dass Maria ein Jahr im „Tagesheim“ des Gymnasiums absolvieren konnte. Es ist schwer zu beurteilen, ob diese Besserbehandlung daher rührte, dass Maria nicht türkischer, sondern spanischer Herkunft war. Jedenfalls hat die Lehrerin in Marias Schullaufbahn erreicht, dass die Unterstellung einer mangelnden Unterstützung durch das Elternhaus – wie berechtigt sie auch immer war – nicht in Diskriminierung umgesetzt, sondern durch besondere Förderung ausgeglichen wurde.

Dass die gerade referierten Erlebnisse meiner Befragten durchaus struktureller Natur sind, das konnte kürzlich eine Untersuchung von Mechthild Gomolla und Frank-Olaf Radtke über „institutionelle Diskriminierung“ an nordrhein-westfälischen Schulen zeigen. Für die „Entscheidungsstelle: Übergang in die Sekundarstufe“ ließ sich in Interviews mit Lehrern belegen, dass diese „ausländische“ Schüler signifikant öfter an Haupt- bzw. Realschulen empfahlen. Für das Gymnasium werden nämlich „perfekte Deutschkenntnisse“ sowie angemessene Elternunterstützung als unabdingbare Voraussetzungen gesehen – ist eines von beiden Kriterien nicht erfüllt, dann kann „selbst bei guten Noten“ vom Gymnasium abgeraten werden. Dabei fungieren Sprachkenntnisse als eine Art Indikator: „Ähnlich wie bei der Einschulungsentscheidung und beim Sonderschulaufnahmeverfahren sind auch im Kontext der Übergangsempfehlung eine Vielzahl von defizit-orientierten ethnisch-kulturellen Zuschreibungen in bezug auf die häusliche Unterstützung und das Sozialisationsmilieu von Migrantenkindern an die sprachlichen Fähigkeiten angekoppelt. Als zentraler Topos in den untersuchten Begründungsmustern erweist sich die These einer für den Schulerfolg erforderlichen kulturellen Passung zwischen Schule und Elternhaus, die z.T. zu Kulturkonfliktszenarien ausgeweitet wird.“[37] Da es nur die Hauptschule ist, die Vorbereitungsklassen für den Deutscherwerb anbietet, „scheinen sprachliche und kulturelle Heterogenität zum impliziten Klassifikationsmerkmal [...] geworden zu sein, mit dem die

37 Gomolla/Radtke 2002, S.252.

Hauptschule ihre Position im viergliedrigen Sekundarschulsystem zu bestimmen sucht".[38] Offenbar wird die Schule – und das stimmt überein mit den beschriebenen Besonderheiten des deutschen Verständnisses der Staatsangehörigkeit – von vielen Lehrern nicht als Ausbildungsort aller Staatsbürger verstanden, sondern implizit, und oft genug auch explizit, als im ethnischen Sinne „deutsche Schule".[39]

Die scharfe Auslese führt nun statistisch dazu, dass eben nur sehr wenige Kinder ausländischer Herkunft an den Gymnasien zu finden sind – sie machen hier nur vier Prozent der Schüler aus. Zu der Zeit, als die Befragten meiner Untersuchung zur Schule gingen, waren es vermutlich sogar noch weniger. Beim Wechsel von Haupt- oder Realschule zum Gymnasium hatten daher viele das Gefühl, du „stehst erst mal unter der kalten Dusche" (Kemal). Nicht nur, weil sie nun einem stärkeren schulischen Druck ausgesetzt wurden, sondern weil sie plötzlich schlicht die einzigen Personen nichtdeutscher Herkunft in ihren Klassen bzw. auf der ganzen Schule waren. Nejla etwa war „die einzige Türkin auf der Schule", und das hat dazu geführt, dass sie als „etwas Besonderes" gesehen wurde. Freilich betonte sie, dass dies für sie nicht unvorteilhaft gewesen sei, denn man habe sich dort alle Mühe gegeben, „dass sie integriert wurde". Defizite glich der Rektor gar persönlich durch Nachhilfe aus. „Ich war dann für die das Vorzeigekind", meinte sie. Die Förderung war also keine normale Leistung einer Schule, die an heterogene Voraussetzungen gewöhnt ist, sondern „etwas Besonderes" – eine Sonderleistung für ein einzelnes Individuum. Dadurch wuchs der Druck auf Nejla: „Ich war dann nicht eine von denen, sondern ich war was Besonderes und mußte was Besonderes leisten. […] Ich hatte schon so das Gefühl, dass ich es bestehen müsste, oder: Ich durfte nicht versagen."

„Man nimmt eben diese Sonderrolle ein", sagte auch Dong-ju. Dabei war die „Sonderrolle" oft weniger an harte, punktuelle, klar identifizierbare Erlebnisse gekoppelt, als vielmehr „vielleicht auch nur so ein Gefühl". „Da zu sitzen und ‚anders' auf der Stirn stehen zu haben. Aus der Perspektive des Lehrers sitzt dann da so einer, der anders ist. Das ist vielleicht auch nur subjektiv, weil die Lehrer ja darauf achten, dass sie alle gleich behandeln. Allein diese oberkritischen Beurteilungen und dann die übertriebenen Sympathiebekenntnisse, die waren dann noch übertriebener als bei anderen. Die mögen dich entweder super gern oder nehmen dich einfach super hart ran." Als „Koreaner" habe er es aber nicht so „schwer gehabt" wie die „Türken", denn da werde man halt mehr „als Exot" betrachtet: „...nicht irgendwie faul in dem Sinne und was man so als negativ gegen Ausländer anführt. Faul, ungebildet, nicht der deutschen Sprache mächtig, sondern eher dieses positive Bild, dass Asiaten fleißig und autoritätshörig sind." Auch an Dong-jus Gymnasium konnte also von einem normalen Umgang mit der Heterogenität der Herkunft in der Schülerschaft keine Rede sein. Im Rahmen der kulturellen Hegemonie wird

38 ebd., S.233

39 vgl. ebd., S.162.

insbesondere die höhere Schule als „deutsche Schule“ definiert. Diese Definition trägt in struktureller Weise zur „Herstellung ethnischer Differenz“ (Gomolla & Radtke) bei – der Schüler nichtdeutscher Herkunft ist per se eine Abweichung, spielt per se eine „Sonderrolle“. Um diesen strukturellen Aspekt und darum, wie er sich je im Besonderen gestaltet und von den Befragten erlebt wird, geht es mir hier in erster Linie; nicht etwa um das moralische Fehlverhalten einzelner Lehrer, die negative Bemerkungen über „Ausländer“ machen. Auch das gibt es – das wird weiter unten deutlich werden. Die meisten Befragten aber betonten, dass sie mit ihren Lehrer keineswegs ununterbrochen schlechte Erfahrungen gemacht hätten. Dennoch haben die Lehrer permanent mitgearbeitet an der Produktion einer Andersheit, die mit Ungleichheit verbunden ist.

Zum Gefühl, die oder der „einzige“ zu sein, kam bei den Teilnehmern oft auch das Gefühl, die oder der „erste“ zu sein – der „erste Ausländer, der...“. Sevim berichtete: „Ich kam in die Elfte, und dann war da ja noch diese Klassengemeinschaft. Da wurden halt auch Klassensprecher gewählt, und ich war die erste, die sie dann gewählt haben. Und da hat mein Lehrer später gesagt: ‚Ach, ich wusste, dass du die Klassensprecherin wirst. Und jetzt bist du die erste Ausländerin, die als Klassensprecherin auf dem Gymnasium gewählt worden ist‘. Und dann dachte ich... also fand ich das toll. Aber hinterher habe ich gedacht, äh, das kann doch nicht wahr sein, dass du jetzt die erste Ausländerin bist.“ Durch die Bemerkung, dass Sevim die „erste Ausländerin ist, die...“, festigt der Lehrer den Eindruck der „Sonderrolle“, die Sevim auf dem Gymnasium zugewiesen wird. Zunächst erscheint ihr das als Lob, doch nur wenig später weitet sich gewissermaßen ihr Blick, und sie erkennt, dass es eben einfach „nicht wahr“ sein kann, dass diese höhere Schule nach all den langen Jahren der Einwanderung nach Deutschland immer noch keine Person nichtdeutscher Herkunft beherbergt hat, die für die Klasse „sprechen“ konnte – das hat schon eine symbolische Qualität. „Das war z.B. auch [...] diese versteckte Diskriminierung“, stellte Sevim im Gespräch klar. „Das habe ich ja hinterher erst erfahren.“

Nun spielt die „Sonderrolle“ auch im Unterricht selbst eine Rolle – und zwar immer dann, wenn es um andere Länder oder kulturelle Praktiken geht. In den letzten Jahren ist in der Pädagogik das Stichwort „interkulturelle Pädagogik“ aufgekommen. Darunter versteht man, wie etwa im „Handbuch zur politischen Bildung in der Grundschule“ nachzulesen ist, „das gemeinsame Lernen von Menschen unterschiedlicher nationaler bzw. ethnischer Herkunft“, welches „Bezug nimmt auf die jeweiligen, auch kulturell geformten Erfahrungen“ und sich dabei an „Gemeinsamkeiten auf der Basis der Akzeptanz von Unterschieden“ orientiert.[40] In der schulischen Realität äußert sich diese „interkulturelle“ Dimension leider oft genug einfach so, dass der „ausländische“ Schüler per se zum Experten für sein angebliches Heimatland erklärt wird. Ich kann mich selbst sehr gut daran erinnern, dass ich in der Schule aufgrund

40 George/Prote 1996, S.197.

meiner griechischen Herkunft zum Fachmann für Griechenland mutierte – und das, obwohl meine Mutter Einheimische war, und ich wegen der Diktatur das Land erst 1979 zum ersten Mal besuchte. Dennoch fragten mich Lehrer etwa nach dem Wetter in Griechenland – ob es trocken oder feucht sei. Dieses angebliche Expertentum sollte sogar für die griechische Antike gelten. Santina Battaglia spricht in diesem Zusammenhang vom „Landeskunde-Dialog" bzw. vom „Mythos der bikulturellen Bildung".[41] Warum es sich um einen Mythos handelt, erklärt sie am Beispiel von Aussagen einer Frau deutsch-italienischer Herkunft: „Daß eine Schülerin, die in Deutschland zur Schule geht und die gerade in diesem Zusammenhang erst ihr geschichtliches Wissen erwirbt, aufgrund der bloßen Tatsache, daß ihr Vater italienischer Staatsbürger ist, von ihrem Lehrer über italienische Geschichte befragt, anstatt unterrichtet wird, entbehrt bei näherem Hinsehen jeglicher Plausibilität. Es würde bedeuten, daß deutsche Schüler und Schülerinnen Expertinnen und Experten in deutscher Geschichte wären, ohne daß man sie darin unterrichtet hätte.[42]

Von ähnlichen Vorkommnissen im Unterricht berichteten alle meine Gesprächspartner. „Ich erinnere mich, dass ich im sechsten Schuljahr, als wir in Erdkunde Afrika durchgenommen haben, Fotos und Bilder mitbringen und was erzählen sollte. Zu der Zeit war ich aber überhaupt noch nicht da gewesen und konnte nur erzählen, was mir andere erzählt haben" (Herbert). „Asien", so Dong-ju, „kommt ja noch nicht so oft vor, das ist ja in der Schule völlig ausgeblendet. Du kriegst ja nicht mit, was in China so die letzten 50 Jahre oder so gelaufen ist, warum das so oder so ist. Von daher, wenn so was mal vorkam, dann waren bestimmt alle Fragen an mich gerichtet. Ich habe den Kopf geschüttelt und mich gefragt, warum ich darüber mehr wissen sollte als andere." Kemal erzählte: „Ja, wenn irgendwas über türkische Kultur gemacht wurde, dann sollte ich auch mal erzählen. Da dachte ich mir immer, was das sollte, denn da könnte ich was Deutsches fragen und jeder Deutsche erzählt mir dann was darüber. Wenn irgendwas Ausländisches kam, dann wurde man immer gefragt. War es türkisch, dann ich, war es italienisch, ein anderer." Anna, die in den höheren Klassen des Gymnasiums bereits ein Kopftuch trug, durfte stets über den Islam referieren: „Wenn im Religionsunterricht dann der Islam dran war, wurde ich immer gefragt, ob ich nicht in der Stunde dabei sein könnte, um dann Fragen zu beantworten[...].Das hat sich durch meine ganze Schullaufbahn gezogen, und nebenbei lief das dann immer noch so: die Fachfrau für Kulinarisches. Ich hab auf irgendwelchen Feten immer syrisches Essen mitgebracht, und das waren die zwei Dinge, für die ich immer zu Rate gezogen wurde."

Anna fand ihren Expertenstatus im Übrigen keineswegs unangenehm, weil sie so die Gelegenheit hatte, „Vorurteile" über den Islam zu korrigieren. Auch Sevim gefiel der Moment, in dem sie im Religionsunterricht über den Islam erzählen durfte: „Ich fand das eigentlich ziemlich interessant, weil ich da im

41 vgl. Battaglia 2000, S.194ff.
42 ebd., S.195.

Vordergrund stand [...]. Und ich konnte das halt dann, weil ich das Wissen hatte. Und die hatten überhaupt nicht das Wissen.“ Freilich hatte die Situation auch etwas Ambivalentes, denn Sevim fragte sich, wie die Lehrerin das „aufgenommen“ hat: „Ich weiß nicht, [...] ob sie mich testen wollte, dass ich halt überhaupt unsere Religion, also meine Religion beherrsche.“ Die Frage nach der „eigenen“ Kultur wird also auch als „Test“ empfunden – als ein „Test“ der Authentizität gewissermaßen. Um diesen „Test“ durchführen zu können, müsste der einheimische Lehrer jedoch selbst über genügend Wissen über die „fremde“ Kultur verfügen. Das war zumeist nicht der Fall. „Der Islam“ ist bekanntlich nicht immer gleich, und so berichtete Fatima von einigen Wirrungen, wenn mehrere „Experten“ gleichzeitig anwesend waren. „Der eine hat dann irgendwie so geantwortet und der andere so, und alle hatten irgendwo Recht, weil es wurde ja gar nicht mehr von wahr oder falsch abhängig gemacht, sondern: ‚Die kommen daher, die wissen auch Bescheid‘.“

Bescheid wissen sollten die „ausländischen“ Schüler auch über andere Aspekte ihres Herkunftslandes. Nejla musste sogar politisch Stellung beziehen: „Sehr gedrängt wurde ich immer, eine Position einzunehmen in der Kurdenfrage.“ Nejla musste aber eingestehen, dass sie dazu einfach nichts zu sagen hatte. Dieses Eingeständnis transportierte implizit bestimmte Botschaften. Zum Ersten wurde ihr ein Wissen unterstellt, dass sie quasi im Blut tragen sollte. Die fast zwangsläufige Feststellung der Abwesenheit dieses Wissens suggerierte ihr, dass sie ein Defizit habe. Das betonte auch Kemal: „Wir haben uns dann immer gefragt, ob wir Supermänner wären und alles wissen müßten. Dann heißt es ‚Ja, was seid ihr denn für Türken?‘“; „Einer meinte mal: ‚Und dann meint ihr, ihr wärt Türken. Ihr habt ja gar keinen Schimmer‘. Ich hab dann nur gefragt, ob er denn alles wüsste, und er hat dann nur gesagt, dass das nicht böse gemeint wäre.“ Zum Zweiten wies man ihr eine Position zu, die sich von jener der „normalen“ Schüler unterschied. Nejla: „Ich war dann nicht eine von denen...“

Wie gesagt, solche Formen der Einbeziehung von Schülern nichtdeutscher Herkunft in den Schulunterricht entbehren jeglicher Plausibilität. Mehr noch, sie weisen eine erstaunliche Realitätsfremdheit und Ignoranz auf – das Wissen über die Herkunft verdrängt hier offenbar jeden Blick auf den konkreten, individuellen Schüler. Selbstverständlich hängt diese Sichtweise mit den Selbstverständlichkeiten zusammen, die der institutionelle Rahmen in der Bundesrepublik vorgibt – also das Staatsangehörigkeitsrecht und die kulturelle Hegemonie. Die Schüler werden als Mitglieder einer Abstammungsgemeinschaft adressiert, wobei viele Lehrer offenbar voraussetzen, dass die Schüler das Wissen um Sprache, Kultur und Geschichte ihrer angeblichen „Heimat“ quasi genetisch aufgesogen haben. Solche Annahmen sorgen dann bei den allochthonen Schülern für sich wiederholende Erlebnisse, die sie auf ihre „Sonderrolle“ verwiesen. Diese „Sonderrolle“ wird aber nicht nur durch den Unterschied zu den „normalen“ Schülern markiert, sondern auch durch den Ausweis einer Unzulänglichkeit in Bezug auf die eigene Herkunft. Denn wenn es sich zeigt, dass das unterstellte „Herkunftswissen“ nicht vorhanden ist, dann wird die Zugehörigkeit zum Herkunftsland bestritten – die Personen türkischer Herkunft „meinen“ eben nur, sie seien „Türken“; in Wirklichkeit sind sie etwas anderes, behauptete der Lehrer.

So wie die Differenz in wirklichkeitsfremder Weise aufgerichtet wird, kann sie plötzlich in der gleichen Weise auch geleugnet werden. Denn auf dem Gymnasium werden Kemal und Anna – Anna sogar trotz ihres Kopftuches – schlicht vereinnahmt. „Komm, du fühlst doch eher als Deutscher!“, hieß es in Kemals Fall bei einem Lehrer, und auch Schüler glaubten, er müsse sich „eher als Deutscher fühlen als wie als Türke“. Anna schilderte diese Vereinnahmung so: „Oft haben die zu mir gesagt, ich wäre Deutsche.“ Offenbar wird die höhere Bildung hier als eine Art Assimilationsinstrument betrachtet. Doch ist die Negation des Unterschieds durch die Beteiligten ebenso wenig zu ertragen wie das Herausstreichen. Wenn sie im „Deutsch-Sein“ aufgehen, dann müssen sie, wie oben beschrieben, stets mit einer Disqualifizierung als „Möchtegern-Deutsche“ rechnen. Insofern wehrten sich Kemal und Ana gegen die „Gleichmacherei“.

Sicher hat keiner der erwähnten Lehrer es „böse gemeint“, aber die allgegenwärtigen Zuschreibungen tragen dennoch dazu bei, dass die Schüler nichtdeutscher Herkunft sich in einer Position einrichten müssen, die von außen ununterbrochen markiert wird – gewissermaßen als der doppelte Mangel, nicht genug „ausländisch“ und nicht genug „deutsch“ zu sein. So lässt sich an den Erzählungen aus der Schule ablesen, dass die berühmte Position „zwischen zwei Stühlen“, die Migrantenkindern in Deutschland gewöhnlich unterstellt wird, von den Zuschreibungen in der Schule selbst kreiert wird. Diese Unterstellung hat mit der Realität wenig zu tun, sondern mit einem Rahmen, der eine extreme Trennung zwischen „Deutschen“ und „Ausländern“ vorgibt und gleichzeitig Zugehörigkeit mit Abstammung sowie Abstammung mit Sprache und Kultur verknüpft. Die Vorstellung, Migrantenkinder würden „zwischen zwei Stühlen“ sitzen, wird also in den Wissensbeständen der einheimischen Lehrer und Schüler erzeugt – und was als Erkenntnis über deren Situation verkauft wird, wirkt dann letztlich als weitere Zuschreibung auf die Schüler.

Neben dem beschriebenen „Landeskunde-Dialog“ gibt es in den Interviews noch ein weiteres Element, welches die „Sonderrolle“ der Schüler nichtdeutscher Herkunft strukturiert – und das ist das Sprechen über „Ausländer“ im Unterricht. Ich möchte an dieser Stelle nochmal darauf hinweisen, dass es hier um strukturelle Probleme geht. An dieser Stelle interessiert es weniger, dass etwa ein Lehrer zu Herbert meinte, die Tatsache, dass er keine Plomben im Gebiss habe, sei darauf zurückzuführen, dass er ein Angehöriger der „negroiden Rasse“ sei – die habe eben gute Zähne. Dass Kemal einen Lehrer erwähnte, der folgenden Witz erzählte: „Früher standen die Türken vor Wien, jetzt stehen sie vor dem Aldi“. Oder dass ausgerechnet Pedro, der bekanntlich „Stress“ stets zu vermeiden trachtete, von einer Lehrerin berichtete, die „von der alten Sorte“ war, „also aus der Zeit vor dem Zweiten Weltkrieg, also aus der Nazizeit“ stammte, und die ihn „im Unterricht immer negativ dargestellt“ und „bloßgestellt“ hätte. Solche Vorfälle wurden von den Beteiligten referiert, aber sie betreffen das Verhalten von Einzelnen. Und eben weil es sich um offensichtliches Fehlverhalten handelt, haben diese Erlebnisse kaum bleibenden Eindruck hinterlassen. Viel schwerer wogen Erlebnisse, die in einer Reihe gesehen werden konnten und die auf die Verfestigung eines Unterschiedes hinausliefen.

Dazu gehörte das „Sprechen über Ausländer“ im Unterricht. Wenn es im Sozialkundeunterricht um die „Ausländerproblematik“ ging, meinte Sevim, dann seien die „Ausländer“ durch die Lehrer stets negativ dargestellt worden. „Zum Beispiel ging es um Arbeitslosigkeit. Dass eben viele Ausländer halt die Arbeitsplätze wegnehmen würden, und dass es dadurch dazu kommt, dass so viel Arbeitslosigkeit hier in Deutschland herrscht. Dass zu viele Gastarbeiter hierher gekommen sind, und irgendwie die Kinder jetzt, [...]. Und eigentlich ist es doch nicht gut, wenn jetzt viele Ausländer eingebürgert werden. Ja, solche Sachen. Dann musste ich immer sagen: ‚Ja, wieso und weshalb‘.“ Nejla erinnerte sich an eine Rede ihres Schuldirektors auf dem Gymnasium „in der Phase, wo diese Brandanschläge waren. Da hielt er dann eine Rede von wegen: ‚Wir brauchen die Ausländer, stellt euch nur vor, sie wären jetzt alle nicht mehr da. Wie würde es da in Deutschland aussehen? Der ganze Müll würde auf den Straßen liegen‘. Das habe ich dann so gehört, aber ich fand das nicht gut. Ich wusste nicht warum, aber ich fand das nicht gut, was er da gesagt hatte. Es war halt so eine konservative Meinung, dass die Ausländer dazu da sind, den Dreck weg zu machen. [...] Also eine ganz komische Rechtfertigung dafür, dass wir in Deutschland bleiben durften.“ Am Ende sprach Nejla von „Wir“ und zeigte damit, dass sie sich mit den „Ausländern“ identifizierte. Das „Sprechen über Ausländer“ ist ein weiteres Anzeichen für die Ignoranz der Lehrer in diesem Fall, die schlicht glauben, ihr Publikum würde aus einer homogenen einheimischen Gruppe bestehen – frei von Personen, die sich selbst unter „Ausländer“ rubrizieren. Das „Sprechen über Ausländer“ führt wiederum zur Markierung des Unterschiedes. Sie, die sich als „Ausländerin“ identifizierte, sei es gewesen, betonte Sevim, die in der Schule immer habe „kontern“ müssen. Und „dann habe ich mich schon alleine gefühlt, und dann habe ich auch gemerkt, dass ich anders bin als die. Das war, weiß ich nicht...“

Es bedarf noch weitaus mehr Forschung, um die Mechanismen der kulturellen Hegemonie bei der Produktion einer bestimmten Gruppe – „die Ausländer“, „die Türken“ etc. – zu untersuchen. Diese Studie versteht sich angesichts des Forschungsstandes als explorativ, aber die Interviews haben recht deutlich gezeigt, wie die Institutionen der Staatsangehörigkeit und der kulturellen Hegemonie sowie die zugehörigen „Idiome“ und Wissensbestände an einer Trennung zwischen „den Deutschen“ und „den Ausländern“ arbeiten. Tatsächlich ist das Verhalten der jeweiligen Personen „nicht böse gemeint“, wie ein Lehrer zu Recht betonte, doch in der strukturellen Wirkung bestätigt es die Spaltungen innerhalb der Gesellschaft. Kürzlich hat Gotlinde Magiriba Lwanga eine Unterschied gemacht zwischen „intenionalem“ und „funktionalem“

Rassismus, wobei der „funktionale" Rassismus nicht in der Absicht, sondern in der Wirkung auf die Betroffenen Rassismus transportiere.[43]

Die Unterscheidung leuchtet mir ein, aber ich weiß nicht, ob sie sich auch als hilfreich erweist, denn die Grenze ist oft nicht leicht zu bestimmen. Ich befürchte, dass mit der Einführung einer Intention der Blick erneut auf das Subjekt „Rassist" fällt und so implizit eine moralische Bewertung aufscheint. Die Intention gilt, wenn man etwa einen juristischen Kontext zugrunde legt, stets als verurteilenswerter als der bloße „Kollateralschaden" eines scheinbar neutralen Aktes. In der Wirkung jedoch verschwimmen solche Wertungen. Von den letztlich extremen Fällen tätlicher Angriffe einmal abgesehen, bei denen die Unversehrtheit des eigenen Körpers zur Disposition steht, ist die permanente strukturelle Erzeugung eines Unterschiedes in ihrer Wirkung weitaus verheerender. Denn sie legt den Grundstein für Spaltungen innerhalb der Bevölkerung, sie produziert bestimmte Gruppen, die überhaupt erst zum Ziel von intentionalen Akten werden können. Wie wir gesehen haben, geht es nicht darum, die vielfältigen Differenzen zu verleugnen – die Frage ist, welche Relevanz sie erhalten, in welches Licht sie gerückt werden.

1.4 Arbeitsmarkt

Ich habe schon mehrfach erwähnt, dass die Interviews, die ich für diese Untersuchung geführt habe, in Bezug auf die Institution Arbeitsmarkt weitaus weniger ergiebig waren als für die anderen institutionellen Felder. Das hat zweifellos damit zu tun, dass die interviewten Personen, die alle in den Genuss einer höheren Schulbildung gekommen sind, in dieser Hinsicht nicht repräsentativ waren für die Einwanderer in Deutschland insgesamt. Die Statistik allerdings zeigt die Benachteiligung auf dem Arbeitsmarkt sehr deutlich.[44] Für Migrantenjugendliche gibt es ein drei- bis viermal höheres Risiko, ohne Schulabschluss oder ohne Berufsausbildung zu bleiben. Die Gründe dafür sind nicht einfach zu bestimmen. Es handelt sich um eine Mischung aus der sozialen „Erblichkeit" der Unterschichtung, der mangelnden Einbindung in informelle Netzwerke sowie der offenen Diskriminierung.[45] Diese Mischung ist aber in einer qualitativen Studie schwierig zu eruieren, denn hier müsste das „Sample" der Befragten tatsächlich repräsentativ sein – im Sinne eines sozialen Querschnitts durch die „zweite Generation". Das ließ sich in dieser Arbeit nicht leisten – und diese Lücke soll auch keineswegs überspielt werden. Es gibt allerdings eine Reihe von Erlebnissen mit der Jobsuche, die hier referiert werden sollen, die aber – wenn man es genau nehmen würde – schon zum Inventar der „rassistischen Situationen" gehören.

---

43 vgl. Lwanga 1998, S.191.

44 vgl. Terkessidis 2000c, S. 38ff.

45 vgl. zu den letzten beiden Aspekten etwa Boos-Nünning 1998.

Herbert, der nach dem Abitur ein Medizinstudium begonnen hatte, dann aber umsattelte auf eine Ausbildung als Physiotherapeut, hat selbst keine Schwierigkeiten in seinem beruflichen Werdegang gehabt. Er erinnerte sich aber an die Probleme seines Vaters, als der sich in einer kleinen Stadt im Sauerland als Arzt selbstständig machen wollte. „Der hat dann, nachdem er da im Krankenhaus war, der war Gynäkologe als Oberarzt im Krankenhaus, eine Praxis im Nachbarort aufgemacht. Die da ansässigen Ärzte haben ihn dann [...] boykottiert, und auch die Einwohner von diesem Dorf haben ihn dann gemieden. Wahrscheinlich durch die Beeinflussung von den anderen Ärzten, die [...] haben keine Leute zu ihm geschickt. Und als Facharzt bist du abhängig von den Überweisungen. Dann musste er auch relativ schnell den Laden da wieder dicht machen. Er war dann in der Zeit auch ziemlich frustriert.“ Interessant an dieser Schilderung ist die Tatsache, dass Herbert das Scheitern des Vaters nicht den einheimischen Patientinnen zuschrieb, die möglicherweise davor zurückschrecken könnten, sich von einem schwarzen Arzt behandeln zu lassen – und das, obwohl er in seinem eigenen Berufsleben durchaus Patienten erlebt hat, die mit seiner Hautfarbe Schwierigkeiten hatten. Nein, er machte die anderen Ärzte verantwortlich. Ein gängiges Vorurteil in der Bundesrepublik besagt, dass Rassismus vor allem ein Problem mangelnder Bildung sei. Die Befragten in meiner Untersuchung waren durchweg nicht dieser Auffassung – und so war es auch für Herbert ganz selbstverständlich, hier über das ausgrenzende Verhalten von autochthonen Ärzten sprechen, die offenbar einen „Fremden“ im eigenen, exklusiven Kreis nicht zulassen wollten.

Sevim erzählte von eigenen Erschwernissen bei der Suche nach einem Ausbildungsplatz. Sie wollte eine Lehre bei einem Fotografen machen und hatte aus diesem Grund aus den „Gelben Seiten“ mögliche Betriebe herausgeschrieben und dort angerufen. Dabei hatte sie die Erfahrung gemacht, dass es eine Rolle spielte, ob sie ihren Namen nannte, der als Name ausländischer Provenienz gleich zu erkennen war. „Dann habe ich halt nie meinen Namen gesagt, und dann haben sie immer ja oder nein gesagt, schicken Sie ihre Bewerbung, o.k. Und immer wenn ich meinen Namen gesagt habe, haben sie immer gefragt, und ‚Ja, wie kommt es denn dazu? Wieso möchten Sie das denn machen? Was haben Sie denn bis jetzt gemacht?‘ Und das wurde mir dann irgendwie zu persönlich. Da habe ich dann gesagt: ‚Na ja, das passt jetzt nicht‘.“ Sie wurde etwa ausführlich nach ihrer Laufbahn gefragt, wobei sie Erstaunen erntete, wenn sie vom Gymnasium sprach. Oder man erkundigte sich nach ihrem Wohnort – und das, obwohl es sich um einen Betrieb handelte, der gar nicht ausbildete. Eine ähnliche Episode erzählte Kemal – allerdings hat er sie von einem Freund gehört. „Ein Bekannter von mir hat in einem Hotel angerufen und gesagt, er wäre Student. Die Leute da haben gesagt, dass sie Studenten suchen, und haben gefragt, was er für Qualifikationen habe. Er hat dann gesagt, dass er Betriebswirtschaft studiere und so. Die haben dann gefragt, was er für Sprachen könne, und er meinte Englisch, Deutsch, Spanisch ein bisschen und Türkisch. Die haben dann gefragt ‚Wieso türkisch?‘, und er hat gesagt, dass er Türke ist. Er wurde dann nach einer Minute mit der Begründung abgewürgt, dass sie keine Studenten mehr suchen, sondern ausgefüllt wären."

Als Sevim sich auf eine Anzeige hin als Kellnerin in einem Café vorstellte, wurde sie genommen. Allerdings haben spätere Gespräche mit der Besitzerin das Bild getrübt. Die meinte nämlich, dass sie Sevim wohl nicht genommen hätte, wenn es auch andere Bewerberinnen gegeben hätte. „Und dann hat sie auch gesagt: ‚Weißt du, wenn man mit dir redet, dann ist das doch ganz anders'. Sie hatte auch immer dieses Bild: ‚Ausländer'." Zu jener Zeit hat Sevim aber nicht über die Klischees diskutiert, sondern bei deutlichen rassistischen Äußerungen ihrer Arbeitgeber zurückhaltend reagiert und manchmal sogar zugestimmt. Sie selbst wurde mit der Zeit als „anders" als andere „Ausländer" klassifiziert: „Du bist anders! Du bist ja nicht so! So war das immer, die haben immer so: Du bist die Ausnahme! So habe ich mich auch immer empfunden." Später fand sie ihr eigenes Verhalten „blöd". Zudem war sie jetzt „voll misstrauischer geworden". „Und jetzt bin ich auch irgendwie unsicher geworden, [...] auch mit meiner Bewerbung. Ich denke jetzt: ‚Oh Gott, wenn die jetzt denken... Ausländer raus, nee, die nehmen wir nicht'. Nee, Ausländerin, keine deutsche Staatsangehörigkeit, türkisch. Ich weiß nicht, irgendwie bin ich misstrauischer geworden, dann denke ich immer, wenn Leute mit mir reden: ‚Was denken sie?' ‚Ist das jetzt ehrlich gemeint, wie sie mit dir reden oder haben sie einen Hintergedanken?' Früher war das nicht."

Salina Battaglia hat die Reaktionen auf den Namen oder auf das Aussehen von Personen nichtdeutscher Herkunft als „Salienzreaktionen" bezeichnet – ganze Situationen werden plötzlich von einem als auffällig definierten Merkmal dominiert. Auch wenn die Erlebnisse mit solchen Reaktionen über die Zeit verteilt sind und oft recht unscheinbar wirken, verfestigt die Regelmäßigkeit der Geschehnisse die „Unsicherheit" und das „Misstrauen". Für Personen nichtdeutscher Herkunft ist es eben oft unklar, wie bestimmte Situationen zu bewerten sind bzw. worauf sich bestimmte Reaktionen des Gegenübers beziehen – auf Aussagen, Handlungen oder Fähigkeiten des Individuums oder eben auf das „auffällige" Merkmal und das daran geknüpfte Wissen.

Aus den persönlich erfahrenen Reaktionen auf das Kopftuch sowie aus der Medienberichterstattung über „Kopftuch-Trägerinnen" hat Anna etwa geschlossen, dass Bewerbungsgespräche für sie schwierig werden könnten. Dazu kam, dass sie aus ihrem näheren Umfeld viel über konkrete Diskriminierungen gehört hatte: „Ich weiß von vielen meiner Freundinnen und Bekannten, die zum Teil ein Problem hatten, eine Stelle zu bekommen – im Krankenhaus oder als Ärztin, wegen dem Kopftuch. [...] Deshalb habe ich mir gedacht, dass es bei mir nicht anders sein wird. Ich weiß immer, dass die meisten Leute sagen, dass ich die Stelle kriege, aber nur ohne Kopftuch. Das ist bei vielen meiner Freundinnen so gewesen, also auch bei meiner Freundin, die mit mir auf Lehramt studiert hat und jetzt eine Stelle als Lehrerin sucht."

Die Erlebnisse der Freundinnen zeugten tatsächlich von erheblichen Problemen bei der Arbeitssuche. „Ich habe eine Freundin, die hat eine österreichische Mutter und einen ägyptischen Vater, aber die sieht sehr deutsch aus, spricht perfekt deutsch, kann auch arabisch, spricht aber deutsch wie eine Deutsche. Wäre das Kopftuch nicht, dann würde man nicht merken, dass sie dem Islam angehört oder ein ausländisches Elternteil hat. Die hat BWL studiert und mit 1,0 abgeschlossen. Die hat auch mit Eins promoviert, und die hat dann wegen dem Kopftuch keine Stelle bekommen.“ Anna dachte, dass diese Ablehnungen häufig damit zu tun haben, dass Firmen sich davor fürchten, nach außen falsch repräsentiert zu werden. Diese Motivation für die Zurückweisung sei bereits bei „Ferienjobs“ spürbar: „Ich weiß zum Beispiel, wenn Freundinnen sich ganz normal um Ferienjobs bemühen, die kriegen dann eine Stelle im Lager, wo keiner sie sieht.“ Auf die Nachfrage, ob die Personen aus der Personalabteilung solche Dinge denn auch offen äußern würden, erklärte sie: „Ja. Die Leute sagen dann ganz dreist, dass man auch bedienen könnte, wenn man sein Kopftuch auszieht. ‚Sie verscheuchen uns die Kundschaft.‘ Es war eine Bekannte, also ich habe das nur über andere gehört, die hat sich in einer Apotheke beworben, und die haben gesagt, zum Medikamente Verpacken ja, aber nicht im Verkaufsraum, wo das jeder sieht.“ Eine weitere Freundin türkischer Herkunft, die noch während des Referendariats ein Kopftuch trug, hat schließlich eine Stelle als Lehrerin nur bekommen, als sie das Kopftuch ablegte. „Ich habe dann gehört, dass sie eine Stelle bekommen hat, in Köln an einer Gesamtschule, und dann habe ich sie angerufen, um sie zu beglückwünschen. Und dann hat sie aber gesagt, dass sie ihr Kopftuch ausgezogen hätte. Das war für mich…, ich fand das in dem Moment ein ganz schlimmes Gefühl, weil ich das als Erniedrigung empfand. Wenn ich das jemandem erklären müsste, dann ist das für mich so, als wenn ich einer ganz normalen Frau sagen würde, sie kriegen hier nur eine Stelle, wenn sie im Bikini kommen. Die haben es geschafft, sie auszuziehen.“

Daher war Anna auf das Schlimmste vorbereitet, als sie bei einer Kinderärztin anrief, um sich dort um ein Praktikum zu bewerben. „Dann hat sie gesagt, dass ich da mal vorbeikommen soll. Am Telefon hat sie zwar durch meinen Namen gemerkt, dass ich Ausländerin bin, aber nicht an meiner Sprache. Womit dann eigentlich manche Leute nicht rechnen, ist, dass ich dann mit Kopftuch vor der Tür stehe. Ich hatte dann richtig Herzklopfen, als ich vor der Tür stand und geklingelt habe. Ich habe gedacht, dass die jetzt die Tür aufmacht, und dann hatte ich Angst vor ihrer Reaktion, oder wie ich dann darauf reagiere. Sie machte dann die Tür auf und strahlte mich an. Damit hatte ich nicht gerechnet, denn sie kennt mich nicht und hat mich auch vorher nie gesehen, und dann war das, als wäre das Kopftuch nicht. Ich habe dann gedacht, dass das ein Problem ist, dass man sich manchmal selber macht, ein eigenes Problem im Kopf, aber es sind eben nicht alle Leute gleich.“ Sie hat dann auch während der gesamten Praktikumszeit nur positive Erfahrungen gemacht.

Trotzdem ist sie bei ihrer nächsten Bewerbung für eine Teilzeitstelle in einer Werbeagentur wieder davon ausgegangen, dass das Kopftuch zu Diskriminierung führen könnte. „Ich bin schon mit der Einstellung dahin gegangen, dass ich die Stelle mit Kopftuch nicht kriege, oder dass die Wahrscheinlichkeit sehr gering ist, wenn mich der Chef mit Kopftuch sieht." Beim Bewerbungsgespräch geschah dann Folgendes: „Der hat nur gesagt, wie das mit dem Kopftuch ist, und dann kam es aus mir raus geschossen, wie, als wenn es ein Angriff wäre. [...] Ich bin also mit der Vorstellung dahin gegangen, dass der mir sagt, nee tut mir leid, oder ich muss das Kopftuch ausziehen. Dann hat der nur gesagt, also ich habe ihn nicht mal ausreden lassen, also ich war hinterher ganz erstaunt, dass ich da so vehement drauf reagiert habe, ich habe dann direkt gesagt, dass ich für keinen Job dieser Welt mein Kopftuch ausziehe. Dann hat er gesagt, dass das überhaupt nicht so gemeint war, sondern er nur fragen wollte, ob ich dazu gezwungen werde, oder ob ich das freiwillig mache. Dann hat sich in mir auch alles entspannt, weil ich dachte, als er das Kopftuch angesprochen hat, er sagt jetzt entweder ohne oder gar nicht." Auch in diesem Fall hat sie die Stelle bekommen. Handelt Anna nun irrational, weil sie mit „Angst" Reaktionen antizipiert, die sie selbst gar nicht erlebt hat?

Sie schien das sogar selbst zu vermuten, als sie von einem „eigenen Problem im Kopf" sprach. Doch ihre Handlungsweise ist letztlich eine Art Schutz für den eigenen psychischen Haushalt. „Salienzreaktionen" sind beleidigend – sie reduzieren die Person auf einen einzigen, äußerlichen Zug ihres Wesens und lassen danach die Person hinter einer Wand von vorgefasstem Wissen verschwinden. Personen nichtdeutscher Herkunft müssen solche Reaktionen vorwegnehmen, um die eigene Person trotzdem auf angemessene Weise repräsentieren zu können. Obwohl noch nichts passiert ist, kalkuliert Anna in den beiden Bewerbungsgesprächen von vornherein mit möglichen „Salienzreaktionen". Im ersten Fall sorgt sie dafür, dass das Kopftuch gewissermaßen zum Verschwinden gebracht wird: „Dann war das, als wäre das Kopftuch nicht." Dadurch kann sich das Vorstellungsgespräch auf das Wesentliche konzentrieren – eben auf die „Vorstellung" ihrer Person. Im zweiten Fall verstärkt sie den „auffälligen" Zug, indem sie darauf hinweist und feststellt, „dass ich für keinen Job dieser Welt mein Kopftuch ausziehe". Allerdings bleiben beide Reaktionsformen unbefriedigend. Denn einmal wird das „auffällige" Merkmal unsichtbar gemacht und ein anderes Mal in seiner Sichtbarkeit herausgehoben – eine „Normalität" scheint es in dieser Situation nicht zu geben.

Deshalb finde ich es nicht verwunderlich, dass Anna auch davon sprach, dass sie stets Angst hatte, „wie ich dann darauf reagiere". Denn die Situation, in der „Salienzreaktionen" auftreten, hat selbst einen „verrückten" Charakter: Es gibt eine Beleidigung, die nicht adressiert werden kann, das Gespräch wird von einem Element dominiert, das für den konkreten Anlass keine Rolle spielt, und es tauchen Gefühle auf, die ebenfalls in solchen Momenten fehl am Platz sind. Das Subjekt wird quasi „ver-rückt" – und daher ist auch die Angst vor den eigenen Reaktionen durchaus berechtigt. Darüber hinaus ist vielleicht noch erwähnenswert, dass Anna im zweiten Fall so stark auf die mögliche Forderung nach dem „Ausziehen" des Kopftuchs konzentriert ist, dass die Implikationen der Frage ihres Arbeitgebers, ob das Tragen des Kopftuches erzwungen sei oder nicht, ihr nicht mehr auffallen. Zum einen aber ist diese

Frage äußerst privat. Zum anderen wurde Anna hier offenbar dazu aufgerufen, sich vom Bild der unterdrückten „islamischen Frau“ zu distanzieren. Nun ist Anna eine intelligente und selbstbewusste junge Frau; insofern hatte die Frage ungefähr den gleichen Charakter wie die Frage „Werden sie zum Tragen von hochhackigen Schuhen gezwungen oder machen sie das freiwillig?“.

Durch Erfahrung hat sich also bei den Personen nichtdeutscher Herkunft eine Art „Management“ der „Salienzreaktionen“ gebildet. Teilweise wird die Wahrnehmung des Gegenübers dabei ganz bewusst manipuliert. Das zeigt eine Episode, die Dong-ju von einem Bewerbungsgespräch erzählte. Auch er sprach zunächst von „subtilen Gefühlen“ bezüglich des „auffälligen“ Elements – in seinem Fall das Aussehen: „Wobei ich mir da auch nicht ganz sicher bin, ob das nur in meinem Kopf existiert, oder ob das wirklich so ist. Ich versuche das eigentlich auch schon abzustellen, weil ich halt schon sensibilisiert darauf bin.“ Manchmal aber, meinte er, würde er taktisch daran arbeiten, die Reaktionen „umzudrehen“ – „wenn ich will, das ist so ein Spiel“. Bei Bewerbungen im Medienbereich hat er deswegen einen „Yamaha-Pulli“ getragen – „der ist blau und gestrickt mit einem roten Streifen“. Dong-ju setzte hier auf das positive Klischee von Japan im Mediensektor – eine besondere Beziehung zu avancierter Technik, ein besonderes Stilbewusstsein –, obwohl er selbst koreanischer Herkunft ist. Dabei machte er sich eine weitere Ignoranz der Einheimischen zu Nutze – nämlich, dass sie „Asiaten“ keiner besonderen nationalen Herkunft zuordnen können. „Ich wurde auf den Pulli angesprochen, wie das mit den Zeichen denn so ist und wie das funktioniert. Ich habe dann mit irgendeinem Schwachsinn geantwortet. Und ich dachte nach dem Interview, daß das halt bestimmt in die Hose gegangen wäre, aber es hat gewirkt.“ Dong-ju beutete hier seine „Auffälligkeit“ und die damit verbundenen Wissensbestände geradezu schamlos aus – es ist eben der „Schwachsinn“, der „wirkt“.

„Strategie“ ist das Wort, dass Dong-ju für sein Handeln verwendet. Schon in den sechziger Jahren hatte Erving Goffman in seinem Buch „Stigma“, an dem es aus heutiger Sicht sicher viel zu kritisieren gibt, gezeigt, dass die Betroffenen ein „Stigma-Management“ entwickeln[46] – also Strategien zum Umgang mit ihrem „auffälligen Merkmal“ und den dadurch ausgelösten Diskursen entwerfen. In diesem Sinne sind die „Angst“, welche die Befragten empfanden, und der „Kopf“, den sie sich machten, äußerst vernünftige Umgangsweisen mit dem Rassismus. Man weiß eben um jene Trennung zwischen „ihnen“ und „uns“, zwischen „normal“ und „anders“ sowie um die informellen Grenzbefestigungen, die solche Trennungen reproduzieren und forcieren. Das heißt nicht, dass man in jeder Situation damit konfrontiert wird – aber die Befragten gehen davon aus, dass rassistische Situationen „normal“ sind, und darauf bereiten sie sich vor. Damit ist der nächste Abschnitt auch schon eingeleitet, der versucht, Ordnung in die Wirkungsweise der rassistischen Einzelerlebnisse zu bringen. Was den Arbeitsmarkt als institutionellen Komplex be-

46 vgl. Goffman 1967, S.68.

trifft, so lassen sich die hier vorgetragenen Ergebnisse aus methodischen Gründen nur begrenzt verallgemeinern. Wie man die institutionellen Mechanismen in diesem Feld in einer qualitativen Befragung adressiert, das wäre das Thema einer weiteren Untersuchung.

2. Das Inventar der rassistischen Situationen

Gewöhnlich werden die Mechanismen des Rassismus in Alltagssituationen ausgehend vom Handeln der „Mehrheit" kategorisiert – es werden also die „Akte" benannt, welche Mitglieder der „Mehrheit" ausführen, und die sich als rassistisch qualifizieren lassen. Philomena Essed beispielsweise spricht in ihrer Grobklassifizierung des Alltagsrassismus von „Eurozentrismus", „Legitimation: Kulturelle Verunglimpfung" sowie von „Kontrolle: Differenzmanagement". Eine solche Anordnung und Benennung der „Akte" würde aber der Intention meiner Untersuchung widersprechen, die ja im doppelten Sinne die Täterperspektive dezentrieren will: Zum einen hin zu den eher strukturellen Aspekten und zum anderen hin zur den Subjektivierungsprozessen der Betroffenen. Wenn diese Aspekte im Vordergrund stehen sollen, dann müssen die „Akte" danach kategorisiert und benannt werden, welche Bedeutung sie für die genannten Subjektivierungsprozesse haben. Ein Beispiel: Einer der typischen Akte von Autochthonen in einer rassistischen Situation war die Unterstellung von Defiziten gegenüber den Befragten. Wenn ich die Kategorie nun „Unterstellung von Defiziten" nennen würde, dann verbliebe der „Akt" schlicht auf der Seite der „Mehrheit". Freilich ist es nicht ganz einfach, die Bedeutung für die Betroffenen in einem herkömmlichen Vokabular zu beschreiben. Daher habe ich mich entschlossen, einige Neologismen zu prägen, um die Vorgänge besser verdeutlichen zu können. Das Inventar des „Sichtbaren" habe ich zu vier „Akten" zusammengezogen, die mit folgenden Begriffen belegt wurden: Entfremdung, Verweisung, Entantwortung und Entgleichung. Das ganze „Syndrom", das sich daraus ergibt, wird durchwirkt von einem Prozess, den ich in Anlehnung an Luce Irigaray als „Spekularisation" bezeichne[47] – ein weiterer Neologismus, der die Bildlichkeit des Rassismus ins Spiel bringen soll.

47 vgl. Irigaray 1974, S.24.

2.1 Die Entfremdung

Wann eigentlich merkt eine Person, dass sie nicht dazugehört? Bei der Auswertung der Interviews zum Komplex Staatsbürgerschaft ist diese Frage schon angesprochen worden – vor allem an den Stellen, bei denen es um Kemals Erfahrungen ging. Ihm wurde bei seinem ersten Besuch auf der Ausländerbehörde mit sechzehn Jahren klar, dass er nicht dazugehört, dass er „anders“ ist. Bis zu diesem Zeitpunkt „habe ich immer gedacht, dass ich dazugehöre“. Ähnliche Bemerkungen haben viele meiner Interviewpartner gemacht. „Nee, ich hab mich nie als Ausländerin gefühlt“ (Sevim). „Vor allem hatten meine Eltern uns nie das Bild vermittelt, dass die Deutsche sind und wir nicht“ (Anna). „Ich war mit einer Selbstverständlichkeit hier, ich habe das nie hinterfragt“ (Fatima). Und: „Ich bin hier geboren“, betonte Maria als Begründung, warum sie sich nicht selbst mit sechzehn Jahren bei der Ausländerbehörde gemeldet hatte. Gerade weil die Befragten alle zur „zweiten Generation“ gehören, also in Deutschland geboren sind, empfanden sie als Heranwachsende ihr „Dazugehören“ als selbstverständlich und sich selbst als ganz „normal“. Die Zugehörigkeit wird später gestört – manchmal durch ganz kleine Erlebnisse. Viele der Interviewten haben während der Gespräche eine erste, exemplarische Szene beschreiben können – gewissermaßen eine „Urszene“ –, welche plötzlich einen Abstand aufklaffen ließ zwischen dem einheimischen „Wir“ und ihnen selbst. Der Eindruck, „anders“ zu sein, verstärkte sich dann, je öfter sich ähnliche Erlebnisse wiederholten.

Der plötzliche Einbruch der Trennung widerspricht der in Deutschland üblichen Sichtweise, die voraussetzt, dass Personen anderer Herkunft, auch wenn sie hier aufgewachsen sind, von vornherein „anders“ sind, und dass sie die Differenz zu „den Deutschen“ auch ununterbrochen empfinden. Im Rahmen der Diskussion um das Thema „Postkolonialismus“ wurden solche Auffassungen in den letzten Jahren massiv in Frage gestellt. Homi Bhabha hat in zahlreichen Aufsätzen gezeigt, dass es sogar während des Kolonialismus nicht einfach zwei Einheiten gab – die Kultur des Kolonisators und die „ursprüngliche“ Kultur des Kolonisierten –, die sich gegenüberstanden, sondern dass sich während des Zusammenlebens in Nachbarschaft ein äußerst komplizierter Prozess entwickelte, in dem sich „das Eine“ und „das Andere“ auseinanderfalteten. Bhabha hat diesen Prozess auch auf die Verhältnisse in der Einwanderungsgesellschaft übertragen. „Wenn wir das Kulturelle nicht als die Quelle des Konfliktes – im Sinne differenter Kulturen – sondern als Ergebnis diskriminatorischer Praktiken – im Sinne der Produktion kultureller Differenzierung als Zeichen von Autorität – auffassen, verändern sich sein Stellenwert und seine Erkenntnisregeln.“[48] Was Bhabha hier beschreibt, ist eine ganz entscheidende Erkenntnis. Die Differenz ist eben kein Ergebnis von unterschiedlichen, primordialen Zugehörigkeiten, sondern wird durch eine aktive Diskriminierung erst erzeugt – es geht also um einen Prozess der Differenzierung.

48 Bhabha 1994, S.169.

Dass Bhabha die Produktion dieser Differenzierung „als Zeichen von Autorität" markiert, verweist auf die in meiner Definition des Rassismus im zweiten Kapitel angesprochene „differenzierende Macht". Eine bestimmte Gruppe hat die Ressourcen, die Diskriminierung mit jener Autorität zu versehen, welche die Differenzierung in Gang setzt.

Diese Erklärungen mögen abstrakt klingen, aber der Vorgang wird greifbarer, wenn man sich dem konkreten Wissen über Rassismus zuwendet. In seinem Buch „Schwarze Haut, Weiße Masken" beschreibt Frantz Fanon zu Beginn des Kapitels „Die erlebte Erfahrung des Schwarzen" eine Szene – gewissermaßen seine „Urszene" –, die er erlebte, als er selbst als Schwarzer aus der Kolonie Martinique zum Studieren nach Frankreich kam: „‚Dreckiger Neger!' Oder einfach: „‚Sieh mal, ein Neger!' Ich kam auf die Welt, darum bemüht, den Sinn der Dinge zu ergründen, und meine Seele war von dem Wunsch erfüllt, am Ursprung der Welt zu sein, und dann entdeckte ich mich als Objekt inmitten anderer Objekte."[49] Als man in Frankreich beginnt, auf ihn zu deuten, ihn als „Neger" sichtbar zu machen, da begegnet er dem „weißen Blick". „‚Sieh mal, ein Neger!' Das war ein äußerer Ansporn, ein Nasenstüber, der mir unterwegs verpaßt wurde. ‚Sieh mal, ein Neger!' Das stimmte. Ich amüsierte mich. ‚Sieh mal, ein Neger!' Langsam zog sich der Kreis zusammen. Ich amüsierte mich unverhohlen. ‚Mama, schau doch, der Neger da, ich hab' Angst!" Angst! Angst! Man fing also an, sich vor mir zu fürchten. Ich wollte mich amüsieren, bis zum Ersticken, doch das war mir unmöglich geworden. [...] Ich war verantwortlich für meinen Körper, auch verantwortlich für meine Rasse, meine Vorfahren. Ich maß mich mit objektivem Blick, entdeckte meine Schwärze, meine ethnischen Merkmale – und Wörter zerrissen mir das Trommelfell: Menschenfresser, geistige Zurückgebliebenheit, Fetischismus, Rassenmakel, Sklavenschiffe, und vor allem, ja vor allem: ‚Y a bon banania'."[50]

Konfrontiert mit den „Salienzreaktionen" seiner Umwelt, in denen scheinbar nichts geschieht, außer dass auf ihn gedeutet wird („Sieh mal"), wird Fanon zunächst auf die Differenz zwischen dem französischen „Wir" und seiner Person („ein Neger") gestoßen – und so wird er aus dem „Ursprung der Welt" (damit meint Fanon Frankreich als koloniales „Mutterland") vertrieben. Dann stellt er fest, dass es ein „Objekt" mit dem Namen „Neger" gibt, über das bestimmte Bilder und ein bestimmtes Wissen existieren und das zudem einen pejorativen Charakter hat. In der Folge beschreibt Fanon, wie er nach dieser „Urszene" beginnt, an der Differenz zu arbeiten. Er bewertet das eigene „auffällige" Merkmal neu und konstruiert ein anderes, positives Wissen rund um dieses Merkmal. Das ist der Prozess der Differenzierung.

---

49 Fanon 1952, S.79.

50 ebd.,S.81. Der Spruch „Y a bon banania" bezieht sich auf eine Werbung für Kakao aus den Senegal, die in den zwanziger Jahren überall in Frankreich zu sehen war. Diese Werbung gilt mittlerweile als der Inbegriff des Bildes vom Kolonisierten.

Sicher ist die damalige Situation, in der es noch Kolonien gab, nicht mit der Lage in einem Einwanderungsland zu vergleichen. Aber der Prozess der Differenzierung ist durchaus ähnlich. Für Fanon ist Frankreich „der Ursprung der Welt“, das eigentliche Zuhause des Kolonisierten; er betrachtet sich, wie er später im Buch anmerkt, als Franzosen. Daher trifft ihn das identifizierende „Sieh mal, ein Neger“ ganz anders als eine Person, die sich als nicht-zugehörig empfindet. In ähnlicher Weise ergibt sich ein Unterschied in den Rassismuserfahrungen der ersten und der zweiten Einwanderergeneration. Wenn man den Bericht von Hoffman & Evens über die „Erfahrungen von Türken am Arbeitsplatz“ (1985) liest, und deren Resultate mit den Ergebnissen dieser Studie vergleicht, dann fällt der Unterschied sofort auf. Die damaligen Beschwerden waren deutlich artikuliert. Viele der türkischen Einwanderer besaßen einen politischen Hintergrund und daher waren sie durchaus in der Lage, ihre Situation auf dem Arbeitsplatz und die Unterdrückungsmechanismen zu beschreiben. Aber es handelte sich tatsächlich um das Anprangern einer Feindlichkeit gegenüber „Ausländern“ – die Befragten damals waren selbst eingewandert und identifizierten sich ganz unambivalent als Türken.

Allerdings gab es auch bei der ersten Generation ein Gefühl von enttäuschter Zugehörigkeit. Denn auch die Einwanderer aus Italien, Griechenland, der Türkei und Jugoslawien waren auf vielfältige Weise verstrickt in die Geschichte und in die Geschichten des Landes, in das sie immigrierten – der Einfluss des mächtigen Deutschland war auf dem Balkan und in der Türkei historisch stets spürbar gewesen. „Bevor die Türken in dieses Land als Arbeiter kamen, redeten unsere Bürger immer von Deutschland, aber in einer anderen Art“, sagt etwa ein Sozialarbeiter, den Dursun Akcam interviewt hat (1982). „Ich erinnere mich an meine Kindheit, als die Alten um mich herum voller Lob von den Deutschen erzählten. Die Deutschen waren unsere besonderen Freunde seit ewigen Zeiten.“[51] Insofern bedeutete es auch für die erste Generation eine erhebliche Störung des Gleichgewichtes, dass die „besonderen Freunde“ sich plötzlich als „feindlich“ entpuppten. Die Personen aus der zweiten Generation freilich empfinden sich letztlich selbst als „Deutsche“. Ihnen wird also in den „Urszenen“ die Zugehörigkeit aufgekündigt. Solche Situationen sind viel schwerer zu beschreiben. Insofern sind meine Interviewten oft viel vorsichtiger mit ihren Aussagen als die Befragten von Hoffmann & Even. Nun ist die politisierte Sprache der vergangenen Tage auch nicht mehr adäquat. Aber eine neue Sprache ist noch nicht gefunden. Diese neue Sprache wird der Tatsache Rechnung tragen müssen, dass, wenn man etwa „die Deutschen“ als „Nazis“ denunziert, damit eben auf eine seltsame Weise auch sich selbst einschließt. Man ist draußen und drinnen gleichermaßen.

Hinweise auf Erfahrungen, in denen die Zugehörigkeit aufgekündigt wird, finden sich aber auch schon in der Literatur der frühen achtziger Jahre – eben da, wo die Forscher mit jüngeren Menschen gesprochen haben. So sagt in

51 Akcam 1982, S.209.

Gerd Stüwes Untersuchung über „Türkische Jugendliche“ (1982) ein Befragter: „Ja, wir streiten uns mit den Deutschen [...], ja, wir machen Streit mit dem Mund, weil sie sehr komische Wörter sagen, und, weil ich dort allein bin, kommt man in eine sehr schlechte Stimmung. Immer haben sie es auf mich abgesehen. Ich will überlegen sein. Und dann geht der Mensch zur Arbeit, die Vorurteile [...], die die Deutschen gegen uns haben... Lange Zeit war ich in deutschen Schulen. In den kleinen Klassen. In den Schulen ging es gut. Da waren deutsche Freunde da. Jetzt, wo ich älter bin, endlich merkt man, daß wir Türken sind. Sieht man es uns an, ist es immer mehr zu sehen (er greift sich an die Haare)?“[52] Die „komischen Wörter“, die „Vorurteile“, die Abwertung, die Einsamkeit und auch der Streit – all das führt dazu, dass sich dieser Jugendliche nach einer langen Zeit, in der alles „gut“ war, inzwischen von außen als „Türke“ markiert fühlt. Dabei bleibt ihm der Wandel in der Wahrnehmung der Einheimischen unverständlich. Er begreift nicht, warum es „immer mehr zu sehen“ ist.

In den aktuellen Untersuchungen spielen Prozesse der Differenzierung schon eine prominentere Rolle. Tarek Badawia referiert die „Schlüsselerfahrung“ eines seiner Interviewpartner, welche diesen gewissermaßen aus dem Ruhezustand des Kindseins gerissen habe: „Mein erstes Erlebnis [...] ich hatte in der Grundschule, wo wir ein Diktat zurück bekommen haben, und ich der Beste dieses Diktats war, und die Lehrerin anschließend gesagt hat, der Eren als Türke hat die beste Arbeit geschrieben, ihr solltet euch mal eine Scheibe abschneiden und das war eigentlich die erste Erfahrung, wo ich darüber nachgedacht habe, daß ich eigentlich gar kein, gar kein Deutscher bin, sondern eigentlich wirklich nur ein Außenstehender...“[53] Badawia spricht in diesem Fall von einem „blitzartigen Verlust der Vertrautheit in einer bisher vertrauten Umgebung“.[54] Man könnte diese Situation als eine „Urszene“ beschreiben – als Situation, in der die Zugehörigkeit erstmals bewusst als prekär erfahren wird.

Zwar wird dieses Ereignis von Badawia als Ausgrenzungserlebnis qualifiziert, doch den Prozess der Differenzierung insgesamt betrachtet er unter einem anderen Blickwinkel. Ich möchte an dieser Stelle in einem kleinen Exkurs auf seine Sichtweise und ähnliche Ansätze kurz eingehen, um meine eigene Position noch einmal zu verdeutlichen. In Badawias Buch geht es in erster Linie um die „bikulturelle Identitätstransformation“. Diese beginnt nicht, wie er nach der Auswertung feststellt, mit einer gegebenen Differenz, sondern mit der „Feststellung der Differenz“. Soweit stimmen wir durchaus überein. Doch bei Badawia wird der Unterschied entdeckt in der oder den „ersten Erfahrung(en) der kulturellen Diversität“.[55] Das wiederum halte ich für falsch. Denn in Beispielen wie dem von ihm beschriebenen wird überhaupt

52 Stüwe 1982, S.92.

53 Badawia 2002, S.202.

54 ebd., S.203.

55 ebd., S.324.

keine konkrete kulturelle Diversität verhandelt, sondern lediglich Zugehörigkeit – es wird schlicht und ergreifend eine Abgrenzung vorgenommen. In vielen Situationen gibt es überhaupt keinen Konflikt zwischen verschiedenen kulturellen Praktiken oder Vorstellungen – was geschieht, ist die Behauptung einer informellen Grenze im Rahmen dessen, was ich oben als kulturelle Hegemonie bezeichnet habe. In einer Gesellschaft, die diskriminiert, ist die Diskriminierung eben auch in die Produktion von Differenz verwickelt.

Nun thematisiert Badawia in seiner Arbeit auch die Rolle von Zuschreibungen. Doch über Staatsangehörigkeit und kulturelle Hegemonie wird nicht gesprochen. Badawia reduziert das ganze Geschehen auf die von seinen Interviewpartnern geleistete „Selbstverortung in bezug auf zwei Kulturen“.[56] Um sich von dem Klischee abzusetzen, das die armen Migrantenkinder „zwischen zwei Stühlen“ platziert, beschreibt Badawia die neue Identitätskonstruktion als den „dritten Stuhl“. Das sei „eine neue soziale Position bzw. ein neuer Immigrantenstatus sowie eine neue kulturelle Objektivation“.[57] Auch meine Auswertungen haben darauf hingewiesen, dass die Personen nichtdeutscher Herkunft sich einen neuen Raum erschlossen haben, den sie aber angesichts der herrschenden Vorstellungen einer scharfen Trennung zwischen „den Deutschen“ und „den Ausländern“ nicht positiv benennen können. Wenn ich diesen Raum aber nur als kulturellen Raum betrachte, dann halte ich 1. besagte Trennung implizit aufrecht, denn ich behaupte, dass es zwei oder auch mehrere voneinander geschiedene Kulturen gibt, in deren Spannungsfeld die jungen Migranten etwas „Drittes“ kreieren. 2. werden die Aspekte „soziale Position“ und „Bürgerstatus“ in der Gesamtpositionsbestimmung vernachlässigt. Dadurch bestätigt man das Klischee, dass Kultur eine ausgezeichnete Bedeutung für die Selbstdefinition und das Zusammenleben in der Einwanderungsgesellschaft habe.

Ich halte es generell für ein Problem, dass die Positionierungen der Migranten in den meisten Fällen unter dem Aspekt der „Identität“ verhandelt werden, und nicht unter dem Aspekt der strukturellen Bedingungen, welche die Grenzen zwischen dem „Deutschen“ und dem „Ausländischen“ aufrichten und behaupten – also unter dem Aspekt des Rassismus. Als weiteres Beispiel möchte ich kurz auf eine Diplomarbeit zum Thema „Zweisprachigkeit und kulturelle Identität“ zu sprechen kommen, die in der „Angewandten Sprachwissenschaft“ angesiedelt war, und die auf qualitativen Interviews mit Personen deutsch-griechischer Herkunft basierte.[58] In dieser Arbeit von Melanie Papadopoulos, die wie ich aus einer griechisch-deutschen Ehe stammt, geht es um die Anteile der „Identität“, die an Sprache und Kultur gekoppelt sind. Nun stellte sich bei den Interviews heraus, dass in den jeweiligen Familien die Zweisprachigkeit praktisch überhaupt nicht gefördert wurde, dass die Sozialisation auf „deutschen Normen und Werten“ beruhte und dass der Einfluss der

56 ebd., S.327.
57 ebd., S.328.
58 vgl. Papadopoulos 2002.

„griechischen Kultur“ im Großen und Ganzen auf „Eßgewohnheiten, die Dekoration des Heims, allerlei Vornamen und eine Reihe von sozialen Bezügen“ begrenzt blieb.

Zudem verbreiteten die Befragten oft die gleichen Klischees über „Deutsche“ und „Griechen“, wie sie in Deutschland gang und gäbe sind – die „Deutschen“ gelten als ein wenig zwanghaft, strikt, ernst, starr, zurückhaltend usw., während die „Griechen“ als lebenslustig, locker, impulsiv, laut und oberflächlich dargestellt werden.[59] Trotz der offenbar wenig substantiellen Beziehung zu Sprache und Kultur wird in der Untersuchung die Behauptung des Einflusses der beiden Elemente auf die Entwicklung von „kultureller Identität“ aufrechterhalten. Die Crux kommt erst am Ende der Untersuchung, wo die Befragten erzählen, dass Griechenland, die Sprache und ihre vorgebliche Bikulturalität erst dann begannen, eine Rolle zu spielen, als sie von außen darauf gestoßen wurden: „Das beginnt schon im Kindergarten. Zunächst ist alles normal, und wenn es darum geht, daß du deinen Namen sagst, dann schauen sie einen immer so an“ (Aris); „ Man wird in der Schule als der Grieche angesehen, weil man einen griechischen Vor- und Nachnamen hat“; „Das hat bei mir erst mal Irritationen hervorgerufen, aber auch eine gewisse Nachdenklichkeit ausgelöst. Ich hab halt mehr über meine eigene Identität nachgedacht“ (Tasos).[60] Offenbar sind also weder Sprache noch Kultur noch „Identität“ irgendwelche Dinge, die eine Rolle spielen, bevor ein Prozess der Diskriminierung, also der „Entfremdung“ einsetzt. Wenn ich die Untersuchung nun auf Kultur und „Identität“ fokussiere, anstatt auf die Mechanismen, welche die betreffenden Personen letztlich dazu gezwungen haben, Selbstdefinitionen im Hinblick auf Kultur und „Identität“ vorzunehmen, dann naturalisiere ich Kultur und „Identität“ sowie den Prozess, der diesen Konzepten überhaupt Relevanz verleiht.

Ich habe den Begriff der „Entfremdung“ gerade erwähnt – damit soll nun die Erfahrung beschrieben sein, welche die „Urszenen“ bei den betroffenen Subjekten auslöst. Nach all den theoretischen Bemerkungen sollen auch einige dieser Szenen angesprochen werden, wie sie die Befragten in meiner Untersuchung berichtet haben. Mehmet schildert folgendes Ereignis: „Während der Grundschule noch, da hatte ich mal bei so nem Preisausschreiben mitgemacht – irgendwie ‚Sicher durch den Straßenverkehr‘ oder so. Und da hatte ich den ersten Platz belegt. Und da gab's nen Empfang beim Bürgermeister. Und da bin ich mit meinem Vater hin, und ich war halt das einzige, offensichtlich ausländische Kind. Und der Bürgermeister wollte halt unbedingt wissen, wo ich herkomme. Und ich hab dann natürlich das Dorf eh aufgezählt, wo wir gewohnt haben, [...]. Und dann fingen dann plötzlich alle an zu lachen, weil sie das amüsant fanden. Und ich konnte das halt nicht nachvollziehen, ne, [...], was es da zu lachen gibt. Die wollten halt hören: ‚Ja, aus der Türkei‘ oder so, ‚aus dem Morgenland‘.“ Auch Fatima erinnerte sich an eine Begebenheit aus

59 vgl. ebd., S.83ff.

60 ebd., S.92.

der Grundschulzeit. Ein Lehrer verwies darauf, dass sie ja aus Tunesien stamme. Und fügte dann hinzu: „Du kommst also aus Afrika.“ „Da habe ich mich gegen gewehrt“, erklärte Fatima, „ganz stark.“

Herbert erlebte in der Grundschule Folgendes: „Ein besonders deutliches Erlebnis waren die ersten Grundschultage. Vorher waren wir in [...] so einer mittleren Kleinstadt. Aber in diesem Dorf war mein Vater eben der erste Afrikaner, der es betreten hat, und meine Schwester und ich waren die ersten schwarzen Kinder, die da zur Schule gegangen sind. In der großen Pause sah das also dann auch so aus, dass mir die komplette Schule in einem Abstand von 20 Metern gefolgt ist. Wenn ich mich umgedreht habe, dann sind sie in alle möglichen Richtungen davon gerannt, und wenn ich weiter gegangen bin, dann sind sie mir auch wieder gefolgt. [...] Wie es genau aufhörte, weiß ich gar nicht mehr, das war aber keine so lange Zeit. Vielleicht eine Woche, und danach war der Reiz des Neuen weg, und dann hat sich das gegeben.“ Man mag die Reaktionen von Herberts Mitschülern unter kindlicher Neugier subsumieren, und damit läge man wahrscheinlich nicht falsch. Problematisch an dieser Szene ist die Tatsache, dass die Lehrer den Schülern diese Neugier, die für den Betreffenden offensichtlich unangenehm gewesen sein muss, eine komplette Woche lang haben durchgehen lassen. Von Empathie kann da keine Rede sein. Zudem geschah das ganze Theater wohl schon zum wiederholten Male. Denn Herbert wurde zu jener Zeit von einem Kind spanischer Herkunft getröstet, dem zuvor das Gleiche widerfahren war. Bei anderen kamen die Erlebnisse, welche die Nicht-Zugehörigkeit begründeten, zu einem weitaus späteren Zeitpunkt. Es wurde bereits ausführlich beschrieben, dass für Kemal und in etwas eingeschränkterem Maße für Maria der Erwerb der eigenen Aufenthaltsgenehmigung die „Entfremdung“ mit sich brachte.

Ich habe jetzt hier eine Reihe von „Urszenen“ erwähnt – aber es ist klar, dass der Prozess der „Entfremdung“ danach nicht aufhört. Das „auffällige“ Element – bestimmte körperlich Merkmale, der Name oder auch bestimmte Kleidungsstücke – lösen immer aufs Neue bestimmte Akte aus, die von den Betroffenen als „Entfremdung“ erlebt werden. Die „Art der Komplikation“ in den Geschichten liegt auf der Hand: Die Personen werden aus einem Kollektiv ausgegliedert, dem sie sich bis dahin selbstverständlich zugehörig gefühlt hatten. Daher ist die „Entfremdung“ ein fundamentaler Vorgang, denn durch sie wird die betreffende Person als „anders“ markiert. Wichtig dabei ist noch einmal die Feststellung, dass die interviewten Personen sich vor der Markierung nicht als „anders“ empfunden hatten. Es gibt keine vorgängige Differenz, sondern einen anhaltenden Prozess der Differenzierung, den die Betreffenden auch selbst betreiben, wenn sie beginnen, auf die „Entfremdung“ zu antworten.

2.2 Die Verweisung

Wenn es die Entfremdung ist, welche das „auffällige" Merkmal in den Vordergrund rückt und die Zugehörigkeit abspenstig macht, dann meint die Verweisung den Prozess, der die betroffene Person an einen anderen Ort transportiert: „Du gehörst nicht dazu", bedeutet hierzulande auch immer „Du gehörst eigentlich woanders hin". „Woher kommst Du?" ist die Frage, welche die Verweisung einleitet. „Ich finde es auch immer sehr nervend", sagte die afrodeutsche Schriftstellerin May Ayim in einem Gespräch, „egal, wo ich hingehe, weiß ich genau, jetzt wirst du gleich von irgendeinem Typen angesprochen [...] ‚Ja, wo kommst du denn her?'" Diese Frage ist aber in gewissem Sinne rhetorisch, denn es wird eine ganz bestimmte Antwort erwartet. Ayim weiter: „Neulich hat mich wieder einer so angequatscht: ‚Woher kommen Sie? Wo sind Sie geboren?' – ‚Ich komme aus Münster und bin in Hamburg geboren?' Schließlich habe ich dann doch zu seiner Zufriedenheit preisgegeben, woher meine Eltern sind."[61] Santina Battaglia hat diese Art von Fragen in Bezug auf „Binationale" als „Herkunftsdialog" bezeichnet.[62] Die Voraussetzung dieser Fragen sei der „Mythos von der eigentlichen Herkunft und Hingehörigkeit". „Die Prämisse äußert sich in dem Umstand, dass eine an Binationale gerichtete Herkunftsfrage mit bestimmten Ortsangaben nicht zu beantworten ist. Mit einem korrekten ‚aus Köln' oder ‚aus Essen' geben sich Fragende nicht zufrieden. Der Dialog kann dadurch nicht beendet werden. Einer solchen Anwort folgt in der Regel eine weiterführende Frage nach der Herkunft der Eltern oder weiterer Vorfahren, durch die die Selbstverortung des Befragten entkräftet wird. Nur bzw. erst eine Angabe wie ‚Indien' oder ‚Griechenland' befriedigt den Fragenden oder die Fragende und beendet den Herkunftsdialog."[63] Dieser „Herkunftsdialog" ist mir selbst, der ich auch „binationaler" Herkunft bin, nur zu gut bekannt. Allerdings trifft dieser Dialog keineswegs nur Personen, deren Eltern unterschiedliche Hintergründe haben, sondern alle Allochthonen. Der „Herkunftsdialog" mag für „Binationale" besonders absurd erscheinen, weil man in jedem Fall auf das Land des „ausländischen" Elternteils verwiesen wird, doch selbst wenn beide Eltern nichtdeutscher Herkunft sind, wirken die Fragen weltfremd und ärgerlich. Die „richtige" Antwort bedeutet für alle Migranten zweiter Generation eine Deplazierung oder eine Ausbürgerung. Das zeigen die folgenden Aussagen meiner Interviewpartner.

Es sind die „auffälligen" Elemente, welche die Verweisung auslösen – das Aussehen, der Name, ein ethnisch codiertes Accessoire. „Die sehen mich und fragen dann, woher ich komme", sagte Dong-ju. Es sei oft genug die erste Frage, wenn er jemanden kennenlerne, „vielleicht auch die zweite oder dritte, aber darauf läuft es immer hinaus. Die denken halt, die könnten dann ein interessantes Gespräch anfangen. Ist vielleicht auch wahr. Dann kommen so Rät-

61 Oguntoye et al. 1986, S.151.

62 vgl. Battaglia 2000, S.188.

63 Battaglia 2000, S.189.

selratereien wie Philippine oder Vietnamese, und ich sage dann, dass ich Koreaner bin. Die fragen dann, ob Nord oder Süd, und ich sage, dass das egal ist. Ich bin dann auch sehr kurz angebunden und frage dann nach, was dem das jetzt gebracht hat. Ich merke halt, dass ich empfindlich reagiere, wenn Leute mir so kommen, weil das nicht ich bin, das nicht das erste Ding ist, oder weil ich nicht so auf Leute zugehe. [...] Ich mag es gerne, wenn mich Leute überhaupt nicht darauf ansprechen. Ich weiß das sehr zu schätzen. Ich möchte den Leuten, die mich darauf ansprechen, keinen Rassismus vorwerfen, aber es ist auch in ihnen ganz tief drin. Die kriegen das gar nicht mit, was bei dem anderen vorgeht. In so Fällen reagiere ich auch immer sehr knapp, dass sich nichts in der Richtung weiterentwickeln kann. Ich mache das dann so sarkastisch und frage, ob er das jetzt genetisch meint, und dass ich dann bestimmt in der Mongolei anzusiedeln bin, bei meinen Ururahnen. Aber ich bin in Köln geboren.“

Dong ju warf den Personen, die ihn in einen „Herkunftsdialog“ verwickelten, nicht vor, dass sie absichtlich seine Verweisung initiieren oder gar im landläufigen Sinne rassistisch sein wollten. Dennoch reagierte er „empfindlich“. So stellte er etwa die Gegenfrage, ob das nun „genetisch“ gemeint sei. Damit trifft er zweifelsohne einen Punkt. Denn wie bereits öfter bemerkt, teilt die deutsche Gesetzgebung die Bevölkerung in Abstammungsgruppen auf – wenn man so will: in Gruppen von „genetischen“ Verwandten. Daher ist es rational von Dong-ju, hier empfindlich zu reagieren, denn der „Herkunftsdialog“ formuliert ohne bewussten Vorsatz, aber in Übereinstimmung mit dem institutionellen Kontext („auch in ihnen ganz tief drin“), die nahezu undurchdringlichen Grenzen eines einheimischen „Wir“. Damit wird die betreffende Person an einen anderen Ort geschickt, denn gemäß dem „Mythos von der eigentlichen Herkunft“ gibt es für jede nationale Blutsgemeinschaft einen angestammten Raum. Empfindlich reagierte Dong-ju aber auch, weil „das nicht ich bin“. Hier lässt sich erkennen, dass Verweisung und Entfremdung keine Nebensachen im Leben von Personen nichtdeutscher Herkunft darstellen, sondern gravierende Konsequenzen haben. Die einheimische Umwelt konfrontiert das Individuum mit einem „Nicht-Ich“ – anscheinend gehört es weder zu dem „Wir“, in dem es bislang „normal“ aufgehoben war, noch darf es den Ort als den seinen betrachten, an dem es seinen Lebensmittelpunkt hat. Das „Ich“ muss sich gegen diese Widerstände durchsetzen – Dong-ju reagiert wie die meisten „empfindlich“.

Auch Nejla bemerkte: „Durch mein Aussehen ist das immer die erste Frage, woher ich komme. (…) Dann fängt die Raterei an. Wenn ich dann eben nicht sage, wo ich herkomme, oder sage ‚Ich komme aus Kiel‘, dann kommt immer die Frage, woher ich wirklich komme. Je mehr ich dann verheimliche, woher ich komme, desto größer ist dann auch die Neugierde. Das steht meistens im Vordergrund.“ Es ist interessant, dass die schamlose und peinliche „Neugierde“ der Einheimischen bei Nejla das Gefühl auslöst, sie würde tatsächlich etwas „verheimlichen“. Offenbar sind die jeweils fragenden Personen überhaupt nicht in der Lage, irgendeine Ambiguität zu tolerieren – sie fahren solange fort, bis das „Geheimnis“ der Herkunft gelüftet ist. Ansonsten wird, wie sie an anderer Stelle erwähnt, „noch mehr reininterpretiert". Ihre Gegenüber machen tatsächlich den Eindruck von Hobbyethnologen – aber einer erstaunlichen Spezies solcher Ethnologen, denn ihre angebliche Neugier wird keineswegs durch Neues befriedigt, sondern dadurch, dass der Prozess der Verweisung abgeschlossen wird. Der Dialog ist nämlich mit der erwarteten Beantwortung der Frage oft beendet – auf die Nennung der jeweiligen ethnischen Herkunft gibt es keine besonderen Reaktionen mehr. Nejla: „Ich habe auch gar nicht das Gefühl, dass das wichtig ist. Hauptsache, die Frage wird beantwortet." Eine logische Anschlussfrage ist dann nur noch, „ob ich irgendwann zurückkehren möchte". Auch diese Frage ist alles andere als naiv-neugierig, denn die Voraussetzungen und der Verlauf des „Herkunftsdialoges" indizieren, dass mit der „Rückkehr" letztlich die „natürliche" Ordnung wiederhergestellt würde.

Ein anderer Auslöser für die Verweisung ist der Name. Ich kenne das aus eigener Erfahrung – mein Name war stets für einen „Herkunftsdialog" gut. Aber um den Namen herum gab es auch noch andere Erlebnisse. Ich habe mehrere Jahre als Redakteur bei einer Musikzeitung gearbeitet und entsprechend viel Post zu meinen Händen erhalten. Nun war mir schon vorher unzählige Male bescheinigt worden, dass mein Name „schwierig" sei, doch es war dennoch erstaunlich, dass der Name in den wenigsten Fällen richtig geschrieben wurde. Die Verzerrungen waren teilweise absurd – bis hin zu Schreibweisen wie „Tex Kesidis". Zu Beginn erschien mir das Ganze amüsant, aber ab einer gewissen Häufung von Fehlern begann es mich doch zu stören. Es wäre ein Leichtes gewesen, den Namen im Impressum der Zeitschrift nachzulesen und abzuschreiben, aber offenbar hielt das niemand für nötig. Diese Ignoranz gegenüber dem „auffälligen" Namen ist seltsam. Zum einen wird damit implizit signalisiert, dass die Einheimischen es nicht für nötig halten, den „fremden" Namen zu lernen. Zum anderen wird so auch die Distanz stets aufs Neue aufgebaut – der Name bleibt für immer zu „schwierig", was eigentlich bedeutet: „fremd". Der letzte Punkt wird noch deutlicher, wenn es später um Herberts Namen geht, der nur aus vier Buchstaben besteht.

Auch Kemal meinte, dass die Verweisung immer das Erste sei, „was kommt", wenn er seinen Namen nennt. Er schilderte folgende Episode: „Ich habe mal eine deutsche Freundin gehabt, und die Mutter wusste nicht, dass ich Türke bin. Da war das so, dass ich angerufen habe und mit der geredet habe und die Silke sprechen wollte, und bei den ersten Malen war gar nichts. Als ich dann so vorbei kam, fragte sie mich, wie ich denn eigentlich heißen würde. Ich sagte Kemal, und sie fragte, ob ich Türke bin. Ich sagte ja, und sie sagte nur, dass sie sich das nie gedacht hätte bei meinem Deutsch. Sie dachte immer, dass ich Deutscher wäre. Der Vater war auch am Gucken. Und dann kam noch die Tante, und dann ging das Lauffeuer rum, dass ich halt ein Türke bin. Die Mutter war total nett, aber dann kam dazu, dass der Opa was gegen Türken hatte. Ich habe dann irgendwann für die ältere Schwester die Hausarbeit gemacht, und dann kam der Opa an und sagte, dass das nicht ginge, dass ein Türke die Hausarbeit von einer Deutschen machen würde. Da ist der nicht drüber weggekommen.“ Erneut werden Ethnizität und Sprache so verkoppelt, dass die schiere Tatsache der guten Sprachbeherrschung sich scheinbar mit Kemals türkischer Herkunft nicht mehr verträgt. Nach der Nennung des Namens muss die Beziehung der Familie zu Kemal im Grunde neu justiert werden – die Nachricht geht wie „ein Lauffeuer“ um. Während die Mutter „total nett“ bleibt, begegnet der Großvater Kemal nun mit Ablehnung. Die Geschichte nimmt dabei freilich eine höchst amüsante Wendung: Dass „ein Türke“ im Haushalt hilft, das müsste angesichts der üblichen Klischees über „türkische Männer“ doch eher ein Grund zum Jubeln sein – aber gerade das bringt das Weltbild des Großvaters ins Wanken.

Wie schon erwähnt, kann der Name auch dann zu einer Distanzierungsbewegung führen, wenn er tatsächlich überhaupt nicht kompliziert ist. Herbert Nachname hat nur vier Buchstaben. Er ist entsprechend leicht nachzusprechen. Dennoch widerfuhr im Folgendes: „Die meisten Leute verstehen das nicht. Die wenigsten Leute können es schreiben und noch weniger können es aussprechen, obwohl es eigentlich relativ einfach ist. [...] Das habe ich gestern wieder erlebt. Man stellt sich irgendwo vor [...] und dann habe ich mich mit meinem Namen vorgestellt, und er hat ihn trotzdem anders ausgesprochen, obwohl ich ihn dem ins Gesicht gesagt habe. So nach dem Motto, ich verbessere Sie jetzt mal, Sie wissen ja nicht, wie das richtig ausgesprochen wird. Das haben wir inzwischen schon häufiger erlebt. Man kann es den Leuten wirklich vorbeten, sie kriegen es oft nicht hin.“ Im Krankenhaus stellte sich Herbert den Patienten gewöhnlich auch mit seinem Nachnamen vor. Dabei hat er es permanent erlebt, dass diese mehrfach nachfragten und dann fragten, ob sie den Vornamen verwenden könnten. „Das wäre zu kompliziert. ‚Dat kann ich mir nich merken‘. Ja gut, da kommt dann natürlich dazu, dass sie es gar nicht richtig versuchen. Ich meine, was Leute manchmal für seltsame Namen haben, die man sich merken muss.“ Herberts Erkenntnis, dass sie es „gar nicht richtig versuchen“, scheint mir entscheidend zu sein. Da Herberts Name so einfach ist, muss es für das ständig geäußerte Nicht-Verständnis einen anderen Grund geben. Die korrekte Namensnennung geradezu störrisch zu verweigern, ist eingelassen in den Prozess der Verweisung – die Betreffenden machen Herbert deutlich, dass sein „Name“ nicht an diesen Ort gehört.

Die Distanzierung ist aber nicht nur anhand des Namens möglich, sondern auch die Sprache kann diese Funktion übernehmen. Die Sprache ist ohnehin ein klassisches Element zur symbolischen Grenzbefestigung der „eigentlichen“ Nation. Die Beteiligten an meiner Untersuchung waren bekanntlich alle in Deutschland geboren, bildungserfolgreich und sprachen daher entsprechend elaboriertes Deutsch. Diese Sprachbeherrschung wurde aber von vielen Einheimischen nicht als selbstverständlich hingenommen. Sie wurden oftmals für ihr gutes Deutsch gelobt – und gerade dadurch wurde die „Normalität“ der Sprachbeherrschung in Frage gestellt. Dieser Vorgang ist Bestandteil der Verweisung, gehört aber deutlicher noch zum Akt der Entgleichung – deshalb werde ich unten noch ausführlicher darauf zurückkommen. Die verschiedenen

Akte lassen sich nicht exakt voneinander trennen; es gibt nur graduelle Annäherungen an den Idealtypus, der hier jeweils vorgestellt wird.

Indem etwa das gute Deutsch hervorgehoben wird, macht der Einheimische sich zunächst zum natürlichen Inhaber der Sprache und zum Richter über die Sprachkompetenz einer Person, die ihm oftmals deutlich überlegen ist, was den Bildungsgrad betrifft. Andererseits wird so behauptet, dass eine Person mit einem „auffälligen" Element notwendig eine andere Muttersprache haben muss – und Deutsch erst später gelernt haben kann. Insofern werden die Personen nichtdeutscher Herkunft auch oft in einer fremden Sprache angesprochen, weil man voraussetzt, dass sie entweder kein Deutsch können oder ihre „Heimatsprache" selbstverständlich beherrschen. „Oft passiert es", berichtete Dong-ju, „dass die Leute englisch mit mir sprechen, so in Plattenläden, weil auch Japaner überall sind, denen man gut Platten verkaufen kann, weil die immer viel einkaufen. Ich mag es dann, die Leute vor den Kopf zu stoßen." Maria erzählte: „Im Studium lernst du Leute kennen, die mit dir Spanisch reden wollen, weil sie Spanisch gelernt haben, aber so was mache ich nicht. [...] Für mich ist es dann auch irgendwie komisch, mit den Leuten Spanisch zu reden. Und ich weiß dann auch von Freundinnen, dass die sich darüber aufregen, dass die Deutschen dann immer Spanisch mit denen reden wollen, weil sie es halt gerade in der Schule machen. Für die ist es dann halt unangenehm und keine Selbstverständlichkeit, Spanisch zu reden, und die reden dann auch immer extra Deutsch." Selbst wenn Personen nichtdeutscher Herkunft in Deutschland geboren sind, wird davon ausgegangen, dass sie quasi natürlich eine andere Sprache sprechen – was auch bedeutet: eine Sprache, die eigentlich woanders, in einem anderen Land, an einem anderen Ort gesprochen wird.

Möglicherweise erscheinen die Beispiele für die Verweisungen bislang relativ harmlos. Das hat nicht zuletzt damit zu tun, dass die Befragten zur Zeit der Interviews zumeist in einem Milieu verkehrten, indem die Akte der Trennung zwischen „uns" und „ihnen" einen oft subtilen Charakter annehmen. Allerdings gab es auch andere Erlebnisse. Kemal beispielsweise erinnerte sich daran, dass er sich als Jugendlicher von seinen Gegenspielern beim Fußball oft Provokationen anhören musste: „Du Dreckstürke, geh in Dein Land zurück." Und in der Straßenbahn geschah es, dass er mit einem älteren Herrn zusammenprallte, der dann mit einem „Türken raus!" konterte. Auch die Schülerinnen der Gesamtschule eines Kölner Viertels, das unter seinem schlechten Ansehen innerhalb der Stadt leidet, berichteten von weitaus direkteren Distanzierungsversuchen – nämlich Beschimpfungen. Sie alle sprachen davon, dass sie, wenn sie „in die Stadt" (die Innenstadt) gingen, oft angepöbelt würden. „Ihr zwei Kanaken-Fotzen", bekamen etwa zwei Mädchen zu hören, die in einem Schnellrestaurant angerempelt wurden, „geht dahin zurück, wo ihr herkommt". Auf der Kirmes sahen ein Mädchen und ihr Bruder plötzlich eine Bierflasche vor ihre Füße fliegen. Als sie mit Wasser zurück schossen, hieß es: „Ihr Scheiß-Türken, verpisst euch." Ein Mädchen tunesischer Herkunft fand es besonders empörend, dass sie sich bei einem Urlaub in

Tunesien, „ihrem Land“, bei einem Streit mit deutschen Touristen anhören musste: „Halt die Fresse, du Scheiß-Ausländerin.“ Ich kann mit solchen Beispielen endlos fortfahren – sie bilden das weniger raffinierte Pendant zu den „harmlosen“ Erlebnissen. Auch die Wirkung wird von den Mädchen deutlicher beschrieben: “Wenn ich hier über die Straße gehe, dann komme ich mir oft vor wie ein Stück Scheiße“, meinte eine. Dabei wolle sie nur „zivil leben“.

Auch die Beschimpfungen sind Verweisungen – sie sind zumeist mit der Aufforderung gekoppelt, wieder dahin zu gehen, wo man „herkommt“ – also dahin, wo der angestammte Lebensraum der Personen nichtdeutscher Herkunft vermutet wird. Die „Art der Komplikation“ in den hier vorgestellten Geschichten ist eine Ergänzung zu jener, welche die Entfremdung konstituiert: Während in der Entfremdung eine Ausgliederung aus dem „Wir“ stattfindet, dem die Personen sich selbstverständlich zugehörig gefühlt hatten, bedeutet die Verweisung eine „Ausweisung“ aus jenem Ort, an dem man ebenso selbstverständlich seinen Lebensmittelpunkt hat. Zuletzt möchte ich noch darauf hinweisen, dass auch Gewalt eine Form der Verweisung sein kann. Denn Angriffe auf „Ausländer“ lassen sich auch als eine Art Kommunikation bezeichnen, die den Migranten verdeutlichen sollen, dass sie nicht hierher gehören und möglichst das Land verlassen sollten.

Ich denke, dass man im internationalen Vergleich behaupten kann, dass der Exklusionsgrad der Entfremdung und der Verweisung höher ist als in anderen westlichen Einwanderungsländern. Zum Ersten scheinen Entfremdung und Verweisung nie beendet zu werden. Nur ein Beispiel: In einem Aufsatz hat Salomon Korn, der Vorsitzende des Vorstandes der jüdischen Gemeinde in Frankfurt am Main, berichtet, dass er ganz selbstverständlich gefragt werde, ob er nicht über die politische Lange in „seinem Land“ besorgt sei oder ob er den Urlaub „in seiner Heimat“ verbringen werde – gemeint war jeweils Israel.[64] Das bedeutet: Selbst bei den Deutschen jüdischen Glaubens, über deren Zugehörigkeit nicht der geringste Zweifel bestehen kann, gibt es weiterhin einen Prozess der Verweisung. Zum Zweiten bedeuten Entfremdung und Verweisung in Deutschland potentiell immer auch jene „Ausbürgerung“, von der Cem Özdemir sprach. Es ist ja nicht nur so, dass der Phänotyp oder gewisse kulturelle Accessoires mit einem bestimmten „Wir“ und einem bestimmten Territorium verschweißt werden, sondern tatsächlich besitzen viele Personen auch in der „zweiten Generation“ keine Staatsangehörigkeit und sind somit Angehörige einer anderen Nation. Somit bleibt auch ihr Aufenthaltsstatus prekär – selbst bei einer Geburt im Lande. Der Fall „Mehmet“, also der Fall eines mehrfach straffällig gewordenen Jugendlichen, der in Deutschland geboren wurde, und den die Behörden schließlich in die Türkei abschoben, hat da Bände gesprochen. Die reale Möglichkeit der „Ausbürgerung“ verleiht den Prozessen der Entfremdung und der Verweisung eine besonders strenge Note, die sie etwa in Britannien, Frankreich oder den Niederlanden nicht im gleichen Maße hat.

64 Korn 2003, S.153.

2.3 Die Entantwortung

Zuschreibung ist das Wort, das gewöhnlich verwendet wird, wenn mit einer Person oder einer Gruppe ganz bestimmte Eigenschaften in Verbindung gebracht werden. Aber wie nennt man das, was mit jenen Individuen passiert, welche von der Zuschreibung betroffen sind? Entfremdung und Verweisung gliedern das Individuum symbolisch aus einem „Wir" aus und schicken es an einen anderen Ort. Es gibt nämlich – wie man gesehen hat sogar im Falle der Juden – angeblich ein „eigentliches Wir" und einen „eigentlichen" Platz für die Betreffenden (die einzige Gruppe, die solche „Eigentlichkeit" unterläuft, ist in diesen Tagen wohl jene der Sinti und Roma). Nun werden dem „eigentlichen Wir" (und in eingeschränkterem Maße auch dem „eigentlichen" Ort) zusätzlich bestimmte Merkmale zugeschrieben, was die jeweils Betroffenen gleichzeitig als zumindest potentielle Träger dieser Eigenschaften erscheinen lässt. Frantz Fanon hat oben bereits eindringlich beschrieben, wie jenes „Sieh mal, ein Neger", wie also die Identifizierung als „Neger" ihn nicht nur aus dem selbstverständlichen französischen „Wir" hinauskatapultiert, sondern ihn gleichzeitig in das Geflecht der Redeweisen über den „Neger" hineinstößt. All die Klischees, sie sprechen nun auch von ihm. Und alles, was er tut, kann interpretiert werden als Ausfluss einer Substanz des „Neger-Seins" – und nicht mehr als das Handeln eines Individuums.

Aber was ist es, was mit ihm bzw. mit den so genannten Fremden geschieht? Was bedeutet es, wenn ich einen Wutanfall habe, den ich für völlig berechtigt halte, oder wenn ich besonders offensiv argumentiere, womit ich die Ernsthaftigkeit meines Anliegens unterstreichen will, und jemand – unter Umständen gar amüsiert – sagt: „Ach, das ist sein südländisches Temperament". Dann ist es plötzlich, als hätte ich gar nicht gesprochen. Irgendetwas, eine Art „Es" des „Südländischen" hat mich quasi überwältigt und durch mich hindurch agiert. Das ist so. Das wird immer so sein. Ich möchte diesen Vorgang Entantwortung nennen. Die Zuschreibung nimmt dem Individuum zum einen die Verantwortung weg – ich bin es nicht mehr selbst, der handelt, es ist „der Neger", „der Türke", „der Südländer" etc. Zum anderen beraubt es den Einzelnen der Möglichkeit einer Antwort – seine Taten sind gewissermaßen aufgrund seiner Gruppenzugehörigkeit vorbestimmt. Es sei denn, er ist eine „Ausnahme". Und fast alle Migranten, das wird sich noch herausstellen, sind bei ihren einheimischen Bekannten „Ausnahmen". Was mit den Einzelnen passiert, möchte ich also Entantwortung nennen.

Die Entantwortungen sind oft monoton. Allerdings weisen sie eine gewisse Vielgestaltigkeit in Bezug auf die unterschiedlichen Gruppen von „Ausländern" auf. Für mich auffällig war nach der Analyse der Interviews zudem, dass die Zuschreibungen oft mit dem Geschlecht zu tun haben – das ist zumal bei „den Türken" evident. Aber beginnen wir auf der allgemeinsten Ebene. Fatima fasst die Klischees zusammen: „Fundamentalisten, Zuwanderer, Nachzügler, [...] in der Diskussionsrunde mit der doppelten Staatsbürgerschaft. Da war auch so ein Bürschchen, der eine ganz radikale Position vertreten hat, irgendwie mit Kriminalität und integrationsunwillig.“ Und weiter: „Das, was sie seit Anfang der Gastarbeiterzeit versäumt haben zu leisten, wird plötzlich in die Schuhe der Ausländer gelegt. Ghettos sind plötzlich Schuld der Ausländer und das Unvermögen der Sprache. Oder die Frage, warum wir uns nicht als Deutsche erkennen. Ich meine, wenn wir immer noch als Ausländer bezeichnet werden, wie sollen wir uns dann als Deutsche erkennen? Solche Sachen regen mich nur auf.“ Fatima reiht zunächst einfach die ganze Palette der üblichen Bemerkungen über das Problem „Ausländer“ auf – Integrationsschwierigkeiten, Ghettoisierung, Sprachprobleme, Fanatismus, Kriminalität. Wenn davon in den Medien gesprochen wird, dann ist für Fatima klar, dass auch über sie gesprochen wird, dass es hier um ein „Wir“ geht, zu dem sie gezählt wird.

Nur mit ihr wird nicht gesprochen. Sie ist das bloße „Objekt“ der Kommunikation. Ihr wird letztlich gesagt, wie sie selbst ist, und damit geht ihr sowohl die individuelle Verantwortung verloren wie auch die Möglichkeit zur Antwort. Die Argumente, die Fatima später als Grund für bestimmte Missstände im Leben der Migranten anführt, werden daher quasi ins Nichts geschickt. Diese doppelte Enteignung hinterlässt ihre Spuren auf dem Körper. Der Prozess der Entantwortung löst Aggressionen aus – Fatima „regt das auf“. Und das ist nur zu verständlich. Von Aufregung und Wut sprachen alle Beteiligten früher oder später. Bei der Diskussion mit den Schülerinnen stieg der Pegel der Erregung merklich an, als die Mädchen von den Beschimpfungen berichteten, und die entstehenden Aggression wurden auch wiederholt angesprochen. Und auch Anna erzählte, dass sie von der Berichterstattung über den Islam in den Medien „früher immer Magenschmerzen“ bekommen habe.

Wie schwierig für die Betroffenen der Umgang mit der Entantwortung sein kann, das lässt sich an einem Gespräch zeigen, das Sevim mit ihrem Arbeitgeber führte, während sie im Café kellnerte. Sie referierte dieses Gespräch folgendermaßen: „Da haben wir uns halt mal abends hingesetzt und darüber geredet, dass viele Türken oder halt Ausländer mit lauter Musik bei uns lang gefahren sind, und was weiß ich. Und das sei doch beschämend. Wieso sie das halt machen. Und ich fand das dann halt auch nicht korrekt. Und ich hab auch gesagt: Eigentlich haben es die Ausländer hier total gut, und Sozialhilfe, was weiß ich, mit Geld. Und z.B. haben wir das immer mit der Türkei verglichen, weil das Leben da ziemlich schlechter ist als hier. Mit Krankenhaus oder mit Versicherungen oder Sozialhilfe oder Arbeitslosengeld, das gibt es in der Türkei nicht. Und wir haben halt immer den Vergleich. Und dann habe ich immer gesagt: ‚Eigentlich haben es die Ausländer total gut. [...] Und ich habe das dann auch halt empfunden, dass zu viele Ausländer hier drin sind. Dann solle man halt nicht so viele Ausländer hier rein lassen. Und mein Chef war, also das habe ich erst hinterher gemerkt, dass er dagegen war, dass viele Ausländer hier nach Deutschland kommen. Und ich habe das dann auch immer befürwortet. Ich habe dann gesagt: ‚Ja klar, das würde ich auch nicht machen, als Politiker würde ich auch keine Ausländer mehr hier rein lassen, weil, das ist alles zu viel.‘ Das war eigentlich voll blöd, was ich da gesagt habe.“

Solche Gespräche mit Einheimischen zwingen Migranten dazu, sich angesichts der Entantwortung zu positionieren. Dabei gibt es zum einen die Möglichkeit, sich dem „Wir“ der „Ausländer“ zu entziehen und sich als etwas anders zu definieren. Zum anderen können die Personen nichtdeutscher Herkunft den Anwalt dieses „Wir“ spielen. Sevim wählt hier die erste Möglichkeit. Vermutlich kennen die meisten Personen nichtdeutscher Herkunft das Gefühl, dass sie früher einmal an einem rassistischen Konsens über „Ausländer“ Teil hatten, der im Grunde auch sie selbst umschloss. In dieser Szene lässt sich der „Chef“ von der jungen „Türkin“ die eigenen Klischees bestätigen und legitimieren, während Sevim gleichzeitig als „Ausnahme“ konzipiert wird. Für Sevim ist das aber eine Falle – sie wird dazu gezwungen, das „Wir“ zu verleugnen, dem sie gleichzeitig in anderen Situationen zugerechnet wird. Alles, was sie erreichen kann, ist der Status der „Ausnahme“ – und das eben nur in einer vertrauten Umgebung.

Über die widersprüchliche Situation, die entsteht, wenn ein Migrant zweiter Generation sich dem „Wir“, dem er zugerechnet wird, entziehen will, hat Züli Aladag, ein Regisseur türkischer Herkunft, den Kurzfilm „Ausbruch“ (D 1999) gedreht. Er erläutert den Konflikt gewissermaßen an seinem „extremsten“ Fall. Der Film handelt von einem jungen türkischen Deutschen, der Skinhead werden will – nicht zuletzt, weil ihm die Macht gefällt, die er durch sein Angst einflößendes Aussehen erhält und die der Opferrolle als „Ausländer“ diametral entgegengesetzt ist. Am Ende verwickelt er sich in einen unlösbaren Widerspruch. Von den einheimischen Skins wird er nicht akzeptiert. Am Schluss geht er mit einer Handgranate in ein türkisches Männercafé. Doch er bricht in Tränen aus. Die Teilnahme am rassistischen Spiel, der Genuss der Macht der rassistischen Grenzziehung würde die eigene Auslöschung bedeuten.

Im Zusammenhang mit der Kampagne der Union gegen die doppelte Staatsbürgerschaft hatte sich Kemal in eine Diskussion verwickelt lassen, wo er die zweite der beschrieben Möglichkeiten wählte, auf die Entantwortung zu reagieren – er wurde zum Anwalt der „Ausländer“. „Was ich da gehört habe“, meinte er, „war echt krass. Ich wäre ein ‚türkisches Schwaatmaul‘ oder: ‚Ihr wollt doch alles haben‘. Ich habe dann gesagt ‚Ja, ja wir wollen Deutschland vereinnahmen‘ und die haben nur gesagt, dass das stimmen würde und sie Angst hätten, nachts alleine auf die Straße zu gehen. Ich habe dann gefragt, ob das nur Ausländer wären. Und dann meinte eine, dass die Ausländer auch Angst hätten, weil die Skinheads die Häuser angezündet haben. Sie fragte dann, ob es schlimmer wäre in seinem eigenen Land Angst zu haben, oder in einem fremden Land. Ich habe sie dann nur gefragt, ob wir keine Angst haben dürften. Sie sagte dann nur, dass wir halt in Deutschland wären, und wenn wir anständige Menschen wären, dann könnten wir auch den deutschen Pass haben.“

Kemal ist in dieser Diskussion von vornherein „Türke“ bzw. Bestandteil eines „Ihr“. Diskussionen zwischen Einheimischen und Migranten in Deutschland über das Thema Einwanderung polarisieren sich fast augenblicklich entlang der Trennung zwischen „uns“ und „ihnen“. Interessant ist, dass Kemal hier versucht, dem für ihn absurd klingenden Argument, dass die „Ausländer“ alles haben wollten, mit Ironie zu begegnen – diese Ironie jedoch überhaupt nicht verstanden wird. Die Gesprächspartner verstärken das Argument nur noch einmal mit dem Hinweis auf ihre Angst. Insofern wird Kemal gezwungen, ernsthaft in die Diskussion einzutreten. Zunächst versucht er, die Bedrohlichkeit von den „Ausländern“ weg zu verlagern. Zugleich will er zeigen, dass es gerade die „Ausländer“ sind, welche in Deutschland bedroht werden. Doch für seine Gesprächspartner gibt es plötzlich zwei Versionen von Angst – und eine Angst ist schlimmer als die andere: Die Angst im „eigenen Land“ nämlich. Hier zeigt sich noch einmal, dass Deutschland sehr stark mit Sicherheit assoziiert wird. Aber, wie man in diesem Fall sieht, hauptsächlich mit einer Sicherheit für einheimische Deutsche, denn nur die sind ja in „ihrem eigenen Land“. Die Verweisung wird hier sofort deutlich, aber auch die Entantwortung: Die „Ausländer“ gelten aufgrund ihrer bloßen Existenz als Bedrohung für die Besitzstände und die Sicherheit im „eigenen Land“. Und damit auch Kemal. Freilich wird auch ihm am Ende das Angebot gemacht, auf das Sevim als junge Frau eingegangen war – nämlich die „Ausnahme“ zu verkörpern. Wenn er ein „anständiger Mensch“ sei, dann dürfe er auch dazugehören. Und so sagt diese Episode auch noch einiges aus über das ziemlich verkümmerte Rechtsverständnis so mancher Einheimischer, die tatsächlich die Einbürgerung an Qualitäten wie „Anständigkeit“ koppeln.

Ich möchte nun, wie angekündigt, die Zuschreibungen ein wenig differenzieren. Ich konnte feststellen, dass Zuschreibungen bezüglich des Geschlechtes eine immense Rolle spielen. Anna erinnerte sich, dass sie in der Grundschule von einem einheimischen Mitschüler gefragt wurde, „wie viele Kamele mein Vater für mich kriegt, wenn er mich verheiratet. Da steckte dieses Klischee schon dahinter, dass der Vater die Tochter verheiratet. Die kann nicht heiraten, wen sie will, und das ist so wie ein Handel, also die wird dann verkauft, also der Vater kriegt dann Kamele oder irgendwas Wertvolles, wenn er sie verheiratet.“ Diesem Klischee des allmächtigen und unterdrückenden Vaters wird mit zunehmendem Alter auch das Klischee eines Bruders beigesellt. Als Nejla von zu Hause weglief, da zog sie im Appartement ihres damaligen einheimischen Freundes ein. Von dessen Eltern wurde sie „nicht angenommen“. „Erstmal denke ich mir“, erklärte sie, „dass es normale Eifersucht gegen eine fremde Person war. Andererseits war ich eine Gefahr. Ich war ein türkisches Mädchen, das nicht mehr zu Hause wohnte. Schublade auf: ‚Abgehauen‘ und hat einen Bruder. Irgendwo wurde ich als Gefahr für den Sohn gesehen.“

Irgendwann hatte die Mutter des Freundes sie schließlich darauf angesprochen, ob sie einen älteren Bruder habe, und wie der das denn finden würde, dass sie bei ihrem Freund wohne. „Sie hat mich einfach ausgefragt, aber direkt dann auf diesen Punkt hin. Türkische Kultur, was man halt so darüber weiß und eben halt diese Vorurteile.“ Zuletzt mischte sich auch noch die Vermieterin ein: „Sie hat die Mutter dann angerufen und ihr gesagt, sie möge doch ihrem Sohn sagen, dass ich ausziehen soll. Das war für mich katastrophal. Erstmal die Tatsache, dass ich nicht darauf angesprochen werde, und zweitens die Tatsache, dass ich ganz genau wusste, warum sie mich da nicht mehr haben wollte. Der Grund war einfach, dass sie Angst hatte, dass meine Brüder kommen und...“ Nejla hat als „türkisches Mädchen“ das getan, was deutsche Feministinnen den lieben langen Tag fordern – sie verließ eine Familie, in der sie als Mädchen unterdrückt wurde. Dann allerdings findet sie in der einheimischen Gesellschaft keine Unterstützung – und zwar genau aufgrund von Klischeevorstellungen über jene Familienverhältnisse, gegen die sich Neijla gewehrt hat.

Mit dem Bild des „türkischen Mädchens“ war sie auch später weiter konfrontiert. „Ja klar, es war immer so, dass andauernd über die armen türkischen Mädchen geredet wurde – sitzen zwischen den zwei Stühlen, werden von ihrem Vater unterdrückt, die Brüder, und alles ist da so schlimm, und sie wissen gar nicht, wo sie hin gehören. Diese Sprüche habe ich gehasst.“ Die Entantwortung, die in solchen Zuschreibungen liegt, ist für Nejla umso dramatischer, da sie ja den Kampf um die eigene Individualität mit allen Mitteln geführt hatte. Insofern kann sie in diesen Bildern von der „türkischen Kultur“ keine Unterstützung für ihre Position erkennen, sondern im Gegenteil: Diese Bilder wirken kontraproduktiv, denn ihnen wird der reale Emanzipationsprozess vieler Mädchen negiert. Nejla wollte derweil überhaupt nicht mehr, dass Einheimische sich über „türkische Kultur“ äußern: „Ich meine, es ist was anderes, ob man selber etwas durchgemacht hat, oder nicht, ob man die Kultur versteht oder nicht. Es ist anders, wenn ich die türkische Kultur kritisiere, als wenn Deutsche das tun. Da bin ich total empfindlich. Ich darf das, aber die dürfen das nicht, weil die verstehen das sowieso nicht. Ganz seltsam. Die können das eigentlich auch gar nicht verstehen.“

Ebenso wie das „türkische Mädchen“ als arme unterdrückte Kreatur gesehen wird, gilt der „türkische Mann“ in der deutschen Öffentlichkeit oftmals als unverbesserlicher Macho. Mehmet konnte dieses Bild erspüren – gerade weil er mit dem angeblichen Machotum nicht in Verbindung gebracht wurde. Auf der Realschule war er in einer „gemischten“ Clique. Darin hielten sich auch zwei Mädchen auf, von denen er wusste, dass sie auch Kontakt „zu anderen Kreisen, ja also zu irgendwelchen Fascho-Kreisen offensichtlich,“ hatten. Bei diesen Mädchen war er aber dennoch wohlgelitten: „Die haben da zum Beispiel auch so Sprüche gebracht wie von wegen: ‚Ja, Mehmet, das ist ein netter Türke‘, oder so, ne. Also, ‚Der ist ganz lieb, mit dem kommt man gut klar‘. Und ich hab mich dann natürlich auch sehr wohl dabei gefühlt, so geliebt zu werden, getätschelt zu werden. Und so war's. Also, das hab ich auch oft mitgemacht.“ Mehmet war sich darüber im Klaren, dass er als „netter Türke“ ausgezeichnet wurde, weil das gewöhnliche Bild anders aussieht: „Also wenn sie halt an ‚Türke‘ denken oder so, dann denken sie an, eh, so'n Haufen von Leuten zu fünft oder so, die auf'm meinetwegen Schulhof rumlungern und unablässig auf'n Boden spucken und die Mädchen anmachen und so.“ Dieses Bild bezeichnet Mehmet als „vorgefertigte Rolle“: „Also, es gibt halt einige wenige Rollen, die du annehmen kannst oder nicht. Und eines ist halt dieses Bild von dem plumpen Mann [...], der ein Chauvi ist.“

Auf der anderen Seite wirkt dieser „Chauvi“ aus dem „Ausland“ aber auch durchaus begehrenswert. Das Image des „Südländers“ schwankt – und das kenne ich auch aus eigener Erfahrung sehr gut – zwischen dem negativen Aspekt des „Anmachertypen“ und den positiven Attributen Charme und Männlichkeit. „Das war auch irgendwie ein Vorteil“, meinte Pedro in Bezug auf die einheimischen Mädchen, „man war Südländer, die waren Deutsche und das mochten die so. Ich meine klar, ich habe die anders behandelt. Also jetzt nichts gegen die Deutschen, aber die waren immer so kühl und nicht so offen. Deswegen war das ein absoluter Vorteil.“ Von diesem Bild des „Südländers“ sprach auch Herbert. Insbesondere an ausgelassenen Festen wie Karneval, wo sich viele einheimische Frauen nach einem „Abenteuer“ sehnten, wurde er hin und wieder „als exotischer Typ gehandelt“ – „und von daher begehrt, weil man einfach exotisch ist, oder Südländer ist. Möglicherweise verspricht sich die Frau dann irgendwelche Qualitäten.“ Und weiter: „Aber ich wurde da schon massiv angebaggert, das habe ich auch schon erlebt. Und habe auch schon mehrere Sätze gehört, wie toll Schwarze sind, und dass sie das einfach toll finden, wie die sich bewegen, die sind so musikalisch und muskulös.“

Die Zuschreibung „exotisch“ kannten auch die weiblichen Befragten. Sie wirke „ja mit ihrem Aussehen auf deutsche Männer sehr exotisch“, sagte Nejla. Bei einem Mann, mit dem sie „sehr intelligente Gespräche“ geführt hatte, hatte sie etwa das Gefühl, „dass er es ganz toll fand, dass ich anders war, aber wenn ich mich anders verhalten habe, dann war das nicht mehr so toll“. Auch in Bezug auf ihren ersten Freund stellte sie fest: „Ich war quasi, also sein Wunsch war halt, dass ich eben Deutsche bin, aber nur etwas anders aussehe.“ An das „auffällige“ Element werden also bestimmte „exotische Qualitäten“ geknüpft, die begehrenswert erscheinen. Am konkreten Individuum wird konsequent vorbeigeblickt – es wird entantwortet. Und wenn das Individuum, wie in Nejlas Fall, sich „anders verhält“, also gewissermaßen eine Antwort gibt, dann zeigt sich das Gegenüber oft enttäuscht. Wenn die „exotischen Qualitäten“ fehlen, dann erfolgt häufig ein Rückzug, womit der Prozess der Entantwortung fortgesetzt wird: Die Antwort führt eben nicht zum Dialog, sondern zu einer Entfernung, die es ermöglicht, das Bild vom Anderen intakt zu lassen.

Neben den Zuschreibungen in Bezug auf das Geschlecht gibt es auch besondere Zuschreibungen hinsichtlich des „Schwarz-Seins“. Fatima konnte sich entsinnen, dass sie, als sie von einer Freundin ihrem Großvater vorgestellt wurde, und auch bei anderen Gelegenheiten, ganz selbstverständlich die „Schwatte“ war. In der Schule wurde sie eine Zeit lang „Bongo“ gerufen – sie beschrieb das als „einen wunden Punkt“. Auf die Nachfrage, was sie mit dem Namen assoziierte, erklärte sie: „Weil ich es schon verinnerlicht habe, haben musste, dass es minderwertig ist. So wie ich zum Beispiel in der Grundschule gesagt habe, dass ich nicht aus Afrika komme, dass ich nichts mit dem Titel Negerin zu tun haben möchte. So habe ich dann auch das Wort aufgefasst. Ich muss es ja dann auch selbst minderbewertet haben, ob es das war oder nicht." Die Klischees können auch positiv sein, was ihre entantwortende Qualität nicht verringert. Herbert berichtete: „Manche erzählen auch, wie toll sie Schwarze finden. Das gibt es auch immer wieder. Die sind ja alle viel netter als die Deutschen, die Deutschen sind ja blöd, und die Schwarzen sind ja alle viel besser – ohne dass man das irgendwie herausfordert oder was dazu sagt, drücken die einem so was ins Ohr." Und : „Ja, bei allen Gelegenheiten, wo es irgendwie um Musik geht. Gut ich bin halt auch ein relativ zappeliger Typ, ich kann nicht besonders gut still sitzen oder die Finger ruhig halten. Ich bin ziemlich oft dabei, irgendwelche Rhythmen, ohne groß darüber nachzudenken, zu klopfen. Dann bin ich schon mal drauf angesprochen worden, so von wegen Rhythmus im Blut, ich müßte ja dauernd klopfen und meine afrikanischen Rhythmen von mir geben." Schließlich: „Ja, mir liegt der Rhythmus ja im Blut. Dabei habe ich eher so ein kleines Tanzproblem. Wahrscheinlich bin ich nicht der allerbeste Tänzer trotz der schwarzen Haut. [...] Ich fand mich immer gut, aber irgendeine Frau hat mir mal erzählt, ich würde tanzen wie Bill Cosby, aber das stimmt nicht."

Interessant ist hier, dass Herbert am Ende die Zuschreibung selbst aufnimmt – trotz der „schwarzen Haut" sei er kein besonders guter Tänzer. So stellt auch er einen Zusammenhang her zwischen Hautfarbe und Bewegungsqualitäten. Tatsächlich ist es oft schwer, sich der Entantwortung zu entziehen. Wenn man ständig mit jenen Zuschreibungen konfrontiert wird und diese zumeist auch bewertet werden – ob positiv oder negativ –, dann ist es kaum verwunderlich, dass Personen sich teilweise oder ganz mit den ihnen zugeschriebenen Eigenschaften identifizieren. Dieser Vorgang ist auch bekannt aus der Geschichte der antikolonialen Kämpfe. In den zwanziger Jahren entstand in Paris etwa die Bewegung der „Négritude", welche die Vorstellungen der Weißen von einer kulturellen Substanz einer „Negerseele" – Emotionalität, Empfänglichkeit, Hingabe und Rhythmus – annahmen und nun positiv bewerteten. Der „weiße Blick" ist stets präsent.

Selbstverständlich können die Zuschreibungen auch weit krassere Dimensionen bekommen. In ihrer Zeit als Sozialberaterin beim Asta der Universität hatte es Nejla mit einem Fall zu tun, wo ein Vermieter, der beim Asta eine Anzeige aufgegeben hatte, einen schwarzen Bewerber ohne Grund zurückwies, als der sich persönlich bei ihm vorstellte. Nejla meldete sich bei ihm: „Ich habe dann da angerufen und versucht, mit dem Vermieter ein vernünftiges Gespräche zu führen, und habe ihm dann auch erklärt, dass es afrikanische Menschen sehr schwierig hätten, [...] ein Zimmer zu finden und habe dann gefragt, ob er nicht eins hätte. Dann hat er eben solche Sprüche gelassen, wie Afrikaner wären schmutzig, und die würden halt mit zu vielen Leuten in einem Zimmer wohnen, und er möchte nicht, dass ein Afrikaner da wohnt. Er hätte ja wohl das Recht auszusuchen, wer in sein Zimmer kommt und wer nicht. Das endete dann in wüsten Beschimpfungen meinerseits, dass ich ihn als Rassisten bezeichnet habe und dass er sich nie wieder im Asta melden soll, um eine Wohnungsanzeige aufzugeben." Hier wird wieder deutlich, wie die

Entantwortung funktioniert: Der Vermieter kommuniziert nicht mit der Person, die ihm gegenübertritt (der Bewerber), sondern reagiert auf das Bild eines „Wir“ („die Afrikaner“), dem er diese Person zurechnet. Dadurch wird die Person ihrer Individualität entkleidet und der Möglichkeit zum Dialog beraubt. Mit der Person spricht der Vermieter auch in der Folge nicht mehr – er verhandelt nur noch über die betreffende Person mit einer Behördenvertreterin (in diesem Fall Nejla). Insofern ist auch bei der Entantwortung die „Art der Komplikation“ offensichtlich: Die Menschen nichtdeutscher Herkunft werden schlicht nicht als Gesprächspartner anerkannt – ein Bild hat sich quasi vor sie geschoben.

Ich möchte zum Schluss dieses Abschnitts darauf zurückkommen, dass die meisten meiner Interviewpartner berichtet haben, dass sie von ihren einheimischen Gegenübern als „Ausnahme“ konzipiert wurden. Dieser Vorgang ist aus der Geschichte bekannt: Auch der schärfste Antisemit kannte stets selbst einen Juden, der aber ein „Ausnahmejude“ war. Auch in der Geschichte der Migranten in Deutschland ist diese Positionierung wohlbekannt. 1984 erzählte Arzu Toker davon, dass sie als eine Person, die sich nicht auffällig kleidete und die die Landessprache beherrschte, stets vom Bild der „türkischen Frau“ abgesetzt wurde: „‘Du bist ja was anderes‘, wird dann gleich gesagt, oder: ‚Sie sehen ja gar nicht türkisch aus, Sie sind aber keine normale Türkin! Sie haben sich aber angepaßt‘.“[65] „Du bist ja anders, du bist ja nicht so!“, beschrieb Sevim sechzehn Jahre später ihren Status. „Ja. So war das immer, die haben immer so getan: ‚Du bist voll die Ausnahme‘. So habe ich mich auch immer empfunden.“ Für Mehmet war die „Ausnahme“ eine der „vorgefertigten Rollen“ für die Anderen in der Gesellschaft – eine, die er zu spielen hatte: „Und da gibt's welche, die halt, um den Begriff mal zu verwenden ‚assimiliert‘ sind, die sich versuchen, anzupassen, und dann auch morgens ihren Lachs aufs Brötchen packen und nicht ihren Schafskäse essen. Weiß ich nicht, so, ne, es gibt halt diverse Rollen und meine war, glaub ich, die des Assimilierten.“

Mit zunehmendem Alter fanden aber alle diese Rolle, wie Sevim meinte, „eigentlich blöd“. Denn diese Position beendet den Prozeß der Entantwortung keineswegs. So war Kemal öfter mit Einheimischen unterwegs, „die meinten dann ‚Das ist vielleicht ein dummer Türke‘. Und wenn ich dann sagte, dass ich auch Türke bin, dann kam: ‚Du bist ja nicht so ein Türke‘. Ich bin aber kein anderer Türke, das ist genauso ein Türke wie ich, auch wenn er sich prügelt. Dann war unsere Freundschaft dann zu Ende. Da habe ich keinen Bock drauf, auf ‚Guter Türke‘ und ‚Schlechter Türke‘.“ Kemal weiß, dass, wenn er sich auf die Teilung der „Türken“ einließe, die Klischees dennoch die gleichen bleiben würden. Auch wenn er ansonsten darauf besteht, als Individuum betrachtet zu werden, lehnt er diese Form der zugeschriebenen Individualisierung auf Kosten des Leugnens seiner Herkunft ab. Ohnehin nutzt der Status als „Ausnahme“ nur in solchen Situationen, wo er den jeweiligen Personen

65 Toker 1984, S.31.

bekannt ist. In anonymen Situationen, in denen er als „Türke" identifiziert wird, wird die Entantwortung ihn dennoch erreichen. Denn sein „auffälliges" Element kann er nicht ablegen. „Woran merkt man das eigentlich", fragte eine der Schülerinnen in dem Gruppengespräch, „dass ich Kanake bin?" „Schwarze Haare", „schwarze Augen" hieß es sogleich beim Rest der Mädchen.

Die Rolle als „Ausnahme" vollständig angenommen hatte als einziger Pedro, was zu seiner Selbstverortung als „Gast" durchaus passte. „Ich mag es auch nicht, wenn ich andere so sehe, die in den Straßen oder in Cafés mit lauter Musik rum laufen und laut auf der Straße rum schreien und türkisch reden müssen. Das gefällt mir selber dann auch nicht mehr. Da bin ich schon so, dass ich sage, das geht zu weit. Zum Beispiel, wenn die Schlägereien anfangen mit Leuten, die nichts getan haben, und die die dann anmachen." Und: „Das ist alles für uns negativ. Da finde ich, haben einige Gruppen von Ausländern hier in Deutschland sehr viel Mist gebaut. Das ist etwas, worauf ich selber dann auch allergisch reagiere, wenn ich sehe, dass ein Ausländer jemanden ohne Grund blöd anmacht, dann mische ich mich auch ein. [...] Die fühlen sich in der Gruppe einfach sehr stark, und denken, die könnten sich hier dann einfach alles erlauben. Das, finde ich, geht einfach nicht."

Insbesondere im Hinblick auf die „Türken" zählte Pedro die üblichen Klischees auf: Kriminalität, Sprachprobleme, mangelnder Integrationswille, partriarchale Geschlechterverhältnisse. Er bestand dagegen auf „Benehmen". Pedro stützte hier die eigene Konzeptionalisierung als „Ausnahme", indem er eine Spaltung in die Gruppe der „Ausländer" einführte: Diejenigen, die „Mist bauen", das wurde im Gespräch immer wieder klar, das waren für ihn die „Türken". Damit lehnte er sich an die vorherrschende Skala von kultureller Nähe und Ferne in Deutschland an. Als in den siebziger Jahren über Integration diskutiert wurde, betrachtete man die Italiener, Spanier, Portugiesen und Griechen bereits als „Europäer", deren Kultur für die Integration kein Hindernis darstelle, während die „Türken" gleichzeitig als Hauptproblem definiert wurden. Tatsächlich ist Pedros Auffassung – wie ich auch aus eigener Erfahrung weiß – nicht untypisch für die Haltung vieler „EU-Ausländer", die glauben, dass es ohne die „Türken" viel weniger Schwierigkeiten geben würde. Pedro will es letztlich jedem recht machen: Er übt durchaus Kritik an manchen Klischees über „Ausländer", aber er gibt den „Türken" zugleich die Schuld daran, dass es diese Klischees gibt. Schlechtes Benehmen, meinte er, „das ist nicht gut für das Bild".

Er spricht, durchaus zu Recht, von Bildern: die Entfremdung, die Verweisung, die Entantwortung – alle diese Akte rühren von Bildern. Das werde ich später erklären – zunächst jedoch soll der letzte dieser Akte vorgestellt werden.

2.4 Die Entgleichung

Es sei zu Beginn dieses Abschnittes noch einmal darauf hingewiesen, dass die unterschiedlichen Akte stark ineinander übergehen und als Idealtypen betrachtet werden müssen: Das trifft insbesondere auf die Entantwortung und die Entgleichung zu. Bei Letzerer geht es darum, dass die Zuschreibungen und Klischees zumeist auch den Hinweis auf ein Defizit der Betroffenen beinhalten – ihnen wird unterstellt, dass sie einer wie auch immer gearteten Norm nicht genügen. Die Wirkung dieser Unterstellung auf die Betroffenen möchte ich als Entgleichung bezeichnen. Zum einen, weil es auf der Hand liegt, dass hier Gleichheit verweigert wird, aber zum anderen auch, weil der Vergleich verhindert werden soll. Die Unterstellung eines Defizits bringt die Person, die sie ausspricht, immer in die Position eines Richters über die Qualitäten des Anderen, und daher braucht sie sich einer realen Konfrontation erst gar nicht zu stellen. Die Entgleichung kommuniziert der Person, die sie erlebt, dass sie zur Konkurrenz überhaupt noch nicht zugelassen ist.

Ein wichtiges Element im Prozess der Entgleichung ist wiederum die Sprache und ihre Beherrschung. Alle meine Gesprächspartner hatten Ahnliches erlebt wie Fatima und Herbert, die in der Folge zitiert werden. „Ja. Beim Arzt oder beim Frisör war immer diese Anerkennung, dass man gut deutsch spricht. Das letzte Mal habe ich das auch auf meiner Arbeitsstelle gehört. Also dass meine Eltern das wohl richtig mit meiner Erziehung gemacht hätten, weil ich ja so gut deutsch könnte“ (Fatima). „Ganz interessant ist auch, dass mir schon einige Leute bescheinigt haben, dass ich ein ganz tolles Deutsch spreche. Fast akzentfrei, sagte eine sogar mal. Das hat mich dann doch etwas stutzig gemacht. Noch besser war aber, dass eine Patientin mal meinte, dass ich zwar ein sehr gutes Deutsch spreche, aber sie würde immer noch einen kleinen Akzent heraus hören. Da kann man dann eigentlich gar nichts mehr zu sagen. Aber für mein gutes Deutsch bin ich sehr oft gelobt worden, wie man das denn so schnell lernen könnte“ (Herbert). Dong-ju berichtete, dass es öfter geschehe, dass vor allem ältere Leute, selbst wenn sie ihn schon mehrfach gesehen hätten, weiterhin in ganz besonders deutlicher Artikulation zu ihm sprechen würden – kurz vor unserem Interview war ihm das erneut mit dem Vater seiner damaligen Mitbewohnerin widerfahren. Und als Anna eine Arztpraxis besuchte, in der man sie noch nicht kannte, wurde sie vom Arzt zunächst einmal laut und deutlich gefragt, ob sie ihn denn verstehen könne.

Anna empfand dieses Verhalten keineswegs als ehrenrührig – sie betonte, dass es ja zweifellos Frauen mit Kopftuch gebe, die kein Deutsch sprechen würden. Aber das Verhalten des Arztes passte in ein bestimmtes Raster von Erlebnissen: „Das äußert sich immer nur in der Reaktion des anderen, wenn ich was auf Deutsch sage. Die Leute haben erst mal die Vorstellung, wenn die mich sehen und mich nicht reden hören, dass ich ganz kaputtes Deutsch reden müsste. Wenn ich dann rede und das ganz normal, oder vielleicht noch besser als mancher Deutscher, hochdeutsch, dann sind die Leute total platt, ganz erstaunt.“ Mehmet schließlich wies anhand einer Szene, die er mal beobachtet hatte, darauf hin, dass die Unterstellung einer mangelnden Sprachbeherrschung auch ganz bewusst als Beleidigung eingesetzt werde. „Da gab's [...] zwei Deutsche, die kamen irgendwie vom Mädchengymnasium, und vor denen saß ein türkischer Junge, den ich vom Sehen kannte, aber nicht persönlich. Und die hatten halt auch so ne deutliche Auseinandersetzung. Und die beiden Deutschen, die haben sich halt über den lustig gemacht oder so, ne? Das ging dann halt – weiß nicht – die haben den angemacht von wegen: ‚Ja, lern doch erst mal richtig Deutsch' [...], bevor du dich hier mit uns anlegst." In dieser Geschichte bringt Mehmet die Mechanik der Entgleichung perfekt auf den Punkt. Die beiden Jungen erklären dem Betroffenen, dass sie ihn wegen seines Defizits – also der mangelnden Sprachbeherrschung, die sie ihm unterstellen – nicht als satisfaktionsfähigen Gegner ansehen. Bevor es überhaupt zu einer Auseinandersetzung kommen könnte, müsste er vorderhand sein Defizit ausgleichen. Vorausgesetzt wird stets, dass „Ausländer" die deutsche Sprache nicht beherrschen. Die Unterstellung funktioniert im Übrigen sogar dann, wenn das angebliche Defizit nicht einmal im Ansatz vorhanden ist: Selbst bei Herbert lässt sich in Falle des Falles von einigen Hobbysprachwissenschaftlern noch ein Akzent heraus hören.

Umgekehrt wird zudem vorausgesetzt, dass eine Person nichtdeutscher Herkunft ihre so genannte Muttersprache beherrscht. Ich selbst habe immer wieder Gespräche geführt, bei denen es meine Gegenüber nahezu zu Tränen rührte, wenn ich darauf hinwies, dass ich des Griechischen nicht mächtig bin. Ein Mann, dessen Beruf Psychiater war, hielt die Tatsache, dass ich kein Griechisch spreche, sogar unverfroren für pathologisch: Es handele sich um „eine offene Wunde". Santina Battaglia hat diese Form der Entgleichung im Hinblick auf Personen gemischter Herkunft den „Mythos von der bilingualen Kompetenz" genannt. „Die Erwartung von Bilingualität schafft [...] eine Norm: normal und sozial kompetent = bilingual. Auf eine Verneinung der Frage nach Bilingualität folgt deshalb beim Fragenden Enttäuschung: ‚Das ist aber schade!' und eine Rechtfertigungsaufforderung: ‚Warum denn nicht?'. Auf der Beziehungsebene schwingt dabei eine Defizitbotschaft mit. Der / die Betroffene ist unter dem Aspekt ‚normal und sozial kompetent' erst einmal disqualifiziert."[66]

Eine ähnliche Funktion erfüllt auch das Moment der Kultur im Prozess der Entgleichung. Oben wurde beschrieben, dass die Migranten stets als „Experten" für die Kultur ihres Herkunftslandes gehandelt und dabei ständigen Tests unterworfen werden. In der bereits zitierten Arbeit von Papadopoulos über Zweisprachigkeit erklärt die Interviewpartnerin Kyriaki den Vorgang so: „Da werden oft so Sachen gefragt wie: ‚Kennst du das Dorf gleich hinter Athen, recht neben dem Olivenbaum?' Ja, woher soll ich das denn wissen? Ich weiß doch auch nicht, welches Dorf gleich hinter Hannover liegt. Oder jemand sagt zu mir: ‚He, Rhodos ist wunderschön'. Dann sage ich: ‚Kann sein'. – ‚Ja, warst du noch nie auf Rhodos?' – ‚Nein, warum? Warst Du denn schon jemals

66 Battaglia 2000, S.193.

in Hamburg?‘ – ‚Nein:‘ – ‚Ja, also dann.‘“ Ganz zu Recht hatte Kemal bei den Fragen nach der Kultur den Eindruck, dass stets vorausgesetzt wird, die Personen nichtdeutscher Herkunft seien „Supermänner“. Da die Latte so absurd hoch liegt, werden sie im Grunde in solchen Gesprächen ununterbrochen gezwungen, Nicht-Wissen einzugestehen. Das Defizit wird in der scheinbar naiven Unterhaltung aufgerufen, um die Entgleichung in Gang zu setzen. „Dann heißt es, ‚Ja, was seid ihr denn für Türken?‘“

Meine Gesprächspartner referierten viele Erlebnisse, in denen sie, wie Dong-ju meinte, „nicht für voll“ genommen wurden. Ihn hat es besonders aufgeregt, dass er – etwa vom bereits erwähnten Vater seiner Mitbewohnerin – anlässlich des Wohnungseinzuges, bei dem der Vater geholfen hatte, zu hören bekam: „Wie, die Fußleiste ist immer noch nicht dran? Wir sind aber doch hier in Deutschland.“ Damit wird Deutschland, das für Ordnung und Zuverlässigkeit steht, als Maßstab etabliert. Gleichzeitig wird den Anderen bescheinigt, dass sie diesem Maßstab aktuell nicht genügen und als „Fremde“ eigentlich auch niemals genügen können. Ich möchte weitere Erlebnisse nicht mehr im Einzelnen vorstellen. In der bisherigen Auswertung sind Situationen der Entgleichung immer wieder aufgetaucht – das mangelnde Zutrauen in die Fähigkeiten der Kinder nichtdeutscher Herkunft beim Wechsel in einen höheren Schultyp etwa oder das allgegenwärtige Bild der unterdrückten und sprachlosen „türkischen Frau“. Die „Art der Komplikation“ ist wiederum völlig offensichtlich. Eines der Mädchen aus der Gruppendiskussion fasste es ganz richtig zusammen: „Die denken, dass wir so Bergtrottel, äh Dorftrottel, sind.“

„Zwischen zwei Kulturen“, da sei der Ort, an dem die Migranten zweiter Generation leben würden, so heißt es oft in der hiesigen Wissenschaft und Öffentlichkeit. Dieser Ort wird aber durch den Prozess der Entgleichung beharrlich erzeugt: Angeblich sind die Personen nichtdeutscher Herkunft sowohl gegenüber dem „Deutsch-Sein“ als auch gegenüber der Zugehörigkeit zum jeweiligen Herkunftsland defizitär. Aus der Penetranz dieser Sichtweise zogen die Befragten ihre Konsequenzen. Dong-ju hatte bereits von seinem Vater gehört: „Mein Vater sagte immer, dass das Ding als Ausländer ist, dass man gut sein kann, aber um mit den Deutschen gleich zu ziehen, besser sein muss. Man muss immer einen Schritt besser sein“. Auf der Schule war sie „etwas Besonderes“ und das gab ihr das Gefühl, dass sie auch „etwas Besonderes leisten“ musste, sagte Neijla. Und für Anna galt das immer noch: „Da ist immer dieser Leistungsdruck, dass man dann eben schon überdurchschnittlich sein muss.“ Die Personen nichtdeutscher Herkunft sehen sich eben gezwungen, zunächst einmal die Prozesse der Entgleichung auszugleichen, bevor sie in die „Normalität“ der Konkurrenz eintreten können.

2.5. Die Spekularisation

„Die unangenehmsten Situationen“, meinte Anna, „sind für mich die nonverbalen. Also wenn jemand was sagt, ist es für mich nicht so schlimm, wie Leute in der Bahn oder im Bus, die mit Blicken diskriminieren, die versuchen, verachtend zu gucken.“ Anna trug bekanntlich ein Kopftuch – und daher war sie sich der Blicke der Einheimischen um sie herum weit bewusster als die meisten anderen Teilnehmer an meiner Untersuchung. Diese wiederum sprachen früher oder später von den „Bildern“ – den „Bildern“ vom „Türken“, von der „türkischen Frau“, vom „Schwarzen“ oder vom „Südländer“. Also auch sie spürten die Anwesenheit von jemandem, der in ihnen etwas sah, mit dem sie nicht übereinstimmten. Sie befanden sich offenbar an einem anderen Ort als dem, wo dieser Blick sie zu erfassen glaubt.

„Mein Sein-für-Andere ist ein Sturz durch die absolute Leere auf die Objektivität hin“, schrieb Jean-Paul Sartre im Kapitel „Der Blick“ in seinem Buch „Das Sein und das Nichts“.[67] Sartre sprach hier von einer allgemeinmenschlichen Erfahrung: Potentiell kann es jedem passieren, dass die Art und Weise, wie er von anderen gesehen wird, mit jener kollidiert, wie er sich selbst sieht. Diese Diskrepanz ist jedoch gewöhnlich individuell und situativ. Der Unterschied für die Personen nichtdeutscher Herkunft ist der Grad der Organisation bestimmter Bilder. Der weit höhere, weil gesellschaftliche Organisationsgrad der spezifischen Objektivierung macht in ihrem Fall die Erfahrung der Diskrepanz tendenziell kollektiv und seriell. Die Akte, welche die Personen einem anderen „Wir“ angliedern, welche sie an einen anderen Ort schicken, sie ihrer Individualität berauben und ihren Status als Subjekt unterminieren, geschehen zwar nicht permanent, sind keineswegs in jeder Situation präsent. Sonst wäre das Leben wohl unerträglich. Aber sie treten kollektiv und seriell auf: Es handelt sich um Erfahrungen, die von anderen „Ausländern“ geteilt werden, und die sich in gewissen Abständen wiederholen. Die Objektivierung ist also latent immer anwesend.

Hier ist wohl der Moment gekommen, wo es unausweichlich wird, das Thema Identität anzusprechen. Wenn wir nun annehmen, dass dieser Begriff irgendeine Form von Kohärenz des Individuums in Bezug auf sich selbst und seine Mitgliedschaft in unterschiedlichen Gruppen meint, dann wäre diese Bezeichnung kaum anwendbar auf die Erfahrungen der Migranten zweiter Generation. Es lässt sich eben keine Kohärenz herstellen, wenn die Individualität ununterbrochen mit einem „Wir“ verwechselt wird, und wenn die eigenen Auffassungen von diesem „Wir“ mit den hegemonialen Auffassungen von diesem „Wir“ nicht übereinstimmen. Die Vorstellung von Identität ist zudem gekoppelt an die moderne Idee eines autonomen Subjektes. Doch diese Autonomie ist es gerade, die in den rassistischen Einzelerlebnissen unterminiert wird. Tatsächlich ist es das Subjekt, das einen Anderen als Folie braucht, um sich zu konstituieren – das war eine der wichtigen Erkenntnisse von Feminis-

67 Sartre 1943, S.493.

mus, Poststrukturalismus, Cultural Studies oder Postkolonialimus. Luce Irigaray hat diesen Vorgang in Bezug auf das Verhältnis zwischen dem männlichen Subjekt und dem Weiblichen Spekularisation genannt – ein Begriff, der sich auch hier anwenden läßt. Damit ist gemeint, dass das Subjekt „in Ermangelung eines oder einer konkurrierenden anderen ihren eigenen anderen braucht: eine Art umgekehrtes alter Ego oder Negativ – durchaus photographisch, ‚schwarz‘ also. Kehrseite, Gegenteil, selbst Widerspruch, erforderlich, um einen Prozeß der Spekula(risa)tion des männlichen Subjektes in Gang zu setzen und in ihm für eine ständige Ablösung und Veränderung in Gang zu setzen.“[68]

Spekularisation ist ein Wort, das sich zusammensetzt aus Spiegel und Spekulation. Irigaray verwendet den Begriff nur im Hinblick auf das männliche Subjekt, aber ich denke, dass dieser Begriff auch das beschreiben könnte, was die Personen nichtdeutscher Herkunft erleben: Sie durchlaufen nämlich einen Prozess der Spekularisation. Zum einen werden sie eben zum Spiegel gemacht. Wenn es etwa immer wieder heißt, dass bei „uns“ ja die Frau nicht zwei Meter hinter dem Mann herlaufe wie bei den „Türken“, dann wird ein Bild aufgerufen, welches sogleich ein anderes Bild aufruft – dass der selbstbewussten einheimischen Frau nämlich. Das erste Bild wirkt als „Negativ“, wie Irigaray sagt, in dem das zweite positiv erscheinen kann. Aber wie fühlt man sich als „Negativ“? In Alltagskommunikationen mit Einheimischen haben Personen nichtdeutscher Herkunft immer wieder das Gefühl, dass ihr Gegenüber an ihnen vorbeischaut, gewissermaßen mit einem Phantom kommuniziert, jenem „Negativ“ eben, einer schemenhaften, irgendwie farblosen fotografischen Vorlage, die jeder Sinnlichkeit entbehrt. Dieses Bild riecht nicht, schmeckt nicht, ist völlig abstrakt. Die Spekularisation vermittelt also die Erkenntnis, dass sich in mir oder hinter mir noch ein „Wir“ verbirgt, das anders ist und das bestimmte Eigenschaften hat. Tatsächlich ist dieses „Wir“ für mich aber keineswegs abstrakt – ich weiß, dass es in meiner Familie manchmal anders zugeht als bei anderen; ich weiß, dass ich noch Familie habe, Tausende von Kilometern entfernt. Und diese Familie hat Hände und Münder und Gerüche und lebt. Identität heißt soviel wie Übereinstimmung, doch meine Erfahrung ist die einer Spaltung, einer Verdoppelung – „die unheimliche Differenz desselben oder die Alterität der Identität“, wie Homi Bhabha sagt.[69]

Gemessen am Maßstab der Kohärenz wäre diese Erfahrung als Mangel zu kennzeichnen. Doch wenn man die Konvention der Übereinstimmung mal beiseite lässt, dann wird schnell deutlich, dass auch das hegemoniale Subjekt keinerlei Kohärenz beanspruchen kann. Seine Übereinstimmung basiert auf der Spekularisation; es braucht einen Anderen, über den es spekuliert und der es spiegelt. Es wird also nur ein Gefühl der Kohärenz hergestellt. Und dafür muss das Subjekt teuer bezahlen. Zum einen mit einer Verarmung der Wahr-

68 Irigaray 1974, S.24.
69 Bhabha 1997, S.110.

nehmung: Anstatt den Anderen zu sehen, wird nur sein „Negativ“ angeblickt, anstatt mit dem Anderen zu sprechen, kommuniziert man mit den eigenen Vorstellungen, anstatt den Anderen zu berühren, spielt das Subjekt lediglich mit sich selbst. Zum anderen mit einer wiederkehrenden Panik und Aggressivität: Das Gefühl der Kohärenz ist permanent von den Reaktionen des Anderen bedroht. Denn wenn der Andere sich auflösen und gewissermaßen im Subjekt selbst verschwinden würde, dann gäbe es auch keinen Spiegel mehr. Und wenn der Andere sich emanzipieren und ein echtes Gegenüber werden würde, dann wäre die eigene Position, wenn nicht sogar die eigene Existenz von einem Konkurrenten bedroht. Dieser ganze Prozess spielt sich in dem Register ab, das Jacques Lacan das Imaginäre genannt hat: Schon für das Kleinkind ist der Spiegel die Instanz, in der es sich, obwohl es nur ein „zerstückelter Körper“ ist, als Einheit erfindet: Der Spiegel zeigt ein „Ideal-Ich“, mit dem es sich identifiziert und dem es in der Folge ähnlich zu werden trachtet.[70]

Im Imaginären – irgendwo zwischen Darstellung und Vorstellung – findet also ein Prozess der Differenzierung statt, wo sich das Eigene und das Andere auseinanderfalten. Es gibt keine vorgängige Differenz. Tatsächlich sind die gesellschaftlich relevanten Unterschiede, also die Unterschiede, die in der Öffentlichkeit am meisten für Aufregung sorgen, das Ergebnis von Diskriminierung. Aber gerade in diesen relevanten Unterschieden verbirgt sich eine „Antwort“, eine Erwiderung der Personen nichtdeutscher Herkunft. Homi Bhabha, der sich als Kritiker herkömmlicher Vorstellungen von Identität einen Namen gemacht hat, konnte zeigen, dass bereits in den Zeiten des Kolonialismus der Kolonisierte keineswegs völlig machtlos war. Da der Kolonisator für die eigene Spekularisation auf ihn angewiesen war, konnten seine Reaktionen den scheinbar allmächtigen Herrn gewaltig aus dem Gleichgewicht bringen. Dieses Modell hat er dann auch auf die Verhältnisse in der Einwanderungsgesellschaft übertragen. Nun ist der Grad der Freiheit in der Einwanderungsgesellschaft selbstverständlich weitaus größer und damit auch die Palette möglicher Reaktionen. Entfremdung, Verweisung, Entantwortung, Entgleichung und Spekularisation sind keine Mechanismen, deren Funktionieren immer gesichert ist, und die stets die gleichen Reaktionen auslösen.

Dass die Personen nichtdeutscher Herkunft von diesen Akten betroffen sind, bedeutet nicht, dass sie arme, verzweifelte und sprachlose Opfer mit Identitätskrisen sind. Ebensowenig garantiert ihnen ihr Betroffensein, ihr Status als „Opfer“ eine moralisch überlegene Position. Solche Vorstellungen entstammen dem linken Kitsch der siebziger Jahre, wo dem moralisch korrupten, deutschen Täter ein moralisch einwandfreies Opfer beigesellt werden musste – die Juden oder später die Migranten. Aus den zitierten Interviewpassagen dürfte hervorgegangen sein, dass der überwiegende Teil der zweiten Generation nicht unter mangelndem Selbstbewusstsein leidet oder nicht zu antworten weiß. Die Antwortmöglichkeiten sind unendlich: Manche bestehen auf ihrer Individualität, andere passen sich an, etliche bewerten die Differenz neu und

70 vgl. Lacan 1996.

erfinden neue kulturelle Praxen, manche wiederum suchen sich eigene Spekularisationsobjekte. Einige nennen sich selbst „Kanaken“ und nutzen die Beschimpfung zum Angriff. Die meisten Erwiderungen sind zudem mehrwertig: Sie beantworten mehrere Akte zugleich. Die permanente Infragestellung durch die Umgebung ist – so seltsam das klingen mag – auch eine produktive Situation: Sie bedeutet, dass man in der Lage sein muss, Paradoxa auszuhalten und zur Gewinnung und Absicherung der eigenen Position zu entfalten.

Noch einmal zurück zur Frage der Identität. Santina Battaglia hat ihren Text über die charakteristischen Kommunikationstypen, denen „Binationale“ im Gespräch mit Einheimischen ausgesetzt sind (Herkunftsdialog, Nationalitätsdialog, Stellvertreterinteraktion, Determinismusdebatte, Sprachkompetenz-Dialog, Landeskunde-Dialog), den Titel „Verhandeln über Identität“ gegeben.[71] Nun gehört zu jedem dieser Kommunikationstypen nach Battaglia auch ein spezifischer Mythos – zum „Herkunftsdialog“ etwa der „Mythos von der eigentlichen Herkunft und Hingehörigkeit“.[72] Wo dieser Mythos aber herkommt, das sagt Battaglia nicht. Sind also all die Erlebnisse, die Personen nichtdeutscher Herkunft haben, letztlich eine Konfrontation mit Mythen – mit irrationalem, vormodernem Denken? Ich habe versucht, die Erlebnisse der Einzelnen in einen gesellschaftlichen Kontext von Ungleichheit einzubetten, um zu zeigen, dass die Erfahrungen der Allochthonen auf eine ganz spezifische Weise sozial organisiert sind. Die Konzentration auf so etwas wie Identität wischt das Gesellschaftliche ganz einfach beiseite, obwohl es in all den Kommunikationen, die Battaglia beschreibt (und die Paul Mecheril wohl als „Rassismuserfahrungen“ deklarieren würde), präsent ist. Ich sage nicht, dass es keinen Sinn macht, sich mit den psychologischen Konsequenzen von Rassismus zu befassen, aber der psychologische Blick kann nicht ohne den Kontext auskommen. Und darüber hinaus nicht ohne den Impetus, diesen Kontext verändern zu wollen. Über Identität zu reden, das bedeutet, statische Kohärenz in einer paradoxen Situation der Ungleichheit festzustellen. Den Rassismus zu thematisieren, das aber heißt, Veränderungen zu wollen.

Und warum eigentlich sollte Identität das Ergebnis der psychologischen Konsequenzen von Rassismus sein? Da den Personen nichtdeutscher Herkunft eine Position zugewiesen wird, die gewissermaßen unterhalb des Subjektsstatus liegt, sind sie notwendig in eine Bewegung verstrickt, die ich mit Jacques Rancière als Subjektivierung bezeichnen möchte. Diese sei, schreibt der französische Philosoph, aber immer eine „Ent-Identifizierung“.[73] Zwar verwendet Rancière den Begriff für politisches Handeln im engeren Sinne, doch ich denke, dass alle Individuen, die sich in einer minoritären Position befinden, auf die eine oder andere Weise einen Prozess der Subjektivierung in Gang setzen. „Eine Subjektivierungsweise“, schreibt Rancière, „erschafft nicht Subjekte ex nihilo. Sie erschafft diese, indem sie Identitäten, die durch

71 vgl. Battaglia 2000.

72 ebd., S.189.

73 Rancière 1995, S.48.

die natürliche Ordnung der Verteilung der Funktionen und Plätze bestimmt sind, in Einrichtungen einer Streiterfahrung umformt.“[74]

Wenn etwa Kemal betont, dass er „Türke“ sei, dann konstruiert er damit nicht einfach nur eine Identität für sich. „Türke“ zu sein kann nur verstanden werden im Verhältnis zum „Deutsch-Sein“ einerseits und zu den Klischees über „Türken“ andererseits. Die Subjektivierung als „Türke“ meint auch Ent-Identifizierung. Einerseits vom „Deutsch-Sein“: „Ich war [...] wie ein Deutscher“ (Kemal), „Ich hab mich nie als Ausländerin gefühlt“ (Sevim). Andererseits von den Klischees des „Türken“, des „Südländers“, des „Ausländers“. Das „Türkische“, von dem Kemal spricht, ist der Name eines neuen Erfahrungsraums. Und dieser Raum verändert sich – hier war nichts schon immer fixiert, hier wird nichts fixiert bleiben. Dieser Raum ist eine selbstständige Schöpfung, aber er wird stets auch von den Bildern der Einheimischen bewohnt. Wenn ich sage, dass man den Begriff der Subjektivierung auch auf Individuen anwenden kann, verliert er damit jedoch keineswegs seine kollektive Qualität. Auf die eine oder andere Weise müssen sich die Einzelnen zu jenem „Wir“ verhalten, das als Bild in ihnen verortet wird. Das verleiht ihrer Subjektivierung immer eine Note des Gemeinschaftlichen, des Seins-mit-anderen.

Aber was macht es nun aus, dieses Nichtdeutscher-Herkunft-Sein – in Deutschland? Es ist nicht das Griechische, das Türkische, das Portugiesische oder das Koreanische. Vielleicht ist es nur eine Art Empfindlichkeit. Eine Kluft zwischen der eigenen Normalitätserwartung und jener der anderen. Eine Vorsicht – denn es könnte der Moment eintreten, wo der „blöde Spruch“ (Kemal) kommt. Schon seit sehr langer Zeit haben die europäischen Juden erhebliche Probleme gehabt, irgendeine Kohärenz in ihrer Vielfalt zu finden. Daher hat Emanuel Lévinas in einem Artikel über das Judentum einmal gesagt, dass das Judentum eigentlich weder als Religion noch als Kultur gelten kann: „Es ist vielmehr eine unbestimmte Sensitivität, bestehend aus einigen Vorstellungen und Erinnerungen, einigen Bräuchen und Gefühlen, aus einer Solidarität mit den wegen ihres Judentums verfolgten Juden.“[75] Man reagiert „empfindlich“, haben die meisten meiner Befragten an der einen oder anderen Stelle der Interviews gesagt. Die Empfindlichkeit speist sich aus den Erlebnissen mit der eigenen Familie, mit einem anderen Zuhause in weiter Ferne, mit all den geschilderten Erfahrungen mit Rassismus. Und vielleicht ist das eine ganz genaue Beschreibung davon, was das Besondere am Leben als Person nichtdeutscher Herkunft in Deutschland ist: eine unbestimmte Empfindlichkeit.

74 ebd., S.47.

75 zitiert nach Taureck 1991, S.16.

3. Das Inventar des generellen Wissens

„Ich weiß es nicht.“ Sevim zuckte mit den Schultern. Diese Reaktion war nicht untypisch für den Teil des Gespräches, wo es um die Natur, die Urheber und den Prozess bzw. die Mechanismen des Rassismus gehen sollte. Nach der Lektüre von Philomena Esseds Befragung, bei der die Beteiligten in den Niederlanden und den USA durchaus spezifische Ansichten äußerten, wie Rassismus funktioniert, hätte man zumindest einigermaßen deutliche Vorstellungen erwarten können. Aber was für die hiesige Forschung gilt, das gilt auch für die teilnehmenden Personen nichtdeutscher Herkunft: Es gibt in Deutschland keine Kohärenz und Kontinuität im Nachdenken über den Rassismus; es findet weitgehend unsystematisch und anlassbezogen statt. In den letzten Jahren hat es etwa im Umfeld des Migrantennetzwerkes Kanak Attak erste Versuche gegeben, die historischen Kämpfe der Migranten gegen Rassismus wieder ins Gedächtnis zurückzurufen. Denn eine Art Übertragung des Wissens über Rassismus von der ersten zur zweiten Generation hat praktisch nicht stattgefunden. Zwar ist es bei den älteren Migranten durchaus nicht unüblich, eine Litanei über das „Leid“ in der „Fremde“ anzustimmen. Aber es sind kaum Modelle dafür entwickelt worden, wie man mit dem Ungleichheitsverhältnis Rassismus umgehen kann – es gibt keine Modelle für Subjektivierungsprozesse. Zudem existiert keine gemeinsame Sprache, um Rassismus zu thematisieren.

Die Ursachen dafür sind vielfältig. Aber die wichtigste ist zweifellos die Verweigerung der Zugehörigkeit. Wie eine Untersuchung von Koopmans & Statham (1998) ergeben hat, war bei den deutschen Migrantenorganisationen die Identifikation mit nationalen oder ethnischen Gruppen mit 83 % weitaus höher als in Britannien (19 %). Folgerichtig bezogen sich die Forderungen dieser Organisationen hierzulande weitaus häufiger (42 %) auf Probleme im Herkunftsland. In Britannien spielte das wiederum nur in 4 % der Fälle eine Rolle. Dort ging es bei den politischen Interventionen überwiegend um Themen wie Integration oder Rechte. Wenn die hiesigen Migrantenorganisationen sich mit der Situation in Deutschland befassten, dann waren ihre Anliegen in vielen Fällen rein defensiv motiviert: Es ging zwar um Rassismus – aber eben in seiner offenen, gewöhnlich gewalttätigen Form.

Nun hat es in Britannien in den siebziger Jahren eine breite antirassistische Mobilisierung gegeben, und die erwähnten positiven Forderungen nach Rechten leiteten sich aus der Erfahrung der damaligen Auseinandersetzungen ab. In Deutschland dagegen ging es politisch in erster Linie um das Heimatland, was verständlich ist, denn die Migranten blieben bekanntlich „Ausländer“ – sie waren im Sinne der repräsentativen Demokratie nicht in Deutschland, sondern eben in ihrer „Heimat“, also dezentriert. Andere Formen des Widerstandes – Streiks, Häuserkämpfe, aber auch bestimmte Aspekte der „Exilpolitik“ in den national orientierten Vereinen – wurden nicht als Kämpfe gegen Rassismus konzeptionalisiert. Erst in letzter Zeit werden sie unter diesem Aspekt neu gelesen.[76] In diesem Rahmen konnte keine Kontinuität eines Diskurses über Rassismus entstehen – die direkte Thematisierung des Rassismus beschränkte sich auf eine punktuelle, defensive Empörung.

Daher war Sevims „Ich weiß es nicht“ eigentlich keine Überraschung. Die geradezu körperlichen Reaktionen auf die rassistischen Situationen rühren möglicherweise auch daher, dass die ausgrenzende Qualität der Situationen zu einem bedeutenden Teil eher erspürt wird, als dass es eine griffige Erklärung für die Ursache des Unwohlseins gibt. Es handelt sich um die oft genug vage Empfindung einer Ungerechtigkeit. Dieser Mangel an Sprache ist Teil der Disqualifikation des „Wissens über Rassismus“. Dass die Migranten keine gemeinsame Sprache besitzen, um ein Problem anzusprechen, verringert für die hegemoniale Gruppe die Wahrscheinlichkeit von Konflikten erheblich. Viele Personen nichtdeutscher Herkunft kennen den Moment, in dem ihnen die Worte in einer Diskussion förmlich im Halse stecken bleiben. Das Gegenüber schichtet ein scheinbares Argument um das andere auf, oder besser gesagt: ruft ein Klischee nach dem anderen auf, und plötzlich gehen einem die Argumente aus. Es fehlt einem schlicht und ergreifend die Sicherheit, die der Gleichklang mit einem Konsens bringt. Plötzlich könnte man mit jedem Wort in einen tiefen Strudel der Orientierungslosigkeit stürzen.

Allerdings hatte ich erwartet, dass meine Befragten eine Reihe Klischees über „die Deutschen“ auffahren würden, um den Rassismus damit zu erklären – eben die Dinge, die man unter Migranten öfter zu hören bekommt: Sie sind kalt und steif; Gastfreundschaft und Freundschaft sind ihnen unbekannt; sie berühren sich nicht. Aber das war nicht im Geringsten der Fall. Möglicherweise lag es daran, dass meine Befragten gebildet sind. Alle bemühten sich darum, eben keine Verallgemeinerungen über die „Deutschen“ zuzulassen. „Ich sehe nicht, dass alle Deutschen nur Nazis sind“, betonte Maria. „Ich kann mir nicht vorstellen, dass der Deutsche von Natur aus ein Rassist ist“, sagte Kemal. Und Fatima: „Das mit dem Rassismus, davon kann sich keiner freisprechen.“ Und so wollten alle über ein Problem sprechen, das Menschen betrifft und von Menschen gemacht wird – und das es auch in Deutschland gibt.

Der überwiegende Teil verortete die Ursache des Rassismus im quasi anthropologischen Mechanismus der Stereotypisierung. Neijla etwa sprach von einem Denken in „Bildern“, in „Schubladen“, in „Vorurteilen“ – von einem Denken also, das Personen nicht als Individuen sieht, sondern in ganz bestimmte, bereits vorhandene Kategorien einordnet. Leute seien eben „mit Klischees beladen“, meinte auch Kemal. Zutiefst menschlich, so glaubte Maria, sei das Bilden von Kategorien: „Ich meine, jeder arbeitet mit diesem Klassen-Denken. Ich tue Leute auch immer in Schubladen, wenn ich sie kennen lerne. Ich mache es dann vielleicht nicht von der Nationalität abhängig, aber trotzdem sortiere ich irgendwie. Nationalität ist natürlich was sehr einfaches, was da ist, und wenn es dann auch noch hoch gepuscht wird [...], dann ist es einfach da.“ Die Verdoppelung in Marias Bemerkung ist auf eine bestimmte

76 vgl. Bojadzijev 2002.

Weise stimmig. Zum einen ist der Unterschied durchaus etwas, „was da ist“ – ob man ihn „Nationalität“ nennt oder Kultur etc. –, aber die entscheidende Frage ist, wann dieser Unterschied, der nicht zwangsläufig auch das Gefühl eines Anders-Seins begründet, relevant wird. Erst, wenn er „einfach da“ ist, wird er zum Anlass für Klassen, Kategorien, Bilder, Vorurteile oder Schubladen.

Zur Bildung und Verfestigung der Schubladen tragen nach ziemlich einhelliger Meinung vor allem die Medien bei. Auf Anna wirkten die Klischees in den Medien fast wie geplant: „Ich finde, das ist auch extra so, das ist kein Versehen, das ist eine Strategie.“ Alle hatten das unbestimmte Gefühl, dass diese Bildproduktion etwas Systematisches hat. Allerdings fanden die meisten, dass es noch kein prinzipielles Problem sei, in einer Schublade zu landen – wenn man denn auch die Chance hätte, wieder hinaus zu kommen. Viele äußerten sich durchaus optimistisch, dass persönlicher Kontakt mit Personen nichtdeutscher Herkunft das Bild aufweichen würde. Nejla stellte sich diesen Kontakt vor wie ein „Duell“ zwischen den Bildern und den „Lernprozessen“: „Es wird einfach schwächer, wenn ich dann andere [...] kennen lerne.“ Nejla zog hier allerdings einen Teil ihrer eigenen Erlebnisse nicht mehr in Betracht. Denn sie hatte ja selbst zu Einheimischen Kontakt gehabt, die ihre Klischees aufrechterhielten, während sie Nejla als „Ausnahme“ konzipierten. Und wie Nejla zugab, konnte der Kontakt die Klischees auch durchaus verstärken. „Wenn Menschen dieses Bild haben, dass türkische Männer Machos sind, Goldkettchen tragen und ihre Frauen unterdrücken, und ich die ersten türkischen Männer kennenlerne, die diesem Bild entsprechen, dann verfestigt sich das Bild natürlich.“

Einen Grund, warum das Denken in „Schubladen“ sich so schwer verändern lässt, sahen viele in einem aus der Anthropologie bekannten Mechanismus. „Jeder Mensch sucht einen Sündenbock. Auch in der zwischenmenschlichen Beziehung. Wenn was in seinem Leben nicht klappt, zum Beispiel in der Ehe, an wem läßt man das aus? An der Frau oder an den Kindern, also an den Schwächeren. Genauso ist das mit Deutschland und den Türken. Wenn es Probleme gibt, dann sucht man sich den aus, der sich in dem Augenblick nicht so wehren kann. Hier sind es die Ausländer und in der Türkei auch. Man geht immer auf die Minderheiten drauf, und daher kommt, denke ich, der Rassismus“ (Kemal). „Also ich denke, es ist zum ganz großen Teil eine Unzufriedenheit mit dem eigenen Zustand. Und da man irgendwie selber keinen Ausweg aus seiner Situation sieht, ist es natürlich die einfachste Methode, einen Sündenbock zu finden, der an allem Schuld ist“ (Herbert). „Also, ich habe irgendwas, wo ich meine Schuld abgeben kann, oder dem ich die Schuld geben kann“ (Maria). „Sündenböcke für etwas suchen“ (Fatima). Unschwer zu erkennen ist hier die Argumentation der so genannten „Sündenbock-Theorie“. Es wurde auch über die Probleme gesprochen, welche die Suche nach einem „Sündenbock“ notwendig machen – konkrete Vorstellungen jedoch gab es kaum. Anna beschuldigte etwa „die Politiker“, die soziale Schwierigkeiten abwälzen wollten: „Jeder ist da auf sein eigenes Wohl und seinen eigenen Profit aus, und da ist es schwerer, was die Arbeitslosigkeit betrifft, sich den Schuh anzuziehen, verkehrte Politik zu machen. Da heißt es, dass das Boot voll ist. Das zu sagen ist dann einfacher, als zu sagen, dass man keine vernünftige Arbeitspolitik hinkriegt. Da ist es natürlich einfacher zu sagen, dass es hier zu viele Ausländer gibt."

„Angst" war ein weiterer Grund, der für Rassismus angeführt wurde – „Angst vor etwas Unbekanntem" (Herbert). Auch Kemal und andere sprachen von Angst, ohne freilich genauer zu spezifizieren, wovor man sich hätte fürchten sollen. Kemal sah zudem auf einheimischer Seite eine Art „Übermut" am Werk, einen „extremen Stolz": „Wir sind die Größten, die Besten, und der Rest ist Abschaum." Aber auch hier blieb bei Nachfragen unklar, woher diese Abweichung von der Norm („über...", „extrem") eigentlich stammt. Dong-ju wiederum hat ein „kleines Denken" beobachtet, dass Unterschiede nicht akzeptieren kann: „Dann ist es die Unfähigkeit, sich in andere Leute rein zu versetzen. Ich meine, es ist klar, dass man in seinem eigenen Körper steckt, aber man muss diesen Weitblick auch haben. Über die Grenzen des Landes hinaus. Ja, diese Unfähigkeit, auch über seinen Tellerrand hinaus zu schauen. [...] Das ist ein Grenzdenken..." Die pure Aggression wiederum hielt Pedro für die eigentliche Ursache. „Ja, das sind nur Aggressionen. So Sachen wie Solingen oder so. Das passiert und dann reden alle von Rassismus, aber wenn man die Jugendlichen fragt, die das gemacht haben, die hatten gar keine Perspektive. Die wussten gar nichts von türkischen Leuten oder deren Kultur. Das ist so eine Sache von Aggressionen." Pedro war der einzige, der die Existenz von Rassismus letztlich leugnete – es war eben nur schiere Aggression.

Auch dafür, woher diese Aggression rührte, hatte er eine geläufige Erklärung: „Jugendliche, die absolut keine Perspektive haben und ein gestörtes Elternhaus hatten, also sozial schlecht standen. Die Eltern waren Alkoholiker oder selbst arbeitslos." Die Frage, ob denn nur Jugendliche in Rassismus verwickelt seien, verneinte Pedro, aber dann sei es „diese alte Einstellung von früher". Auch im Falle der „alten Einstellung" erklärte Pedro den Rassismus zu einem Problem von „Außenseitern": „Die haben, was weiß ich, irgendwo nicht den Anschluss gefunden, haben keinen Freundeskreis, und dann kriegen die irgendwann mal einen Brief nach Hause, dass die Republikaner abends in der Kneipe sind. Dann gehen die da hin, und dann merken die, wir sind eine Gruppe – und zack: ‚Ausländer raus!'. Dann haben sie ja ihren Freundeskreis." Zudem handele es sich um Leute, die bei ihrem ‚Ausländer raus!' einfach nicht darüber nachdenken würden, meinte Pedro, „wer dann den Müll abholt oder die Straßen sauber macht". Pedros bekannte Distanz zum verbreiteten Bild des „Ausländers" ist in diesen Ausführungen maximal: Während er Erklärungen für Rassismus suchte, fühlte er sich so wenig selbst involviert, dass er die „Ausländer" als eine Gemeinschaft von Müllmännern und Straßenkehrern präsentierte.

Trotz all der anthropologischen und psychologischen Erklärungen blieb aber Pedro der einzige, der Rassismus als eine Angelegenheit von „Außenseitern" interpretierte. Alle anderen fanden, dass irgendetwas Systematisches,

Strukturelles, Organisiertes darin stecke. Details dazu gab es kaum – vielleicht der eine oder andere Hinweis auf Sozialisation, die ja etwas Gesellschaftliches sei. Lediglich Fatima, die sich ausdrücklich beschwerte, dass bei der Diskussion über die Anschläge in Hoyerswerda zu Beginn der neunziger Jahre „die Täter völlig vom System getrennt wurden“, führte eine politische Begründung an – das Ausländerrecht. „Es macht klar, dass wir nicht dazu gehören. Wenn wir dazu gehören würden, dann würde es kein extra Recht geben. Man bedarf dieses Rechtes aus Schutz, weil wir eine Bedrohung darstellen.“

Eine weitere politische Begründung lieferte Mehmet, der freilich zunächst klarmachte, dass er eigentlich nichts dazu sagen könne – er wolle einfach „kein unvorsichtiges Urteil abgeben“. „Ich weiß, man kann es auch als Instrument sehen, als Instrument um zu spalten, meinetwegen. Und es wird ja auch vielfältig gemacht. Also, diejenigen, die Immigranten, die hier schon seit Ewigkeiten leben, die unterscheiden ja auch zwischen sich und anderen Einwanderern. Die wollen die hier nicht haben. Das funktioniert ja auch, ne? Wenn von irgendwelchen Aussiedlern aus'm Osten die Rede ist oder von irgendwelchen Saisonarbeitern, da sind sie auch gut dabei, drüber herzuziehen.“ Interessant ist, dass Mehmet hier auf einen Punkt hinweist, den auch Fatima oben bereits angesprochen hatte – dass Rassismus in einer rassistischen Gesellschaft auf die eine oder andere Weise alle mit einbezieht. Die Spaltung ist also keine zwischen „Schwarz“ und „Weiß“, sondern eine vielfältige Schichtung, in der sich je nach Positionierung entscheidet, ob eine Person von Rassismus betroffen ist oder selbst versucht, Profit aus den Spaltungen zu ziehen.

Das Fazit dieses Inventars kam von Pedro: „Ich finde den Begriff kann man super schwer erklären.“ Nachdem ich einige Interviews geführt hatte, wurde dieser Teil für mich mit der Zeit fast zu einer Qual. Nach einem angeregten, flüssigen Gespräch war bei der direkten Frage nach der Erklärung stets der Punkt gekommen, wo sich eine erhebliche Zähigkeit einstellte. Ich hatte zunächst angenommen, dass innerhalb der Wissensstrukturen der von Rassismus betroffenen Personen die Identifizierung der rassistischen Situationen von irgendeiner Form von generellem Wissen hätte durchwirkt sein müssen. Das ließ eben die Erfahrung von Essed mit den relativ expliziten Wissensbeständen der schwarzen Niederländerinnen und US-Amerikanerinnen vermuten. Doch das gilt für Deutschland offenbar nicht. In diesem Teil der Interviews schien es überhaupt keinen Zusammenhang mit der höchst lebendigen Schilderung der Erlebnisse mehr zu geben; alles wirkte wie auswendig gelernt. Und bis auf einige Ausnahmen wurden einfach populäre Forschungsansätze referiert, die in der Gesellschaft allgemein verfügbar waren. Alternative Wissensbestände zeigten sich kaum und wenn, dann nur in Ansätzen.

Dass es so gut wie kein geteiltes generelles Wissen über Rassismus gibt, das macht die Identifizierung von rassistischen Situationen ziemlich schwierig. Zwar sind sich Betroffene darüber im Klaren, dass die oben beschriebenen Akte – die Entfremdung, die Verweisung, die Entantworung etc. – auf irgendeine Weise mit dem eigenen Gerechtigkeitsgefühl kollidieren, doch der Vorwurf des Rassismus wird immer wieder zurückgenommen. „Die“ würden es ja nicht so meinen. So wird aber auch das eigene Erleben disqualifiziert, was nicht zuletzt die Wut und die „Magenschmerzen“ steigert. Nun lassen sich die Akte mit Berechtigung theoretisch im Rahmen des Rassismus thematisieren. Aber es ist nicht gerade einfach, einem Einheimischen zu erklären, was man für ein Problem mit der Frage „Woher kommst du?“ hat. Hier wird eben schnell abgewiegelt – das sei ja nur Neugierde – und erwidert: Man solle sich mal nicht so haben. So wird die eigene Erfahrung im Gespräch permanent abgewertet, und darin liegt auch der Grund, warum sich viele Personen nichtdeutscher Herkunft auf solche Gespräche nicht einlassen: Man muss eine gewisse Stärke fühlen, um eine mögliche Disqualifikation ertragen zu können.

Die herrschende Wahrnehmung, dass Rassismus sich nur in Gewalt und Extremismus äußere, die Disqualifikation der Erlebnisse der Betroffenen sowie das Fehlen einer Sprache, die rassistische Begebenheiten einzuordnen hilft, hat bei vielen meiner Befragten dazu geführt, dass sie krasse Fälle von Diskriminierung oft nicht als solche benennen konnten. Das Schulpersonal etwa, das trotz guter Noten keine Empfehlung fürs Gymnasium aussprach, wurde manchmal fast zufällig im Interview erwähnt. Als ich von solchen Ereignissen schließlich bei einer Person gehört hatte, konnte ich bei anderen nachfragen, deren Schullaufbahn den typischen Sprung von der Hauptschule zum Gymnasium aufwies – sonst wären mir diese Erlebnisse unter Umständen nicht erzählt worden. Als ich Mehmet sagte, dass es mir in unserem Gespräch keineswegs nur auf irgendwelche Erfahrungen mit roher Gewalt ankommen würde, da meinte er, dass gerade der Blick auf die „großen Ereignisse“ alles andere unter sich begraben würde: „Aber aufgrund dessen zum Beispiel vergisst du ja diese ganz vielen kleinen Sachen. Oder du schenkst dem keine Beachtung oder du denkst: ‚Ach, das ist schon so oft passiert‘ oder ‚Das ist so banal, das merk‘ ich mir gar nicht‘.“ Das war auch ein Grund, diese Arbeit zu schreiben: Um die kleinen Erlebnisse der Banalisierung zu entreißen. Denn dass sie immer noch als banal gelten, das zeigt, wie weit wir in Deutschland noch von einer ernsthaften Diskussion über Rassismus entfernt sind.

NACHBEMERKUNG

Wenn in der Bundesrepublik Deutschland über die Gestaltung der Einwanderungsgesellschaft diskutiert wird, dann geht es gewöhnlich um Fremdheit bzw. um kulturelle Unterschiede. An der Jahreswende 2003 / 2004 debattierte die Republik etwa darüber, ob Lehrerinnen ein Kopftuch tragen dürfen oder nicht. Diese Diskussion mutete etwas seltsam an. „Ich frage mich", meinte Michael Fürst, der Vorsitzende des niedersächsischen Landesverbandes der Jüdischen Gemeinden, „warum wir für vielleicht 25 Betroffene in Deutschland 16 Landtage beschäftigen müssen, 16 Kultusministerien, 16 Staatskanzleien und eine Vielzahl von Juristen." Dabei vergaß er zu erwähnen, dass bereits davor alle gerichtlichen Instanzen bis zum Verfassungsgericht mit dem Thema befasst waren, und wahrscheinlich Hunderte von Journalisten und Profi-Debattierern im ganzen Land. Als das Verfahren vor dem Bundesverfassungsgericht eröffnet wurde, stellte der Vorsitzende in seiner Einführungsansprache folgende Frage: „Wieviel fremde Religiosität verträgt Deutschland?" Die Voraussetzungen der Diskussion treten hier zutage: Das Kopftuch wird als ein Zeichen der „Fremdheit" interpretiert, das in kultureller Hinsicht von woanders stammt und eigentlich nicht nach und zu Deutschland gehört. Dabei sah der Richter Deutschland offenbar als homogenen kulturellen Raum. Somit ging es bei dem Verfahren implizit darum, wieviel „Fremdheit" innerhalb dieses kulturellen Raumes toleriert werden kann.

Nun zeigen alle Untersuchungen, dass das Kopftuch gerade unter jungen, gebildeten Musliminnen verbreitet ist, die in Deutschland geboren wurden. Zumeist stammen die jungen Frauen nicht aus besonders religiösen Familien, und gerade in der Türkei hat dieses spezifische Kopftuch keinerlei Tradition.[1] Es soll hier nicht um eine Bewertung des Kopftuches gehen. Im Rahmen dieser Arbeit ist es wichtig, dass dieses Kopftuch offensichtlich eine religiös-kulturelle Artikulation von Migranten ist, die in Deutschland entstanden und beheimatet ist. Dennoch wird dieses Kopftuch als Ausdruck von „Fremdheit" gesehen. Der kulturelle Unterschied gilt in der hiesigen Öffentlichkeit als etwas quasi Natürliches, als etwas, das schon immer da war. Dabei wird die Differenz angeblich zur Quelle eines Konflikts, wenn verschiedene Gruppen von Menschen mit unterschiedlichen kulturellen Hintergründen auf einem Territorium zusammenleben. Da Deutschland trotz der jahrzehntelangen Einwanderung oft weiterhin als kulturell homogener Raum gesehen wird, erscheinen die „Fremden" potentiell als Bedrohung. Hier scheint mir auch der Grund für die

1 vgl. Karakasoglu-Aydin 2000.

unverhältnismäßige Relevanz des Kopftuches zu liegen – die jungen Frauen werden als Gefahr für das einheimische „Wir" interpretiert. Dabei erweist sich das phantasmatische Element dieser Bedrohung an den realen Ausmaßen des „Problems": So hat etwa das Land Berlin das Kopftuch im gesamten öffentlichen Dienst per Gesetz verboten. Doch das Gesetz betrifft niemanden, weil im öffentlichen Dienst Berlins schlicht und ergreifend nicht eine einzige Frau arbeitet, die ein Kopftuch trägt.

In der Wissenschaft spiegelt sich die große Aufmerksamkeit für kulturelle Differenzen im hohen Maß am Interesse für den Aspekt der so genannten kulturellen Identität. In dieser Untersuchung freilich wurde ein anderer Weg beschritten. Ich habe den Unterschied zwischen Einheimischen und Migranten der zweiten Generation – wie auch immer er sich äußern mag – nicht vorausgesetzt, sondern die Frage gestellt, wie dieser Unterschied, wie also „Fremdheit" produziert wird. Diese Produktion habe ich unter dem Gesichtspunkt des Rassismus thematisiert. Nun ist der Begriff Rassismus in der Bundesrepublik gewöhnlich reserviert für Gewalttätigkeiten gegen „Ausländer" und für Extremismus. Dabei scheint es, als seien solche Phänomene Überbleibsel aus der schrecklichen nationalsozialistischen Vergangenheit. Eigentlich möchte man den Begriff gar nicht verwenden und spricht lieber von „Ausländer"- und „Fremdenfeindlichkeit". Die „Feindlichkeit" wird dabei als Ausnahme im gesellschaftlichen Funktionieren betrachtet – ihrem Selbstverständnis nach ist die Bundesrepublik ein „ausländerfreundliches" Land. In diesen „Feindlichkeits"-Konzepten wird der Unterschied zwischen „Deutschen" und „Ausländern" bzw. „Fremden" vorausgesetzt. Mit dem Begriff Rassismus sollte in dieser Arbeit dagegen die „Normalität" eines aktuellen Ungleichheitsverhältnis angesprochen werden, das den Unterschied zwischen „Deutschen" und „Ausländern" erst erzeugt.

Wie wird dieser Unterschied erzeugt und markiert? Ich habe versucht zu zeigen, dass die Institutionen Arbeitsmarkt, Staatsbürgerschaft und kulturelle Hegemonie Menschen einbeziehen, indem sie sie gleichzeitig ausschließen. So machen sie in ihrem „normalen" Funktionieren eine Gruppe mit dem Namen „Ausländer" sichtbar. Wie dieser Ausschluss und die Identifizierung genau funktionieren, wurde aber nicht nur abstrakt beschrieben, sondern der Apparat des Rassismus sollte ganz konkret in den Erlebnissen der Migranten zweiter Generation erscheinen. Und so zeigte sich, dass „Deutsch-Sein" eine Kategorie ist, die Menschen anderer Herkunft per se ausschließt. Da hierzulande im Alltagsbewusstsein die Zugehörigkeit mit der Abstammung verkoppelt wird, stecken die Migranten zweiter Generation in einem Teufelskreis. Wenn sie „deutsch" werden, dann scheint es ihnen, als müssten sie ihre Herkunft radikal verleugnen. Gleichzeitig jedoch werden sie im Falle der Einbürgerung nicht als „Deutsche" anerkannt – da „deutsch" nur eine ethnische und keine staatsbürgerliche Qualität hat, gelten sie oft als „Möchtegern-Deutsche". Das Recht der Bundesrepublik erscheint ihnen ungerecht und vor allen Dingen undurchsichtig. Und so lebt hierzulande unterdessen eine nicht unbeträchtliche Anzahl von Mittzwanzigern oder Dreißigjährigen nichtdeutscher Herkunft, die in ihrem ganzen Leben noch nie gewählt hat.

In einem Deutschland, das weiterhin oft als kultureller Lebensraum der ethnischen „Deutschen“ betrachtet wird, gelten „Ausländer“ per se als Abweichung. Eine institutionalisierte kulturelle Hegemonie setzt die „deutsche Familie“ als Norm – und lässt die „ausländische Familie“ stets als Sonderfall erscheinen. Die Schule wiederum gilt als „deutsche Schule“ – das „ausländische Kind“ ist von vornherein eine Ausnahme. Da viele Lehrer davon ausgehen, dass derjenige, der auf die höhere Schule möchte, die Unterstützung der Eltern benötigt, werden die „ausländischen Kinder“ nach der Grundschule zumeist auf die Hauptschule geschickt – fürs Gymnasium weist die „ausländische Familie“ nicht den geeigneten normativen Hintergrund auf. Und so richtet der institutionelle Kontext ununterbrochen Grenzen auf und macht Menschen permanent als „Fremde“ sichtbar. Die Grenzbefestigung setzt sich in alltäglichen Erlebnissen fort. Und zwar in „kleinen“ Erlebnissen, die sich penetrant wiederholen. In Akten der Entfremdung wird den Migranten zweiter Generation klargemacht, dass sie nicht zum hiesigen „Wir“ gehören, sondern zu einer „fremden Gruppe“. In Akten der Verweisung, in so selbstverständlichen Fragen wie „Woher kommst Du?“, erfahren sie, dass der Ort, an dem sie leben, nicht der Ort ist, an den sie gehören – der „Grieche“ gehört eben nach Griechenland. Im Akt der Entantwortung erleben sie, dass nicht mit ihnen kommuniziert wird, sondern mit einem Klischee – das nimmt ihnen die individuelle Verantwortung und macht einen Dialog, also eine Antwort unmöglich. Und im Akt der Entgleichung schließlich bemerken sie, dass ihnen Defizite unterstellt werden – man sieht sie nicht als Gleiche und so werden sie zur Konkurrenz erst gar nicht zugelassen. All diese Akte werden durchwirkt von einem Prozess der Spekularisation. Indem über das Dasein der Migranten spekuliert wird, entsteht ein negativer Spiegel, in dem die Einheimischen ihre positiven Eigenschaften betrachten können: Weil „sie“, die nicht hierher gehören und eigentlich woanders leben, traditionell, sexistisch, fanatisch und kriminell sind, erscheinen „wir“ als beheimatet, weltoffen, gleichberechtigt, tolerant und anständig. So werden beide Gruppen in einem Prozess erzeugt und positioniert.

„Ich hab mich nie als Ausländerin gefühlt“, meinte eine Befragte in meiner Untersuchung stellvertretend für die meisten anderen. Erst fortgesetzte Erfahrung mit einer Gesellschaft, die einen Unterschied macht, führt dazu, dass sich die Migranten zweiter Generation als „Fremde“ fühlen. Nun mag es übertrieben erscheinen, dass ich für den Apparat, der Unterschiede erzeugt, den Begriff Rassismus verwende. Doch mit dieser Bezeichnung wird eben nicht wie gewöhnlich ein moralischer Vorwurf begründet. Indem ich sage, dass die Gesellschaft rassistisch ist, weise ich auf ein Ungleichheitsverhältnis hin – genauso wie ich darauf hinweisen könnte, dass die Gesellschaft aus sozialen Klassen oder Schichten besteht und Frauen strukturell benachteiligt werden. Es mag zunächst erschreckend klingen, dass die Gesellschaft rassistisch ist, aber im zweiten Moment wird dadurch moralischer Druck herausgenommen und der Blick geöffnet auf Probleme, die sich bearbeiten lassen. So verstanden, kann man nicht mehr davon ausgehen, dass Rassismus morgen verschwunden sein würde, wenn man nur genügend Kerzen entzündet oder genügend Gewalttäter in Therapie geschickt hat. Nein, es handelt sich um ein beharrliches strukturelles Verhältnis, dass in vielen verschiedenen Hinsichten angegangen werden muss – sozial, rechtlich, politisch, kulturell und pädagogisch.

Ich möchte im Übrigen nicht leugnen, dass kulturelle Differenzen existieren und wirksam sind. Ich wollte primär darauf hinweisen, dass solche Unterschiede nichts Natürliches sind, sondern in einem bestimmten gesellschaftlichen Kontext artikuliert werden und in diesem Kontext auch ihre Relevanz erhalten. Ich hatte bereits gesagt, dass das Kopftuch erst im Einwanderungsland Deutschland für junge muslimische Frauen die Bedeutung erhielt, die es derzeit hat. Zudem wird das Kopftuch in der Öffentlichkeit auf eine Art und Weise thematisiert, die seiner Bedeutung überhaupt nicht entspricht. Nur eine Minderheit der allochthonen Frauen sind Musliminnen, und unter diesen Musliminnen wiederum trägt nur eine Minderheit ein Kopftuch. Warum also wird über dieses Phänomen so aufgeregt diskutiert? Wird anhand des Kopftuches tatsächlich darüber verhandelt, wie man in einer Gesellschaft mit unterschiedlichen kulturellen Ausdrucksformen miteinander auskommt? Oder geht es vielmehr darum, das Klischee von der „unterdrückten muslimischen Frau" aufrechtzuerhalten und potentielle Konkurrentinnen vom Wettbewerb fernzuhalten? Untersuchungen über den Alltag in der Einwanderungsgesellschaft zeigen, dass tatsächliche kulturelle Unterschiede gar nicht so oft Ursache von Konflikten werden – zumal in Großstädten.[2] Klischees dagegen schon. Und indem ausgewählte Unterschiede in den Vordergrund gerückt werden – zumal solche, die eine Grenze sichtbar machen zwischen der angeblich christlich geprägten deutschen Kultur und „dem Islam" hauptsächlich der „Türken" –, verschwinden alle anderen Themen und auch alle anderen Gruppen von „Ausländern" ganz einfach aus dem Blickfeld der Öffentlichkeit. Hier geht es also weniger um Problemlösungen, als vielmehr um Grenzbefestigung.

Auch die Pädagogik teilt die gesellschaftliche Bevorzugung der Kultur als Ansatzpunkt für die Gestaltung der Einwanderungsgesellschaft. In den letzten Jahren hat die fortschrittliche Erziehungswissenschaft auf „interkulturelle Erziehung" gesetzt. Zweifellos existieren auf diesem Feld mittlerweile avancierte Ansätze. Grundsätzliche Mechanismen der Diskriminierung kommen dabei allerdings eher selten in den Blick. Aber müßte es nicht zunächst darum gehen, die Schule prinzipiell zu „entethnifizieren"? Alle Untersuchungen der letzten Jahre zeigen eine Benachteiligung von Migrantenkindern aufgrund ihrer Herkunft. Diese Benachteiligung rührt zu einem bedeutenden Teil daher, dass die Schule implizit als „deutsche Schule" gesehen wird und somit der „ausländischen Familie" eine falsche „kulturelle Passung" unterstellt wird.[3] In

2 vgl. Bukow et al. 2001.
3 vgl. Gomolla & Radtke 2002.

diesem Sinne wird in erster Linie ein staatsbürgerliches Verständnis der Schule benötigt. In Britannien wurde Ende der neunziger Jahre das Fach „citizenship" in der Schule eingeführt. Wie man im Bericht der Beratungskommission nachlesen konnte, soll das Fach dazu dienen, die Schüler zu ermächtigen, an der Gesellschaft „als aktive, informierte, kritische und verantwortungsvolle Staatsbürger zu partizipieren".[4] Diese Formulierung zielt auf die Gleichheit und Gleichberechtigung der Bürger – und es scheint mir vor allem in Deutschland dringend geboten, solche Zielvorstellungen weit mehr in den Vordergrund zu rücken als bisher.[5]

Dass Rassismus in dieser Untersuchung als entscheidender struktureller Faktor bei der Produktion von Unterschieden betrachtet wird, bedeutet freilich nicht, dass man den alten Streit zwischen „interkultureller" und „antirassistischer" Erziehung wieder auflegen muss. Denn die hier vorgestellte theoretische und empirische Analyse des Rassismus lässt den Begriff Antirassismus durchaus problematisch erscheinen. „Der Antirassismus als eine ‚Einpunkttheorie' macht sich von der Existenz des Rassismus abhängig; ohne ihn hat er keine Begründung mehr", schreibt Franz Hamburger. „Selbst wenn wir der Existenz des Rassismus unsicher werden, muß der Antirassismus sich seiner als Bedingung der eigenen Möglichkeit vergewissern. Dabei benötigt er vor allem die offenen, sichtbaren und angreifbaren Formen des Rassismus [...]. Dahinter droht der demokratisch-strukturelle Rassismus, der sich durch rechtliche Verfahren legitimiert, aus dem Blickfeld zu verschwinden."[6] Wenn Rassismus ein Ungleichheitsverhältnis ist, das über eine Reihe von Institutionen verteilt wirkt und in dem gleichzeitig ein bestimmtes Wissen ausgebildet wird, dann lässt sich Rassismus nicht en bloc bekämpfen. Wenn in Deutschland, wo die institutionelle Trennung zwischen „Deutschen" und „Ausländern" weiterhin extrem scharf ist, Maßnahmen ergriffen werden, die auf mehr staatsbürgerliche Gleichberechtigung zielen bzw. auf einen neuen, nicht länger ethnischen Begriff des „Deutsch-Seins", dann ist das ein Beitrag zur Bekämpfung bzw. Milderung des Rassismus. Rassismus lässt sich, weil es sich nicht um eine zentralisierte Herrschaftsform handelt, nur verstreut angehen.

Zudem hätte es eher die gegenteilige Wirkung, wenn den armen Migranten in der Schule im „antirassistischen" Sinne erklärt würde, welch schlimmes Schicksal sie als unterdrückte und geschlagene Minderheit erleiden müssen – um am Ende die einheimischen Schüler zu Empathie aufzurufen. Die Befragung hat gezeigt, dass alle Personen, die von Rassismus betroffen sind, sich in einem Prozess der Subjektivierung befinden. Sie sind in einem Zustand der permanenten Auseinandersetzung und dabei schaffen sie einen neuen Raum für sich, in dem „Heimat", Herkunft, Tradition, Kultur etc. eine völlig neue Bedeutung erhalten. Es wäre wichtig, dass diese aktive Herstellung von neuen Lebensformen gewürdigt wird und als Ansatzpunkt dient. Die jungen

4 Advisory Group on Citizenship 1998, S.9 (meine Übersetzung).

5 vgl. dazu Terkessidis 2002; Storz & Reißlandt 2002.

6 Hamburger 1994, S.123.

Migranten brauchen niemanden, der ihnen die Welt erklärt, sondern vielmehr eine parteiliche Begleitung, die ein „Empowerment“ ermöglicht.

Die Untersuchung hat erwiesen, dass es unter den Befragten kaum explizites Wissen darüber gibt, was Rassismus ist und wie Rassismus funktioniert. Über diese Verwirrung muss man sich nicht wundern, denn selbst in der Forschung existiert überhaupt keine Kohärenz und Kontinuität. Meine Studie hatte einen explorativen Charakter. Sie hat die für den Rassismus konstitutive Trennung zwischen „ihnen“ und „uns“ beschrieben – im hiesigen Fall die Trennung zwischen „Deutschen“ und „Ausländern“. Aber obwohl diese Trennung in Deutschland weiterhin recht strikt funktioniert, befindet sie sich längst in Auflösung. Das bedeutet, dass der Alltagsrassismus als ein Werkzeug, mit dem man einen Unterschied herstellt, sich immer kleinteiliger über die Gesellschaft verbreitet. Für Frankreich hat Didier Lapeyronnie darauf hingewiesen, dass sich in den Vorstädten, die von einer räumlichen Stigmatisierung betroffen sind, die Abgrenzungsversuche gegen die Nachbarn richten: „Die Einwohner beklagen sich [...] weniger über den Zustand ihres Viertels, sondern vielmehr über die Menschen, die darin leben, also über ‚diese Leute da...‘, vor allem aber ‚diese Jugendlichen‘ und ‚diese Araber‘. Und auch diese ‚Jugendlichen‘ und diese ‚Araber‘ beklagen sich wiederum darüber, daß es ‚zu viele Jugendliche und Araber‘ im Viertel gibt.“[7] Innerhalb dieser Viertel besteht die Beziehung zwischen „uns“ und „ihnen“ nicht wie in den oberen und mittleren Schichten der Gesellschaft aus einer einigermaßen stabilen Wahrnehmung eines Selbst und eines Außen, sondern sie ist, wie Lapeyronnie sagt, „quasi formlos, amorph“.[8] Das verhindert aber keineswegs die geradezu obsessiven Versuche, einen Unterschied zu machen. In gewissem Maße lässt sich behaupten, dass insgesamt in der Gesellschaft immer weniger über den Zustand derselben geredet wird, sondern über die Menschen, die darin leben – über „Wessis“, „Ossis“, „Kanaken“, Aussiedler, „Asylanten“, Juden und noch viel kleinere Einheiten. So ist Rassismus vielleicht schon zu einer Art Modell für die Artikulation von Ungleichheitsverhältnissen in einer zersplitterten Gesellschaft geworden. Und dennoch ist das Wissen über Rassismus weiterhin gering.

7 Lapeyronnie 1998, S.28.

8 ebd., S.27.

LITERATURVERZEICHNIS

Advisory Group on Citizenship (1998): Education for Citizenship and the Teaching of Democracy in School. Final Report, August 22nd. Sudbury, Suffolk: QCA Publications.

Akcam, Dursun (1982): Deutsches Heim - Glück allein. Wie Türken Deutsche sehen. Göttingen: Lamuv 1993.

Al-Azmeh, Aziz (1996): Die Islamisierung des Islam. Imaginäre Welten einer politischen Theologie. Frankfurt a. M. / New York: Campus.

Alheim, Klaus & Bardo Herger (1999): Der unbequeme Fremde. Fremdenfeindlichkeit in Deutschland - empirische Befunde. Schwalbach / Ts.: Wochenschau.

Althoff, Martina (1998): Die soziale Konstruktion von Fremdenfeindlichkeit. Opladen / Wiesbaden: Westdeutscher Verlag.

Altvater, Peter, Maren Stamer & Wilke Thomssen (2000): Alltägliche Fremdenfeindlichkeit. Interpretation sozialer Deutungsmuster. Münster: Westfälisches Dampfboot.

Anderson, Benedict (1983): Die Erfindung der Nation. Zur Karriere eines folgenreichen Konzepts. Frankfurt a. M. / New York: Campus 1993.

Appiah, Kwame Anthony (1992): In my Father´s House. Africa in the Philosophy of Culture. New York / Oxford: Oxford University Press.

Atabay, Ilhami (1994): Ist dies mein Land? Identitätsentwicklung türkischer Migrantenkinder und -jugendlicher in der Bundesrepublik. Pfaffenweiler: Centaurus.

Atabay, Ilhami (1998): Zwischen Tradition und Assimilation. Die zweite Generation türkischer Migranten in der Bundesrepublik. Freiburg: Lambertus.

Auernheimer, Georg (1988): Der sogenannte Kulturkonflikt. Orientierungsprobleme ausländischer Jugendlicher. Frankfurt a. M. / New York: Campus.

Autrata, Otger, Gerrit Kaschuba, Rudolf Leiprecht, Cornelia Wolf (Hg.) (1989): Theorien über Rassismus. Hamburg: Argument.

Badawia, Tarek (2002): Der dritte Stuhl. Eine Grounded Theory-Studie zum kreativen Umgang bildungserfolgreicher Immigrantenjugendlicher mit kultureller Differenz. Frankfurt a. M.: IKO.

Balibar, Etienne (1988): Gibt es einen ‚Neo-Rassismus'?, in: Ders. & Immanuel Wallerstein: Rasse. Klasse. Nation. Ambivalente Identitäten. Hamburg: Argument 1990.

Barker, Martin (1981): The New Racism, London: Junction Books.

Barker, Martin (1990): Biology and the New Racism, in: Goldberg, David T. (ed.): Anatomy of Racism. Minneapolis / London: University of Minnesota Press.

Barth, Frederick (1969): Introduction, in: Ders.: Ethnic Groups and Boundaries. Boston: Little, Brown & Co.

Barthes, Roland (1957): Mythen des Alltags. Frankfurt a. M.: Suhrkamp 1964.

Barzun, Jacques (1937): Race: A Study in Superstition. New York: Harper & Row 1965.

Battaglia, Santina (2000): Verhandeln über Identität. Kommunikativer Alltag von Menschen binationaler Abstammung, in: Frieben-Blum, Ellen, Klaudia Jacobs & Brigitte Wießmeier (Hg.): Wer ist fremd? Ethnische Herkunft, Familie und Gesellschaft. Opladen: Leske + Budrich.

Baumann, Jochen, Andreas Dietl & Wolfgang Wippermann (1999): Blut oder Boden. Doppelpaß, Staatsbürgerschaftsrecht und Nationsverständnis. Berlin: Espresso.

Baumann, Zymunt (1991): Moderne und Ambivalenz. Das Ende der Eindeutigkeit. Frankfurt am Main: Fischer 1995.

Baumann, Zymunt (1991a): Moderne und Ambivalenz, in: Uli Bielefeld (Hg.): Das Eigene und das Fremde. Neuer Rassismus in der alten Welt? Hamburg: Junius.

Bender-Szymanski, Dorothea & Hermann-Günter Hesse (1987): Migrantenforschung. Eine kritische Analyse deutschsprachiger empirischer Untersuchungen aus psychologischer Sicht. Köln / Wien: Böhlau.

Benz, Wolfgang & Werner Bergmann (Hg.) (1997): Vorurteil und Völkermord. Entwicklungslinien des Antisemitismus. Freiburg: Herder.

Berger, Hartwig (1990): Vom Klassenkampf zum Kulturkonflikt. Wandlungen und Wendungen der westdeutschen Migrationsforschung, in: Dittrich, Eckhard J. & Frank-Olaf Radtke (Hg.): Ethnizität. Wissenschaft und Minderheiten. Opladen: Westdeutscher Verlag.

Berger, Peter L. & Thomas Luckmann (1966): Die gesellschaftliche Konstruktion der Wirklichkeit. Eine Theorie der Wissenssoziologie. Frankfurt a. M.: Fischer 1994.

Bhabha, Homi (1994): Die Verortung der Kultur. Tübingen: Stauffenburg 2000.

Bhabha, Homi (1997): Die Frage der Identität, in: Bronfen, Elisabeth, Benjamin Marius & Therese Steffen (Hg.): Hybride Kulturen. Beiträge zur anglo-amerikanischen Multikulturalismusdebatte. Tübingen: Stauffenburg.

Bielefeld, Uli, Reinhard Kreissl & Thomas Münster (1982): Junge Ausländer im Konflikt. Lebenssituation und Überlebensformen. München: Juventa.

Bielefeld, Uli (1991): Vorwort, in: Ders. (Hg.): Das Eigene und das Fremde. Neuer Rassismus in der alten Welt? Hamburg: Junius.

Bielefeld, Ulrich (2001): Exklusive Gesellschaft und inklusive Demokratie. Zur gesellschaftlichen Stellung und Problematisierung des Fremden, in: Rolf-Peter Janz (Hg.): Faszination und Schrecken des Fremden. Frankfurt a.M.: Suhrkamp.

Billig, Michael (1979): Psychology, Racism and Fashism. Birmingham: Searchlight.

Billig, Michael (1981): Die rassistische Internationale. Zur Renaissance der Rassenlehre in der modernen Psychologie. Frankfurt a. M.: Verlag Neue Kritik.

Blank, Thomas & Stefan Schwarzer (1994): Ist die Gastarbeiter-Skala noch zeitgemäß? Die Reformulierung einer ALLBUS-Skala, in: ZUMA-Nachrichten 18, Nr.34, S.97-115.

Blumer, Herbert (1969): What Is Wrong with Social Theory?, in: Ders.: Symbolic Interactionism. Perspectice and Method. Englewood Cliffs, N.J.: Prentice-Hall.

Böckelmann, Frank (1998): Die Gelben, die Schwarzen, die Weißen. Frankfurt a. M.: Eichborn.

Bommes, Michael (1993): Migration und Sprachverhalten. Eine ethnographisch-sprachwissenschaftliche Fallstudie. Wiesbaden: Deutscher Universitätsverlag.

Bojadzijev, Manuela (2002): Antirassistischer Widerstand von Migrantinnen und Migranten in der Bundesrepublik: Fragen der Geschichtsschreibung, in: 1999. Zeitschrift für Sozialgeschichte des 20. und 21. Jahrhunderts, Heft 1.

Boos-Nünning, Ursula (1998): Quotierung und Gerechtigkeit - Über die Verringerung der Diskriminierung von Jugendlichen ausländischer Herkunft beim Zugang in Ausbildung und Beruf, in: LAGA (Hg.): Schwung für unsere Zukunft. Jugendliche aus Zuwandererfamilien - Vielfalt als Chance in Ausbildung und Beruf. Düsseldorf: LAGA.

Bornewasser, Manfred (1995): Motivationale Hintergründe von Fremdenfeindlichkeit und Gewalt, in: Müller, Siegfried, Hans-Uwe Otto & Ulrich Otto (Hg.): Fremde und Andere in Deutschland. Nachdenken über das Einverleiben, Einebnen, Ausgrenzen. Opladen: Leske & Budrich.

Brubaker, Rogers (1992): Staats-Bürger. Deutschland und Frankreich im historischen Vergleich. Hamburg: Junius 1994.

Bublitz, Hannelore & Marlies Wehner (1994): Studentinnen aus Entwicklungsländern an deutschen Hochschulen. Interkulturelle Erfahrungen in Studium und Alltag. Reihe Bildung - Wissenschaft - Internationale 1. Hrsg. vom Bundesministerium für Bildung und Wissenschaft. Bonn.

Bukow, Wolf-Dietrich & Roberto Llaryora (1988): Mitbürger aus der Fremde. Soziogenese ethnischer Minderheiten. Opladen: Westdeutscher Verlag.

Bukow, Wolf-Dietrich, Claudia Nikodem, Erika Schulze und Erol Yildiz (2001): Die multikulturelle Stadt. Von der Selbstverständlichkeit im städtischen Alltag. Opladen: Leske + Budrich.

Bukow, Wolf-Dietrich, Klaus Jünschke, Susanne Spindler & Ugur Tekin (2003): Ausgegrenzt, eingesperrt und abgeschoben. Migration und Jugendkriminalität. Opladen: Leske + Budrich.

Bünger, Iris (2002): Der MacPherson-Report. Grundlage zur Entwicklung von Instrumenten gegen den institutionellen Rassismus in Großbritannien, in: Jäger, Margarete & Heiko Kaufmann (Hg.): Leben unter Vorbehalt. Institutioneller Rassismus in Deutschland. Duisbug: Diss Verlag.

CCCS (Centre for Contemporary Cultural Studies) (1982): The Empire Strikes Back. London: Hutchinson.

Claessens, Dieter (1991): Das Fremde, Fremdheit und Identität, in: Schäffter, Ottfried (Hg.): Der Fremde. Erfahrungsmöglichkeiten zwischen Faszination und Bedrohung. Opladen: Westdeutscher Verlag.

Claussen, Detlev (1994): Was heißt Rassismus? Ein Essay, in: Ders. (Hg.): Was heißt Rassismus? Darmstadt: Wissenschaftliche Buchgesellschaft.

Clemenz, Manfred (1998): Aspekte einer Theorie des aktuellen Rechtsradikalismus in Deutschland. Eine sozialpsychologische Kritik, in: König, Hans-Dieter (Hg.): Sozialpsychologie des Rechtsextremismus. Frankfurt a. M.: Suhrkamp.

Demel, Walter (1992): Wie die Chinesen gelb wurden. Ein Beitrag zur Frühgeschichte der Rassentheorien, in: Historische Zeitschrift, 3, 625-666.

Der Bundesminister für Arbeit und Sozialordnung (Hg.) (1990): Ausländerfeindlichkeit in der ehemaligen DDR. Forschungsbericht. Bonn.

Deniz, Cengiz (1999): Migration, Heimhilfe und Heimerziehung. Rekonstruktionen biographischer Erzählungen männlicher türkischer Jugendlicher in Einrichtungen der öffentlichen Erziehung. Frankfurt a. M.: IKO.

Die Nürnberger Gesetze (1936) über das Reichsbürgerrecht und den Schutz des deutschen Blutes und der deutschen Ehre. Dargestellt und Erläutert von Bernhard Lösener und Friedrich Knost. Berlin: Franz Wahlen.

Diskriminierung im Alltag. Schwarze Frauen / Migrantinnen erzählen. (1996) Frankfurt a. M.: Frauenprojekt Gallus

Einbürgerungsrichtlinien vom 15. Dezember 1977, in: Deutsches Ausländerrecht, 8.Auflage, 1993, S. 167-181. München: dtv.

Elfferding, Wieland (1989): Funktion und Struktur des Rassismus. Eine Theorieskizze, in: Autrata, Otger, Gerrit Kaschuba, Rudolf Leiprecht, Cornelia Wolf (Hg.): Theorien über Rassismus. Hamburg: Argument.

Erdheim, Mario (1993): Das Eigene und das Fremde, in: Jansen, Mechthild M. & Ulrike Prokop (Hg.): Fremdenangst und Fremdenfeindlichkeit. Frankfurt a. M. / Basel: Stroemfeld.

Essed, Philomena (1991): Understanding Everyday Racism. An Interdisciplinary Theory. London: Sage.

Esser, Hartmut (1980): Aspekte der Wanderungssoziologie. Assimilation und Integration von Wanderern, ethnischen Gruppen und Minderheiten. Eine handlungstheoretische Analyse. Darmstadt und Neuwied: Luchterhand.

Fanon, Frantz (1952): Schwarze Haut, weiße Masken. Frankfurt am Main: Suhrkamp 1985.

Fanon, Frantz (1969): Rassismus und Kultur, in: Ders.: Für eine afrikanische Revolution. Politische Schriften. Frankfurt a.M.: März 1972.

Feagin, J.R & L.B. Feagin (1978): Discrimination American Style: Institutional Racism and Sexism. Englewood Cliffs, N.J.: Prentice Hall.

Ferreira, Grada (2003): Die Kolonisierung des Selbst - der Platz des Schwarzen, in: Steyerl, Hito & Encarnación Gutiérrez-Rodríguez (Hg.): Spricht die Subalterne Deutsch? Migration und postkoloniale Kritik. Münster: Unrast.

Foucault, Michel (1978): Historisches Wissen der Kämpfe und Macht, in: Ders.: Dispositive der Macht. Über Sexualität, Wissen und Wahrheit. Berlin: Merve.

Foucault, Michel (1999): In Verteidigung der Gesellschaft. Vorlesungen am Collège de France (1975-76). Frankfurt a. M.: Suhrkamp.

Flusser, Vilem (1994): Von der Freiheit des Migranten. Einsprüche gegen den Nationalismus. Bensheim: Bollmann.

Frese, Hans-Ludwig (2002): „Den Islam ausleben“. Konzepte authentischer Lebensführung junger türkischer Muslime in der Diaspora. Bielefeld: Transcript.

Ganter, Stefan (1998): Ursachen und Formen der Fremdenfeindlichkeit in der Bundesrepublik Deutschland. Bonn: Friedrich-Ebert-Stiftung.

Gehlen, Arnold (1986): Der Mensch. Seine Natur und seine Stellung in der Welt. Wiesbaden: Aula.

Geiger, Klaus F. (1985) : Ausländerfeindlichkeit und Presse in der Bundesrepublik Deutschland, in: Ders. (Hg.): Rassismus und Ausländerfeindlichkeit in Deutschland. Beiträge zu ihrer Erforschung. Kassel: Kasseler Materialien 5 zur Ausländerpädagogik.

Geiss, Immanuel (1988): Geschichte des Rassismus. Frankfurt a. M.: Suhrkamp.

Gellner, Ernest (1983): Nationalismus und Moderne. Hamburg: Rotbuch 1991.

George, Siegfried & I. Prote (Hg.) (1996): Handbuch zur politischen Bildung in der Grundschule. Schwalbach, Ts.: Wochenschau.

Georgi, Viola B. (2003): Entliehene Erinnerung. Geschichtsbilder junger Migranten in Deutschland. Hamburg: Hamburger Edition.

Glaser, B & Anselm Straus (1967): Grounded Theory: Strategien qualitativer Forschung. Göttingen: Huber 1998.

Gomolla, Mechthild & Frank-Olaf Radtke (2002): Institutionelle Diskriminierung. Die Herstellung ethnischer Differenz in der Schule. Opladen: Leske + Budrich.

Gür, Metin (1990): Warum sind sie kriminell geworden? Türkische Jugendliche in deutschen Gefängnissen. Essen: Neuer Weg.

Guillaumin, Colette (1991): RASSE. Das Wort und die Vorstellung, in: Bielefeld, Uli (Hg.): Das Eigene und das Fremde. Neuer Rassismus in der alten Welt? Hamburg: Junius.

Gutiérrez-Rodríguez, Encarnación (1999): Intellektuelle Migrantinnen - Subjektivitäten im Zeitalter der Globalisierung. Eine postkoloniale dekonstruktive Analyse im Spannungsverhältnis von Ethnisierung und Geschlechtlichkeit. Opladen: Leske + Budrich.

Hahn, Alois (1991): Die soziale Konstruktion des Fremden, in: Sprondel, Walter M. (Hg.): Die Objektivität der Ordnungen und ihre kommunikative Konstruktion. Frankfurt a.M.: Suhrkamp.

Hall, Stuart (1980): ‚Rasse‘, Artikulation und Gesellschaften mit struktureller Dominante, in: Ders.: Rassismus und kulturelle Identität. Ausgewählte Schriften 2. Hamburg: Argument 1994.

Hamburger, Franz, Lydia Seus & Otto Wolter (1981): Zur Delinquenz ausländischer Jugendlicher. Bedingungen der Entstehung und Prozesse der Verfestigung. Wiesbaden: Bundeskriminalamt.

Hamburger, Franz (1994): Pädagogik der Einwanderungsgesellschaft. Frankfurt a. M.: Cooperative-Verlag.

Hansen, Georg (2001): Die Deutschmachung. Ethnizität und Ethnisierung im Prozess von Ein- und Ausgrenzungen. Münster / New York: Waxmann.

Haug, Wolfgang Fritz (1992): Zur Dialektik des Anti-Rassismus. Erkundungen auf einem Feld voller Fallstricke, in: Institut für Migrations- und Rassismusforschung (Hg.): Migration und Rassismus in Europa. Hamburg: Argument.

Heitmeyer, Wilhelm et al. (1987): Rechtsextremistische Orientierungen bei Jugendlichen. Empirische Ergebnise und Erklärungsmuster bei einer Untersuchung zur politischen Sozialisation. Weinheim und München: Juventa.

Heitmeyer, Wilhelm et al. (1992): Die Bielefelder Rechtsextremismus-Studie. Erste Langzeituntersuchung zur politischen Sozialisation männlicher Jugendlicher. Weinheim und München: Juventa.

Heitmeyer, Wilhelm et al. (1996): Gewalt. Schattenseiten der Individualisierung bei Jugendlichen aus unterschiedlichen Milieus. Weinheim und München: Juventa.

Heitmeyer, Wilhelm et al. (1997): Verlockender Fundamentalismus. Türkische Jugendliche in Deutschland. Frankfurt a. M.: Suhrkamp.

Hemmati, Minu, Margret Wintermantel & Markus Paul (1999): Wie wirken ausländerfeindliche Ereignisse auf die Betroffenen? Empirische Untersuchungen kognitiver, emotionaler und handlungsbezogener Konsequenzen, in: Dollase, Rainer, Thomas Kliche & Helmut Moser (Hg.): Politische Psychologie der Fremdenfeindlichkeit. Weinheim und München: Juventa.

Hertz, Friedrich (1904): Rasse und Kultur. Eine kritische Untersuchung der Rassentheorien. Leipzig: Alfred Kröner 1925.

Herwartz-Emden, Leonie (Hg.) (2000): Geschlechterverhältnisse, Erziehung und Akkulturation. Osnabrück: Universitäts-Verlag Rasch.

Hirschfeld, Magnus (1938): Racism. London: Victor Gollancz LTD.

Hoffmann, Lutz (1981): ‚Wir machen alles falsch‘. Wie türkische Jugendliche sich in ihren Alltagstheorien mit ihrer Lage in der Bundesrepublik auseinandersetzen. Bielefeld: Zentrum für Wissenschaft und berufliche Praxis (Materialien Heft 12).

Hoffmann, Lutz (1982): ‚Aber warum nix freundlich?‘ Der Kontakt zwischen deutschen Behörden und ausländischen Klientel. Bielefeld: Zentrum für Wissenschaft und berufliche Praxis (Materialien Heft 14).

Hoffmann, Lutz & Herbert Even (1985): ‚Sie beschäftigen uns wie Sklaven‘ Erfahrungen von Türken an deutschen Arbeitsplätzen. Bielefeld: Zentrum für Wissenschaft und berufliche Praxis (Materialien Heft 18).

Hoffmann, Lutz & Herbert Even (1984): Soziologie der Ausländerfeindlichkeit. Weinheim und Basel: Beltz.

Hoffman, Lutz (1992): Die unvollendete Republik. Zwischen Einwanderungsland und deutschem Nationalstaat. Köln: PapyRossa.

Hoffman, Lutz (1994): Das deutsche Volk und seine Feinde. Die völkische Droge - Aktualität und Entstehungsgeschichte. Köln: PapyRossa.

Hoffman, Lutz (1996): Der Einfluß völkischer Integrationsvorstellungen auf die Identitätsentwürfe von Zuwanderern, in: Heitmeyer, Wilhelm & Rainer Dollase (Hg.): Die bedrängte Toleranz. Ethnisch-kulturelle Konflikte, religiöse Differenzen und die Gefahren politisierter Gewalt. Frankfurt a. M.: Suhrkamp.

Hoffmeyer-Zlotnik, Jürgen H. P. (1986): Qualitative Datenerhebung in der Arbeitsmigrantenforschung - Eine Einführung, in: Ders. (Hg.): Qualitative Methoden in der Arbeitsmigrantenforschung. Mannheim: Forschung Raum & Gesellschaft e.V..

Holz, Klaus (2001): Nationaler Antisemitismus. Wissenssoziologie einer Weltanschauung. Hamburg: Hamburger Edition.

Holzkamp, Klaus (1968): Wissenschaft als Handlung. Berlin: de Gruyter.

Honolka, Harro & Irene Götz (1999): Deutsche Identität und das Zusammenleben mit Fremden. Opladen / Wiesbaden: Westdeutscher Verlag.

Institut für Sozialforschung (1994): Einleitung, in: Institut für Sozialforschung (Hg.): Rechtsextremismus und Fremdenfeindlichkeit. Studien zur aktuellen Entwicklung. Frankfurt a. M.: Campus.

Irigaray, Luce (1974): Speculum. Spiegel des anderen Geschlechts. Frankfurt a. M.: Suhrkamp 1980.

Jäger, Christiane (1995): Theorie und Messung der Ausländerfeindlichkeit. Eine sozialwissenschaftliche Kritik der Forschungspraxis. Marburg: Marburger Beiträge zur sozialwissenschaftlichen Forschung Nr.6.

Jäger, Margret (1996): Fatale Effekte. Die Kritik am Patriarchat im Einwanderungsdiskurs. Duisburg: Diss.

Jäger, Margret, Gabriele Cleve, Ina Ruth & Siegfried Jäger (1998): Von deutschen Einzeltätern und ausländischen Banden. Medien und Straftaten. Duisburg: Diss.

Jäger, Siegfried (1990): Rassismus. Thesen zur Klärung eines umstrittenen Begriffs, in: Butterwegge, Christoph & Horst Isola (Hg.): Rechtsextremismus im vereinten Deutschland. Bremen: Steintor.

Jäger, Siegfried et al. (1992): BrandSätze. Rassismus im Alltag. Duisburg: Diss.

Jäger, Siegfried & Margarete Jäger (2002): Das Dispositiv des Institutionellen Rassismus. Eine diskurstheoretische Annäherung, in: Jäger, Margarete & Heiko Kaufmann (Hg.): Leben unter Vorbehalt. Institutioneller Rassismus in Deutschland. Duisbug: Diss.

Jones, T. (1974): Institutional Racism in the United States, in: Social Work, No.19, 218-225.

Just, Wolf-Dieter (1989): Na, immer noch da? Ausländer schildern ihre Situation in den Betrieben. Frankfurt a. M.: Otto Lembeck.

Kalpaka, Annita & Nora Räthzel (1990): Die Schwierigkeit, nicht rassistisch zu sein. Leer: Mundo.

Karaksoglu-Aydin, Yasemin (2000): Muslimische Religiosität und Erziehungsvorstellungen. Frankfurt a. M. / London: Iko-Verlag für Interkulturelle Kommunikation.

Katsoulis, Haris (1978): Bürger zweiter Klasse. Ausländer in der Bundesrepublik. Frankfurt a. M. / New York: Campus.

Kaupen-Hass, Heidrun & Christian Saller (Hg.) (1999): Wissenschaftlicher Rassismus. Analysen einer Kontinuität in den Human- und Naturwissenschaften. Frankfurt a. M. / New York: Campus.

Kelek, Neclá (2002): Islam im Alltag. Islamische Religiosität und ihre Bedeutung in der Lebenswelt von Schülerinnen und Schülern türkischer Herkunft. Münster / New York: Waxmann.

Kemmler, Lilly & Liz Echelmeyer (1978): Anamnese-Erhebung, in: Ludwig J. Pongratz (Hrsg.): Handbuch der Psychologie. Band 8: Klinische Psychologie. Zweiter Halbband. Göttingen / Toronto / Zürich: Hogrefe.

Keupp, Heiner (1998): Diskursarena Identität: Lernprozesse in der Identitätsforschung, in: Ders. & Renate Höfer (Hg.): Identitätsarbeit heute. Klassische und aktuelle Perspektiven der Identitätsforschung. Frankfurt a. M.: Suhrkamp.

Knolle, Konrad (1984): Migration und Rassismus, in: Meinhardt, Rolf (Hg.): Türken raus oder Verteidigt den sozialen Frieden. Beiträge gegen die Ausländerfeindlichkeit. Reinbek bei Hamburg: Rowohlt.

Kögler, Hans Herbert (1994): Michel Foucault. Stuttgart / Weimar: Metzler.

Korn, Salomon (2003): Die fragile Grundlage. Auf der Suche nach der deutsch-jüdischen „Normalität". Berlin / Wien: Philo.

Koopmans, Ruud & Paul Statham (1998): Challenging the Liberal Nation-State? Postnationalism, Multiculturalism, and the Collective Claims-Making of Migrants and Ethnic Minorities in Britain and Germany. Berlin: Wissenschaftszentrum für Sozialforschung (WZB).

Kühl, Stefan (1997): Die Internationale der Rassisten. Aufstieg und Niedergang der internationalen Bewegung für Eugenik und Rassenhygiene im 20. Jahrhundert. Frankfurt a. M./ New York: Campus.

Kühnel, Steffen & Jürgen Leibold (2000): Die anderen und wir: Das Verhältnis zwischen Deutschen und Ausländern aus der Sicht der in Deutschland lebenden Ausländer, in: Alba, Richard, Peter Schmidt und Martina Wasner (Hg.): Deutsche und Ausländer: Freunde, Fremde oder Feinde? Empirische Befunde und theoretische Erklärungen. Opladen / Wiesbaden: Westdeutscher Verlag.

Lacan, Jacques (1996): Das Spiegelstadium als Bildner der Ichfunktion, in: Ders.: Schriften I. Weinheim: Quadriga.

Lapeyronnie, Didier (1998): Die Formung des Formlosen. Der Rassismus in Frankreich und seine gesellschaftliche wie politische Bedingtheit, in: Landeszentrum für Zuwanderung NRW (Hg.): Rassismus und Antirassismus im europäischen Vergleich - Bestandsaufnahme und Bewältigungsstrategien. Tagungsdokumentation 25.05.98. Solingen.

Leiprecht, Rudolf (1990): „...da baut sich uns ein Haß auf..." Zur subjektiven Funktionalität von Rassismus und Ethnozentrismus bei abhängig beschäftigten Jugendlichen - eine empirische Untersuchung. Hamburg: Argument.

Leiprecht, Rudolf (2001): Alltagsrassismus. Eine Untersuchung bei Jugendlichen in Deutschland und den Niederlanden. Münster / New York: Waxmann.

Loycke, Almut (Hg.) (1992): Der Gast, der bleibt. Frankfurt a. M. / New York: Campus.

Lwanga, Gotlinde Magiriba (1998): Weiße Mütter - Schwarze Kinder. Über das Leben mit rassistischen Konstruktionen von Fremdheit und Gleichheit, in: Del Mar Castro Varela, Maria, Sylvia Schulze, Sylvia Vogelmann & Anja Weiß (Hg.): Suchbewegungen. Interkulturelle Beratung und Therapie. Tübingen: Dgvt-Verlag.

Markus, Uwe (1995): Zu Dimensionen und Ursachen der Ausländerfeindlichkeit in den neuen Bundesländern. Kurzstudie. Halle an der Saale: Kommission zur Erforschung des sozialen politischen Wandels in den neuen Bundesländern e.V.

Matzouranis, Georg (1985): man nennt uns gastarbeiter. Frankfurt a. M.: Zambon.

Mecheril, Paul (1994): Die Lebenssituation Anderer Deutscher: Eine Annäherung in dreizehn thematischen Schritten, in: Ders. & Thomas Teo (Hg.): Andere Deutsche. Zur Lebenssituation von Menschen multiethnischer und multikultureller Herkunft. Berlin: Dietz.

Mecheril, Paul (1997): Rassismuserfahrungen von Anderen Deutschen - eine Einzelfallbetrachtung, in: Ders. & Thomas Teo (Hg.): Psychologie und Rassismus. Reinbek bei Hamburg: Rowohlt.

Mecheril, Paul (1999): Kulturkonflikt oder Multistabilität? Zugehörigkeitsphänomene im Kontext von Bikulturalität, in: Dollase, Rainer, Thomas Kliche & Helmut Moser (Hg.): Politische Psychologie der Fremdenfeindlichkeit, Opfer - Täter - Mittäter. Weinheim und München: Juventa.

Mecheril, Paul, Karin Scherschel & Mark Schrödter (2003): „Ich möchte halt von dir wissen, wie es ist, du zu sein". Die Wiederholung der alienierenden Zuschreibung durch qualitative Forschung, in: Badavia, Tarek, Franz Hamburger & Merle Hummrich (Hg.): Wider die Ethnisierung einer Generation. Beiträge zur qualitativen Migrationsforschung. Frankfurt a. M. / London: IKO.

Meinhardt, Rolf (1982): Ausländerfeindlichkeit. Eine Dokumentation. Berlin: Express Edition.

Melber, Henning (1989): Rassismus und eurozentrisches Zivilisationsmodell: Zur Entwicklungsgeschichte des kolonialen Blicks, in: Autrata, Otger, Gerrit Kaschuba, Rudolf Leiprecht, Cornelia Wolf (Hg.): Theorien über Rassismus. Hamburg: Argument.

Melber, Henning (1992): Der Weißheit letzter Schluß. Rassismus und kolonialer Blick. Frankfurt a. M.: Brandes & Apsel.

Memmi, Albert (1982): Rassismus. Frankfurt a. M.: Athenäum, 1992.

Merten, Klaus et al. (1985): Das Bild der Ausländer in der deutschen Presse. Ergebnisse einer systematischen Inhaltsanalyse. Frankfurt a. M.: Dagyeli (Zentrum für Türkeistudien. Studien und Arbeiten 2).

Miles, Robert (1989): Rassismus. Einführung in die Geschichte und Theorie eines Begriffes. Hamburg: Argument 1991.

Montagu, F. Ashley (1942): Man´s Most Dangerous Myth. The Fallacy of Race. New York: Harper & Brothers 1952.

Montagu, F. Ashley (1951): Statement on Race. An Annotated Elaboration and Exposition of the Four Statements on Race Issued by the United Nations Educational, Scientific and Cultural Organization. London: Oxford University Press 1972.

Mosse, George L. (1978): Die Geschichte des Rassismus in Europa. Frankfurt a. M.: Fischer 1993.

Mudimbe, Valentin Y. (1988): The Invention of Africa. Gnosis, Philosophy and the Order of Knowledge. Bloomington / Indianapolis: Indiana University Press.

Myrdal, Gunnar (1944): An American Dilemma, unter Mitarbeit von Richard Sterner und Arnold Rose, New York: Harper and Row.

Myrdal, Gunnar (1958): Das Wertproblem in der Sozialwissenschaft. Hannover: Verlag für Literatur und Zeitgeschehen 1965.

Myrdal, Gunnar (1969): Objektivität in der Sozialforschung. Frankfurt a.M.: Suhrkamp 1971.

Nassehi, Armin (1995): Der Fremde als Vertrauter. Soziologische Beobachtungen zur Konstruktion von Identitäten und Differenzen, in: Kölner Zeitschrift für Soziologie und Sozialpsychologie, Jg. 47, Heft 3, S.443-463.

Nikolinakos, Marios (1973): Politische Ökonomie der Gastarbeiterfrage. Migration und Kapitalismus. Reinbek bei Hamburg: Rowohlt.

Nökel, Sigrid (2002): Die Töchter der Gastarbeiter und der Islam. Zur Soziologie alltagsweltlicher Anerkennungspolitiken. Eine Fallstudie. Bielefeld: Transcript.

Oguntoye, Katharina, May Opitz & Dagmar Schultz (Hg.) (1986): Farbe bekennen. Afro-Deutsche Frauen auf den Spuren ihrer Geschichte. Frankfurt a. M.: Fischer 1992.

Osterkamp, Ute: Institutioneller Rassismus. Problematik und Perspektiven, in: Dies. (Hg.): Rassismus als Selbstermächtigung. Hamburg: Argument.

Otyakmaz, Berrin Özlem (1995): Auf allen Stühlen. Das Selbstverständnis junger türkischer Migrantinnen in Deutschland. Köln: ISP.

Papadopoulos, Melanie (2002): Zweisprachigkeit und kulturelle Identität. Eine Untersuchung über junge Erwachsene deutsch-griechischer Herkunft. Hildesheim. Unveröffentlichte Diplomarbeit.

Pazarkaya, Yüksel (1983): Spuren des Brots. Zur Lage der ausländischen Arbeiter. Zürich: Unionsverlag.

PISA 2000. Basiskompetenzen von Schülerinnen und Schülern im internationalen Vergleich. Hrsg. von J. Bäumert. Opladen 2001.

Polat, Ülger (1997): Soziale und kulturelle Identität türkischer Migranten der zweiten Generation in Deutschland. Hamburg: Verlag Dr. Kovac.

Popper, Karl (1966): Logik der Forschung. Tübingen: Mohr.

Rancière, Jacques (1995): Das Unvernehmen. Politik und Philosophie, Frankfurt a. M.: Suhrkamp 2002.

Räthzel, Nora & Ülkü Sarica (1994): Migration und Diskriminierung in der Arbeit: Das Beispiel Hamburg. Hamburg: Argument.

Räthzel, Nora (1997): Gegenbilder. Nationale Identität durch Konstruktion des Anderen. Opladen: Leske + Budrich.

Räthzel, Nora (Hg.) (2000): Theorien über Rassismus. Hamburg: Argument.

Räthzel, Nora (2002): Antirassistische Moral als Form der Ausgrenzung, in: Demirovic, Alex & Manuela Bojadzijev (Hg.): Konjunkturen des Rassismus. Münster: Westfälisches Dampfboot.

Reemtsma, Jan Philipp (1991): Die Falle des Antirassismus, in: Bielefeld, Uli (Hg.): Das Eigene und das Fremde. Neuer Rassismus in der alten Welt? Hamburg: Junius.

Reisigl, Martin & Ruth Wodak (2001): Discourse and Discrimination. Rhethorics of Racism and Antisemitism. London and New York: Routledge.

Reuter, Julia (2002): Zum Problem des Eigenen in der Soziologie des Fremden. Bielefeld: Transkript.

Rittstieg, Helmut (2001): Einführung, in: Deutsches Ausländerrecht, 15.Auflage. München: dtv.

Ruf, Werner (1989): Ökonomie und Rassismus, in: Autrata, Otger, Gerrit Kaschuba, Rudolf Leiprecht, Cornelia Wolf (Hg.): Theorien über Rassismus. Hamburg: Argument.

Ruhrmann, Georg & Jochem Kollmer (1987): Ausländerberichterstattung in der Kommune. Inhaltsanalyse Bielefelder Tageszeitungen unter Berücksichtigung ‚ausländerfeindlicher' Alltagstheorien. Opladen: Westdeutscher Verlag.

Sartre, Jean-Paul (1943): Das Sein und das Nichts. Versuch einer phänomenologischen Ontologie. Reinbek bei Hamburg: Rowohlt 1993.

Schäffter, Ottfried (1991): Modi des Fremderlebens. Deutungsmuster im Umgang mit Fremdem, in: Ders. (Hg.): Der Fremde. Erfahrungsmöglichkeiten zwischen Faszination und Bedrohung. Opladen: Westdeutscher Verlag.

Schmitt, Carl (1932): Der Begriff des Politischen. Berlin: Duncker & Humblot 1991.

Schmitt-Egner, Peter (1976): Wertgesetz und Rassismus, in: Gesellschaft. Beiträge zur Marxschen Theorie, Nr.8/9, S.350-404. Frankfurt a. M.: Suhrkamp.

Schneider, Jens (2001): Deutsch sein. Das Eigene, das Fremde und die Vergangenheit im Selbstbild des vereinten Deutschland. Frankfurt a. M. / New York: Campus.

Schrader, Achim, Bruno W. Nikles & Hartmut M. Griese (1976): Die Zweite Generation – Sozialisation und Akkulturation ausländischer Kinder in der BRD. Kronberg: Athenäum.

Schroer, Markus (1997): Fremde, wenn wir uns begegnen. Von der Universalisierung der Fremdheit und der Sehnsucht nach Gemeinschaft, in: Nassehi, Armin (Hg.): Nation, Ethnie, Minderheit. Beiträge zur Aktualität ethnischer Konflikte. Köln: Böhlau.

Schütze, Fritz (1976): Zur Hervorlockung und Analyse von Erzählungen thematisch relevanter Geschichten im Rahmen soziologischer Feldforschung, in: Arbeitsgruppe Bielefelder Soziologen (Hg.): Kommunikative Sozialforschung. München: Fink.

Schütze, Fritz (1983): Biographieforschung und narratives Interview, in: Neue Praxis, 3, S.283-293.

Schütze, Fritz (1984): Kognitive Figuren des autobiographischen Stehgreiferzählens, in: Kohli, Martin & R. Günther (Hg.): Biographie und soziale Wirklichkeit. Stuttgart: Metzler.

Schütze, Jochen K. (2000): Vom Fremden. Wien: Passagen.

Seibel-Erdt, Regina & Aysel-Aydin Söhret (1999): Nicht ganz hier und nicht mehr zu Hause. Gespräche mit Türkinnen und Türken der ersten Generation. Münster / New York: Waxmann.

Sen, Faruk, Martina Sauer & Dirk Halm (2002): Intergeneratives Verhalten und (Selbst-) Ethnisierung von türkischen Zuwanderern. Gutachten des ZfT für die Unabhängige Kommission „Zuwanderung", in: Goldberg, Andreas, Dirk Halm & Martina Sauer (Hg.): Migrationsbericht des Zentrums für Türkeistudien. Münster: Lit.

Sengenberger, Werner (1987): Struktur und Funktionsweise von Arbeitsmärkten - Die Bundesrepublik Deutschland im internationalen Vergleich. Frankfurt a. M. / New York: Campus.

Shipman, Pat (1994): Die Evolution des Rassismus. Gebrauch und Mißbrauch von Wissenschaft. Frankfurt a. M.: Fischer 1995.

Simmel, Georg (1923): Exkurs über den Fremden, in Ders.: Soziologie. Untersuchung über die Formen der Vergesellschaftung, München / Leipzig Duncker und Humblot.

Silbermann, Alphons & Francis Hüsers (1995): Der ‚normale' Haß auf die Fremden. Eine sozialwissenschaftliche Studie zu Ausmaß und Hintergründen von Fremdenfeindlichkeit in Deutschland. München: Quintessenz.

Singer, Mona (1997): Fremd.Bestimmung. Zur kulturellen Verortung von Identität. Tübingen: edition diskord.

Spohn, Margret (2002): Türkische Männer in Deutschland. Familie und Identität. Migranten der ersten Generation erzählen ihre Geschichte. Bielefeld: Transcript.

Staas, Dieter (1994): Migration und Fremdenfeindlichkeit als politisches Problem. Münster: LIT.

Stichweh, Rudolf (1993): Das Fremde - zur Evolution der Weltgesellschaft, in: Rechtshistorisches Journal, 11, S.295-316.

Stolz, Jörg (2000): Soziologie der Fremdenfeindlichkeit. Theoretische und empirische Analysen. Frankfurt a. M. / New York: Campus.

Storz, Henning & Carolin Reißlandt (Hg.): Staatsbürgerschaft im Einwanderungsland Deutschland. Handbuch für die interkulturelle Praxis in der sozialen Arbeit, im Bildungsbereich, im Stadtteil. Opladen: Leske + Budrich.

Stüwe, Gerd (1982): Türkische Jugendliche. Eine Untersuchung in Berlin-Kreuzberg. Bensheim: päd extra.

Taguieff, Pierre-André (1988): Die Macht des Vorurteils. Der Rassismus und sein Double. Hamburg: Hamburger Edition 2000.

Taureck, Bernhard H. F. (1991): Emmanuel Lévinas zur Einführung. Hamburg: Junius 1997.

Terkessidis, Mark (1995): Kulturkampf. Volk, Nation, der Westen und die Neue Rechte. Köln: Kiepenheuer & Witsch.

Terkessidis, Mark (1998): Psychologie des Rassismus, Opladen / Wiesbaden: Westdeutscher Verlag.

Terkessidis, Mark (2000a): Wir selbst sind die Anderen - Globalisierung, multikulturelle Gesellschaft und Neorassismus, in: Christoph Butterwegge & Gudrun Hentges (Hg.): Zuwanderung im Zeichen der Globalisierung. Migrations-, Integrations- und Minderheitenpolitik. Opladen: Leske & Budrich.

Terkessidis, Mark (2000b): Kabarett und Satire deutsch-türkischer Autoren, in: Chiellino, Carmine (Hg.): Interkulturelle Literatur in Deutschland. Ein Handbuch. Stuttgart / Weimar: Metzler.

Terkessidis, Mark (2000c): Migranten. Hamburg: Rotbuch.

Terkessidis, Mark: Atta war einer von uns, in: „die tageszeitung“, 09.11.2001, S.12.

Terkessidis, Mark (2002): Migration und politische Bildung in Deutschland: Über die vernachlässigte Frage der Staatsbürgerschaft, in: Widersprüche, Heft 85, 22 Jg., Nr.3.

Tertilt, Hermann (1996): Turkish Power Boys. Ethnographie einer Jugendgang. Frankfurt a. M.: Suhrkamp.

Thomae, Hans (1985): Lage und Lageschema, in: Ders.: Dynamik des menschlichen Handelns. Ausgewählte Schriften zur Psychologie 1944-84. Bonn: Bouvier.

Thomas, Tanja (2003): Deutsch-Stunden. Zur Konstruktion nationaler Identität im Fernsehtalk. Frankfurt a. M. / New York: Campus.

Tietze, Nikola (2001): Islamische Identitäten. Formen muslimischer Religiosität junger Männer in Deutschland und Frankreich. Hamburg: Hamburger Edition.

Toker, Arzu (1984): Zwischen staatlicher und alltäglicher Diskriminierung. Wie eine Türkin die Bundesrepublik erlebt, in: Meinhardt, Rolf (Hg.): Türken raus oder Verteidigt den sozialen Frieden. Beiträge gegen die Ausländerfeindlichkeit. Reinbek bei Hamburg: Rowohlt.

Türcke, Christoph (1993): Die Inflation des Rassismus, in: „Konkret“, Nr.8, S.35-41.

Vassaf, Gündüz (1985): Wir haben unsere Stimme noch nicht laut gemacht. Türkische Arbeiterkinder in Europa. Felsberg: res publicae.

Wagner, Ulrich & Andreas Zick (1998): Ausländerfeindlichkeit, Vorurteile und diskriminierendes Verhalten, in: Bierhoff, Hans-Werner & Ulrich Wagner (Hg.): Aggression und Gewalt: Phänomene, Ursachen und Interventionen. Stuttgart / Berlin / Köln: Kohlhammer.

Wallerstein, Immanuel (1995): Die Sozialwissenschaft ‚kaputtdenken‘. Die Grenzen der Paradigmen des 19. Jahrhunderts. Weinheim: Beltz Athenäum.

Weidacher, Alois (2000): Migrantionsspezifische Bedingungen und soziokulturelle Orientierungen, in: Ders. (Hg.): In Deutschland zu Hause. Politische Orientierungen griechischer, italienischer, türkischer und deutscher junger Erwachsener im Vergleich. DJI-Ausländersurvey. Opladen: Leske + Budrich.

Weingart, Peter, Jürgen Kroll und Kurt Bayertz (1988): Rasse, Blut und Gene. Geschichte der Eugenik und Rassenhygiene in Deutschland. Frankfurt a. M.: Suhrkamp 1992.

Weiß, Anja (2001): Rassismus wider Willen. Ein anderer Blick auf eine Struktur sozialer Ungleichheit. Opladen / Wiesbaden: Westdeutscher Verlag.

Westphal, Manuela (2000): Vaterschaft und Erziehung, in: Herwartz-Emden, Leonie (Hg.): Geschlechterverhältnisse, Erziehung und Akkulturation. Osnabrück: Universitäts-Verlag Rasch.

Wiedemann, Peter (1986): Erzählte Wirklichkeit. Zur Theorie und Auswertung narrativer Interviews. Weinheim und München: Psychologie Verlags Union.

Willems, Helmut et al. (1993): Fremdenfeindliche Gewalt. Einstellungen. Täter. Konflikteskalation. Opladen: Leske + Budrich.

Willems, Helmut (1993): Gewalt und Fremdenfeindlichkeit. Anmerkungen zum gegenwärtigen Gewaltdiskurs, in: Otto, Hans-Uwe & Roland Merten (Hg.): Rechtsradikale Gewalt im vereinigten Deutschland. Jugend im gesellschaftlichen Umbruch. Opladen: Leske + Budrich.

Wippermann, Wolfgang (1995): Was ist Rassismus? Ideologie, Theorie, Forschungen, in: Danckwortt, Barbara, Thorsten Querg und Claudia Schöningh (Hg.): Historische Rassismusforschung. Ideologen - Täter - Opfer. Hamburg: Argument.

Witzel, Andreas: (1982): Verfahren der qualitativen Sozialforschung - Überblick und Alternativen. Frankfurt / New York: Campus.

Zentrum für Türkeistudien (Hg.) (1995): Das Bild der Ausländer in der Öffentlichkeit. Eine theoretische und empirische Analyse zur Fremdenfeindlichkeit. Opladen: Leske + Budrich.

Zaimoglu, Feridun (1995): Kanak Sprak. 24 Mißtöne vom Rand der Gesellschaft. Hamburg: Rotbuch.

Zaimoglu, Feridun (1998): Koppstoff. Kanaka Sprak vom Rande der Gesellschaft. Hamburg: Rotbuch.

Zick, Andreas (1997): Vorurteile und Rassismus. Eine sozialpsychologische Analyse. Münster / New York: Waxmann.